Collection of Laws, Regulations and Other Regulatory
Documents on the Administration of Legal Aid (Second Edition)

# 法律援助管理工作规范性文件汇编
## （第二版）

司法部法律援助工作司 编

北京大学出版社
PEKING UNIVERSITY PRESS

## 图书在版编目(CIP)数据

法律援助管理工作规范性文件汇编/司法部法律援助工作司编. —2版. —北京：北京大学出版社，2017.12

ISBN 978-7-301-28852-8

Ⅰ.①法… Ⅱ.①司… Ⅲ.①法律援助—管理—文件—汇编—中国 Ⅳ.①D926

中国版本图书馆CIP数据核字(2017)第249835号

| 书　　　　名 | 法律援助管理工作规范性文件汇编（第二版） |
| --- | --- |
| | Falü Yuanzhu Guanli Gongzuo Guifanxing Wenjian Huibian（Di-er Ban） |
| 著作责任者 | 司法部法律援助工作司　编 |
| 责 任 编 辑 | 王建君 |
| 标 准 书 号 | ISBN 978-7-301-28852-8 |
| 出 版 发 行 | 北京大学出版社 |
| 地　　　　址 | 北京市海淀区成府路205号　100871 |
| 网　　　　址 | http://www.pup.cn　http://www.yandayuanzhao.com |
| 电 子 信 箱 | yandayuanzhao@163.com |
| 新 浪 微 博 | @北京大学出版社　@北大出版社燕大元照法律图书 |
| 电　　　　话 | 邮购部62752015　发行部62750672　编辑部62117788 |
| 印 　刷 　者 | 北京汇林印务有限公司 |
| 经 　销 　者 | 新华书店 |
| | 730毫米×1020毫米　16开本　31.5印张　512千字 |
| | 2014年6月第1版 |
| | 2017年12月第2版　2017年12月第1次印刷 |
| 定　　　　价 | 52.00元 |

未经许可，不得以任何方式复制或抄袭本书之部分或全部内容。

**版权所有，侵权必究**

举报电话：010-62752024　电子信箱：fd@pup.pku.edu.cn

图书如有印装质量问题，请与出版部联系，电话：010-62756370

# 编 辑 说 明

为进一步规范法律援助管理工作,建立健全法律援助管理规章体系,实现法律援助管理工作制度化、规范化,为各级司法行政机关和法律援助管理部门、法律援助机构及广大法律援助人员学习和运用规章制度提供便利,同时也便于有关单位和人员更好地了解我国法律援助管理制度,在2014年编辑出版的《法律援助管理工作规范性文件汇编》基础上,我们编辑了《法律援助管理工作规范性文件汇编》(第二版)。

《法律援助管理工作规范性文件汇编》(第二版)新增了2014年4月以来有关法律援助管理工作的法律、法规、部门规章和规范性文件,供查阅并遵照执行。希望各级司法行政机关法律援助管理部门认真学习运用汇编文件,增强依法行政、依法管理能力;同时,也希望各地法律援助机构和广大法律援助人员认真学习掌握汇编文件要求,进一步加强业务能力建设,不断提高法律援助服务质量,切实维护困难群众合法权益。

司法部法律援助工作司

2017年11月

# 目 录

## 一、法 律

中华人民共和国律师法(节录) (2017年9月1日) …………………… 3
中华人民共和国公证法(节录) (2017年9月1日) …………………… 5
中华人民共和国水污染防治法(节录) (2017年6月27日) ………… 5
中华人民共和国固体废物污染环境防治法(节录)
(2016年11月7日) ………………………………………………………… 6
中华人民共和国反家庭暴力法(节录) (2015年12月27日) ………… 7
中华人民共和国老年人权益保障法(节录) (2015年4月24日) …… 7
中华人民共和国农业法(节录) (2012年12月28日) ………………… 8
中华人民共和国未成年人保护法(节录) (2012年10月26日) ……… 8
中华人民共和国刑事诉讼法(节录) (2012年3月14日) …………… 9
中华人民共和国残疾人保障法(节录) (2008年4月24日) ………… 10
中华人民共和国妇女权益保障法(节录) (2005年8月28日) ……… 11

## 二、行 政 法 规

法律援助条例 (2003年7月21日) ……………………………………… 15
居住证暂行条例(节录) (2015年11月26日) ………………………… 21
拘留所条例(节录) (2012年2月23日) ………………………………… 21
残疾人就业条例(节录) (2007年2月25日) …………………………… 22
诉讼费用交纳办法(节录) (2006年12月19日) ……………………… 22
信访条例(节录) (2005年1月10日) …………………………………… 23
中华人民共和国归侨侨眷权益保护法实施办法(节录)
(2004年6月23日) ………………………………………………………… 23

## 三、规章和司法解释

办理法律援助案件程序规定（2012年4月9日）………………… 27
律师执业管理办法(节录)（2016年9月18日）………………… 34
律师事务所管理办法(节录)（2016年9月6日）………………… 35
公安机关办理刑事复议复核案件程序规定(节录)
（2014年9月13日）……………………………………………… 35
最高人民法院关于适用《中华人民共和国刑事诉讼法》的
解释(节录)（2012年12月20日）……………………………… 36
拘留所条例实施办法(节录)（2012年12月14日）……………… 40
公安机关办理刑事案件程序规定(节录)（2012年12月13日）… 41
人民检察院刑事诉讼规则(试行)(节录)（2012年10月16日）… 42
民政信访工作办法(节录)（2011年7月1日）…………………… 45
律师和律师事务所违法行为处罚办法(节录)（2010年4月8日）… 45
律师事务所年度检查考核办法(节录)（2010年4月8日）……… 46
律师和律师事务所执业证书管理办法（2009年9月21日）…… 48
公证程序规则(节录)（2006年5月18日）……………………… 51
最高人民法院关于对经济确有困难的当事人提供司法救助的
规定(节录)（2005年4月5日）………………………………… 52
监狱教育改造工作规定(节录)（2003年6月13日）…………… 53
最高人民法院关于刑事再审案件开庭审理程序的具体
规定(试行)(节录)（2001年12月26日）……………………… 53
基层法律服务所管理办法(节录)（2000年3月31日）………… 54
基层法律服务工作者管理办法(节录)（2000年3月31日）…… 55

## 四、规范性文件

### (一) 综合类

最高人民法院、司法部关于开展刑事案件律师辩护全覆盖试点
工作的办法（2017年10月9日）………………………………… 59
最高人民法院、司法部关于开展律师调解试点工作的意见
（2017年9月30日）……………………………………………… 63

司法部关于推进公共法律服务平台建设的意见
(2017年8月21日) ······ 68
最高人民法院、最高人民检察院、公安部、国家安全部、司法部关于
开展法律援助值班律师工作的意见 (2017年8月8日) ······ 78
司法部、科技部关于印发《"十三五"全国司法行政科技创新规划》
的通知(节录) (2017年7月20日) ······ 80
司法部关于印发《"十三五"全国司法行政信息化发展规划》
的通知(节录) (2017年7月12日) ······ 82
国务院办公厅关于制定和实施老年人照顾服务项目的意见(节录)
(2017年6月6日) ······ 83
司法部关于做好2017年农民工相关工作的通知
(2017年4月8日) ······ 84
最高人民法院、最高人民检察院、司法部《关于逐步实行律师
代理申诉制度的意见》 (2017年4月1日) ······ 86
国务院关于印发《"十三五"国家老龄事业发展和养老体系建设
规划》的通知(节录) (2017年2月28日) ······ 90
司法部、财政部印发《关于律师开展法律援助工作的意见》的通知
(2017年2月17日) ······ 91
全国老龄办、最高人民法院、最高人民检察院、公安部、民政部、
司法部关于进一步加强老年法律维权工作的意见
(2016年12月28日) ······ 96
司法部、国家信访局关于深入开展律师参与信访工作的意见
(2016年12月16日) ······ 100
最高人民法院、最高人民检察院、公安部、国家安全部、司法部
《关于在部分地区开展刑事案件认罪认罚从宽制度试点工作的办法》
(2016年11月11日) ······ 103
中国残疾人联合会、国家发展改革委、民政部、教育部、人力资源
社会保障部、国家卫生计生委、司法部关于印发《基层残疾人综
合服务能力建设"十三五"实施方案》的通知(节录)
(2016年10月12日) ······ 108
司法部关于2016年全国"敬老月"期间深入开展老年人法律服务和
法律援助活动的通知 (2016年9月20日) ······ 109
司法部关于进一步加强公证便民利民工作的意见(节录)
(2016年9月18日) ······ 112

司法部、中央军委政法委员会关于印发《军人军属法律援助
工作实施办法》的通知 （2016年9月14日） ………… 113
国务院关于印发《"十三五"加快残疾人小康进程规划纲要》的
通知（节录）（2016年8月3日） ………… 116
最高人民法院、最高人民检察院、公安部、国家安全部、司法部关于
推进以审判为中心的刑事诉讼制度改革的意见
（2016年7月20日） ………… 118
司法部关于做好2016年司法行政系统农民工工作的通知
（2016年1月20日） ………… 121
司法部关于认真学习宣传贯彻中共中央办公厅、国务院办公厅
《关于完善法律援助制度的意见》的通知 （2015年7月8日）……… 124
中共中央办公厅、国务院办公厅印发《关于完善法律援助制度的意见》
（2015年6月24日） ………… 127
司法部、全国老龄工作委员会办公室关于深入开展老年人法律
服务和法律援助工作的通知 （2015年3月11日）……… 133
司法部关于切实做好为农民工服务工作的意见
（2015年2月6日） ………… 136
最高人民法院、最高人民检察院、公安部、民政部《关于依法处理
监护人侵害未成年人权益行为若干问题的意见》
（2014年12月18日） ………… 139
司法部办公厅关于切实做好农民工讨薪、维权等服务工作的通知
（2014年12月10日） ………… 147
司法部关于认真贯彻落实国发〔2014〕37号文件精神进一步做好
军人军属法律援助工作的通知 （2014年11月6日） ……… 150
中共中央关于全面推进依法治国若干重大问题的决定
（2014年10月23日） ………… 152
司法部关于切实发挥职能作用做好刑事案件速裁程序试点相关工作
的通知 （2014年10月9日） ………… 171
国务院、中央军委关于进一步加强军人军属法律援助工作的意见
（2014年9月7日） ………… 173
最高人民法院、最高人民检察院、公安部、司法部印发《关于在
部分地区开展刑事案件速裁程序试点工作的办法》的通知
（2014年8月22日） ………… 177

司法部关于做好 2014 年农民工工作的通知
(2014 年 3 月 24 日) ·················· 181
中共中央政法委员会、财政部、最高人民法院、最高人民检察院、
公安部、司法部关于印发《关于建立完善国家司法救助制度的
意见(试行)》的通知(节录) (2014 年 1 月 17 日) ·········· 183
司法部办公厅关于印发法律援助投诉处理格式文书的通知
(2014 年 1 月 17 日) ·················· 184
最高人民法院、司法部关于印发《关于加强国家赔偿法律援助工作
的意见》的通知 (2014 年 1 月 2 日) ·············· 190
全国老龄办、最高人民法院、中央宣传部、国家发展改革委、科技部、
公安部、民政部、司法部、财政部、人力资源社会保障部、住房城乡
建设部、交通运输部、农业部、商务部、文化部、国家卫生计生委、
新闻出版广电总局、体育总局、国家林业局、国家旅游局、国家铁路局、
中国民航局、国家文物局、全国总工会关于进一步加强老年人
优待工作的意见 (2013 年 12 月 30 日) ············· 193
司法部关于印发《法律援助投诉处理办法》的通知
(2013 年 11 月 19 日) ·················· 199
最高人民法院、最高人民检察院、公安部、司法部印发《关于依法
惩治性侵害未成年人犯罪的意见》的通知(节录)
(2013 年 10 月 23 日) ·················· 202
司法部关于加快解决有些地方没有律师和欠发达地区律师资源
不足问题的意见 (2013 年 7 月 3 日) ············· 203
民政部、中央综治办、教育部、公安部、司法部、财政部、人力资源
社会保障部、国务院扶贫办、共青团中央、全国妇联关于在全国
开展"流浪孩子回校园"专项行动的通知(节录)
(2013 年 5 月 13 日) ·················· 206
司法部关于进一步推进法律援助工作的意见
(2013 年 4 月 26 日) ·················· 207
司法部关于印发《法律援助文书格式》的通知
(2013 年 3 月 19 日) ·················· 210
最高人民法院、最高人民检察院、公安部、司法部关于印发《关于
刑事诉讼法律援助工作的规定》的通知 (2013 年 2 月 4 日) ······ 240
最高人民法院、最高人民检察院、公安部、国家安全部、司法部、全国
人大常委会法制工作委员会关于实施刑事诉讼法若干问题的规定
(2012 年 12 月 26 日) ·················· 245

司法部关于法律援助工作贯彻实施修改后刑事诉讼法的意见
（2012 年 12 月 5 日）·················································· 253

司法部关于加大贫困地区法律援助力度促进开展扶贫开发工作的
意见 （2012 年 8 月 27 日）··········································· 256

司法部关于开展"法律援助为民服务创先争优年"活动的意见
（2012 年 1 月 30 日）·················································· 258

最高人民法院、最高人民检察院、司法部、公安部、民政部、人力资源
和社会保障部、教育部、卫生部、财政部、中国残联关于印发《残疾人
法律救助"十二五"实施方案》的通知 （2011 年 12 月 29 日）········ 262

司法部关于印发《法律援助事业"十二五"时期发展规划》的通知
（2011 年 10 月 28 日）················································· 265

司法部关于印发《关于加强司法行政系统执法执业考评工作的意见》
的通知 （2011 年 10 月 27 日）······································· 273

司法部关于加强"十二五"时期司法行政服务残疾人工作的意见
（2011 年 10 月 19 日）················································· 279

国务院关于印发《中国老龄事业发展"十二五"规划》的通知（节录）
（2011 年 9 月 17 日）·················································· 283

司法部关于进一步做好司法行政服务老龄事业的指导意见
（2011 年 5 月 4 日）··················································· 284

最高人民法院、最高人民检察院、公安部、国家安全部、司法部
关于加强协调配合积极推进量刑规范化改革的通知（节录）
（2010 年 11 月 6 日）·················································· 287

中共中央办公厅、国务院办公厅转发《司法部关于进一步加强和
改进律师工作的意见》的通知（节录） （2010 年 9 月 17 日）··········· 288

司法部关于深入贯彻落实中发 7 号文件和国务院残工委第五次
全体会议精神进一步加强残疾人法制宣传法律服务和法律援助
工作的通知 （2010 年 9 月 15 日）···································· 289

最高人民法院、最高人民检察院、公安部、国家安全部、司法部
印发《关于规范量刑程序若干问题的意见（试行）》的通知（节录）
（2010 年 9 月 13 日）·················································· 292

中央综治委预防青少年违法犯罪工作领导小组、最高人民法院、
最高人民检察院、公安部、司法部、共青团中央关于进一步建立
和完善办理未成年人刑事案件配套工作体系的若干意见（节录）
（2010 年 8 月 28 日）·················································· 293

最高人民法院关于进一步加强人民法院涉军案件审判工作
的通知(节录) (2010年7月28日) ……………………………… 295
最高人民法院印发《关于进一步贯彻"调解优先、调判结合"
工作原则的若干意见》的通知(节录) (2010年6月7日) ………… 296
最高人民法院、最高人民检察院、公安部、司法部印发《关于依法
惩治拐卖妇女儿童犯罪的意见》的通知(节录)
(2010年3月15日) ……………………………………………… 297
最高人民法院印发《关于贯彻宽严相济刑事政策的若干意见》
的通知(节录) (2010年2月8日) ……………………………… 298
司法部关于深化"法律援助便民服务"主题活动积极推进三项重点
工作的意见 (2010年1月27日) ……………………………… 299
人力资源和社会保障部、司法部、中华全国总工会、中国企业
联合会/中国企业家协会关于加强劳动人事争议调解工作
的意见 (节录) (2009年10月30日) …………………………… 303
司法部关于加强和改进法律援助工作的意见
(2009年7月10日) ……………………………………………… 304
司法部关于在全国开展"法律援助便民服务"主题活动的意见
(2009年6月1日) ……………………………………………… 310
司法部关于进一步做好司法行政服务老龄工作的通知
(2009年5月11日) ……………………………………………… 314
最高人民法院、最高人民检察院、公安部、司法部、民政部、人力资源
和社会保障部、教育部、卫生部、中国残疾人联合会印发《关于加强
残疾人法律救助工作的意见》的通知 (2009年5月6日) ……… 317
司法部办公厅关于进一步做好预防和解决企业工资拖欠法律服务和
法律援助工作的通知 (2009年1月22日) …………………… 323
全国妇联、中央宣传部、最高人民检察院、公安部、民政部、司法部、
卫生部印发《关于预防和制止家庭暴力的若干意见》的通知(节录)
(2008年7月31日) ……………………………………………… 325
司法部关于进一步做好服务老龄工作的通知
(2008年6月11日) ……………………………………………… 326
司法部关于认真贯彻落实中发7号文件精神进一步加强残疾人法制
宣传、法律服务和法律援助工作的意见 (2008年6月4日) ……… 329
最高人民法院、司法部印发《关于充分保障律师依法履行辩护职责

确保死刑案件办理质量的若干规定》的通知
(2008年5月21日) ················· 332
司法部关于学习盘龙经验进一步做好残疾人法律援助工作的通知
(2007年5月18日) ················· 335
最高人民法院、最高人民检察院、公安部、司法部印发《关于进一步
严格依法办案确保办理死刑案件质量的意见》的通知(节录)
(2007年3月9日) ················· 338
司法部、财政部贯彻落实《国务院关于解决农民工问题的若干意见》
的意见 (2006年10月13日) ············· 340
共青团中央、教育部、公安部、民政部、司法部、建设部、文化部、
国家人口和计划生育委员会、国家工商行政管理总局、国家安全
生产监督管理总局、中央社会治安综合治理委员会办公室、中国
关心下一代工作委员会关于深入实施"进城务工青年发展计划"
进一步加强青年农民工工作的意见(节录)
(2006年9月26日) ················· 342
司法部关于进一步加强法律援助宣传工作的通知
(2006年8月22日) ················· 343
司法部办公厅关于加紧落实公民经济困难标准、法律援助办案
补贴标准和法律援助事项补充范围的通知
(2006年6月13日) ················· 347
司法部关于认真学习贯彻《国务院关于解决农民工问题的若干意见》
的通知 (2006年5月12日) ············· 348
民政部、中央综治办、最高人民法院、发展改革委、教育部、公安部、
司法部、财政部、劳动和社会保障部、建设部、农业部、卫生部、
人口计生委、共青团中央、全国妇联关于加强孤儿救助工作的
意见(节录) (2006年3月29日) ············ 351
国务院关于解决农民工问题的若干意见(节录)
(2006年1月31日) ················· 352
全国老龄委办公室、中宣部、国家发改委、科技部、民政部、司法部、
财政部、建设部、铁道部、交通部、农业部、商务部、文化部、卫生部、
中国民航总局、国家广电总局、国家体育总局、国家林业局、
国家旅游局、国家文物局、全国总工会《关于加强老年人优待工作
的意见》(节录) (2005年12月26日) ··········· 353

最高人民法院、司法部关于印发《关于民事诉讼法律援助工作的
规定》的通知 （2005年9月22日） ………………………………… 354
司法部关于尽快落实公民经济困难标准、法律援助办案补贴标准
和法律援助事项补充范围的通知 （2005年6月17日） ………… 356
司法部、建设部关于为解决建设领域拖欠工程款和农民工工资
问题提供法律服务和法律援助的通知 （2004年11月6日） …… 358
司法部、中国残疾人联合会关于为残疾人提供无障碍法律服务
和法律援助的通知 （2004年10月8日） ………………………… 362
司法部关于印发《律师和基层法律服务工作者开展法律援助工作
暂行管理办法》的通知 （2004年9月8日） …………………… 365
司法部、民政部、财政部、劳动和社会保障部、国土资源部、建设部、
卫生部、国家工商行政管理总局、国家档案局关于贯彻落实
《法律援助条例》切实解决困难群众打官司难问题的意见
（2004年9月6日） …………………………………………………… 368
司法部关于西藏自治区司法厅《关于申请颁发法律援助执业证的
请示》的批复 （2004年2月24日） ……………………………… 371
最高人民法院关于落实23项司法为民具体措施的指导意见（节录）
（2003年12月3日） ………………………………………………… 372
司法部关于贯彻落实《法律援助条例》促进和规范法律援助工作
的意见 （2003年9月12日） ……………………………………… 373
全国老龄工作委员会办公室、司法部、公安部关于加强维护老年人
合法权益工作的意见 （2003年2月25日） ……………………… 378
司法部、全国总工会关于保障职工合法权益加强职工法律援助工作
的通知 （2002年11月21日） ……………………………………… 381
司法部、解放军总政治部关于加强法律援助和法律服务工作
切实维护国家军事利益和军人军属合法权益有关问题的通知
（2001年9月30日） ………………………………………………… 382
中共中央、国务院关于加强老龄工作的决定
（2000年8月19日） ………………………………………………… 385
最高人民法院关于第二审人民法院审理死刑上诉案件被告人
没有委托辩护人的是否应为其指定辩护人问题的批复
（1997年11月12日） ………………………………………………… 392

司法部、全国妇联关于保障妇女合法权益做好妇女法律援助工作
的通知 （1996年11月19日）……………………………………… 392
司法部、共青团中央关于保障未成年人合法权益做好未成年人法律
援助工作的通知 （1996年11月12日）…………………………… 394
司法部、民政部关于保障老年人合法权益做好老年人法律援助
工作的通知 （1996年10月23日）………………………………… 395

### （二）机构建设类

司法部关于司法部法律援助工作司主要职责和内设机构的通知
（2008年12月23日）……………………………………………… 397
司法部关于加快法律援助机构建设步伐的通知
（2000年6月19日）………………………………………………… 397
司法部关于迅速建立法律援助机构开展法律援助工作的通知
（1996年6月3日）…………………………………………………… 399

### （三）经费保障类

财政部、司法部关于印发《中央专项彩票公益金法律援助项目实施与
管理办法》的通知 （2014年1月29日）………………………… 401
司法部关于加强法律援助经费使用监督管理工作的意见
（2011年2月24日）………………………………………………… 411
司法部关于进一步加强法律援助经费使用管理监督工作的通知
（2009年7月7日）…………………………………………………… 414
司法部关于规范有效使用中央补助地方法律援助办案专款的通知
（2005年10月28日）……………………………………………… 416
财政部、司法部关于印发《中央补助地方法律援助办案专款管理
暂行办法》的通知 （2005年9月6日）…………………………… 418

### （四）志愿服务类

司法部法律援助工作司、中国法律援助基金会关于印发《2017—
2018年西部基层法律援助志愿服务行动实施方案》的通知
（2017年5月19日）………………………………………………… 422

司法部律师公证工作指导司、司法部法律援助工作司、司法部
法律援助中心、中华全国律师协会、中国法律援助基金会
关于做好2017年度"1+1"中国法律援助志愿者行动组织
实施工作的通知 （2017年3月23日） ……………………………… 427
司法部律师公证工作指导司、司法部法律援助工作司、司法部法律
援助中心、中华全国律师协会、中国法律援助基金会
关于印发《1+1中国法律援助志愿者行动2016年工作方案》
的通知 （2016年3月7日） ……………………………………… 433
司法部律师公证工作指导司、司法部法律援助工作司、司法部法律
援助中心、中华全国律师协会、中国法律援助基金会关于印发
《"1+1"中国法律援助志愿者行动2015年工作方案》的通知
（2015年3月18日） ……………………………………………… 440
司法部律师公证工作指导司、司法部法律援助工作司、司法部法律
援助中心、中华全国律师协会、中国法律援助基金会
关于认真做好1+1中国法律援助志愿者行动2014年工作的通知
（2014年2月10日） ……………………………………………… 446
司法部律师公证工作指导司、司法部法律援助工作司、司法部
法律援助中心、中华全国律师协会、中国法律援助基金会
关于认真做好"1+1"中国法律援助志愿者行动2013年工作
的通知 （2013年3月19日） ……………………………………… 453
司法部律师公证工作指导司、司法部法律援助工作司、中国法律
援助基金会关于印发《"1+1"中国法律援助志愿者行动项目实施与
管理暂行办法》的通知 （2009年9月25日） ……………………… 460
司法部律师公证工作指导司、司法部法律援助工作司、团中央青年
志愿者工作部、司法部法律援助中心、中华全国律师协会、中国法律
援助基金会关于组织开展"1+1"中国法律援助志愿者行动的通知
（2009年5月4日） ……………………………………………… 465
司法部法律援助中心、共青团中央青年志愿者工作部关于开展法律
援助志愿者注册登记工作的通知 （2005年8月5日） …………… 470
司法部、共青团中央关于实施西部基层法律援助志愿服务行动的通知
（2005年5月9日） ……………………………………………… 477
司法部、共青团中央关于实施法律援助志愿者服务计划的通知
（2002年12月3日） ……………………………………………… 480

# 一、法　律

# 中华人民共和国律师法(节录)

(1996年5月15日第八届全国人民代表大会常务委员会第十九次会议通过,根据2001年12月29日第九届全国人民代表大会常务委员会第二十五次会议《关于修改〈中华人民共和国律师法〉的决定》第一次修正,2007年10月28日第十届全国人民代表大会常务委员会第三十次会议修订,根据2012年10月26日第十一届全国人民代表大会常务委员会第二十九次会议《关于修改〈中华人民共和国律师法〉的决定》第二次修正,根据2017年9月1日第十二届全国人民代表大会常务委员会第二十九次会议《关于修改〈中华人民共和国法官法〉等八部法律的决定》第三次修正)

……

**第二十八条** 律师可以从事下列业务:

(一)接受自然人、法人或者其他组织的委托,担任法律顾问;

(二)接受民事案件、行政案件当事人的委托,担任代理人,参加诉讼;

(三)接受刑事案件犯罪嫌疑人、被告人的委托或者依法接受法律援助机构的指派,担任辩护人,接受自诉案件自诉人、公诉案件被害人或者其近亲属的委托,担任代理人,参加诉讼;

(四)接受委托,代理各类诉讼案件的申诉;

(五)接受委托,参加调解、仲裁活动;

(六)接受委托,提供非诉讼法律服务;

(七)解答有关法律的询问、代写诉讼文书和有关法律事务的其他文书。

……

**第三十三条** 律师担任辩护人的,有权持律师执业证书、律师事务所证明和委托书或者法律援助公函,依照刑事诉讼法的规定会见在押或者被监视居住的犯罪嫌疑人、被告人。辩护律师会见犯罪嫌疑人、被告人时不被监听。

......

**第四十二条** 律师、律师事务所应当按照国家规定履行法律援助义务,为受援人提供符合标准的法律服务,维护受援人的合法权益。

......

**第四十七条** 律师有下列行为之一的,由设区的市级或者直辖市的区人民政府司法行政部门给予警告,可以处五千元以下的罚款;有违法所得的,没收违法所得;情节严重的,给予停止执业三个月以下的处罚:

(一)同时在两个以上律师事务所执业的;

(二)以不正当手段承揽业务的;

(三)在同一案件中为双方当事人担任代理人,或者代理与本人及其近亲属有利益冲突的法律事务的;

(四)从人民法院、人民检察院离任后二年内担任诉讼代理人或者辩护人的;

(五)拒绝履行法律援助义务的。

......

**第五十条** 律师事务所有下列行为之一的,由设区的市级或者直辖市的区人民政府司法行政部门视其情节给予警告、停业整顿一个月以上六个月以下的处罚,可以处十万元以下的罚款;有违法所得的,没收违法所得;情节特别严重的,由省、自治区、直辖市人民政府司法行政部门吊销律师事务所执业证书:

(一)违反规定接受委托、收取费用的;

(二)违反法定程序办理变更名称、负责人、章程、合伙协议、住所、合伙人等重大事项的;

(三)从事法律服务以外的经营活动的;

(四)以诋毁其他律师事务所、律师或者支付介绍费等不正当手段承揽业务的;

(五)违反规定接受有利益冲突的案件的;

(六)拒绝履行法律援助义务的;

(七)向司法行政部门提供虚假材料或者有其他弄虚作假行为的;

(八)对本所律师疏于管理,造成严重后果的。

律师事务所因前款违法行为受到处罚的,对其负责人视情节轻重,给予警告或者处二万元以下的罚款。

......

# 中华人民共和国公证法(节录)

(2005年8月28日第十届全国人民代表大会常务委员会第十七次会议通过,根据2015年4月24日第十二届全国人民代表大会常务委员会第十四次会议《关于修改〈中华人民共和国义务教育法〉等五部法律的决定》第一次修正,根据2017年9月1日第十二届全国人民代表大会常务委员会第二十九次会议《关于修改〈中华人民共和国法官法〉等八部法律的决定》第二次修正)

……

**第三十四条** 当事人应当按照规定支付公证费。
对符合法律援助条件的当事人,公证机构应当按照规定减免公证费。

……

# 中华人民共和国水污染防治法(节录)

(1984年5月11日第六届全国人民代表大会常务委员会第五次会议通过,根据1996年5月15日第八届全国人民代表大会常务委员会第十九次会议《关于修改〈中华人民共和国水污染防治法〉的决定》第一次修正,2008年2月28日第十届全国人民代表大会常务委员会第三十二次会议修订,根据2017年6月27日第十二届全国人民代表大会常务委员会第二十八次会议《关于修改〈中华人民共和国水污染防治法〉的决定》第二次修正)

……

**第九十九条** 因水污染受到损害的当事人人数众多的,可以依法由当事人推选代表人进行共同诉讼。

环境保护主管部门和有关社会团体可以依法支持因水污染受到损害的当事人向人民法院提起诉讼。

国家鼓励法律服务机构和律师为水污染损害诉讼中的受害人提供法律援助。

……

# 中华人民共和国固体废物污染环境防治法(节录)

(1995年10月30日第八届全国人民代表大会常务委员会第十六次会议通过,2004年12月29日第十届全国人民代表大会常务委员会第十三次会议修订,根据2013年6月29日第十二届全国人民代表大会常务委员会第三次会议《关于修改〈中华人民共和国文物保护法〉等十二部法律的决定》第一次修正,根据2015年4月24日第十二届全国人民代表大会常务委员会第十四次会议《关于修改〈中华人民共和国港口法〉等七部法律的决定》第二次修正,根据2016年11月7日第十二届全国人民代表大会常务委员会第二十四次会议《关于修改〈中华人民共和国对外贸易法〉等十二部法律的决定》第三次修正)

……

**第八十四条** 受到固体废物污染损害的单位和个人,有权要求依法赔偿损失。

赔偿责任和赔偿金额的纠纷,可以根据当事人的请求,由环境保护行政主管部门或者其他固体废物污染环境防治工作的监督管理部门调解处理;调解不成的,当事人可以向人民法院提起诉讼。当事人也可以直接向人民法院提起诉讼。

国家鼓励法律服务机构对固体废物污染环境诉讼中的受害人提供法律援助。

……

# 中华人民共和国反家庭暴力法(节录)

(2015年12月27日第十二届全国人民代表大会常务委员会第十八次会议通过,自2016年3月1日起施行)

……

**第十九条** 法律援助机构应当依法为家庭暴力受害人提供法律援助。人民法院应当依法对家庭暴力受害人缓收、减收或者免收诉讼费用。

……

# 中华人民共和国老年人权益保障法(节录)

(1996年8月29日第八届全国人民代表大会常务委员会第二十一次会议通过,根据2009年8月27日第十一届全国人民代表大会常务委员会第十次会议《关于修改部分法律的决定》第一次修正,2012年12月28日第十一届全国人民代表大会常务委员会第三十次会议修订,根据2015年4月24日第十二届全国人民代表大会常务委员会第十四次会议《关于修改〈中华人民共和国电力法〉等六部法律的决定》第二次修正)

……

**第五十五条** 老年人因其合法权益受侵害提起诉讼交纳诉讼费确有困难的,可以缓交、减交或者免交;需要获得律师帮助,但无力支付律师费用的,可以获得法律援助。

鼓励律师事务所、公证处、基层法律服务所和其他法律服务机构为经济困难的老年人提供免费或者优惠服务。

……

# 中华人民共和国农业法(节录)

(1993年7月2日第八届全国人民代表大会常务委员会第二次会议通过,2002年12月28日第九届全国人民代表大会常务委员会第三十一次会议修订,根据2009年8月27日第十一届全国人民代表大会常务委员会第十次会议《关于修改部分法律的决定》第一次修正,根据2012年12月28日第十一届全国人民代表大会常务委员会第三十次会议《关于修改〈中华人民共和国农业法〉的决定》第二次修正)

……

**第七十八条** 违反法律规定,侵犯农民权益的,农民或者农业生产经营组织可以依法申请行政复议或者向人民法院提起诉讼,有关人民政府及其有关部门或者人民法院应当依法受理。

人民法院和司法行政主管机关应当依照有关规定为农民提供法律援助。

……

# 中华人民共和国未成年人保护法(节录)

(1991年9月4日第七届全国人民代表大会常务委员会第二十一次会议通过,2006年12月29日第十届全国人民代表大会常务委员会第二十五次会议修订,根据2012年10月26日中华人民共和国第十一届全国人民代表大会常务委员会第二十九次会议《关于修改〈中华人民共和国未成年人保护法〉的决定》修正)

……

**第五十一条** 未成年人的合法权益受到侵害,依法向人民法院提起诉讼的,人民法院应当依法及时审理,并适应未成年人生理、心理特点和健康成长的需要,保障未成年人的合法权益。

在司法活动中对需要法律援助或者司法救助的未成年人,法律援助机构或者人民法院应当给予帮助,依法为其提供法律援助或者司法救助。

……

# 中华人民共和国刑事诉讼法(节录)

(1979年7月1日第五届全国人民代表大会第二次会议通过,根据1996年3月17日第八届全国人民代表大会第四次会议《关于修改〈中华人民共和国刑事诉讼法〉的决定》第一次修正,根据2012年3月14日第十一届全国人民代表大会第五次会议《关于修改〈中华人民共和国刑事诉讼法〉的决定》第二次修正)

……

**第三十四条** 犯罪嫌疑人、被告人因经济困难或者其他原因没有委托辩护人的,本人及其近亲属可以向法律援助机构提出申请。对符合法律援助条件的,法律援助机构应当指派律师为其提供辩护。

犯罪嫌疑人、被告人是盲、聋、哑人,或者是尚未完全丧失辨认或者控制自己行为能力的精神病人,没有委托辩护人的,人民法院、人民检察院和公安机关应当通知法律援助机构指派律师为其提供辩护。

犯罪嫌疑人、被告人可能被判处无期徒刑、死刑,没有委托辩护人的,人民法院、人民检察院和公安机关应当通知法律援助机构指派律师为其提供辩护。

……

**第三十七条** 辩护律师可以同在押的犯罪嫌疑人、被告人会见和通信。其他辩护人经人民法院、人民检察院许可,也可以同在押的犯罪嫌疑人、被告人会见和通信。

辩护律师持律师执业证书、律师事务所证明和委托书或者法律援助公函要求会见在押的犯罪嫌疑人、被告人的,看守所应当及时安排会见,至迟不得超过四十八小时。

危害国家安全犯罪、恐怖活动犯罪、特别重大贿赂犯罪案件,在侦查期间辩护律师会见在押的犯罪嫌疑人,应当经侦查机关许可。上述案件,侦查机关应当事先通知看守所。

辩护律师会见在押的犯罪嫌疑人、被告人,可以了解案件有关情况,提供法律咨询等;自案件移送审查起诉之日起,可以向犯罪嫌疑人、被告人核实有关证据。辩护律师会见犯罪嫌疑人、被告人时不被监听。

辩护律师同被监视居住的犯罪嫌疑人、被告人会见、通信,适用第一款、第三款、第四款的规定。

……

**第二百六十七条** 未成年犯罪嫌疑人、被告人没有委托辩护人的,人民法院、人民检察院、公安机关应当通知法律援助机构指派律师为其提供辩护。

……

**第二百八十六条** 人民法院受理强制医疗的申请后,应当组成合议庭进行审理。

人民法院审理强制医疗案件,应当通知被申请人或者被告人的法定代理人到场。被申请人或者被告人没有委托诉讼代理人的,人民法院应当通知法律援助机构指派律师为其提供法律帮助。

……

# 中华人民共和国残疾人保障法(节录)

(1990年12月28日第七届全国人民代表大会常务委员会第十七次会议通过,2008年4月24日第十一届全国人民代表大会常务委员会第二次会议修订)

……

**第六十条** 残疾人的合法权益受到侵害的,有权要求有关部门依法处理,或者依法向仲裁机构申请仲裁,或者依法向人民法院提起诉讼。

对有经济困难或者其他原因确需法律援助或者司法救助的残疾人,当地法律援助机构或者人民法院应当给予帮助,依法为其提供法律援助或者司法救助。

……

# 中华人民共和国妇女权益保障法(节录)

(1992年4月3日第七届全国人民代表大会第五次会议通过,根据2005年8月28日第十届全国人民代表大会常务委员会第十七次会议《关于修改〈中华人民共和国妇女权益保障法〉的决定》修正)

……

**第五十二条** 妇女的合法权益受到侵害的,有权要求有关部门依法处理,或者依法向仲裁机构申请仲裁,或者向人民法院起诉。

对有经济困难需要法律援助或者司法救助的妇女,当地法律援助机构或者人民法院应当给予帮助,依法为其提供法律援助或者司法救助。

……

## 二、行政法规

# 法律援助条例

(2003年7月16日国务院第15次常务会议通过,2003年7月21日中华人民共和国国务院令第385号公布,自2003年9月1日起施行)

## 第一章 总 则

**第一条** 为了保障经济困难的公民获得必要的法律服务,促进和规范法律援助工作,制定本条例。

**第二条** 符合本条例规定的公民,可以依照本条例获得法律咨询、代理、刑事辩护等无偿法律服务。

**第三条** 法律援助是政府的责任,县级以上人民政府应当采取积极措施推动法律援助工作,为法律援助提供财政支持,保障法律援助事业与经济、社会协调发展。

法律援助经费应当专款专用,接受财政、审计部门的监督。

**第四条** 国务院司法行政部门监督管理全国的法律援助工作。县级以上地方各级人民政府司法行政部门监督管理本行政区域的法律援助工作。

中华全国律师协会和地方律师协会应当按照律师协会章程对依据本条例实施的法律援助工作予以协助。

**第五条** 直辖市、设区的市或者县人民政府司法行政部门根据需要确定本行政区域的法律援助机构。

法律援助机构负责受理、审查法律援助申请,指派或者安排人员为符合本条例规定的公民提供法律援助。

**第六条** 律师应当依照律师法和本条例的规定履行法律援助义务,为受援人提供符合标准的法律服务,依法维护受援人的合法权益,接受律师协会和司法行政部门的监督。

第七条　国家鼓励社会对法律援助活动提供捐助。

第八条　国家支持和鼓励社会团体、事业单位等社会组织利用自身资源为经济困难的公民提供法律援助。

第九条　对在法律援助工作中作出突出贡献的组织和个人，有关的人民政府、司法行政部门应当给予表彰、奖励。

## 第二章　法律援助范围

第十条　公民对下列需要代理的事项，因经济困难没有委托代理人的，可以向法律援助机构申请法律援助：

（一）依法请求国家赔偿的；

（二）请求给予社会保险待遇或者最低生活保障待遇的；

（三）请求发给抚恤金、救济金的；

（四）请求给付赡养费、抚养费、扶养费的；

（五）请求支付劳动报酬的；

（六）主张因见义勇为行为产生的民事权益的。

省、自治区、直辖市人民政府可以对前款规定以外的法律援助事项作出补充规定。

公民可以就本条第一款、第二款规定的事项向法律援助机构申请法律咨询。

第十一条　刑事诉讼中有下列情形之一的，公民可以向法律援助机构申请法律援助：

（一）犯罪嫌疑人在被侦查机关第一次讯问后或者采取强制措施之日起，因经济困难没有聘请律师的；

（二）公诉案件中的被害人及其法定代理人或者近亲属，自案件移送审查起诉之日起，因经济困难没有委托诉讼代理人的；

（三）自诉案件的自诉人及其法定代理人，自案件被人民法院受理之日起，因经济困难没有委托诉讼代理人的。

第十二条　公诉人出庭公诉的案件，被告人因经济困难或者其他原因没有委托辩护人，人民法院为被告人指定辩护时，法律援助机构应当提供法律援助。

被告人是盲、聋、哑人或者未成年人而没有委托辩护人的,或者被告人可能被判处死刑而没有委托辩护人的,人民法院为被告人指定辩护时,法律援助机构应当提供法律援助,无须对被告人进行经济状况的审查。

**第十三条** 本条例所称公民经济困难的标准,由省、自治区、直辖市人民政府根据本行政区域经济发展状况和法律援助事业的需要规定。

申请人住所地的经济困难标准与受理申请的法律援助机构所在地的经济困难标准不一致的,按照受理申请的法律援助机构所在地的经济困难标准执行。

## 第三章 法律援助申请和审查

**第十四条** 公民就本条例第十条所列事项申请法律援助,应当按照下列规定提出:

(一)请求国家赔偿的,向赔偿义务机关所在地的法律援助机构提出申请;

(二)请求给予社会保险待遇、最低生活保障待遇或者请求发给抚恤金、救济金的,向提供社会保险待遇、最低生活保障待遇或者发给抚恤金、救济金的义务机关所在地的法律援助机构提出申请;

(三)请求给付赡养费、抚养费、扶养费的,向给付赡养费、抚养费、扶养费的义务人住所地的法律援助机构提出申请;

(四)请求支付劳动报酬的,向支付劳动报酬的义务人住所地的法律援助机构提出申请;

(五)主张因见义勇为行为产生的民事权益的,向被请求人住所地的法律援助机构提出申请。

**第十五条** 本条例第十一条所列人员申请法律援助的,应当向审理案件的人民法院所在地的法律援助机构提出申请。被羁押的犯罪嫌疑人的申请由看守所在 24 小时内转交法律援助机构,申请法律援助所需提交的有关证件、证明材料由看守所通知申请人的法定代理人或者近亲属协助提供。

**第十六条** 申请人为无民事行为能力人或者限制民事行为能力人的,由其法定代理人代为提出申请。

无民事行为能力人或者限制民事行为能力人与其法定代理人之间发生诉讼或者因其他利益纠纷需要法律援助的,由与该争议事项无利害关系的其他法定代理人代为提出申请。

第十七条 公民申请代理、刑事辩护的法律援助应当提交下列证件、证明材料:

(一)身份证或者其他有效的身份证明,代理申请人还应当提交有代理权的证明;

(二)经济困难的证明;

(三)与所申请法律援助事项有关的案件材料。

申请应当采用书面形式,填写申请表;以书面形式提出申请确有困难的,可以口头申请,由法律援助机构工作人员或者代为转交申请的有关机构工作人员作书面记录。

第十八条 法律援助机构收到法律援助申请后,应当进行审查;认为申请人提交的证件、证明材料不齐全的,可以要求申请人作出必要的补充或者说明,申请人未按要求作出补充或者说明的,视为撤销申请;认为申请人提交的证件、证明材料需要查证的,由法律援助机构向有关机关、单位查证。

对符合法律援助条件的,法律援助机构应当及时决定提供法律援助;对不符合法律援助条件的,应当书面告知申请人理由。

第十九条 申请人对法律援助机构作出的不符合法律援助条件的通知有异议的,可以向确定该法律援助机构的司法行政部门提出,司法行政部门应当在收到异议之日起 5 个工作日内进行审查,经审查认为申请人符合法律援助条件的,应当以书面形式责令法律援助机构及时对该申请人提供法律援助。

## 第四章 法律援助实施

第二十条 由人民法院指定辩护的案件,人民法院在开庭 10 日前将指定辩护通知书和起诉书副本或者判决书副本送交其所在地的法律援助机构;人民法院不在其所在地审判的,可以将指定辩护通知书和起诉书副本或者判决书副本送交审判地的法律援助机构。

第二十一条　法律援助机构可以指派律师事务所安排律师或者安排本机构的工作人员办理法律援助案件；也可以根据其他社会组织的要求，安排其所属人员办理法律援助案件。对人民法院指定辩护的案件，法律援助机构应当在开庭3日前将确定的承办人员名单回复作出指定的人民法院。

第二十二条　办理法律援助案件的人员，应当遵守职业道德和执业纪律，提供法律援助不得收取任何财物。

第二十三条　办理法律援助案件的人员遇有下列情形之一的，应当向法律援助机构报告，法律援助机构经审查核实的，应当终止该项法律援助：

（一）受援人的经济收入状况发生变化，不再符合法律援助条件的；

（二）案件终止审理或者已被撤销的；

（三）受援人又自行委托律师或者其他代理人的；

（四）受援人要求终止法律援助的。

第二十四条　受指派办理法律援助案件的律师或者接受安排办理法律援助案件的社会组织人员在案件结案时，应当向法律援助机构提交有关的法律文书副本或者复印件以及结案报告等材料。

法律援助机构收到前款规定的结案材料后，应当向受指派办理法律援助案件的律师或者接受安排办理法律援助案件的社会组织人员支付法律援助办案补贴。

法律援助办案补贴的标准由省、自治区、直辖市人民政府司法行政部门会同同级财政部门，根据当地经济发展水平，参考法律援助机构办理各类法律援助案件的平均成本等因素核定，并可以根据需要调整。

第二十五条　法律援助机构对公民申请的法律咨询服务，应当即时办理；复杂疑难的，可以预约择时办理。

## 第五章　法　律　责　任

第二十六条　法律援助机构及其工作人员有下列情形之一的，对直接负责的主管人员以及其他直接责任人员依法给予纪律处分：

（一）为不符合法律援助条件的人员提供法律援助，或者拒绝为符合法律援助条件的人员提供法律援助的；

(二) 办理法律援助案件收取财物的;

(三) 从事有偿法律服务的;

(四) 侵占、私分、挪用法律援助经费的。

办理法律援助案件收取的财物,由司法行政部门责令退还;从事有偿法律服务的违法所得,由司法行政部门予以没收;侵占、私分、挪用法律援助经费的,由司法行政部门责令追回,情节严重,构成犯罪的,依法追究刑事责任。

**第二十七条** 律师事务所拒绝法律援助机构的指派,不安排本所律师办理法律援助案件的,由司法行政部门给予警告、责令改正;情节严重的,给予1个月以上3个月以下停业整顿的处罚。

**第二十八条** 律师有下列情形之一的,由司法行政部门给予警告、责令改正;情节严重的,给予1个月以上3个月以下停止执业的处罚:

(一) 无正当理由拒绝接受、擅自终止法律援助案件的;

(二) 办理法律援助案件收取财物的。

有前款第(二)项违法行为的,由司法行政部门责令退还违法所得的财物,可以并处所收财物价值1倍以上3倍以下的罚款。

**第二十九条** 律师办理法律援助案件违反职业道德和执业纪律的,按照律师法的规定予以处罚。

**第三十条** 司法行政部门工作人员在法律援助的监督管理工作中,有滥用职权、玩忽职守行为的,依法给予行政处分;情节严重,构成犯罪的,依法追究刑事责任。

## 第六章 附 则

**第三十一条** 本条例自2003年9月1日起施行。

# 居住证暂行条例(节录)

(2015年10月21日国务院第109次常务会议通过,2015年11月26日中华人民共和国国务院令第663号公布,自2016年1月1日起施行)

……

**第十二条** 居住证持有人在居住地依法享受劳动就业,参加社会保险,缴存、提取和使用住房公积金的权利。县级以上人民政府及其有关部门应当为居住证持有人提供下列基本公共服务:

(一)义务教育;

(二)基本公共就业服务;

(三)基本公共卫生服务和计划生育服务;

(四)公共文化体育服务;

(五)法律援助和其他法律服务;

(六)国家规定的其他基本公共服务。

……

# 拘留所条例(节录)

(2012年2月15日国务院第192次常务会议通过,2012年2月23日中华人民共和国国务院令第614号公布,自2012年4月1日起施行)

……

**第二十六条** 拘留所保障被拘留人在拘留期间的会见权利。被拘留人应当遵守拘留所的会见管理规定。

会见被拘留人应当持有效身份证件按照规定的时间在拘留所的会见区进行。

被拘留人委托的律师会见被拘留人还应当持律师执业证书、律师事务所证明和委托书或者法律援助公函。

......

# 残疾人就业条例(节录)

(2007年2月14日国务院第169次常务会议通过,2007年2月25日中华人民共和国国务院令第488号公布,自2007年5月1日起施行)

......

**第二十四条** 残疾人职工与用人单位发生争议的,当地法律援助机构应当依法为其提供法律援助,各级残疾人联合会应当给予支持和帮助。

......

# 诉讼费用交纳办法(节录)

(2006年12月8日国务院第159次常务会议通过,2006年12月19日中华人民共和国国务院令第481号公布,自2007年4月1日起施行)

......

**第四十七条** 当事人申请司法救助,符合下列情形之一的,人民法院应当准予缓交诉讼费用:

(一)追索社会保险金、经济补偿金的;

(二)海上事故、交通事故、医疗事故、工伤事故、产品质量事故或者其他人身伤害事故的受害人请求赔偿的;

(三)正在接受有关部门法律援助的;

（四）确实需要缓交的其他情形。

……

# 信访条例(节录)

（2005年1月5日国务院第76次常务会议通过，2005年1月10日中华人民共和国国务院令第431号公布，自2005年5月1日起施行）

……

**第十三条** 设区的市、县两级人民政府可以根据信访工作的实际需要，建立政府主导、社会参与、有利于迅速解决纠纷的工作机制。

信访工作机构应当组织相关社会团体、法律援助机构、相关专业人员、社会志愿者等共同参与，运用咨询、教育、协商、调解、听证等方法，依法、及时、合理处理信访人的投诉请求。

……

# 中华人民共和国归侨侨眷权益保护法实施办法(节录)

（2004年6月4日国务院第53次常务会议通过，2004年6月23日中华人民共和国国务院令第410号公布，自2004年7月1日起施行）

……

**第二十七条** 归侨、侨眷的合法权益受到侵害的，有权要求有关主管部门依法处理，或者向人民法院起诉。对有经济困难的归侨、侨眷，当地法律援助机构应当依法为其提供法律援助。各级归国华侨联合会应当给予支持和帮助。

……

# 三、规章和司法解释

# 办理法律援助案件程序规定

(2012年2月21日司法部部务会议审议通过,2012年4月9日司法部令第124号公布,自2012年7月1日起施行)

## 第一章 总 则

**第一条** 为了规范办理法律援助案件,保证法律援助质量,根据《中华人民共和国刑事诉讼法》、《法律援助条例》等有关法律、行政法规的规定,制定本规定。

**第二条** 法律援助机构、律师事务所、基层法律服务所、其他社会组织和法律援助人员办理法律援助案件,适用本规定。

**第三条** 法律援助机构应当建立健全工作机制,为公民获得法律援助提供便利。

**第四条** 法律援助人员应当依照法律、法规及本规定,遵守有关法律服务业务规程,为受援人提供优质高效的法律服务。

**第五条** 法律援助人员应当保守在办理法律援助案件中知悉的国家秘密、商业秘密,不得泄露当事人的隐私。

**第六条** 法律援助人员办理法律援助案件,应当遵守职业道德和执业纪律,自觉接受监督。

## 第二章 受 理

**第七条** 法律援助机构应当公示办公地址、通讯方式等信息,在接待场所和司法行政政府网站上公示法律援助条件、程序、申请材料目录和申请示范文本等。

**第八条** 公民因经济困难就《法律援助条例》第十条规定的事项申请法律援助的,由义务机关所在地、义务人住所地或者被请求人住所地的法律援助机构依法受理。

《法律援助条例》第十一条规定的公民因经济困难申请刑事法律援助的,由办理案件的人民法院、人民检察院、公安机关所在地的法律援助机构受理。

申请人就同一事项向两个以上法律援助机构提出申请的,由最先收到申请的法律援助机构受理。

**第九条** 公民申请代理、刑事辩护法律援助,应当如实提交下列申请材料:

(一)法律援助申请表。填写申请表确有困难的,由法律援助机构工作人员或者转交申请的机关、单位工作人员代为填写;

(二)身份证或者其他有效的身份证明,申请代理人还应当提交有代理权的证明;

(三)法律援助申请人经济状况证明表;

(四)与所申请法律援助事项有关的案件材料。

法律援助申请人经济状况证明表应当由法律援助地方性法规、规章规定的有权出具经济困难证明的机关、单位加盖公章。无相关规定的,由申请人住所地或者经常居住地的村民委员会、居民委员会或者所在单位加盖公章。

**第十条** 申请人持有下列证件、证明材料的,无需提交法律援助申请人经济状况证明表:

(一)城市居民最低生活保障证或者农村居民最低生活保障证;

(二)农村特困户救助证;

(三)农村"五保"供养证;

(四)人民法院给予申请人司法救助的决定;

(五)在社会福利机构中由政府出资供养或者由慈善机构出资供养的证明材料;

(六)残疾证及申请人住所地或者经常居住地的村民委员会、居民委员会出具的无固定生活来源的证明材料;

(七)依靠政府或者单位给付抚恤金生活的证明材料;

(八)因自然灾害等原因导致生活出现暂时困难,正在接受政府临时救济的证明材料;

（九）法律、法规及省、自治区、直辖市人民政府规定的能够证明法律援助申请人经济困难的其他证件、证明材料。

**第十一条** 被羁押的犯罪嫌疑人、被告人、服刑人员，劳动教养人员、强制隔离戒毒人员申请法律援助的，可以通过办理案件的人民法院、人民检察院、公安机关或者所在监狱、看守所、劳动教养管理所、强制隔离戒毒所转交申请。

**第十二条** 法律援助机构受理法律援助申请后，应当向申请人出具收到申请材料的书面凭证，载明收到申请材料的名称、数量、日期。

## 第三章 审 查

**第十三条** 法律援助机构应当自受理申请之日起7个工作日内进行审查，并作出是否给予法律援助的决定；属于本规定第十四条规定情形的，可以适当延长审查期限。

法律援助机构经审查认为申请人提交的申请材料不齐全或者内容不清楚的，应当发出补充材料通知或者要求申请人作出说明。申请人补充材料、作出说明所需的时间不计入审查期限。申请人未按要求补充材料或者作出说明的，视为撤销申请。

**第十四条** 法律援助机构认为申请人提交的申请材料需要查证的，应当向有关机关、单位调查核实。

受理申请的法律援助机构需要请求异地法律援助机构协助查证的，按照本规定第二十八条的规定办理。

**第十五条** 法律援助机构经审查，对于有下列情形之一的，应当认定申请人经济困难：

（一）申请人及与其共同生活的家庭成员的人均收入符合法律援助地方性法规或者省、自治区、直辖市人民政府规定的经济困难标准的；

（二）申请事项的对方当事人是与申请人共同生活的家庭成员，申请人的个人收入符合法律援助地方性法规或者省、自治区、直辖市人民政府规定的经济困难标准的；

（三）申请人持本规定第十条规定的证件、证明材料申请法律援助，法律援助机构经审查认为真实有效的。

第十六条　法律援助机构经审查,对符合法律援助条件的,应当决定给予法律援助,并制作给予法律援助决定书;对不符合法律援助条件的,应当决定不予法律援助,并制作不予法律援助决定书。

不予法律援助决定书应当载明不予法律援助的理由及申请人提出异议的权利。

第十七条　给予法律援助决定书和不予法律援助决定书应当发送申请人;属于本规定第十一条规定情形的,法律援助机构还应当同时函告有关人民法院、人民检察院、公安机关及监狱、看守所、劳动教养管理所、强制隔离戒毒所。

第十八条　申请事项符合《法律援助条例》第十条、第十一条规定,且具有下列情形之一的,法律援助机构可以决定先行提供法律援助:

（一）距法定时效届满不足7日,需要及时提起诉讼或者申请仲裁、行政复议的;

（二）需要立即申请财产保全、证据保全或者先予执行的;

（三）其他紧急或者特殊情况。

先行提供法律援助的,受援人应当在法律援助机构确定的期限内补交规定的申请材料。法律援助机构经审查认为受援人不符合经济困难标准的,应当终止法律援助,并按照本规定第三十三条第二款的规定办理。

第十九条　申请人对法律援助机构不予法律援助的决定有异议的,可以向主管该法律援助机构的司法行政机关提出。

司法行政机关经审查认为申请人符合法律援助条件的,应当以书面形式责令法律援助机构及时对该申请人提供法律援助,同时书面告知申请人;认为申请人不符合法律援助条件的,应当维持法律援助机构不予法律援助的决定,书面告知申请人并说明理由。

## 第四章　承　　办

第二十条　对于民事、行政法律援助案件,法律援助机构应当自作出给予法律援助决定之日起7个工作日内指派律师事务所、基层法律服务所、其他社会组织安排其所属人员承办,或者安排本机构的工作人员承办。

对于刑事法律援助案件,法律援助机构应当自作出给予法律援助决定或者收到指定辩护通知书之日起3个工作日内指派律师事务所安排律师承办,或者安排本机构的法律援助律师承办。

第二十一条 法律援助机构应当根据本机构、律师事务所、基层法律服务所、其他社会组织的人员数量、资质、专业特长、承办法律援助案件的情况、受援人意愿等因素合理指派或者安排承办机构、人员。

法律援助机构、律师事务所应当指派或者安排具有一定年限刑事辩护执业经历的律师担任死刑案件的辩护人。

第二十二条 法律援助机构、律师事务所、基层法律服务所或者其他社会组织应当自指派或者安排法律援助人员之日起5个工作日内将法律援助人员姓名和联系方式告知受援人,并与受援人或者其法定代理人、近亲属签订委托代理协议,但因受援人的原因无法按时签订的除外。

第二十三条 法律援助人员应当在受委托的权限内,通过和解、调解、申请仲裁和提起诉讼等方式依法最大限度维护受援人合法权益。

法律援助人员代理受援人以和解或者调解方式解决纠纷的,应当征得受援人同意。

第二十四条 法律援助机构对公民申请的法律咨询服务,应当即时解答;复杂疑难的,可以与申请人预约择时办理。在解答法律咨询过程中,认为申请人可能符合代理或者刑事辩护法律援助条件的,应当告知其可以依法提出申请。

第二十五条 对于民事诉讼法律援助案件,法律援助人员应当告知受援人可以向人民法院申请司法救助,并提供协助。

第二十六条 法律援助人员会见受援人,应当制作会见笔录。会见笔录应当经受援人确认无误后签名或者按指印;受援人无阅读能力的,法律援助人员应当向受援人宣读笔录,并在笔录上载明。

对于指定辩护的案件,法律援助人员应当在首次会见犯罪嫌疑人、被告人时,询问是否同意为其辩护,并记录在案。犯罪嫌疑人、被告人不同意的,应当书面告知人民法院、人民检察院、公安机关和法律援助机构。

第二十七条 法律援助人员承办案件,应当根据需要依法进行调查取证,并可以根据需要请求法律援助机构出具必要的证明文件或者与有关机关、单位进行协调。

第二十八条 法律援助人员认为需要异地调查取证的,可以向作出指派或者安排的法律援助机构报告。作出指派或者安排的法律援助机构可以请求调查取证事项所在地的法律援助机构协作。

法律援助机构请求协作的,应当向被请求的法律援助机构发出协作函件,说明案件基本情况、需要调查取证的事项、办理时限等。被请求的法律援助机构应当予以协作。因客观原因无法协作的,应当向请求协作的法律援助机构书面说明理由。

**第二十九条** 对于人民法院开庭审理的刑事案件,法律援助人员应当做好开庭前准备;庭审中充分陈述、质证;庭审结束后,法律援助人员应当向人民法院提交刑事辩护或者代理书面意见。对于人民法院决定不开庭审理的指定辩护案件,法律援助人员应当自收到法律援助机构指派函之日起10日内向人民法院提交刑事辩护书面意见。对于其他不开庭审理的刑事案件,法律援助人员应当按照人民法院规定的期限提交刑事辩护或者代理书面意见。

**第三十条** 法律援助人员应当向受援人通报案件办理情况,答复受援人询问,并制作通报情况记录。

**第三十一条** 法律援助人员应当按照法律援助机构要求报告案件承办情况。

法律援助案件有下列情形之一的,法律援助人员应当向法律援助机构报告:

(一)主要证据认定、适用法律等方面有重大疑义的;

(二)涉及群体性事件的;

(三)有重大社会影响的;

(四)其他复杂、疑难情形。

**第三十二条** 受援人有证据证明法律援助人员不依法履行义务的,可以请求法律援助机构更换法律援助人员。

法律援助机构应当自受援人申请更换之日起5个工作日内决定是否更换。决定更换的,应当另行指派或者安排人员承办。对犯罪嫌疑人、被告人具有应当指定辩护的情形,人民法院、人民检察院、公安机关决定为其另行指定辩护人的,法律援助机构应当另行指派或者安排人员承办。

更换法律援助人员的,原法律援助人员所属单位应当与受援人解除或者变更委托代理协议,原法律援助人员应当与更换后的法律援助人员办理案件材料移交手续。

**第三十三条** 有下列情形之一的,应当终止法律援助:

(一)受援人不再符合法律援助经济困难标准的;

(二)案件依法终止审理或者被撤销的;

（三）受援人自行委托其他代理人或者辩护人的；

（四）受援人要求终止法律援助的；

（五）受援人利用法律援助从事违法活动的；

（六）受援人故意隐瞒与案件有关的重要事实或者提供虚假证据的；

（七）法律、法规规定应当终止的其他情形。

有上述情形的，法律援助人员应当向法律援助机构报告。法律援助机构经审查核实，决定终止法律援助的，应当制作终止法律援助决定书，并发送受援人，同时函告法律援助人员所属单位和有关机关、单位。法律援助人员所属单位应当与受援人解除委托代理协议。

受援人对法律援助机构终止法律援助的决定有异议的，按照本规定第十九条的规定办理。

**第三十四条** 法律援助人员应当自法律援助案件结案之日起30日内向法律援助机构提交立卷材料。

诉讼案件以法律援助人员收到判决书、裁定书、调解书之日为结案日。仲裁案件或者行政复议案件以法律援助人员收到仲裁裁决书、行政复议决定书原件或者复印件之日为结案日；其他非诉讼法律事务以受援人与对方当事人达成和解、调解协议之日为结案日；无相关文书的，以义务人开始履行义务之日为结案日。法律援助机构终止法律援助的，以法律援助人员所属单位收到终止法律援助决定函之日为结案日。

**第三十五条** 法律援助机构应当自收到法律援助人员提交的立卷材料之日起30日内进行审查。对于立卷材料齐全的，应当按照规定通过法律援助人员所属单位向其支付办案补贴。

**第三十六条** 作出指派的法律援助机构应当对法律援助人员提交的立卷材料及受理、审查、指派等材料进行整理，一案一卷，统一归档管理。

## 第五章 附　　则

**第三十七条** 法律援助机构、律师事务所、基层法律服务所和法律援助人员从事法律援助活动违反本规定的，依照《中华人民共和国律师法》、《法律援助条例》、《律师和律师事务所违法行为处罚办法》等法律、法规和规章的规定追究法律责任。

第三十八条　法律援助文书格式由司法部制定。

第三十九条　本规定自 2012 年 7 月 1 日起施行。

# 律师执业管理办法（节录）

（2008 年 7 月 18 日司法部令第 112 号公布，2016 年 9 月 18 日司法部令第 134 号修订）

……

第二十五条　律师可以从事下列业务：

（一）接受自然人、法人或者其他组织的委托，担任法律顾问；

（二）接受民事案件、行政案件当事人的委托，担任代理人，参加诉讼；

（三）接受刑事案件犯罪嫌疑人、被告人的委托或者依法接受法律援助机构的指派，担任辩护人，接受自诉案件自诉人、公诉案件被害人或者其近亲属的委托，担任代理人，参加诉讼；

（四）接受委托，代理各类诉讼案件的申诉；

（五）接受委托，参加调解、仲裁活动；

（六）接受委托，提供非诉讼法律服务；

（七）解答有关法律的询问、代写诉讼文书和有关法律事务的其他文书。

……

第三十八条　律师应当依照法定程序履行职责，不得以下列不正当方式影响依法办理案件：

（一）未经当事人委托或者法律援助机构指派，以律师名义为当事人提供法律服务、介入案件，干扰依法办理案件；

（二）对本人或者其他律师正在办理的案件进行歪曲、有误导性的宣传和评论，恶意炒作案件；

（三）以串联组团、联署签名、发表公开信、组织网上聚集、声援等方式或者借个案研讨之名，制造舆论压力，攻击、诋毁司法机关和司法制度；

（四）违反规定披露、散布不公开审理案件的信息、材料，或者本人、其他律师在办案过程中获悉的有关案件重要信息、证据材料。

……

第四十五条 律师应当按照国家规定履行法律援助义务,为受援人提供符合标准的法律服务,维护受援人的合法权益,不得拖延、懈怠履行或者擅自停止履行法律援助职责,或者未经律师事务所、法律援助机构同意,擅自将法律援助案件转交其他人员办理。

……

# 律师事务所管理办法(节录)

(2008年7月18日司法部令第111号公布,2012年11月30日司法部令第125号修正,2016年9月6日司法部令第133号修订)

……

第四十八条 律师事务所应当依法履行法律援助义务,及时安排本所律师承办法律援助案件,为办理法律援助案件提供条件和便利,无正当理由不得拒绝接受法律援助机构指派的法律援助案件。

……

# 公安机关办理刑事复议复核案件程序规定(节录)

(2014年9月4日公安部部长办公会议通过,2014年9月13日公安部令第133号公布,自2014年11月1日起施行)

……

第十二条 申请刑事复议、复核时,申请人应当提交下列材料:
(一)原决定书、通知书的复印件;
(二)申请刑事复核的还应当提交复议决定书复印件;
(三)申请人的身份证明复印件;

（四）诉讼代理人提出申请的，还应当提供当事人的委托书；

（五）辩护律师提出申请的，还应当提供律师执业证书复印件、律师事务所证明和委托书或者法律援助公函等材料；

（六）申请人自行收集的相关事实、证据材料。

……

# 最高人民法院关于适用《中华人民共和国刑事诉讼法》的解释（节录）

法释〔2012〕21号

（2012年11月5日最高人民法院审判委员会第1559次会议通过，2012年12月20日公布，自2013年1月1日起施行）

……

**第三十九条** 被告人没有委托辩护人的，人民法院自受理案件之日起三日内，应当告知其有权委托辩护人；被告人因经济困难或者其他原因没有委托辩护人的，应当告知其可以申请法律援助；被告人属于应当提供法律援助情形的，应当告知其将依法通知法律援助机构指派律师为其提供辩护。

告知可以采取口头或者书面方式。

**第四十条** 审判期间，在押的被告人要求委托辩护人的，人民法院应当在三日内向其监护人、近亲属或者其指定的人员转达要求。被告人应当提供有关人员的联系方式。有关人员无法通知的，应当告知被告人。

**第四十一条** 人民法院收到在押被告人提出的法律援助申请，应当在二十四小时内转交所在地的法律援助机构。

**第四十二条** 对下列没有委托辩护人的被告人，人民法院应当通知法律援助机构指派律师为其提供辩护：

（一）盲、聋、哑人；

（二）尚未完全丧失辨认或者控制自己行为能力的精神病人；

（三）可能被判处无期徒刑、死刑的人。

高级人民法院复核死刑案件,被告人没有委托辩护人的,应当通知法律援助机构指派律师为其提供辩护。

**第四十三条** 具有下列情形之一,被告人没有委托辩护人的,人民法院可以通知法律援助机构指派律师为其提供辩护:

(一)共同犯罪案件中,其他被告人已经委托辩护人;

(二)有重大社会影响的案件;

(三)人民检察院抗诉的案件;

(四)被告人的行为可能不构成犯罪;

(五)有必要指派律师提供辩护的其他情形。

**第四十四条** 人民法院通知法律援助机构指派律师提供辩护的,应当将法律援助通知书、起诉书副本或者判决书送达法律援助机构;决定开庭审理的,除适用简易程序审理的以外,应当在开庭十五日前将上述材料送达法律援助机构。

法律援助通知书应当写明案由、被告人姓名、提供法律援助的理由、审判人员的姓名和联系方式;已确定开庭审理的,应当写明开庭的时间、地点。

**第四十五条** 被告人拒绝法律援助机构指派的律师为其辩护,坚持自己行使辩护权的,人民法院应当准许。

属于应当提供法律援助的情形,被告人拒绝指派的律师为其辩护的,人民法院应当查明原因。理由正当的,应当准许,但被告人须另行委托辩护人;被告人未另行委托辩护人的,人民法院应当在三日内书面通知法律援助机构另行指派律师为其提供辩护。

**第四十六条** 审判期间,辩护人接受被告人委托的,应当在接受委托之日起三日内,将委托手续提交人民法院。

法律援助机构决定为被告人指派律师提供辩护的,承办律师应当在接受指派之日起三日内,将法律援助手续提交人民法院。

……

**第五十四条** 人民法院自受理自诉案件之日起三日内,应当告知自诉人及其法定代理人、附带民事诉讼当事人及其法定代理人,有权委托诉讼代理人,并告知如果经济困难的,可以申请法律援助。

……

**第五十八条** 诉讼代理人接受当事人委托或者法律援助机构指派后,应当在三日内将委托手续或者法律援助手续提交人民法院。

**第五十九条** 辩护人、诉讼代理人复制案卷材料的,人民法院只收取工本费;法律援助律师复制必要的案卷材料的,应当免收或者减收费用。

……

**第一百八十条** 对提起公诉的案件,人民法院应当在收到起诉书(一式八份,每增加一名被告人,增加起诉书五份)和案卷、证据后,指定审判人员审查以下内容:

(一)是否属于本院管辖;

(二)起诉书是否写明被告人的身份,是否受过或者正在接受刑事处罚,被采取强制措施的种类、羁押地点,犯罪的时间、地点、手段、后果以及其他可能影响定罪量刑的情节;

(三)是否移送证明指控犯罪事实的证据材料,包括采取技术侦查措施的批准决定和所收集的证据材料;

(四)是否查封、扣押、冻结被告人的违法所得或者其他涉案财物,并附证明相关财物依法应当追缴的证据材料;

(五)是否列明被害人的姓名、住址、联系方式;是否附有证人、鉴定人名单;是否申请法庭通知证人、鉴定人、有专门知识的人出庭,并列明有关人员的姓名、性别、年龄、职业、住址、联系方式;是否附有需要保护的证人、鉴定人、被害人名单;

(六)当事人已委托辩护人、诉讼代理人,或者已接受法律援助的,是否列明辩护人、诉讼代理人的姓名、住址、联系方式;

(七)是否提起附带民事诉讼;提起附带民事诉讼的,是否列明附带民事诉讼当事人的姓名、住址、联系方式,是否附有相关证据材料;

(八)侦查、审查起诉程序的各种法律手续和诉讼文书是否齐全;

(九)有无刑事诉讼法第十五条第二项至第六项规定的不追究刑事责任的情形。

……

**第一百八十八条** 被害人、诉讼代理人经传唤或者通知未到庭,不影响开庭审理的,人民法院可以开庭审理。

辩护人经通知未到庭,被告人同意的,人民法院可以开庭审理,但被告人属于应当提供法律援助情形的除外。

……

**第二百五十三条** 辩护人严重扰乱法庭秩序,被强行带出法庭或者被处以罚款、拘留,被告人自行辩护的,庭审继续进行;被告人要求另行委托辩护人,或者被告人属于应当提供法律援助情形的,应当宣布休庭。

**第二百五十四条** 被告人当庭拒绝辩护人辩护,要求另行委托辩护人或者指派律师的,合议庭应当准许。被告人拒绝辩护人辩护后,没有辩护人的,应当宣布休庭;仍有辩护人的,庭审可以继续进行。

有多名被告人的案件,部分被告人拒绝辩护人辩护后,没有辩护人的,根据案件情况,可以对该被告人另案处理,对其他被告人的庭审继续进行。

重新开庭后,被告人再次当庭拒绝辩护人辩护的,可以准许,但被告人不得再次另行委托辩护人或者要求另行指派律师,由其自行辩护。

被告人属于应当提供法律援助的情形,重新开庭后再次当庭拒绝辩护人辩护的,不予准许。

……

**第二百九十一条** 适用简易程序审理的案件,符合刑事诉讼法第三十四条第一款规定的,人民法院应当告知被告人及其近亲属可以申请法律援助。

……

**第四百零二条** 外国籍被告人委托律师辩护,或者外国籍附带民事诉讼原告人、自诉人委托律师代理诉讼的,应当委托具有中华人民共和国律师资格并依法取得执业证书的律师。

外国籍被告人在押的,其监护人、近亲属或者其国籍国驻华使、领馆可以代为委托辩护人。其监护人、近亲属代为委托的,应当提供与被告人关系的有效证明。

外国籍当事人委托其监护人、近亲属担任辩护人、诉讼代理人的,被委托人应当提供与当事人关系的有效证明。经审查,符合刑事诉讼法、有关司法解释规定的,人民法院应当准许。

外国籍被告人没有委托辩护人的,人民法院可以通知法律援助机构为其指派律师提供辩护。被告人拒绝辩护人辩护的,应当由其出具书面声明,或者将其口头声明记录在案。被告人属于应当提供法律援助情形的,依照本解释第四十五条规定处理。

……

**第四百七十二条** 审判时不满十八周岁的未成年被告人没有委托辩护人的,人民法院应当通知法律援助机构指派律师为其提供辩护。

**第四百七十三条** 未成年被害人及其法定代理人因经济困难或者其他原因没有委托诉讼代理人的,人民法院应当帮助其申请法律援助。

……

**第五百二十八条** 审理强制医疗案件,应当通知被申请人或者被告人的法定代理人到场。被申请人或者被告人没有委托诉讼代理人的,应当通知法律援助机构指派律师担任其诉讼代理人,为其提供法律帮助。

……

# 拘留所条例实施办法(节录)

(2012年12月3日公安部部长办公会议通过,2012年12月14日公安部令第126号公布,自2012年12月14日起施行)

……

**第五十二条** 会见被拘留人应当持有效身份证件。被拘留人委托的律师会见被拘留人还应当持律师执业证书、律师事务所证明和委托书或者法律援助公函。拘留所民警应当查验会见人员的有关证件、凭证,填写会见被拘留人登记表,及时予以安排。

会见被拘留人应当在拘留所规定的时间、区域进行,并遵守拘留所会见管理规定。被拘留人会见次数一般不超过2次,每次会见的人数不超过3人,会见时间不超过30分钟。有特殊情况要求在非会见日会见或者增加会见次数、人数和时间的,应当经拘留所领导批准。

被拘留人委托的律师会见被拘留人不受次数和时间的限制,但应当在正常工作时间进行。

对违反会见管理规定的,拘留所可以予以警告或者责令停止会见。

会见结束后,拘留所应当对被拘留人进行人身检查后送回拘室。

经被拘留人或者其亲友申请,有条件的拘留所可以安排被拘留人进行远程视频会见。

……

# 公安机关办理刑事案件程序规定(节录)

(2012年12月3日公安部部长办公会议通过,2012年12月13日公安部令第127号公布,自2013年1月1日起施行)

……

**第四十一条** 公安机关在第一次讯问犯罪嫌疑人或者对犯罪嫌疑人采取强制措施的时候,应当告知犯罪嫌疑人有权委托律师作为辩护人,并告知其如果因经济困难或者其他原因没有委托辩护律师的,可以向法律援助机构申请法律援助。告知的情形应当记录在案。

对于同案的犯罪嫌疑人委托同一名辩护律师的,或者两名以上未同案处理但实施的犯罪存在关联的犯罪嫌疑人委托同一名辩护律师的,公安机关应当要求其更换辩护律师。

……

**第四十四条** 符合下列情形之一,犯罪嫌疑人没有委托辩护人的,公安机关应当及时通知法律援助机构为犯罪嫌疑人指派辩护律师:

(一)犯罪嫌疑人是盲、聋、哑人,或者是尚未完全丧失辨认或者控制自己行为能力的精神病人;

(二)犯罪嫌疑人可能被判处无期徒刑、死刑。

**第四十五条** 公安机关收到在押的犯罪嫌疑人提出的法律援助申请后,应当在二十四小时以内将其申请转交所在地的法律援助机构,并通知申请人的监护人、近亲属或者其委托的其他人员协助提供有关证件、证明等相关材料。犯罪嫌疑人的监护人、近亲属或者其委托的其他人员地址不详无法通知的,应当在转交申请时一并告知法律援助机构。

犯罪嫌疑人拒绝法律援助机构指派的律师作为辩护人或者自行委托辩护人的,公安机关应当在三日以内通知法律援助机构。

**第四十六条** 辩护律师接受犯罪嫌疑人委托或者法律援助机构的指派后,应当及时告知公安机关并出示律师执业证书、律师事务所证明和委托书或者法律援助公函。

......

**第五十条** 辩护律师要求会见在押的犯罪嫌疑人,看守所应当在查验其律师执业证书、律师事务所证明和委托书或者法律援助公函后,在四十八小时以内安排律师会见到犯罪嫌疑人,同时通知办案部门。

侦查期间,辩护律师会见危害国家安全犯罪案件、恐怖活动犯罪案件、特别重大贿赂犯罪案件在押或者被监视居住的犯罪嫌疑人时,看守所或者监视居住执行机关还应当查验侦查机关的许可决定文书。

......

**第三百零九条** 未成年犯罪嫌疑人没有委托辩护人的,公安机关应当通知法律援助机构指派律师为其提供辩护。

......

# 人民检察院刑事诉讼规则(试行)(节录)

高检发释字〔2012〕2号

(1997年1月15日最高人民检察院第八届检察委员会第六十九次会议通过,1998年12月16日最高人民检察院第九届检察委员会第二十一次会议第一次修订,2012年10月16日最高人民检察院第十一届检察委员会第八十次会议第二次修订)

......

**第三十六条** 人民检察院侦查部门在第一次开始讯问犯罪嫌疑人或者对其采取强制措施的时候,应当告知犯罪嫌疑人有权委托辩护人,并告知其如果经济困难或者其他原因没有聘请辩护人的,可以申请法律援助。对于属于刑事诉讼法第三十四条规定情形的,应当告知犯罪嫌疑人有权获得法律援助。

人民检察院自收到移送审查起诉的案件材料之日起三日以内,公诉部门应当告知犯罪嫌疑人有权委托辩护人,并告知其如果经济困难或者其他原因没有聘请辩护人的,可以申请法律援助。对于属于刑事诉讼法第三十四条规定情形的,应当告知犯罪嫌疑人有权获得法律援助。

告知可以采取口头或者书面方式。口头告知的,应当记入笔录,由被告知人签名;书面告知的,应当将送达回执入卷。

......

**第四十一条** 人民检察院办理直接受理立案侦查案件和审查起诉案件,发现犯罪嫌疑人是盲、聋、哑或者是尚未完全丧失辨认或者控制自己行为能力的精神病人,或者可能被判处无期徒刑、死刑,没有委托辩护人的,应当及时书面通知法律援助机构指派律师为其提供辩护。

**第四十二条** 人民检察院收到在押或者被指定居所监视居住的犯罪嫌疑人提出的法律援助申请,应当在三日以内将其申请材料转交法律援助机构,并通知犯罪嫌疑人的监护人、近亲属或者其委托的其他人员协助提供有关证件、证明等相关材料。

**第四十三条** 犯罪嫌疑人拒绝法律援助机构指派的律师作为辩护人的,人民检察院应当查明拒绝的原因,有正当理由的,予以准许,但犯罪嫌疑人需另行委托辩护人;犯罪嫌疑人未另行委托辩护人的,应当书面通知法律援助机构另行指派律师为其提供辩护。

**第四十四条** 辩护人接受委托后告知人民检察院或者法律援助机构指派律师后通知人民检察院的,人民检察院案件管理部门应当及时登记辩护人的相关信息,并将有关情况和材料及时通知、移交相关办案部门。

人民检察院案件管理部门对办理业务的辩护人,应当查验其律师执业证书、律师事务所证明和授权委托书或者法律援助公函。对其他辩护人、诉讼代理人,应当查验其身份证明和授权委托书。

......

**第四十九条** 辩护律师或者经过许可的其他辩护人到人民检察院查阅、摘抄、复制本案的案卷材料,由案件管理部门及时安排,由公诉部门提供案卷材料。因公诉部门工作等原因无法及时安排的,应当向辩护人说明,并安排辩护人自即日起三个工作日以内阅卷,公诉部门应当予以配合。

查阅、摘抄、复制案卷材料,应当在人民检察院设置的专门场所进行。必要时,人民检察院可以派员在场协助。

辩护人复制案卷材料可以采取复印、拍照等方式,人民检察院只收取必需的工本费用。对于承办法律援助案件的辩护律师复制必要的案卷材料的费用,人民检察院应当根据具体情况予以减收或者免收。

......

**第五十七条** 辩护人、诉讼代理人认为公安机关、人民检察院、人民法院及其工作人员具有下列阻碍其依法行使诉讼权利的行为之一的,可以向同级或者上一级人民检察院申诉或者控告,控告检察部门应当接受并依法办理,相关办案部门应当予以配合:

(一)对辩护人、诉讼代理人提出的回避要求不予受理或者对不予回避决定不服的复议申请不予受理的;

(二)未依法告知犯罪嫌疑人、被告人有权委托辩护人的;

(三)未转达在押的或者被监视居住的犯罪嫌疑人、被告人委托辩护人的要求的;

(四)应当通知而不通知法律援助机构为符合条件的犯罪嫌疑人、被告人或者被申请强制医疗的人指派律师提供辩护或者法律援助的;

(五)在规定时间内不受理、不答复辩护人提出的变更强制措施申请或者解除强制措施要求的;

(六)未依法告知辩护律师犯罪嫌疑人涉嫌的罪名和案件有关情况的;

(七)违法限制辩护律师同在押、被监视居住的犯罪嫌疑人、被告人会见和通信的;

(八)违法不允许辩护律师查阅、摘抄、复制本案的案卷材料的;

(九)违法限制辩护律师收集、核实有关证据材料的;

(十)没有正当理由不同意辩护律师提出的收集、调取证据或者通知证人出庭作证的申请,或者不答复、不说明理由的;

(十一)未依法提交证明犯罪嫌疑人、被告人无罪或者罪轻的证据材料的;

(十二)未依法听取辩护人、诉讼代理人的意见的;

(十三)未依法将开庭的时间、地点及时通知辩护人、诉讼代理人的;

(十四)未依法向辩护人、诉讼代理人及时送达本案的法律文书或者及时告知案件移送情况的;

(十五)阻碍辩护人、诉讼代理人在法庭审理过程中依法行使诉讼权利的;

(十六)其他阻碍辩护人、诉讼代理人依法行使诉讼权利的。

辩护人、诉讼代理人认为看守所及其工作人员有阻碍其依法行使诉讼权利的行为的,向人民检察院申诉或者控告的,监所检察部门应当接收并依法办理;控告检察部门收到申诉或者控告的,应当及时移送监所检察部门办理。

……

**第四百八十五条** 人民检察院受理案件后,应当向未成年犯罪嫌疑人及其法定代理人了解其委托辩护人的情况,并告知其有权委托辩护人。

未成年犯罪嫌疑人没有委托辩护人的,人民检察院应当书面通知法律援助机构指派律师为其提供辩护。

……

# 民政信访工作办法(节录)

(2011年6月30日民政部部务会议通过,2011年7月1日民政部令第43号公布,自2011年9月1日起施行)

……

**第十六条** 各级民政部门应当建立有利于迅速解决矛盾纠纷的工作机制,可以邀请相关社会工作服务机构、法律援助机构等参与信访工作。

……

# 律师和律师事务所违法行为处罚办法(节录)

(2010年4月7日司法部部务会议审议通过,2010年4月8日司法部令第122号公布,自2010年6月1日起施行)

……

**第九条** 有下列情形之一的,属于《律师法》第四十七条第五项规定的律师"拒绝履行法律援助义务的"违法行为:

(一)无正当理由拒绝接受律师事务所或者法律援助机构指派的法律援助案件的;

(二)接受指派后,懈怠履行或者擅自停止履行法律援助职责的。

**第十条** 有下列情形之一的,属于《律师法》第四十八条第一项规定的

律师"私自接受委托、收取费用,接受委托人财物或者其他利益的"违法行为:

（一）违反统一接受委托规定或者在被处以停止执业期间,私自接受委托,承办法律事务的;

（二）违反收费管理规定,私自收取、使用、侵占律师服务费以及律师异地办案差旅费用的;

（三）在律师事务所统一收费外又向委托人索要其他费用、财物或者获取其他利益的;

（四）向法律援助受援人索要费用或者接受受援人的财物或者其他利益的。

……

第二十八条　有下列情形之一的,属于《律师法》第五十条第六项规定的律师事务所"拒绝履行法律援助义务的"违法行为:

（一）无正当理由拒绝接受法律援助机构指派的法律援助案件的;

（二）接受指派后,不按规定及时安排本所律师承办法律援助案件或者拒绝为法律援助案件的办理提供条件和便利的;

（三）纵容或者放任本所律师有本办法第九条规定的违法行为的。

……

# 律师事务所年度检查考核办法（节录）

（2010年4月7日司法部部务会议审议通过,2010年4月8日司法部令第121号公布,自2010年4月8日起施行）

……

第六条　对律师事务所进行年度检查考核,主要检查考核律师事务所遵守宪法和法律、履行法定职责、实行自律管理的情况,具体包括下列内容:

（一）律师队伍建设情况;

（二）业务活动开展情况;

（三）律师执业表现情况;

（四）内部管理情况；

（五）受行政奖惩、行业奖惩的情况；

（六）履行律师协会会员义务的情况；

（七）省、自治区、直辖市司法行政机关根据需要认为应当检查考核的其他事项。

……

**第八条** 本办法第六条第二项规定的"业务活动开展情况"，主要包括并可分解为下列事项：

（一）办理业务的数量和类别、拓展服务领域、提高服务质量以及业务收入等方面的情况；

（二）在开展业务活动中遵守法律、法规、规章和行业规范的情况；

（三）指导和监督律师代理重大案件、群体性案件的情况；

（四）对律师执业实施监督和投诉查处的情况；

（五）履行法律援助义务、参加社会服务及其他社会公益活动的情况；

（六）因执业活动受到当事人、有关部门及社会公众表扬、投诉的情况。

**第九条** 本办法第六条第三项规定的"律师执业表现情况"，主要包括并可分解为下列事项：

（一）律师在执业活动中遵守法律、法规和规章，遵守职业道德、执业纪律和执业行为规范的情况；

（二）律师履行法律援助义务、参加社会服务及其他社会公益活动的情况；

（三）律师受行政奖惩、行业奖惩的情况；

（四）律师执业年度考核的情况。

……

**第十六条** 律师事务所接受年度检查考核，应当在完成对本所律师执业年度考核和本所执业、管理情况总结后，依据本办法规定的检查考核内容，按照规定时间，向所在地的县级司法行政机关报送本所上一年度执业情况报告和对本所律师执业年度考核的情况，并提交下列材料：

（一）年度财务审计报告；

（二）开展业务活动的统计报表；

（三）纳税凭证；

（四）年度内被获准的重大变更事项的批件；

（五）获得行政或者行业表彰奖励、受到行政处罚或者行业惩戒的证明材料；

（六）建立执业风险、事业发展等基金的证明材料；

（七）为聘用律师和辅助人员办理养老、失业、医疗等社会保险的证明材料；

（八）履行法律援助义务、参加社会服务及其他社会公益活动的证明材料；

（九）履行律师协会会员义务的证明材料；

（十）省、自治区、直辖市司法行政机关要求提供的其他材料。

……

# 律师和律师事务所执业证书管理办法

（2009年9月1日司法部部务会议审议通过，2009年9月21日司法部令第119号公布，自2009年9月21日起施行）

第一条　为了规范和加强律师执业证书和律师事务所执业许可证书（以下统称"执业证书"）的管理，根据《中华人民共和国律师法》的有关规定，结合律师工作管理实际，制定本办法。

第二条　律师执业证书是律师依法获准执业的有效证件。

律师事务所执业证书是律师事务所依法获准设立并执业的有效证件。

第三条　律师执业证书包括适用于专职、兼职律师的"律师执业证"和适用于香港、澳门、台湾居民在内地（大陆）从事律师职业的"律师执业证"两种。

律师事务所执业证书包括律师事务所执业许可证书、律师事务所分所执业许可证书。律师事务所（含律师事务所分所，下同）执业证书分为正本和副本，正本和副本具有同等的法律效力。

第四条　律师和律师事务所执业证书应当载明的内容、制作的规格式样、证号编制办法由司法部规定。执业证书由司法部统一制作。

律师和律师事务所执业证书制作时印制执业证书流水号。省、自治区、直辖市司法行政机关颁发、注销或者换发、补发执业证书，应当登记执业证书流水号。

**第五条** 省、自治区、直辖市司法行政机关领取空白执业证书,应当于每年年初向司法部提出申领报告,并提交《律师和律师事务所执业证书发放使用情况统计表》及相关登记表。

**第六条** 省、自治区、直辖市司法行政机关应当自作出准予律师执业决定或者准予律师事务所设立决定之日起十日内,向申请人颁发执业证书。

执业证书应当加盖发证机关印章,在律师执业证书持证人照片处应当加盖发证机关钢印。

**第七条** 律师、律师事务所应当妥善保管执业证书,不得变造、涂改、抵押、出借、出租和故意损毁。

**第八条** 律师、律师事务所应当依法使用执业证书。律师执业应当出示律师执业证书。律师事务所应当将执业证书正本悬挂于执业场所的醒目位置;执业证书副本用于接受查验。

**第九条** 律师申请变更执业机构的,变更审核机关应当自作出准予变更决定之日起十日内为申请人换发律师执业证书。

律师事务所变更名称、负责人、组织形式、住所等事项的,变更审核或者备案机关应当自作出准予变更决定或者备案之日起十日内,为律师事务所办理执业证书变更事项登记或者换发执业证书。

**第十条** 律师、律师事务所因执业证书损毁等原因,导致执业证书无法使用的,应当申请换发执业证书。

换发执业证书,应当向设区的市级或者直辖市的区(县)司法行政机关提出申请,由其在收到申请之日起五日内完成审查,并上报原发证机关。原发证机关应当自收到申请之日起十日内完成审查,符合规定的,为申请人换发执业证书;不符合规定的,不予换发执业证书,并向申请人说明理由。

准予换发执业证书的,申请人在领取新的执业证书时,应当将原执业证书交回原发证机关。

**第十一条** 执业证书遗失的,律师或者律师事务所应当及时报告所在地县(区)司法行政机关,并在省级以上报刊或者发证机关指定网站上刊登遗失声明。遗失声明应当载明遗失的执业证书的种类、持证人姓名(名称)、执业证号和执业证书流水号。

律师、律师事务所申请补发执业证书的,按照本办法第十条第二款规定的程序办理。申请时应当同时提交已刊登遗失声明的证明材料。

**第十二条** 设区的市级或者直辖市的区(县)司法行政机关于每年完成对律师事务所年度检查考核后,应当在律师事务所和律师执业证书相应栏目内填写考核年度、考核结果、考核(备案)机关、考核(备案)日期;在律师事务所执业证书副本上加盖"律师事务所年度检查考核"专用章,在律师执业证书上加盖"律师年度考核备案"专用章。

**第十三条** 律师受到停止执业处罚、律师事务所受到停业整顿处罚的,由作出处罚决定的司法行政机关或者由其委托的下一级司法行政机关在宣布或者送达处罚决定时扣缴被处罚律师、律师事务所的执业证书。处罚期满予以发还。

**第十四条** 司法行政机关依法对律师事务所违法行为给予行政处罚的,作出处罚决定的司法行政机关应当自决定之日起十五日内,将处罚的内容登记在该律师事务所执业证书副本上。

**第十五条** 律师、律师事务所被依法撤销执业许可或者被吊销执业证书的,由作出撤销或者处罚决定的司法行政机关或者由其委托的下一级司法行政机关在宣布或者送达撤销或者处罚决定时收缴该律师、律师事务所的执业证书,并依照规定程序予以注销。

律师、律师事务所因其他原因终止执业,需要注销其执业证书的,该律师、律师事务所应当将执业证书上交其所在地县(区)司法行政机关,由其按照规定程序交原发证机关予以注销。

律师、律师事务所被撤销执业许可、被吊销执业证书或者因其他原因终止执业,拒不上交执业证书的,由原发证机关公告注销其执业证书。

**第十六条** 省、自治区、直辖市司法行政机关应当及时将注销、作废的执业证书销毁。

**第十七条** 省、自治区、直辖市司法行政机关应当将颁发、注销、换发、补发、作废和销毁执业证书的情况按年度登记造册,填制执业证书发放使用情况统计表,报司法部备案。

**第十八条** 律师、律师事务所对执业证书保管不善或者违法使用执业证书的,由所在地县(区)司法行政机关给予批评教育,责令改正;情节严重的,由设区的市级或者直辖市的区(县)司法行政机关依法给予相应的处罚。

**第十九条** 司法行政机关工作人员在发放、管理执业证书的工作中,违反《律师法》、《律师执业管理办法》、《律师事务所管理办法》和本办法规定,滥用职权、玩忽职守的,应当依法给予行政处分;构成犯罪的,依法追究刑事责任。

**第二十条** 司法行政机关应当建立律师和律师事务所执业证书信息管理系统,根据执业证书颁发、注销及其他有关变更情况适时进行更新,为公民、法人、其他社会组织和国家机关提供有关执业证书信息查询服务。

**第二十一条** 对公职律师、公司律师、法律援助律师的律师工作证的管理,参照本办法执行。

军队律师工作证的管理办法,另行制定。

**第二十二条** 本办法自发布之日起施行。

# 公证程序规则(节录)

(2006年5月10日司法部部务会议审议通过,2006年5月18日司法部令第103号公布,自2006年7月1日起施行)

……

**第二十二条** 公证机构受理公证申请后,应当按照规定向当事人收取公证费。公证办结后,经核定的公证费与预收数额不一致的,应当办理退还或者补收手续。

对符合法律援助条件的当事人,公证机构应当按照规定减收或者免收公证费。

……

# 最高人民法院关于对经济确有困难的当事人提供司法救助的规定(节录)

(2000年7月12日最高人民法院审判委员会第1124次会议通过,2005年4月5日最高人民法院审判委员会第1347次会议修订)

……

**第三条** 当事人符合本规定第二条并具有下列情形之一的,可以向人民法院申请司法救助:

(一)追索赡养费、扶养费、抚育费、抚恤金的;

(二)孤寡老人、孤儿和农村"五保户";

(三)没有固定生活来源的残疾人、患有严重疾病的人;

(四)国家规定的优抚、安置对象;

(五)追索社会保险金、劳动报酬和经济补偿金的;

(六)交通事故、医疗事故、工伤事故、产品质量事故或者其他人身伤害事故的受害人,请求赔偿的;

(七)因见义勇为或为保护社会公共利益致使自己合法权益受到损害,本人或者近亲属请求赔偿或经济补偿的;

(八)进城务工人员追索劳动报酬或其他合法权益受到侵害而请求赔偿的;

(九)正在享受城市居民最低生活保障、农村特困户救济或者领取失业保险金,无其他收入的;

(十)因自然灾害等不可抗力造成生活困难,正在接受社会救济,或者家庭生产经营难以为继的;

(十一)起诉行政机关违法要求农民履行义务的;

(十二)正在接受有关部门法律援助的;

(十三)当事人为社会福利机构、敬老院、优抚医院、精神病院、SOS儿童村、社会救助站、特殊教育机构等社会公共福利单位的;

(十四)其他情形确实需要司法救助的。

……

# 监狱教育改造工作规定(节录)

(2003年6月3日司法部部长办公会议审议通过,2003年6月13日司法部令第79号公布,自2003年8月1日起施行)

……

**第四十二条** 监狱应当为罪犯获得法律援助提供帮助,联系、协调当地法律援助机构为罪犯提供法律援助服务。

……

# 最高人民法院关于刑事再审案件开庭审理程序的具体规定(试行)(节录)

法释〔2001〕31号

(2001年10月18日最高人民法院审判委员会第1196次会议通过,2001年12月26日公布,自2002年1月1日起施行)

……

**第九条** 人民法院在开庭审理前,应当进行下列工作:

(一)确定合议庭的组成人员;

(二)将再审决定书、申诉书副本至迟在开庭三十日前,重大、疑难案件至迟在开庭六十日前送达同级人民检察院,并通知其查阅案卷和准备出庭;

(三)将再审决定书或抗诉书副本至迟在开庭三十日以前送达原审被告人(原审上诉人),告知其可以委托辩护人,或者依法为其指定承担法律援助义务的律师担任辩护人；

（四）至迟在开庭十五日前，重大、疑难案件至迟在开庭六十日前，通知辩护人查阅案卷和准备出庭；

（五）将开庭的时间、地点在开庭七日以前通知人民检察院；

（六）传唤当事人，通知辩护人、诉讼代理人、证人、鉴定人和翻译人员，传票和通知书至迟在开庭七日以前送达；

（七）公开审判的案件，在开庭七日以前先期公布案由、原审被告人（原审上诉人）姓名、开庭时间和地点。

……

# 基层法律服务所管理办法（节录）

（2000年3月30日司法部部长办公会议通过，2000年3月31日司法部令第59号公布，自2000年3月31日起施行）

……

**第二十九条** 基层法律服务所组织基层法律服务工作者开展业务活动，应当遵守下列要求：

（一）严格执行司法部关于基层法律服务业务范围、工作原则和服务程序的规定，建立统一收案、统一委派、疑难法律事务集体讨论、重要案件报告等项制度；

（二）建立对基层法律服务工作者遵守职业道德、执业纪律和服务质量、效率的检查、监督、考评和处分制度；

（三）自觉接受委托人和社会的监督；

（四）统一收费，公开收费项目和收费标准，严格遵守基层法律服务收费管理制度；

（五）对符合规定条件的当事人应当履行法律援助义务；

（六）建立健全基层法律服务业务档案管理制度。

……

# 基层法律服务工作者管理办法(节录)

(2000年3月30日司法部部长办公会议通过,2000年3月31日司法部令第60号公布,自2000年3月31日起施行)

……

**第四十条** 基层法律服务工作者应当依照有关规定履行法律援助义务。

……

**第五十五条** 基层法律服务工作者有下列行为之一的,由所在地的县级司法行政机关予以警告;有违法所得的,按照法律、法规的规定没收违法所得,并由地级司法行政机关处以违法所得三倍以下的罚款,但罚款数额最高不得超过三万元:

(一)以贬损他人、抬高自己、虚假承诺或者支付介绍费等不正当手段争揽业务的;

(二)曾担任法官的基层法律服务工作者,在离任不满二年内担任原任职法院审理的诉讼案件的代理人的;

(三)冒用律师名义执业的;

(四)同时在基层法律服务所和律师事务所或者公证机构执业,或者同时在两个以上基层法律服务所执业的;

(五)无正当理由拒绝履行法律援助义务的;

(六)明知委托人的要求是非法的、欺诈性的,仍为其提供帮助的;

(七)在代理活动中超越代理权限或者滥用代理权,侵犯被代理人合法权益的;

(八)在同一诉讼、仲裁、行政裁决中,为双方当事人或者有利害关系的第三人代理的;

(九)不遵守与当事人订立的委托合同,拒绝或者疏怠履行法律服务义务,损害委托人合法权益的;

(十)在调解、代理、法律顾问等执业活动中压制、侮辱、报复当事人、造成恶劣影响的；

（十一）故意泄露当事人的商业秘密或者个人隐私的；

（十二）以影响案件审判、仲裁或者行政裁定结果为目的，违反规定会见有关司法、仲裁或者行政执法人员，或者向其请客送礼的；

（十三）私自接受委托承办法律事务，或者私自收取费用，或者向委托人索要额外报酬的；

（十四）在代理活动中收受对方当事人、利害关系人财物或者与其恶意串通，损害委托人合法权益的；

（十五）违反司法、仲裁、行政执法工作有关制度规定，干扰或者阻碍司法、仲裁、行政执法工作正常进行的；

（十六）泄露在执业中知悉的国家秘密的；

（十七）伪造、隐匿、毁灭证据或者故意协助委托人伪造、隐匿、毁灭证据的；

（十八）向有关司法人员、仲裁人员或者行政执法人员行贿，或者指使、诱导委托人向其行贿的；

（十九）法律、法规、规章规定应予处罚的其他行为。

司法行政机关对基层法律服务工作者实施上述行政处罚的同时，应当责令其改正。

……

# 四、规范性文件

## （一）综合类

# 最高人民法院、司法部关于开展刑事案件律师辩护全覆盖试点工作的办法

（2017年10月9日 司发通〔2017〕106号）

为推进以审判为中心的刑事诉讼制度改革，加强人权司法保障，促进司法公正，充分发挥律师在刑事案件审判中的辩护作用，开展刑事案件审判阶段律师辩护全覆盖试点工作，根据刑事诉讼法等法律法规，结合司法工作实际，制定本办法。

第一条　被告人有权获得辩护。人民法院、司法行政机关应当保障被告人及其辩护律师依法享有的辩护权和其他诉讼权利。

第二条　被告人除自己行使辩护权外，有权委托律师作为辩护人。

被告人具有刑事诉讼法第三十四条、第二百六十七条规定应当通知辩护情形，没有委托辩护人的，人民法院应当通知法律援助机构指派律师为其提供辩护。

除前款规定外，其他适用普通程序审理的一审案件、二审案件、按照审判监督程序审理的案件，被告人没有委托辩护人的，人民法院应当通知法律援助机构指派律师为其提供辩护。

适用简易程序、速裁程序审理的案件，被告人没有辩护人的，人民法院应当通知法律援助机构派驻的值班律师为其提供法律帮助。

在法律援助机构指派的律师或者被告人委托的律师为被告人提供辩护前，被告人及其近亲属可以提出法律帮助请求，人民法院应当通知法律援助机构派驻的值班律师为其提供法律帮助。

第三条　人民法院自受理案件之日起三日内，应当告知被告人有权委托辩护人以及获得值班律师法律帮助。被告人具有本办法第二条第二款、第三款规定情形的，人民法院应当告知其如果不委托辩护人，将通知法律援助机构指派律师为其提供辩护。

第四条　人民法院通知辩护的，应当将通知辩护公函以及起诉书、判决书、抗诉书、申诉立案通知书副本或者复印件送交法律援助机构。

通知辩护公函应当载明被告人的姓名、指控的罪名、羁押场所或者住所、通知辩护的理由、审判人员姓名和联系方式等；已确定开庭审理的，通知辩护公函应当载明开庭的时间、地点。

**第五条** 法律援助机构应当自收到通知辩护公函或者作出给予法律援助决定之日起三日内，确定承办律师并函告人民法院。

法律援助机构出具的法律援助公函应当载明辩护律师的姓名、所属单位及联系方式。

人民法院通知辩护公函内容不齐全或者通知辩护材料不齐全的，法律援助机构应当商请人民法院予以补充；人民法院未在开庭十五日前将本办法第四条第一款规定的材料补充齐全，可能影响辩护律师履行职责的，法律援助机构可以商请人民法院变更开庭日期。

**第六条** 按照本办法第二条第二款规定应当通知辩护的案件，被告人拒绝法律援助机构指派的律师为其辩护的，人民法院应当查明拒绝的原因，有正当理由的，应当准许，同时告知被告人需另行委托辩护人。被告人未另行委托辩护人的，人民法院应当及时通知法律援助机构另行指派律师为其提供辩护。

按照本办法第二条第三款规定应当通知辩护的案件，被告人坚持自己辩护，拒绝法律援助机构指派的律师为其辩护，人民法院准许的，法律援助机构应当作出终止法律援助的决定；对于有正当理由要求更换律师的，法律援助机构应当另行指派律师为其提供辩护。

**第七条** 司法行政机关和律师协会统筹调配律师资源，为法律援助工作开展提供保障。本地律师资源不能满足工作开展需要的，司法行政机关可以申请上一级司法行政机关给予必要支持。

有条件的地方可以建立刑事辩护律师库，为开展刑事案件律师辩护全覆盖试点工作提供支持。

**第八条** 建立多层次经费保障机制，加强法律援助经费保障，确保经费保障水平适应开展刑事案件律师辩护全覆盖试点工作需要。

司法行政机关协调财政部门根据律师承办刑事案件成本、基本劳务费用、服务质量、案件难易程度等因素，合理确定、适当提高办案补贴标准并及时足额支付。

有条件的地方可以开展政府购买法律援助服务。

**第九条** 探索实行由法律援助受援人分担部分法律援助费用。

实行费用分担法律援助的条件、程序、分担标准等，由省级司法行政机关综合当地经济发展水平、居民收入状况、办案补贴标准等因素确定。

**第十条** 司法行政机关、律师协会应当鼓励和支持律师开展刑事辩护业务,组织资深骨干律师办理刑事法律援助案件,发挥优秀律师在刑事辩护领域的示范作用,组织刑事辩护专项业务培训,开展优秀刑事辩护律师评选表彰活动,推荐优秀刑事辩护律师公开选拔为立法工作者、法官、检察官,建立律师开展刑事辩护业务激励机制,充分调动律师参与刑事辩护工作积极性。

**第十一条** 第二审人民法院发现第一审人民法院未履行通知辩护职责,导致被告人在审判期间未获得律师辩护的,应当认定符合刑事诉讼法第二百二十七条第三项规定的情形,裁定撤销原判,发回原审人民法院重新审判。

**第十二条** 人民法院未履行通知辩护职责,或者法律援助机构未履行指派律师等职责,导致被告人审判期间未获得律师辩护的,依法追究有关人员责任。

**第十三条** 人民法院应当依法保障辩护律师的知情权、申请权、申诉权,以及会见、阅卷、收集证据和发问、质证、辩论等方面的执业权利,为辩护律师履行职责,包括查阅、摘抄、复制案卷材料等提供便利。

**第十四条** 人民法院作出召开庭前会议、延期审理、二审不开庭审理、宣告判决等重大程序性决定的,应当依法及时告知辩护律师。人民法院应当依托中国审判流程信息公开网,及时向辩护律师公开案件的流程信息。

**第十五条** 辩护律师提出阅卷要求的,人民法院应当当时安排辩护律师阅卷,无法当时安排的,应当向辩护律师说明原因并在无法阅卷的事由消除后三个工作日以内安排阅卷,不得限制辩护律师合理的阅卷次数和时间。有条件的地方可以设立阅卷预约平台,推行电子化阅卷,允许刻录、下载材料。辩护律师复制案卷材料的,人民法院只收取工本费。法律援助机构指派的律师复制案卷材料的费用予以免收或者减收。

辩护律师可以带一至二名律师助理协助阅卷,人民法院应当核实律师助理的身份。律师发现案卷材料不完整、不清晰等情况时,人民法院应当及时安排核对、补充。

**第十六条** 辩护律师申请人民法院收集、调取证据的,人民法院应当在三日以内作出是否同意的决定,并通知辩护律师。人民法院同意的,应当及时收集、调取相关证据。人民法院不同意的,应当说明理由;辩护律师要求书面答复的,应当书面说明理由。

第十七条 被告人、辩护律师申请法庭通知证人、鉴定人、有专门知识的人出庭作证的,法庭认为有必要的应当同意;法庭不同意的,应当书面向被告人及辩护律师说明理由。

第十八条 人民法院应当重视律师辩护意见,对于律师依法提出的辩护意见未予采纳的,应当作出有针对性的分析,说明不予采纳的理由。

第十九条 人民法院、司法行政机关和律师协会应当建立健全维护律师执业权利快速处置机制,畅通律师维护执业权利救济渠道。人民法院监察部门负责受理律师投诉。人民法院应当在官方网站、办公场所公开受理机构名称、电话、来信来访地址,及时反馈调查处理结果,切实提高维护律师执业权利的及时性和有效性,保障律师执业权利不受侵害。

第二十条 辩护律师应当坚持以事实为依据、以法律为准绳,依法规范诚信履行辩护代理职责,勤勉尽责,不断提高辩护质量和工作水平,切实维护当事人合法权益、促进司法公正。

在审判阶段,接受法律援助机构指派承办刑事法律援助案件的律师应当会见被告人并制作会见笔录,应当阅卷并复制主要的案卷材料。

对于人民法院开庭审理的案件,辩护律师应当做好开庭前的准备;参加全部庭审活动,充分质证、陈述;发表具体的、有针对性的辩护意见,并向人民法院提交书面辩护意见。对于人民法院不开庭审理的案件,辩护律师应当自收到人民法院不开庭通知之日起十日内向人民法院提交书面辩护意见。

第二十一条 辩护律师应当遵守法律法规、执业行为规范和法庭纪律,不得煽动、教唆和组织被告人监护人、近亲属等以违法方式表达诉求;不得恶意炒作案件,对案件进行歪曲、有误导性的宣传和评论;不得违反规定披露、散布不公开审理案件的信息、材料,或者在办案过程中获悉的案件重要信息、证据材料;不得违规会见被告人,教唆被告人翻供;不得帮助被告人隐匿、毁灭、伪造证据或者串供,威胁、引诱证人作伪证,以及其他干扰司法机关诉讼活动的行为。

第二十二条 司法行政机关和律师协会应当对律师事务所、律师开展刑事辩护业务进行指导监督,并根据律师事务所、律师履行法律援助义务情况实施奖励和惩戒。

法律援助机构、律师事务所应当对辩护律师开展刑事辩护活动进行指导监督,促进辩护律师依法履行辩护职责。

人民法院在案件办理过程中发现辩护律师有违法或者违反职业道德、

执业纪律的行为,应当及时向司法行政机关、律师协会提出司法建议,并固定移交相关证据材料,提供必要的协助。司法行政机关、律师协会核查后,应当将结果及时通报建议机关。

第二十三条 人民法院和司法行政机关应当加强协调,做好值班律师、委托辩护要求转达、通知辩护等方面的衔接工作,探索建立工作对接网上平台,建立定期会商通报机制,及时沟通情况,协调解决问题,促进刑事案件律师辩护全覆盖试点工作有效开展。

第二十四条 办理刑事案件,本办法有规定的,按照本办法执行;本办法没有规定的,按照《中华人民共和国刑事诉讼法》《中华人民共和国律师法》《最高人民法院关于适用〈中华人民共和国刑事诉讼法〉的解释》《法律援助条例》《办理法律援助案件程序规定》《关于刑事诉讼法律援助工作的规定》《关于依法保障律师执业权利的规定》等法律法规、司法解释、规章和规范性文件执行。

第二十五条 本办法自发布之日起试行一年。

第二十六条 本办法在北京、上海、浙江、安徽、河南、广东、四川、陕西省(直辖市)试行。试点省(直辖市)可以在全省(直辖市)或者选择部分地区开展试点工作。

# 最高人民法院、司法部关于开展律师调解试点工作的意见

(2017年9月30日 司发通〔2017〕105号)

北京、黑龙江、上海、浙江、安徽、福建、山东、湖北、湖南、广东、四川省(直辖市)高级人民法院、司法厅(局):

为贯彻落实《中共中央关于全面推进依法治国若干重大问题的决定》以及中共中央办公厅、国务院办公厅《关于完善矛盾纠纷多元化解机制的意见》《关于深化律师制度改革的意见》和最高人民法院《关于人民法院进一步深化多元化纠纷解决机制改革的意见》,充分发挥律师在预防和化解矛盾纠纷中的专业优势、职业优势和实践优势,健全完善律师调解制度,推动形成中国特色的多元化纠纷解决体系,现就开展律师调解试点工作提出

以下意见。

## 一、总体要求

1. 指导思想。全面贯彻党的十八大和十八届三中、四中、五中、六中全会精神,深入贯彻习近平总书记系列重要讲话和对律师工作的重要指示精神,围绕全面推进依法治国总目标,深化多元化纠纷解决机制改革,健全诉调对接工作机制,充分发挥律师职能作用,建立律师调解工作模式,创新律师调解方式方法,有效化解各类矛盾纠纷,维护当事人合法权益,促进社会公平正义,维护社会和谐稳定。

2. 基本原则。

——坚持依法调解。律师调解工作应当依法进行,不得违反法律法规的禁止性规定,不得损害国家利益、社会公共利益和当事人及其他利害关系人的合法权益。

——坚持平等自愿。律师开展调解工作,应当充分尊重各方当事人的意愿,尊重当事人对解决纠纷程序的选择权,保障其诉讼权利。

——坚持调解中立。律师调解应当保持中立,不得有偏向任何一方当事人的言行,维护调解结果的客观性、公正性和可接受性。

——坚持调解保密。除当事人一致同意或法律另有规定的外,调解事项、调解过程、调解协议内容等一律不公开,不得泄露当事人的个人隐私或商业秘密。

——坚持便捷高效。律师运用专业知识开展调解工作,应当注重工作效率,根据纠纷的实际情况,灵活确定调解方式方法和程序,建立便捷高效的工作机制。

——坚持有效对接。加强律师调解与人民调解、行政调解、行业调解、商事调解、诉讼调解等有机衔接,充分发挥各自特点和优势,形成程序衔接、优势互补、协作配合的纠纷解决机制。

## 二、建立律师调解工作模式

律师调解是指律师、依法成立的律师调解工作室或者律师调解中心作为中立第三方主持调解,协助纠纷各方当事人通过自愿协商达成协议解决争议的活动。

3. 在人民法院设立律师调解工作室。试点地区的各级人民法院要将律师调解与诉讼服务中心建设结合起来,在人民法院诉讼服务中心、诉调对接中心或具备条件的人民法庭设立律师调解工作室,配备必要的工作设施和工作场所。

4.在公共法律服务中心(站)设立律师调解工作室。试点地区的县级公共法律服务中心、乡镇公共法律服务站应当设立专门的律师调解工作室,由公共法律服务中心(站)指派律师调解员提供公益性调解服务。

5.在律师协会设立律师调解中心。试点地区的省级、设区的市级律师协会设立律师调解中心。律师调解中心在律师协会的指导下,组织律师作为调解员,接受当事人申请或人民法院移送,参与矛盾化解和纠纷调解。

6.律师事务所设立调解工作室。鼓励和支持有条件的律师事务所设立调解工作室,组成调解团队,可以将接受当事人申请调解作为一项律师业务开展,同时可以承接人民法院、行政机关移送的调解案件。

**三、健全律师调解工作机制**

7.明确律师调解案件范围。律师调解可以受理各类民商事纠纷,包括刑事附带民事纠纷的民事部分,但是婚姻关系、身份关系确认案件以及其他依案件性质不能进行调解的除外。

8.建立健全律师调解工作资质管理制度。试点地区省级司法行政机关、律师协会会同人民法院研究制定管理办法,明确承办律师调解工作的律师事务所和律师资质条件,包括人员规模、执业年限、办案数量、诚信状况等。司法行政机关、律师协会会同人民法院建立承办律师调解工作的律师事务所和律师调解员名册。

9.规范律师调解工作程序。人民法院、公共法律服务中心(站)、律师协会和律师事务所应当向当事人提供承办律师调解工作的律师事务所和律师调解员名册,并在公示栏、官方网站等平台公开名册信息,方便当事人查询和选择。

律师事务所和律师接受相关委托代理或参与矛盾纠纷化解时,应当告知当事人优先选择调解或其他非诉讼方式解决纠纷。

律师调解一般由一名调解员主持。对于重大、疑难、复杂或者当事人要求由两名以上调解员共同调解的案件,可以由两名以上调解员调解,并由律师调解工作室或律师调解中心指定一名调解员主持。当事人具有正当理由的,可以申请更换律师调解员。律师调解员根据调解程序依法开展调解工作,律师调解的期限为30日,双方当事人同意延长调解期限的,不受此限。经调解达成协议的,出具调解协议书;期限届满无法达成调解协议,当事人不同意继续调解的,终止调解。

律师调解员组织调解,应当用书面形式记录争议事项和调解情况,并经双方当事人签字确认。律师调解工作室或律师调解中心应当建立完整的电子及纸质书面调解档案,供当事人查询。调解程序终结时,当事人未达成调解协议的,律师调解员在征得各方当事人同意后,可以用书面形式记载调解过程中双方没有争议的事实,并由当事人签字确认。在诉讼程序中,除涉及国家利益、社会公共利益和他人合法权益的外,当事人无需对调解过程中已确认的无争议事实举证。

在公共法律服务中心(站)、律师协会和律师事务所设立的律师调解组织受理当事人直接申请,主持调解纠纷的,参照上述程序开展。

10. 鼓励调解协议即时履行。经律师调解工作室或律师调解中心调解,当事人达成调解协议的,律师调解员应当鼓励和引导当事人及时履行协议。当事人无正当理由拒绝或者拖延履行的,调解和执行的相关费用由未履行协议一方当事人全部或部分负担。

11. 完善调解协议与支付令对接机制。经律师调解达成的和解协议、调解协议中,具有金钱或者有价证券给付内容的,债权人依据民事诉讼法及其司法解释的规定,向有管辖权的基层人民法院申请支付令的,人民法院应当依法发出支付令;债务人未在法定期限内提出书面异议且逾期不履行支付令的,人民法院可以强制执行。

12. 完善调解协议司法确认程序。经律师调解工作室或律师调解中心调解达成的具有民事合同性质的协议,当事人可以向律师调解工作室或律师调解中心所在地基层人民法院或者人民法庭申请确认其效力,人民法院应当依法确认调解协议效力。

13. 建立律师调解员回避制度。律师调解员具有以下情形的,当事人有权申请回避:系一方当事人或者其代理人的近亲属的;与纠纷有利害关系的;与纠纷当事人、代理人有其他关系,可能影响公正调解的。律师调解员具有上述情形,当事人要求回避的,律师调解员应当回避,当事人没有要求回避的,律师调解员应当及时告知当事人并主动回避。当事人一致同意继续调解的,律师调解员可以继续主持调解。

律师调解员不得再就该争议事项或与该争议有密切联系的其他纠纷接受一方当事人的委托,担任仲裁或诉讼的代理人,也不得担任该争议事项后续解决程序的人民陪审员、仲裁员、证人、鉴定人以及翻译人员等。

14. 建立科学的经费保障机制。在律师事务所设立的调解工作室受理当事人直接申请调解纠纷的,可以按照有偿和低价的原则向双方当事人收取调解费,一方当事人同意全部负担的除外。调解费的收取标准和办法由各试点地区根据实际情况确定,并报相关部门批准备案。

在公共法律服务中心(站)设立的律师调解工作室和在律师协会设立的律师调解中心受理当事人直接申请调解纠纷的,由司法行政机关、律师协会通过政府采购服务的方式解决经费。律师调解员调解法律援助案件的经费,由法律援助机构通过政府采购服务渠道予以解决。

在人民法院设立律师调解工作室的,人民法院应根据纠纷调解的数量、质量与社会效果,由政府采购服务渠道解决调解经费,并纳入人民法院专项预算,具体办法由各试点地区根据实际情况确定。

15. 发挥诉讼费用杠杆作用。当事人达成和解协议申请撤诉的,人民法院免收诉讼费。诉讼中经调解当事人达成调解协议的,人民法院可以减半收取诉讼费用。一方当事人无正当理由不参与调解,或者有明显恶意导致调解不成的,人民法院可以根据具体情况对无过错方依法提出的赔偿合理的律师费用等正当要求予以支持。

**四、加强工作保障**

16. 加强组织领导。试点地区的人民法院、司法行政机关和律师协会要高度重视这项改革工作,加强制度建设和工作协调,有力推进试点工作顺利开展。要在律师调解制度框架内,创新工作方式方法,制定适合本地区特点的实施意见,不断总结经验,积极探索,为向全国推广提供可复制、可借鉴的制度和经验。

17. 积极引导参与。试点地区的人民法院、司法行政机关和律师协会要积极引导律师参与矛盾纠纷多元化解,鼓励和推荐律师在人民调解组织、仲裁机构、商事调解组织、行业调解组织中担任调解员,鼓励律师借助现代科技手段创新调解工作方式、积极参与在线调解试点工作,促使律师主动承担社会责任、体现社会价值,充分调动律师从事调解工作的积极性,实现律师调解工作可持续性发展。

18. 加强队伍管理。加强对律师调解员职业道德、执业纪律、调解技能等方面的培训,建设高水平的调解律师队伍,确保调解案件质量。探索建立律师参与公益性调解的考核表彰激励机制。人民法院、司法行政机关、律师协会应当对表现突出的律师调解工作室、律师调解中心组织和律师调解员给予物质或荣誉奖励。

19. 加强责任追究。律师调解员违法调解,违反回避制度,泄露当事人隐私或秘密,或者具有其他违反法律、违背律师职业道德行为的,应当视情节限期或禁止从事调解业务,或由律师协会、司法行政机关依法依规给予行业处分和行政处罚。律师协会应当制定实施细则并报当地司法行政机关备案。

20. 加强宣传工作。试点地区的人民法院、司法行政机关和律师协会要大力宣传律师调解制度的作用与优势,鼓励公民、法人和其他组织优先选择律师调解快速有效解决争议,为律师开展调解工作营造良好执业环境。

21. 加强指导监督。最高人民法院、司法部将对试点工作进行指导督促,认真研究试点中存在的突出问题,全面评估试点方案的实际效果,总结各地多元化纠纷解决机制改革的成功经验,推动改革实践成果制度化、法律化。

22. 本试点工作在北京、黑龙江、上海、浙江、安徽、福建、山东、湖北、湖南、广东、四川等 11 个省(直辖市)进行。试点省(直辖市)可以在全省(直辖市)或者选择部分地区开展试点工作,试点方案报最高人民法院和司法部备案。

# 司法部关于推进公共法律服务平台建设的意见

(2017 年 8 月 21 日　司发〔2017〕9 号)

各省、自治区、直辖市司法厅(局),新疆生产建设兵团司法局、监狱管理局:

为深入贯彻落实党的十八届四中全会关于公共法律服务体系建设的决策部署,认真贯彻国务院《"十三五"推进基本公共服务均等化规划》,贯彻落实《全国司法行政工作"十三五"时期发展规划纲要》,加快构建覆盖城乡居民的公共法律服务体系,更好地服务保障和改善民生,维护人民群众合法权益,现就加强公共法律服务平台建设提出如下意见。

**一、充分认识推进公共法律服务平台建设的重要性**

公共法律服务是政府公共服务体系的重要组成部分,是司法行政机关的基本职责任务。公共法律服务体系建设是统筹推进司法行政各项工作的总抓手。党中央、国务院高度重视公共法律服务体系建设,习近平总书记对做好公共法律服务体系建设作出重要指示,党的十八届四中全会明确提出要"推进覆盖城乡居民的公共法律服务体系建设"。公共法律服务平台是推进公共法律服务体系建设的一项基础性工作,是集成司法行政各类法律服务项目、提供多种公共法律服务产品的有效载体,是司法行政机关直接面向人民群众提供服务的窗口。近年来,各地认真贯彻《司法部关于推进公共法律服务体系建设的意见》,积极探索公共法律服务平台建设,公共法律服务网络进一步健全完善,服务领域进一步扩大,公共法律服务能力得到了稳步提升。同时也要看到,在平台建设中还存在发展不平衡、平台体系不够完善、平台功能和服务有待进一步拓展、信息化建设相对滞后等问题。加强公共法律服务平台建设,将公共法律服务网络延伸至基层,是深入贯彻中央全面依法治国战略部署的重要举措,是推进国家治理体系和治理能力现代化的重要部分,是夯实司法行政基层基础建设的必然要求,对于整合司法行政业务职能和法律服务资源,推进公共法律服务体系建设,提升司法行政工作能力和水平,更好地满足人民群众法律服务需求具有重要意义。各级司法行政机关要充分认识加强公共法律服务平台建设的重要意义,着眼于维护人民群众合法权益,以服务基层为重点,着力打造综合性、便利性、多层次公共法律服务平台,努力为人民群众提供优质高效的公共法律服务,更好地发挥司法行政工作在保障和改善民生中的作用。

**二、公共法律服务平台建设总体目标**

认真贯彻党中央关于推进公共法律服务体系建设的决策部署,紧紧围绕经济社会发展和人民群众实际需要,立足"法律事务咨询、矛盾纠纷化解、困难群众维权、法律服务指引和提供"的平台建设功能定位,统筹整合公共法律服务资源,坚持服务场所设施建设和服务质量效果提升并重,坚持线上与线下服务资源相结合,在县(市、区)和乡镇(街道)普遍建成公共法律服务实体平台,建成全国统一、互联互通、协同服务的电话热线和网络平台,推进公共法律服务资源科学布局、均衡配置和优化整合,到2018年底前在全国范围内基本实现村(居)法律顾问全覆盖,到2020年总体形成覆盖城乡、功能完备、便捷高效的公共法律服务网络体系,实现公共法律服务的标准化、精准化、便捷化,努力为人民群众提供普惠性、公益性、可选择的公共法律服务。

**三、加强公共法律服务实体平台建设**

公共法律服务实体平台建设以县(市、区)、乡镇(街道)为重点,通过整合资源,实现将各类别公共法律服务集中进驻,打造综合性、一站式的服务型窗口。

(一) 名称和服务场所

县(市、区)级公共法律服务平台名称统一为"×县(市)公共法律服务中心"或"×市×区公共法律服务中心",依托县(市、区)法援中心或司法局其他独立服务场所,或当地政务(行政、公共、综合)服务大厅(中心)等建立,也可以独立设置。

乡镇(街道)公共法律服务实体平台名称统一为"×乡(镇、街道)公共法律服务工作站",依托乡镇(街道)司法所或当地政务(行政、公共、综合)服务平台建立,也可以独立设置。

在地(市)一级,对公共法律服务实体平台建设不作统一要求,由各地根据公民法律服务需求和工作实际自行确定,单独设立的,名称统一为"×市公共法律服务中心"。

在村(居)一级,推进一村(居)一法律顾问工作,鼓励有条件的地方在村(居)委会或当地社区服务中心建立公共法律服务工作室,提供相关法律服务,同时注重发挥好村(居)人民调解员等人员的作用。

(二) 功能职责

实体平台建设在功能职责定位上采用"3+X"建设模式。"3"为法律援助、人民调解、法律咨询等基本职能,在公共法律服务中起主导作用;"X"为拓展职能,可由各地根据需要和条件引入律师、公证、司法鉴定、专业调解、司法考试、安置帮教、监所远程视频探视等服务。实体平台基本职能和拓展职能,均要注重将法治宣传融入为民提供公共法律服务的过程中,提高群众法治意识。平台运行采用"前台统一受理、后台分别办理、结果及时反馈"的模式,鼓励在平台建设上突出自身优势业务,积极与有关部门协作进驻新的服务功能,并可依托实体平台推行流动服务,进一步拓宽服务覆盖面。

公共法律服务中心。作为集多项司法行政职能为一体的"窗口化"服务平台,突出综合性、专业性法律服务功能,同时发挥县域服务综合枢纽和指挥协调平台的作用。具体包括:

1. 接待现场来访,解答法律咨询;

2. 受理、审批法律援助申请,指派法律援助人员承办法律援助案件;

3. 解答人民调解业务咨询,受理、指派、分流和协调处理人民调解案件,做好矛盾纠纷化解工作;

4. 提供专业调解服务,结合实际提供公证、司法鉴定等法律服务,导引律师诉讼代理等法律服务业务;

5. 开展法治宣传教育和各种形式的法治文化活动;

6. 接待、解答司法行政其他相关业务咨询,导引相关服务;

7. 根据法律法规规定,负责与行政审批相关的服务事项;

8. 做好辖区公共法律服务平台建设指导、考核工作;

9. 接收对司法行政工作和法律服务的投诉、意见建议;

10. 完成上级司法行政机关和当地党委、政府交办的其他法律服务工作。

公共法律服务工作站。作为服务群众的一线综合性法律服务平台,在县(市、区)公共法律服务中心的指挥协调和乡镇(街道)司法所的指导下,主要承担化解矛盾纠纷、法治宣传、提供法律服务咨询等职能。具体包括:

1. 接待群众来访和法律咨询服务;

2. 引导法律援助、律师、公证、基层法律服务、司法鉴定等法律业务,负责法律援助申请初审;

3. 组织开展人民调解工作、法治宣传教育,引导告知刑满释放人员安置帮教政策、救助帮扶途径等;

4. 积极为辖区政府机关、企事业单位、社会组织等提供法律顾问咨询;

5. 参与指导、考核村(居)公共法律服务工作室工作和村(居)法律顾问工作;

6. 完成上级司法行政机关和当地党委、政府交办的其他法律服务工作。

公共法律服务工作室(村(居)法律顾问)。作为服务基层农村、社区的法律服务平台,其主要工作职责具体包括:

1. 为村民、居民及时解答日常生产生活中遇到的法律问题,提供专业法律意见;

2. 接受村民、居民委托,代为起草、修改有关法律文书和参与诉讼活动;

3. 定期举办法治讲座,发放法治宣传资料,宣传与日常生产生活相关的法律知识;

4. 参与村(居)人民调解委员会主持的纠纷调处工作;

5. 协助起草、审核、修订村规民约和其他管理规定,为村民土地征用补偿安置、基础设施建设、城市建设拆迁、环境治理保护等村(居)治理重大决策提供法律意见等。

村(居)法律顾问应当通过工作台账等方式,如实记录提供法律服务有关情况,每月提供不少于 4 小时的现场法律服务,每季度至少举办一次法治讲座。同时,要建立微信工作群,加强与基层群众、村(居)委会工作人员之间的工作联系,确保在日常工作中能够随时提供法律咨询等服务。微信工作群成员一般应当包括:法律顾问、村(居)两委成员、调委会成员以及部分党员和村(居)民代表等。根据法律服务需要,可吸收所在地司法所工作人员和县级司法行政机关法律服务管理部门工作人员入群。同时,县级司法行政机关要建立村(居)法律顾问工作微信群,成员包括本县级区域内所有的村(居)法律顾问,以及县级司法行政机关法律服务部门负责同志。

(三)建设标准

实体平台选址一般应位于临街一层、交通便利、方便人员来往的地方,办公场所面积应与所提供服务的项目、内容、方式等相适应,统一场所标识、指引,方便群众获得信息、寻求帮助。

公共法律服务中心。一般划分办公区、服务区和等候区等三个区域。

1. 办公区除设置必要的管理人员办公室外,还应配备独立的档案资料室,用于业务档案和工作台账资料的存放。

2. 服务区设开放式的服务大厅,设置半开放式接待柜台,柜台前应设置座椅。一般还应配备适量的接待室、个别谈话室、调解室等与窗口服务相配套的专门业务用房,便于开展深度法律服务;服务大厅应当安装电子显示屏和公共法律服务触摸查询一体机,用于办事流程、法律知识和法律服务网点的宣传和导引。

3. 等候区放置法治宣传资料存取架,摆放常用法治宣传资料,配备书写台、意见箱、座椅、饮水机等设备。

公共法律服务工作站。设立开放式的服务厅,并设置相应接待窗口。服务区域应悬挂县域范围法律服务导引指示栏,有条件的地方,可配置电子显示屏和公共法律服务触摸查询一体机,放置常用法治宣传资料,用于法律知识宣传和法律服务导引。

公共法律服务工作室(村(居)法律顾问)。设置法律服务公示栏和便民信箱，对外公布本村(居)法律顾问信息，包括姓名、职责、联系方式、驻点时间等信息，同时公示法律服务目录、法律服务操作流程、法律服务政策规定、法律服务监督电话等相关内容。

(四) 人员配备

实体平台应根据区域内人口规模、公共法律服务需求以及业务接待办理数量，配备相应的专业人员和工作人员。

公共法律服务中心。根据中心功能设置，按照岗位职能要求配备工作人员。一般应设置以下基本岗位：

1. 综合接待岗，负责指引寻求律师、公证、司法鉴定、律师专业调解、人民调解、基层法律服务等服务事项，解答相关咨询等。

2. 法律咨询岗，安排律师等专业人员现场解答法律咨询。

3. 法律援助岗，负责法律援助申请受理、审查、指派工作。

基本岗位可根据具体条件增加或整合。

公共法律服务工作站。在充分利用司法所现有人员力量的基础上，有效整合乡镇(街道)和村(居)法律顾问、基层法律服务工作者、乡镇(街道)专职人民调解员等力量参与窗口接待。各地结合服务站建设，加强司法所编制使用和人员配备，增强司法所工作力量。

公共法律服务工作室(村(居)法律顾问)。在每个村(居)设立一名法律顾问，由政治素质高、热心公益法律服务以及熟悉农村、社区工作的律师、基层法律服务工作者担任。可以采取一名律师同时担任多个村(居)法律顾问，或多名律师共同担任一个村(居)法律顾问方式进行科学配置。要在每个村(居)培养3—5名"法律明白人"，帮助法律顾问开展日常法律服务工作。

**四、加强公共法律服务热线平台建设**

(一) 平台名称

"12348"公共法律服务热线平台

(二) 总体架构

1. 层级体系

"12348"公共法律服务热线以省(区、市)为单位，统一规划、统一标准、统一服务，在地(市)和有条件的县(市、区)设立接听坐席。

2. 构成方式

"12348"公共法律服务热线平台具有法律咨询、法律服务、纠纷调解、法治宣传、法律援助、服务投诉等综合性服务功能，建立一体化呼叫中心系统，省域内可呼叫接入"12348"，统一前台受理，并与公共法律服务网络平台互联互通。

实现"12348"公共法律服务热线与"12345"政府公共服务等政务热线、窗口服务和紧急类求助平台等之间的协作制度，建立相应衔接联动机制。制定"12348"公共法律服务热线服务标准和数据标准，逐步实现全国统一标准类型，促进"12348"法律服务热线数据信息共享。

（三）主要功能

"12348"热线平台功能分为对外服务功能和后台管理功能。其中，对外服务面向公众和法律服务从业人员，其主要功能包括：在线咨询解答、在线服务办理、信访及投诉等。后台管理面向工作人员，其主要功能包括：任务指派、监督、回访、统计分析等。

（四）建设模式

"12348"公共法律服务热线平台建设由各省（区、市）司法厅（局）负责，对服务内容和服务流程统一规范，加强热线接听人员管理和质量监管。在热线平台建设中突出"互联网＋12348"的导向，加强热线平台与网络平台的业务融合、数据整合，实现热线平台与网络平台协调联动。

**五、加强公共法律服务网络平台建设**

（一）平台名称

部级公共法律服务网门户网站、移动客户端名称为"12348 中国法网"，微信公众号名称为"掌上 12348"；省级公共法律服务网门户网站、移动客户端的名称为"12348××（省、区、市名称）法网"，微信公众号名称为"××（省、区、市名称）掌上 12348"。

（二）总体架构

1. 层级体系

网络平台总体架构为"一张网络，两级平台"，由一张网络覆盖全地域、全业务，纵向由部、省两级平台组成，平台之间通过数据共享交换系统实现联通，横向由门户网站、"掌上 12348"微信公众号、移动客户端组成。

2. 构成方式

通过互联网门户网站，形成以部级公共法律服务网为中枢，以各省

(区、市)级公共法律服务网为支撑的公共法律服务网站集群,为社会公众通过计算机、智能手机、平板电脑等多种终端提供法律服务。通过一村(居)一法律顾问微信平台,推进公共法律服务网络平台向基层延伸,借助微信平台用户基数庞大的优势,为广大群众提供法律咨询、法治宣传、法律服务机构查询和导航等在线服务,让群众能够随时随地享受公共法律服务。

(三)主要功能

网络平台功能包括服务功能和监管功能。其中,服务功能面向社会公众,主要包括:法律事务咨询、法律服务指引、法治宣传教育、法律法规与案例查询、信用信息公开等。监管功能是面向各级司法行政机关,采用社会化运行机制对法律服务机构实施监管,作为对行政管理手段的延伸补充,同时为司法行政机关政务管理提供数据支撑、决策依据。

(四)建设模式

网络平台建设采取统分结合的方式。"12348中国法网"及移动客户端、"掌上12348"微信公众号由司法部负责建设;省级公共法律服务网及微信公众号、移动客户端由各省(区、市)建设;地市级公共法律服务网的建设由各省(区、市)根据本地情况自行决定。"12348中国法网"和"掌上12348"将汇聚全国各地的公共法律服务网和微信公众号,形成网站集群和微信矩阵。具体标准按照《"互联网+政务服务"技术体系建设指南》、《全国公共法律服务平台建设技术规范》、《12348中国法网(中国公共法律服务网)建设指南》执行。

各省(区、市)司法厅(局)要建设省级公共法律服务数据中心,根据用户服务体验不同入口,将实体平台、热线平台、网络平台贯通,通过网上录入、数据整合等实现功能互通、信息共享、高效联动,形成"一站式"的公共法律服务体系。

## 六、推进公共法律服务平台规范化运行

加强公共法律服务平台建设,要着眼于提供优质高效的公共法律服务,推进平台规范化、标准化建设,保证法律服务质量,提升公共法律服务规范化、专业化水平。

(一)完善服务规范。制定各业务服务规范体系,整合平台进驻业务部门现有工作职责、业务办理规则等,对公共法律服务中具有重复性和共同执行的服务和管理内容,统一业务规范,明确办理流程,做到权责清晰、

规程明确。完善窗口工作机制,建立来信来访接待、解答咨询、受理申请、登记归档、投诉处理等工作规范,推行岗位责任制、服务承诺制、首问负责制、限时办结制、服务公开制等制度,根据群众需求完善便民利民举措,打造全流程服务。

（二）健全管理运行机制。科学整合司法行政系统行政审批、法律服务、综合保障等内部资源和已有平台,加强公共法律服务平台之间的衔接配合,发挥好公共法律服务中心的综合性指挥平台作用,强化公共法律服务中心和服务站与法律援助机构、法律服务机构、人民调解组织等机构的工作衔接,促进平台高效运转。健全内部管理制度,建立基本台账、信息报送、工作督办、舆情分析和重大事项报告、应急情况处置预案等制度,提高工作规范化水平。健全部门协作机制,加强与人民法院、人力资源和社会保障、民政、信访、工会、共青团、妇联、残联等相关部门的协作,实现公共法律服务与诉讼服务和社会服务的对接,提高群众获得公共法律服务的便利性。

（三）强化平台工作力量。适应平台服务职责要求,加强工作人员配备,通过抽调选派司法行政机关在编人员、政府购买服务、志愿服务等多种方式,充实工作力量。有条件的地方可以将实体平台建成定编机构,平台工作人员定编。加强律师、公证员、司法鉴定人员、人民调解员、基层法律服务工作者等服务力量整合,明确平台专业性岗位资质条件,合理配置工作人员,提高法律服务专业化水平。有效利用政府购买服务的政策,严格购买、管理流程,把适合由社会承担的公共法律服务事项交由社会组织承担,实现优质法律服务资源下沉。综合政治素质、职业道德、业务素养和在相关专业领域影响,从高等院校、研究机构、政法机关、律师事务所等单位中选取专家型人才,组建省、市级法律专家库,为重大法律问题提供咨询意见。大力发展志愿服务,招募高等院校法律专业师生、退休政法干警、社区力量等参与法律志愿服务,推动志愿服务与政府服务优势互补、有机融合,多渠道解决基层法律服务力量短缺问题。加大教育培训力度,促进提高法律服务人员法律素养和业务能力。

（四）加强评估考核。建立平台建设综合评价机制,从基础设施、人员配备、业务开展等方面,制定量化的考评指标及奖惩标准,促进提高平台服务水平。在基础设施方面,重点考评场所设置、功能区划分、基本设施和无障碍设施、网络平台、办公设备;在人员配备方面,重点考评工作人员数量、律师数量、专业素质、岗位设置;在业务开展方面,重点考评进驻法律服务类别、提供法律咨询数量、受理法律援助事项数量、调处矛盾纠纷数量、法治宣传活动数量、电话接听率、网站点击率等。建立服务质量评价制度,由服务对象对工作人员服务态度、办事效率、政策和业务水平等作出评价,探索第三方评价机制,将评价结果作为对部门和服务人员考核评价的依据,促进优质服务和高效服务。加强绩效考评,通过网络、媒体或书面形式定期通报平台建设考评结果并纳入年度目标责任考核,对于群众满意度高、服务效果显著的服务平台要加强奖励表彰,引导公共法律服务平台规范运行,树立司法行政工作为民服务良好形象。

**七、加强公共法律服务平台建设工作的组织领导**

公共法律服务平台建设是司法行政工作服务经济社会发展、服务保障改善民生的一项重要工作。各级司法行政机关要高度重视,主动作为,积极争取把平台建设纳入党委政府基本公共服务体系建设规划,纳入民生工程、平安建设和法治建设的重要内容,纳入政府绩效考核指标,为平台建设提供有力政策保障。省(区、市)司法厅(局)要结合本地实际制定建设方案,出台相关政策和标准,细化具体措施,加强工作指导,层层抓好落实。在推进公共法律服务实体平台建设中,要完善内部协调机制,明确职责分工,牵头部门负责实体平台总体推进工作,相关业务部门负责有关法律服务业务进驻和实施工作,形成工作合力。要积极争取财政部门支持,推动公共法律服务平台建设和运行经费列入财政预算,在政府购买公共服务经费中设立专项经费,建立完善政府购买公共法律服务机制和公益性法律服务补偿机制,促进公共法律服务常态化。要坚持实事求是、分类指导,立足东中西部地区不同经济社会发展水平和群众法律服务需求,因地制宜地确定平台建设规模和标准,尽力而为,量力而行,把重点放在职能作用发挥和服务效果提升上,对中西部贫困和偏远地区给予适当政策扶持,促进平台建设均衡推进。要抓好督察落实,及时研究解决工作中的问题和困难,确保平台建设各项任务落地见效。要充分利用各类媒体,多渠道、多形式宣传公共法律服务平台建设,提高公众知晓度和支持率。

# 最高人民法院、最高人民检察院、公安部、国家安全部、司法部关于开展法律援助值班律师工作的意见

(2017年8月8日 司发通〔2017〕84号)

为深入贯彻落实中共中央办公厅、国务院办公厅《关于完善法律援助制度的意见》(中办发〔2015〕37号),充分发挥法律援助值班律师在以审判为中心的刑事诉讼制度改革和认罪认罚从宽制度改革试点中的职能作用,依法维护犯罪嫌疑人、刑事被告人诉讼权利,加强人权司法保障,促进司法公正,现提出以下意见。

一、法律援助机构在人民法院、看守所派驻值班律师,为没有辩护人的犯罪嫌疑人、刑事被告人提供法律帮助。

人民法院、人民检察院、公安机关应当告知犯罪嫌疑人、刑事被告人有获得值班律师法律帮助的权利。犯罪嫌疑人、刑事被告人及其近亲属提出法律帮助请求的,人民法院、人民检察院、公安机关应当通知值班律师为其提供法律帮助。

二、法律援助值班律师应当依法履行下列工作职责:

(一)解答法律咨询。

(二)引导和帮助犯罪嫌疑人、刑事被告人及其近亲属申请法律援助,转交申请材料。

(三)在认罪认罚从宽制度改革试点中,为自愿认罪认罚的犯罪嫌疑人、刑事被告人提供法律咨询、程序选择、申请变更强制措施等法律帮助,对检察机关定罪量刑建议提出意见,犯罪嫌疑人签署认罪认罚具结书应当有值班律师在场。

(四)对刑讯逼供、非法取证情形代理申诉、控告。

(五)承办法律援助机构交办的其他任务。

法律援助值班律师不提供出庭辩护服务。符合法律援助条件的犯罪

嫌疑人、刑事被告人,可以依申请或通知由法律援助机构为其指派律师提供辩护。

三、法律援助机构可以根据人民法院、人民检察院、看守所实际工作需要,通过设立法律援助工作站派驻值班律师或及时安排值班律师等形式提供法律帮助。

工作站应当悬挂统一标牌,配备必要的办公设施,设立指引标识,并放置法律援助格式文书以及相关业务介绍资料。

工作站应当公示法律援助范围、条件、值班律师工作职责及当日值班律师基本信息等。

四、法律援助机构综合社会律师和法律援助机构律师政治素质、职业道德水准、业务能力、执业年限等确定法律援助值班律师人选,建立法律援助值班律师名册。有条件的地方可以组建法律援助值班律师库。

五、法律援助机构根据人民法院、看守所法律援助工作站法律咨询需求量和当地律师资源状况,合理安排值班律师工作时间。律师值班可以相对固定专人或者轮流值班,在律师资源短缺地区可以探索采用现场值班和电话、网络值班相结合的方式。

六、法律援助机构应当将值班律师名册或人员信息送交或告知人民法院、人民检察院、公安机关及看守所。法律援助值班律师在人民法院、看守所法律援助工作站提供值班律师服务应持律师执业证书,实行挂牌上岗,向当事人表明法律援助值班律师身份。

值班律师在接待当事人时,应当现场记录当事人咨询的法律问题和提供的法律解答,解释法律援助的条件和范围,对认为初步符合法律援助条件的当事人引导其申请法律援助。

社会律师和法律援助机构律师应当接受法律援助机构的安排提供值班律师服务。值班律师应当遵守相关法律规定、职业道德、执业纪律,不得误导当事人诉讼行为,严禁收受财物,严禁利用值班便利招揽案源、介绍律师有偿服务及其他违反值班律师工作纪律的行为。值班律师应当依法保守工作中知晓的国家秘密、商业秘密和当事人隐私,犯罪嫌疑人、刑事被告人或者其他人准备或者正在实施危害国家安全、公共安全以及严重危害他人人身安全的犯罪事实和信息除外。

七、法律援助机构要加强对法律援助值班律师工作运行的业务指导,组织开展对值班律师职责、服务内容、执业纪律、刑事诉讼法律知识方面的业务培训,及时统计汇总犯罪嫌疑人、刑事被告人涉嫌罪名、简要案情、咨询意见等信息,定期运用征询所驻单位意见、当事人回访等措施了解值班律师履责情况,对值班律师实行动态化管理。

法律援助机构要向律师协会通报法律援助值班律师履责情况。律师协会要将法律援助值班律师履责情况纳入律师年度考核及律师诚信服务记录。

司法行政机关要加强对律师提供值班律师服务的日常监督管理,总结并不断提升值班律师服务质量水平。对律师在值班律师工作中违反职业道德和执业纪律的行为依法依规处理。

八、人民法院、人民检察院、看守所为法律援助工作站提供必要办公场所和设施。看守所为法律援助值班律师会见提供便利。

人民法院、人民检察院、公安机关、国家安全机关、司法行政机关建立刑事法律援助工作联席会议制度,定期沟通法律援助值班律师工作情况。

九、对于律师资源短缺的地区和单位,法律援助机构要根据律师资源和刑事法律援助需求等,统筹调配律师资源,探索建立政府购买值班律师服务机制,保障法律援助值班律师工作正常有序开展。

十、国家安全机关适用本意见中有关公安机关的规定。

# 司法部、科技部关于印发《"十三五"全国司法行政科技创新规划》的通知(节录)

(2017年7月20日 司发通〔2017〕78号)

各省、自治区、直辖市及计划单列市司法厅(局)、科技厅(委、局),新疆生产建设兵团司法局、监狱管理局、科技局:

按照《国家创新驱动发展战略纲要》、《"十三五"国家科技创新规划》、《"十三五"公共安全科技创新专项规划》的总体部署,为推进司法行政改革与现代科技应用深度融合,努力提高司法行政工作智能化、现代化水平,特制定《"十三五"全国司法行政科技创新规划》。现印发你们,请认真贯彻执行。

# "十三五"全国司法行政科技创新规划

为贯彻落实《国家创新驱动发展战略纲要》、《"十三五"国家科技创新规划》和《全国司法行政"十三五"时期发展规划纲要》,明确"十三五"期间司法行政科技创新的指导思想、发展目标、重点任务和保障措施,特制定本规划。

……

3. 发展公共法律服务科技支撑技术

大力发展以互联网为载体,线上线下相结合的新型公共法律服务模式,建立符合国情、覆盖城乡、惠及全民的公共法律服务体系。发展公共法律服务科技创新支撑技术,重点突破法律援助创新、律师执业保障与执业监管、电子公证、社会矛盾纠纷排查与预警、法律援助智能保障等关键技术,有效整合公共法律服务资源,提升公共法律服务能力和水平,满足人民群众多元化法律服务需求。

(1) 律师执业保障与执业监管技术。开展全国律师服务管理电子数据关键技术研究,加强全社会对律师执业活动的监督和保障,为律师依法诚信执业创造良好条件。

(2) 电子公证关键技术。加速突破互联网电子数据公证取证技术、公证证据保全技术和公证证据交换技术,以及公证电子数据保存的安全性技术,研究公证行业CA认证体系,加强远程或移动公证办理模式下相关技术的安全性、可靠性。

(3) 社会矛盾纠纷排查与预警技术。以化解民间纠纷、降低信访量、维护社会和谐稳定为目标,开展社会矛盾纠纷排查演化分析预测、调解策略链研判与辅助决策技术、区域社会矛盾纠纷态势分析和社会风险预警技术研究,保障社会和谐稳定。

(4) 法律援助智能保障技术。开展基于人工智能的12348语音热线和社交网络法律服务技术研究,构建法律服务知识库,突破法律援助案例语义标记与搜索利用技术,法律援助大数据分析及策略研判技术,法律援助案件监管和质量评估技术,精准高效的法律咨询智能机器人技术,全面提升法律援助办案质量与法律服务水平。

……

# 司法部关于印发《"十三五"全国司法行政信息化发展规划》的通知(节录)

(2017年7月12日　司发通〔2017〕75号)

各省、自治区、直辖市司法厅(局),新疆生产建设兵团司法局、监狱管理局:

《"十三五"全国司法行政信息化发展规划》已经第23次部党组会审议通过,现印发你们,请结合各地实际,认真贯彻执行,并研究制定本地区"十三五"时期司法行政信息化工作发展规划。

## "十三五"全国司法行政信息化发展规划

当今,信息化已成为创新驱动发展的先导力量。党中央、国务院高度重视信息化工作,习近平总书记多次作出重要指示,强调没有信息化就没有现代化,建设网络强国的战略要与"两个一百年"奋斗目标同步推进。中央政法委多次举办全国百万政法干警学习科技信息新知识讲座,中央政治局委员、中央政法委书记孟建柱同志强调坚持科技引领、信息支撑,提高政法工作现代化水平。这些新思想、新观点、新论断,是司法行政信息化工作的行动纲领和根本遵循。"十三五"时期是司法行政现代化建设的关键时期,加快推进信息化建设是司法行政改革发展的重要战略举措。为贯彻落实《国家信息化发展战略纲要》《"十三五"国家信息化规划》《全国司法行政"十三五"发展规划》,全面推进司法行政信息化建设发展,特制定本规划。

……

(二)深化应用,构建司法行政业务应用平台体系

……

3. 建设公共法律服务平台(12348公共法律服务网)。全面开展"互联网+政务服务",建设全国一体化的涵盖律师、公证、法律援助、司法鉴定、人民调解、国家统一法律职业资格考试(司法考试)、法治宣传教育、信息公开、行政许可审批、法律咨询、法律服务信用查询、投诉及信访、案例库等服

务,集热线、网站、微博、微信、APP于一体的公共法律服务平台(12348公共法律服务网),构建方便快捷、公平普惠、优质高效的法律服务信息体系,更好地满足人民群众日益增长的法律服务需求。大力发展电子公证、法律服务智能保障等业务模式,推进人工智能语音热线和社交网络法律服务机器人技术研发,促进公共法律服务提档升级。开设"一带一路"专题栏目,建设沿线涉及的65个国家法制地图、国别法律信息数据库、法律服务数据库及案例库、跨境律师人才库等,提高"一带一路"法律服务能力。

……

# 国务院办公厅关于制定和实施老年人照顾服务项目的意见(节录)

(2017年6月6日　国办发〔2017〕52号)

各省、自治区、直辖市人民政府,国务院各部委、各直属机构:

大力弘扬敬老养老助老社会风尚,做好老年人照顾服务工作,提升老年人的获得感和幸福感,是社会主义制度优越性的具体体现,是社会主义核心价值观的内在要求,是实现脱贫攻坚、全面建成小康社会的重要任务,是积极应对人口老龄化,推动民生改善、促进社会和谐的实际举措。根据《中华人民共和国老年人权益保障法》,经党中央、国务院同意,现就制定和实施老年人照顾服务项目提出如下意见:

……

**二、重点任务**

……

(七)贫困老年人因合法权益受到侵害提起诉讼的,依法依规给予其法律援助和司法救助。鼓励律师事务所、公证处、司法鉴定机构、基层法律服务所等法律服务机构为经济困难老年人提供免费或优惠服务。

(八)进一步推动扩大法律援助覆盖面,降低法律援助门槛,有条件的地方可适度放宽老年人申请法律援助的经济困难标准和受案范围。

……

# 司法部关于做好 2017 年农民工相关工作的通知

(2017 年 4 月 8 日　司发通〔2017〕37 号)

各省、自治区、直辖市司法厅(局),新疆生产建设兵团司法局:

为深入贯彻落实党中央、国务院关于农民工工作的决策部署,积极发挥司法行政工作职能作用,有效维护农民工合法权益,现对做好 2017 年农民工相关工作有关事项通知如下。

一、深刻认识做好新形势下农民工工作的重要意义

农民工为国家发展作出巨大贡献。党中央、国务院高度重视农民工工作。习近平总书记在中央经济工作会议上强调,要继续扎实推进以人为核心的新型城镇化,促进农民工市民化。当前,在我国经济下行压力加大、部分行业产能严重过剩的情况下,解决拖欠农民工工资问题难度随之加大,农民工权益保障工作亟待加强。司法行政工作在加强农民工劳动权益保障方面担负重要职责,具有独特优势。认真履行司法行政工作职责,切实维护农民工劳动保障权益,是推进以人为核心城镇化的重要任务,是推动逐步实现农民工平等享受城镇基本公共服务、促进农民工社会融合的迫切需要,是维护社会稳定、全面建成小康社会的重要举措。各级司法行政机关要充分认识新形势下做好农民工相关工作的重要性,进一步增强责任感和使命感,深入贯彻落实党中央、国务院的决策部署,加大农民工工作力度,更好地维护农民工合法权益。

二、充分发挥司法行政机关在农民工相关工作中的职能作用

2017 年是实施"十三五"规划的重要一年,是推进供给侧结构性改革的深化之年,做好农民工工作意义重大。司法行政机关做好农民工相关工作要深入贯彻落实党的十八大、十八届三中、四中、五中、六中全会精神,认真落实《国务院关于进一步做好为农民工服务工作的意见》和《国务院办公厅关于全面治理拖欠农民工工资问题的意见》,充分发挥司法行政工作职

能作用,围绕加强和改进农民工权益保障工作,大力加强法治宣传、法律服务、法律援助和人民调解工作,全面提高涉及农民工的法律服务和法律援助工作水平,积极预防化解涉及农民工的矛盾纠纷,努力促进农民工社会融合,推动农民工工作取得新发展。

(一)积极为党委政府解决农民工问题提供法律支持。司法行政机关要加强与人社、住建、工会、信访、法院等部门的沟通协调,及时了解农民工下岗就业、群体上访等情况,主动介入,为党委政府提供法律意见建议,促进将农民工问题纳入法治化轨道解决。积极为党委政府提供农民工法律法规的释法说法服务,从法律角度分析企业应当承担的责任和农民工享有的合法权益,使党委政府了解农民工问题的难点症结,出台切实可行的解决措施。密切关注农民工权益保障的热点难点问题,综合法治宣传、矛盾纠纷排查化解以及提供法律咨询和法律服务过程中掌握的信息情况,做好舆情分析工作,及时发现规律性、倾向性问题,为党委政府提供决策参考。

(二)切实增强企业法律意识。加大对企业的法治宣传力度,定期开展送法上门宣讲、组织法律培训等活动。对大量使用农民工和容易出现侵害农民工权益事件的企业和单位,要进行深入考察了解,找出发生问题的规律,对其进行有针对性的法治宣传。要以建筑企业、加工制造、餐饮服务等劳动用工管理问题较突出的行业为重点,针对行业特点和易发法律纠纷,立足于保障农民工权益,为企业制定涵盖法律责任、后果分析等在内的法律意见,必要时报告党委政府,以提高法律意见的权威性和执行力。注重发挥典型案例在对企业法治宣传和法律服务中的作用,通过联系实际,以案释法,以法论事,使企业了解包括承担刑事责任在内的侵犯农民工权益的法律后果,引导企业增强依法用工的法律意识。

(三)加强对农民工的法律服务和法律援助。畅通法律援助渠道,依托律师事务所、公证机构设立农民工法律援助工作站,在农民工集聚地建立法律援助工作站点,方便农民工获取信息、提出申请。引导律师等法律服务人员对经济确有困难又达不到法律援助条件的农民工,酌情减收或免收服务费用;法律援助机构对农民工申请支付劳动报酬和工伤赔偿的法律援助案件不再审查经济困难条件。对于农民工群体性上访,要及时主动与党委政府联系,通过法律援助机构指派律师作为"第三方"介入处理信访事项,引导农民工依法信访、用法维权。要在服务农民工的过程中及时了解农民工诉求,多做调解说服的工作,多做理顺情绪的工作,对有过激行为的当事人及时教育引导其依法维权,防止矛盾激化升级;对构成违法的行为要及时报告有关部门并协助做好相关工作,维护社会和谐稳定。

### 三、切实加强组织领导

做好农民工相关工作,事关农民工切身利益,事关社会公平正义和社会和谐稳定。各级司法行政机关要把农民工相关工作作为司法行政工作服务经济社会发展的一项重要任务,列入重要议事日程,研究解决农民工相关工作的困难问题。要抓好责任落实,强化督促考核,完善长效机制,确保各项任务落实到位。要加强工作指导,总结推广各地开展农民工相关工作的好经验好做法,及时转化为政策措施,不断提升做好农民工相关工作水平。要加强宣传表彰,充分利用传统媒体和新媒体,加大宣传力度,加强政策阐释解读和舆论引导,积极宣传工作中涌现的先进人物和典型事例,努力营造关心关爱农民工的社会氛围,以实际行动迎接党的十九大胜利召开。

各地贯彻落实情况请及时报部。

## 最高人民法院、最高人民检察院、司法部《关于逐步实行律师代理申诉制度的意见》

(2017年4月1日 法发〔2017〕8号)

实行律师代理申诉制度,是保障当事人依法行使申诉权利,实现申诉法治化,促进司法公正,提高司法公信,维护司法权威的重要途径。为贯彻落实《中共中央关于全面推进依法治国若干重大问题的决定》和中央政法委《关于建立律师参与化解和代理涉法涉诉信访案件制度的意见》,对不服司法机关生效裁判和决定的申诉,逐步实行由律师代理制度。根据相关法律,结合人民司法工作实际,制定本意见。

一、坚持平等、自愿原则。当事人对人民法院、人民检察院作出的生效裁判、决定不服,提出申诉的,可以自行委托律师;人民法院、人民检察院可以引导申诉人、被申诉人委托律师代为进行。

申诉人因经济困难没有委托律师的,可以向法律援助机构提出申请。

二、完善便民工作机制。依托公益性法律服务机构和法律援助机构,运用网络平台、法律服务热线等多种形式,为当事人寻求律师服务和法律援助提供多元渠道。

**三、探索建立律师驻点工作制度。**人民法院、人民检察院可以在诉讼服务大厅等地开辟专门场所,提供必要的办公设施,由律师协会派驻律师开展法律咨询等工作。对未委托律师的申诉人到人民法院、人民检察院反映诉求的,可以先行引导由驻点律师提供法律咨询。法律援助机构安排律师免费为申诉人就申诉事项提供法律咨询。

**四、明确法律援助范围条件。**申诉人申请法律援助应当符合《法律援助条例》、地方法律援助法规规章规定的法律援助经济困难标准和事项范围,且具有法定申诉理由及明确事实依据。

扩大法律援助范围,进一步放宽经济困难标准,使法律援助范围逐步拓展至低收入群体。

**五、规范律师代理申诉法律援助程序。**申诉人申请法律援助,应当向作出生效裁判、决定的人民法院所在地同级司法行政机关所属法律援助机构提出,或者向作出人民检察院诉讼终结的刑事处理决定的人民检察院所在地同级司法行政机关所属法律援助机构提出。申诉已经人民法院或者人民检察院受理的,应当向该人民法院或者人民检察院所在地同级司法行政机关所属法律援助机构提出。

法律援助机构经审查认为符合法律援助条件的,为申诉人指派律师,并将律师名单函告人民法院或者人民检察院。

**六、扩大律师服务工作范围。**律师在代理申诉过程中,可以开展以下工作:听取申诉人诉求,询问案件情况,提供法律咨询;对经审查认为不符合人民法院或者人民检察院申诉立案条件的,做好法律释明工作;对经审查认为符合人民法院或者人民检察院申诉立案条件的,为申诉人代写法律文书,接受委托代为申诉;经审查认为可能符合法律援助条件的,协助申请法律援助;接受委托后,代为提交申诉材料,接收法律文书,代理参加听证、询问、讯问和开庭等。

**七、完善申诉立案审查程序。**律师接受申诉人委托,可以到人民法院、人民检察院申诉接待场所或者通过来信、网上申诉平台、远程视频接访系统、律师服务平台等提交申诉材料。

提交的材料不符合要求的,人民法院或人民检察院可以通知其限期补充或者补正,并一次性告知应当补充或者补正的全部材料。未在通知期限内提交的,人民法院或者人民检察院不予受理。

对符合法律规定条件的申诉,人民法院、人民检察院应当接收材料,依法立案审查。经审查认为不符合立案条件的,应当以书面形式通知申诉人及代理律师。

**八、尊重代理申诉律师意见。**人民法院、人民检察院应认真审查律师代为提出的申诉意见,并在法律规定期限内审查完毕。

对经审查认为申诉不能成立的,依法向申诉人出具法律文书,同时送达代理律师。认为案件确有错误的,依法予以纠正。认为案件存在瑕疵的,依法采取相应补正、补救措施。

**九、依法保障代理申诉律师的阅卷权、会见权。**在诉讼服务大厅或者信访接待场所建立律师阅卷室、会见室。为律师查阅、摘抄、复制案卷材料等提供方便和保障。对法律援助机构指派的律师复制相关材料的费用予以免收。有条件的地区,可以提供网上阅卷服务。

**十、依法保障代理申诉律师人身安全。**对在驻点或者代理申诉过程中出现可能危害律师人身安全的违法行为,人民法院或人民检察院要依法及时制止,固定证据,并做好相关处置工作。

**十一、完善律师代理申诉公开机制。**对律师代理的申诉案件,除法律规定不能公开、当事人不同意公开或者其他不适宜公开的情形,人民法院、人民检察院可以公开立案、审查程序,并告知申诉人及其代理律师审查结果。案件疑难、复杂的,申诉人及其代理律师可以申请举行公开听证,人民法院、人民检察院可以依申请或者依职权进行公开听证,并邀请相关领域专家、人大代表、政协委员及群众代表等社会第三方参加。

**十二、探索建立律师代理申诉网上工作平台。**运用信息技术,探索建立律师事务所、法律援助机构与人民法院、人民检察院之间视频申诉系统,鼓励律师通过视频形式开展工作;开发律师申诉接待平台,实现与人民法院、人民检察院可公开申诉信息的互联互通、共享共用。

**十三、建立多层次经费保障机制。**对符合法律援助条件的申诉人,纳入法律援助范围,律师代理申诉属于公益性质的,依靠党委政法委,协调有关部门争取经费,购买服务。全额支付律师在提供服务过程中产生的费用,并给予适当补助及奖励。

对申诉人自行聘请律师代理的,可以按照《律师服务收费管理办法》,由双方自愿协商代理费用。

加强法律援助经费保障,明确申诉法律援助案件补贴标准,确保经费保障水平适应开展法律援助参与申诉案件代理工作需要。

**十四、建立申诉案件代理质量监管机制。** 司法行政部门指导当地律师协会将律师代理申诉业绩作为律师事务所检查考核和律师执业年度考核的重要指标。

**十五、强化律师代理申诉执业管理。** 对律师在代理申诉过程中,违反《中华人民共和国律师法》《律师执业管理办法》等规定,具有煽动、教唆和组织申诉人以违法方式表达诉求;利用代理申诉案件过程中获得的案件信息进行歪曲、有误导性的宣传和评论,恶意炒作案件;与申诉人签订风险代理协议;在人民法院或者人民检察院驻点提供法律服务时接待其他当事人,或者通过虚假承诺、明示或暗示与司法机关的特殊关系等方式诱使其他当事人签订委托代理协议等行为的,司法行政部门或者律师协会应当相应给予行业处分和行政处罚。构成犯罪的,依法追究刑事责任。

人民法院、人民检察院发现律师存在违法违规行为的,应当向司法行政部门、律师协会提出处罚、处分建议。司法行政部门、律师协会核查后,应当将结果及时通报建议机关。

**十六、建立健全律师代理申诉激励机制。** 人民法院、人民检察院、司法行政部门要营造支持律师开展代理申诉工作的良好氛围。全面加强律师代理申诉业务培训和指导,通过将代理申诉业绩作为评选优秀律师事务所、优秀律师等重要条件,定期开展专项表彰,在人才培养、项目分配、扶持发展、办案补贴等方面给予倾斜,同等条件下优先招录表现优异的律师作为法官、检察官等措施,调动律师代理申诉的积极性。

**十七、加强有关部门协调配合。** 各地区有关部门要依靠党委领导,形成工作合力。根据地区实际,进一步细化相关制度,推动工作全面开展,促进形成理性表达、依法维权的导向,切实维护人民群众合法权益。

人民法院、人民检察院、司法行政部门、律师协会建立联席会议制度,定期沟通工作情况,共同研究解决律师代理申诉工作中的重大问题,根据各地实际,积极推进律师代理申诉立法工作,提高法治化水平。

# 国务院关于印发《"十三五"国家老龄事业发展和养老体系建设规划》的通知(节录)

(2017年2月28日 国发〔2017〕13号)

各省、自治区、直辖市人民政府,国务院各部委、各直属机构:

现将《"十三五"国家老龄事业发展和养老体系建设规划》印发给你们,请认真贯彻执行。

## "十三五"国家老龄事业发展和养老体系建设规划

为积极开展应对人口老龄化行动,推动老龄事业全面协调可持续发展,健全养老体系,根据《中华人民共和国老年人权益保障法》和《中华人民共和国国民经济和社会发展第十三个五年规划纲要》,制定本规划。

……

### 第十章 保障老年人合法权益

#### 第一节 完善老龄事业法规政策体系

完善老年人权益保障配套法规,积极听取老年人的意见建议,研究建立老年人监护制度,加快老年人社会服务、社会优待、社会参与等制度建设。健全优待老年人的财政投入、服务评价、检查监督、奖励表彰等政策。

#### 第二节 健全老年人权益保障机制

健全贯彻老年人权益保障法律法规的联合执法、执法检查、综合评估等制度。充分发挥基层党组织、基层群众性自治组织、老年社会组织作用,完善维护老年人合法权益社会监督、矛盾纠纷排查调解、多部门快速反应联合查处综合治理等机制。做好老年人来信来访工作。建立老年人法律维权热线,加强老年人法律服务和法律援助,针对老年群体特点开展适应老年人特殊需求的专项法律服务活动。扩大老年人法律援助范围,拓展基层服务网络,推进法律援助工作站点向城市社区和农村延伸,方便老年人及时就近寻求法律帮助。重点做好农村和贫困、高龄、空巢、失能等特殊困难老年群体的法律服务、法律援助和司法救助。

### 第三节 加大普法宣传教育力度

落实国家"七五"普法规划要求,加强老年人权益保障法律法规普法宣传教育,深入结合"法律六进"活动,推动普法宣传教育规范化、常态化,强化全社会维护老年人合法权益的法治观念。开展更多适合老年人的法治宣传活动,帮助老年人学法、懂法、用法,提高守法意识和依法维权意识。

……

# 司法部、财政部印发《关于律师开展法律援助工作的意见》的通知

(2017年2月17日 司发通〔2017〕15号)

各省、自治区、直辖市司法厅(局)、财政厅(局),新疆生产建设兵团司法局、财务局:

现将《关于律师开展法律援助工作的意见》印发你们,请结合实际认真贯彻执行。

## 关于律师开展法律援助工作的意见

为深入贯彻落实党的十八大和十八届三中、四中、五中、六中全会精神,贯彻落实中办国办印发的《关于完善法律援助制度的意见》(中办发

〔2015〕37号）文件精神，充分发挥律师在法律援助工作中的作用，更好地满足人民群众法律援助需求，现就律师开展法律援助工作提出如下意见。

**一、充分认识律师开展法律援助工作的重要意义**

律师队伍是落实依法治国基本方略、建设社会主义法治国家的重要力量，是我国法律援助事业的主体力量。近年来，广大律师积极投身法律援助事业，认真办理法律援助案件，依法履责，无私奉献，为保障困难群众合法权益、维护社会公平正义作出了积极贡献。推进律师开展法律援助工作，是贯彻全面依法治国、有效发挥律师在建设社会主义法治国家中作用的必然要求，是加大法律援助服务群众力度、提供优质高效法律援助服务的客观需要，是广大律师忠诚履行社会主义法律工作者职责使命、树立行业良好形象的重要体现。各级司法行政机关要充分认识律师开展法律援助工作的重要性，采取有效措施，加强指导监督，完善体制机制，强化工作保障，组织引导广大律师依法履行法定职责，牢固树立执业为民理念，自觉承担社会责任，切实增强开展法律援助工作的责任感和荣誉感，进一步做好服务群众工作，为全面依法治国、建设社会主义法治国家作出新贡献。

**二、组织律师积极开展法律援助工作**

1.做好刑事法律援助指派工作。严格贯彻落实修改后《刑事诉讼法》及相关配套文件，组织律师做好会见、阅卷、调查取证、庭审等工作，认真办理侦查、审查起诉、审判各阶段法律援助案件。

2.加大民生领域法律援助力度。组织律师围绕劳动保障、婚姻家庭、食品药品、教育医疗等民生事项，及时为符合条件的困难群众提供诉讼和非诉讼代理，促进解决基本生产生活方面的问题。

3.广泛开展咨询服务。优先安排律师在法律援助便民服务窗口和"12348"法律服务热线值班，运用自身专业特长为群众提供咨询意见，积极提供法律信息和帮助，引导群众依法表达合理诉求，提高群众法治意识。

4.开展申诉案件代理工作。逐步将不服司法机关生效裁判、决定，聘不起律师的申诉人纳入法律援助范围，引导律师为经济困难申诉人通过法律援助代理申诉。

5.建立法律援助值班律师制度。法律援助机构通过在人民法院、看守所派驻值班律师，依法为犯罪嫌疑人、被告人等提供法律咨询等法律帮助。

6. 推进法律援助参与刑事案件速裁程序、认罪认罚从宽等诉讼制度改革工作。组织引导律师为速裁程序、认罪认罚从宽以及其他诉讼改革程序犯罪嫌疑人、被告人提供法律咨询、程序选择等法律帮助。

7. 积极参与刑事和解案件办理。对于当事人自愿和解的案件,组织引导律师依法为符合条件的犯罪嫌疑人、被告人或者被害人提供法律援助服务,促进达成和解。

8. 发挥辩护律师在死刑复核程序中的作用。组织律师办理死刑复核法律援助案件,依法为死刑复核案件被告人提供辩护服务。

9. 办理跨行政区划法律援助案件。适应建立与行政区划适当分离的司法管辖制度改革,组织律师开展跨行政区划法院、检察院受理、审理案件法律援助工作。

10. 推动律师广泛参与法律援助工作。省级司法行政机关根据当地法律援助需求量、律师数量及分布情况,明确律师承办一定数量法律援助案件,努力使律师通过多种形式普遍公平承担法律援助义务。司法行政机关、律师协会应当在律师事务所检查考核及律师执业年度考核中将律师履行法律援助义务情况作为重要考核依据。鼓励有行业影响力的优秀律师参与法律援助工作。

11. 推动律师提供公益法律服务。倡导每名律师每年提供不少于24小时的公益服务。对不符合法律援助条件、经济确有困难的群众提供减免收费,发展公益法律服务机构和公益律师队伍,专门对老年人、妇女、未成年人、残疾人、外来务工人员、军人军属等提供免费的法律服务。

### 三、切实提高律师法律援助服务质量

1. 规范组织实施工作。法律援助机构要在法定时限内指派律师事务所安排承办律师,规范各环节办理流程,确保办案工作顺利开展。综合考虑律师资质、专业特长、承办法律援助案件情况、受援人意愿等因素确定办案律师,对无期徒刑、死刑案件以及未成年人案件严格资质要求,提高办案专业化水平。

2. 加强服务标准建设。完善律师承办法律援助案件各环节工作制度,制定刑事、民事、行政法律援助案件质量标准,确保律师为受援人提供符合标准的法律援助。

3. 加强办案质量监管。法律援助机构要积极推进案件质量评估试点工作,综合运用案卷评查、旁听庭审、听取办案机关意见、回访受援人等措

施对律师承办法律援助案件进行监管,有条件的地方运用信息化手段对办案实行动态监控。

4. 做好投诉处理工作。司法行政机关严格依法办理法律援助投诉,规范对律师承办法律援助案件的投诉事项范围、程序和处理反馈工作。对律师接受指派后,怠于履行法律援助义务或有其他违反法律援助管理规定的行为,由司法行政机关依法依规处理。

5. 加强律师协会对律师事务所开展法律援助工作的指导。律师协会应当按照律师协会章程的规定对法律援助组织实施工作予以协助,指导律师和律师事务所提高办案质量。

6. 强化律师事务所法律援助案件管理责任。律师事务所严格接受指派、内部审批、办理案件、案卷归档、投诉处理等各环节流程。建立律师事务所重大、疑难案件集体讨论制度。根据法律援助常涉纠纷案件类别和所内律师办案专长,培养擅长办理法律援助案件的律师团队。完善律师事务所内部传帮带制度,建立完善青年律师办理法律援助案件带教制度。

**四、创新律师开展法律援助工作机制**

1. 推行政府购买法律援助服务工作机制。司法行政机关根据政府购买服务相关规定,向律师事务所等社会力量购买法律服务,引入优质律师资源提供法律援助。

2. 建立法律援助疑难复杂案件办理机制。法律援助机构根据律师业务专长和职业操守,建立法律援助专家律师库,对重大疑难复杂案件实行集体讨论、全程跟踪、重点督办。

3. 加强法律援助异地协作。法律援助机构就案件调查取证、送达法律文书等事项积极开展协作,提高工作效率。

4. 积极扶持律师资源短缺地区法律援助工作。根据律师资源分布和案件工作量等情况,采取对口支援、志愿服务、购买服务等方式提高律师资源短缺地区法律援助服务能力。

5. 健全沟通协作机制。司法行政机关、法律援助机构和律师协会要建立协作机制,定期沟通工作情况,共同研究解决律师服务质量、工作保障等方面存在的问题。建立法律援助机构与律师事务所、律师沟通机制,鼓励律师围绕法律援助制度改革、政策制定等建言献策,提高法律援助工作水平。

**五、加强律师开展法律援助工作的保障**

1. 加强律师执业权益保障。司法行政机关、法律援助机构和律师协会要认真落实刑事、民事、行政诉讼法和律师法等有关法律关于律师执业权利的规定,积极协调法院、检察院、公安机关落实律师会见通信权、阅卷权、收集证据权、辩论辩护权等执业权利,保障律师办理法律援助案件充分履行辩护代理职责。完善律师开展法律援助工作执业权益维护机制,建立侵犯律师执业权利事件快速处置和联动机制,建立完善救济机制。

2. 加强经费保障。完善法律援助经费保障体制,明确经费使用范围和保障标准,确保经费保障水平适应办案工作需要。根据律师承办案件成本、基本劳务费用等因素合理确定律师办案补贴标准并及时足额支付,建立办案补贴标准动态调整机制。推行法律援助机构律师担任法律援助值班律师工作。现有法律援助机构律师力量不足的,可以采取政府购买服务方式向律师事务所等社会力量购买法律服务,所需经费纳入法律援助工作经费统筹安排。发挥法律援助基金会募集资金作用,拓宽法律援助经费渠道。鼓励律师协会和律师事务所利用自身资源开展法律援助工作。

3. 加大办案支持力度。加强与法院、检察院、公安、民政、工商、人力资源等部门的工作衔接,推动落实好办理法律援助案件免收、缓收复制案件材料费以及资料查询等费用规定。

4. 加强教育培训。加强法律援助业务培训,司法行政机关举办的法律援助培训要吸收律师参加,律师协会要在律师业务培训课程中增设法律援助有关内容。加强对新执业律师开展法律援助工作的培训。组织律师参加国际法律援助交流培训项目。

5. 加强政策引导。省级司法行政机关应当把律师开展法律援助工作情况作为项目安排、法律援助办案专项资金分配的重要依据,推动地市、县区加大工作推进力度。

6. 完善激励措施。对于积极办理法律援助案件、广泛开展法律援助工作的律师事务所和律师,司法行政机关、律师协会在人才培养、项目分配、扶持发展、综合评价等方面给予支持,在律师行业和法律援助行业先进评选中加大表彰力度,并通过多种形式对其先进事迹进行广泛深入宣传,树立并提升行业形象。

# 全国老龄办、最高人民法院、最高人民检察院、公安部、民政部、司法部关于进一步加强老年法律维权工作的意见

（2016年12月28日　全国老龄办发〔2016〕102号）

各省、自治区、直辖市老龄工作委员会办公室、高级人民法院、人民检察院、公安厅（局）、民政厅（局）、司法厅（局），新疆生产建设兵团老龄工作委员会办公室、新疆高院兵团分院、人民检察院、公安局、民政局、司法局：

为贯彻落实党中央、国务院关于应对人口老龄化的决策部署，根据《中华人民共和国老年人权益保障法》（以下简称《老年人权益保障法》），为进一步加强老年法律维权工作，特提出本意见：

**一、进一步加强老年法律维权工作的重要意义**

党的十八大和十八届三中、四中、五中全会，以及国民经济和社会发展"十三五"规划纲要对应对人口老龄化提出明确要求。以习近平同志为核心的党中央对加强老龄工作、推动老龄事业发展作出一系列重要指示批示，对老年人权益保障工作提出了新的更高要求。截至2015年底，我国60岁以上老年人口达到2.22亿，占总人口的16.1%。到2020年，老年人口将达到2.55亿，占总人口的17.8%。随着老年人口不断增多，老年人利益诉求呈多元化趋势，依法维权意识愈发强烈。近年来，各地贯彻落实《老年人权益保障法》，老年法律维权工作取得显著成绩。

同时，针对老年人的财产、赡养、婚姻、诈骗和非法集资等侵权案件时有发生，老年人合法权益保护工作仍需加强。面对新形势、新要求，进一步加强老年法律维权工作，是贯彻落实党中央、国务院决策部署的积极行动，是加强老龄工作的重要举措，是推进老龄事业全面协调可持续发展的有力保障，有利于提高老年人生活和生命质量，有利于促进家庭和睦社会和谐，有利于实现社会公平正义，对全面建成小康社会具有重要意义。

## 二、总体要求

（一）指导思想。深入贯彻党的十八大和十八届三中、四中、五中、六中全会精神，以马克思列宁主义、毛泽东思想、邓小平理论、"三个代表"重要思想、科学发展观为指导，全面落实习近平总书记关于加强老龄工作的重要指示和重要讲话精神，按照全面推进依法治国要求，弘扬社会主义法治精神，做好普法宣传教育，加强工作创新，加大老年人合法权益保护力度，努力开创老年法律维权工作新局面，促进老年人共享改革发展成果。

（二）基本原则。坚持以人为本，强化服务。围绕老年人广泛关注和亟待解决的财产、赡养、婚姻等问题，为老年人提供优先、及时、便利、高效的法律维权服务。坚持学用结合，普治并举。坚持法治宣传教育与依法治理有机结合，把法治宣传教育融入老年法律维权工作实践，引导司法人员依法维护老年人合法权益。坚持创新发展，注重实效。总结经验，把握规律，推动老年法律维权工作理念、机制和方式方法的创新，提高工作的针对性和实效性。

## 三、主要任务分工

（一）各级人民法院要为老年维权案件开辟绿色通道，对老年人因追索赡养费、扶养费、养老金、退休金、抚恤金、医疗费等提出的诉讼要通过繁简分流，严格遵守审限要求，缩短涉老案件审理时间，实行快立、快审、快结。加大对老年人的举证指导，积极提供帮助，提高老年人应诉、参诉能力。加强对经济困难老年人的司法救助，及时办理案件受理费的减、缓、免审批手续。对行动不便的老年人，提供预约立案、上门立案等服务，开展就近开庭、巡回审判等工作。在有条件的中基层人民法院设立"老年维权合议庭"，对老年人常见的婚姻、赡养、合同等纠纷，加大调解力度和教育引导，对于调解不成的，要在司法裁判中依法重点保护老年人合法权益。对虐待、遗弃老年人构成犯罪的，严格依法追究刑事责任。

（二）各级检察机关要在刑事、民事、行政检察工作中加强对老年人合法权益的保护，综合发挥惩治、预防、监督、教育、保护等职能作用。改进办案方式方法，对老年人控告、举报、申诉案件，要依法快速办理，缩短办理周期。进一步加大对侵害老年人合法权益的各类职务犯罪行为查办力度。贯彻宽严相济的刑事政策，在履行审查逮捕、审查起诉职能时，体现对老年人的特殊保护，做到依法少捕、慎诉、少羁押。依法保障老年犯罪嫌疑人的合法诉讼权利,逐步探索老年人强制辩护制度。积极发挥基层检察室作用,通过检察建议和纠正违法通知书等手段,督促派出法庭、派出所等加强老年法律维权工作。

(三)各级公安机关对老年人的申诉、报警和求助,要做到反应迅速、处置妥当。加大打击力度,依法惩处盗窃、诈骗、抢夺、敲诈勒索老年人财物和针对老年人的非法集资、电信网络诈骗、传销等违法犯罪行为。在交管、治安、户政、出入境等窗口单位完善老年人扶助举措,配置适老化设施设备,提供预约等照顾性服务。关注辖区内养老机构和服务设施,指导做好安全防范工作。依托基层派出所和警务室,大力宣传防火、防盗、防诈骗等常识,提高老年人风险防范意识和能力。

(四)各级民政部门要在社会救助体系和养老服务体系建设中逐步提高老年人保障水平。完善城乡最低生活保障、特困人员救助供养、医疗救助和临时救助制度,确保符合条件的老年人应保尽保、应养尽养、应救尽救。建立和完善老年人福利制度,全面建立针对经济困难高龄、失能老年人的补贴制度。加快建设居家为基础、社区为依托、机构为补充、医养相结合的多层次养老服务体系。建立健全养老机构分类管理和养老服务评估制度,规范养老服务收费项目和标准。大力发展老年社会工作,通过政府购买服务等方式,支持引导社会工作专业力量在老年法律维权工作中发挥积极作用。发展志愿服务组织,壮大志愿者队伍,在城乡社区建立志愿服务站点,开展面向老年人的志愿服务。

(五)各级司法行政机关要把老年人作为法律援助工作的重点人群,推动进一步降低门槛,扩大老年人法律援助事项范围,逐步将法律援助对象扩展到低收入、高龄、空巢、失能等老年人。完善法律援助便民服务机制,简化手续、程序,加快办理速度。建立健全老年人法律援助服务网络,加强基层老年人法律援助工作站、联络点建设。加强"12348"法律服务热线建设,有条件的地方开设针对老年人的维权热线,实行电话和网上预约、上门服务等,方便老年人咨询和申请法律援助。加强对律师事务所、公证处、基层法律服务所、司法鉴定机构的管理和业务指导,积极为老年人提供诉讼代理及法律咨询、代书、调解、公证、司法鉴定等诉讼和非诉讼法律服务。发挥人民调解化解民间纠纷的作用,组织、指导广大人民调解组织及时化解涉及老年人的婚姻、继承、赡养等矛盾纠纷。

(六)各级老龄工作机构要充分发挥综合协调职能,组织相关部门共同做好老年法律维权工作。要结合《老年人权益保障法》的实施,积极协调相关部门加快推动出台或修订地方性法规和配套政策。要深入调查研究，积极建言献策，加大政策创制力度。要会同有关部门做好入住医养机构和接受居家医养服务老年人的合法权益维护工作。要进一步加强老年人优待工作，依法维护老年人享受社会优待的权利，逐步拓展同等优待范围。要进一步规范基层老年协会建设，强化其自我管理、自我教育、自我服务功能，发挥基层老年协会在调处家庭赡养等涉老矛盾纠纷方面的积极作用。

**四、保障措施**

（一）注重宣传引导。要把老年法律维权相关内容融入到人口老龄化国情教育和普法宣传教育之中，大力弘扬敬老养老助老社会风尚。各级老龄工作机构、人民法院、检察机关、公安机关、民政部门、司法行政机关要结合自身职责，依托各类媒体平台加大老年法律维权宣传力度。在敬老月、老年节期间，要广泛开展老年人维权、法律援助服务等现场咨询或宣传活动。要重视宣传《老年人权益保障法》等法律法规、优待政策和典型案例，提高全民法治意识和广大老年人依法维权意识。

（二）深化协作配合。要加强联系沟通，建立健全信息交流和定期沟通机制，安排有关人员负责老年法律维权工作的信息联络，有条件的地方可以建立联席会议制度和重大事项会商制度。要聚焦工作难点，探索开展老年人监护工作，推动农村留守老年人关爱服务体系建设，研究加强农村留守老年人法律维权工作的有效机制，深入开展老年公益维权服务示范站创建活动。有条件的基层组织和单位要指定专人或设立专门小组负责老年法律维权工作。

（三）加强调查研究。要坚持问题导向，通过调查研究梳理老年人维护自身权益的合理诉求，排查盲区和薄弱环节，明晰工作目标，改进工作方式，提升工作成效。要关注老年人的现实需求，不断拓宽信息获取渠道，广泛了解社情民意，发现苗头性、倾向性问题，及时回应社会关切。

（四）强化监督检查。要建立定期督查制度，经常对本系统、本单位开展老年法律维权工作情况进行检查并提出改进措施。各级老龄工作机构要按照《老年人权益保障法》相关要求，协同相关部门做好本地区老年法律维权工作的指导、督促、检查工作。各级人民法院、检察机关、公安机关、民政部门、司法行政机关要全力配合，确保监督检查不走过场、产生实效。

（五）完善激励措施。国家和省一级老龄工作机构要积极协调，组织开展老年法律维权工作先进集体或先进个人评选表彰。发挥榜样模范的示范引领作用,树立为老年人提供法律服务、法律援助和开展法治宣传的先进典型,激发和调动司法行政干部和法律服务工作者参与老年法律维权工作的积极性、主动性,形成全社会关心老年人、尊重老年人、扶助老年人的良好氛围。

# 司法部、国家信访局关于深入开展律师参与信访工作的意见

(2016年12月16日　司发通〔2016〕127号)

各省、自治区、直辖市司法厅(局)、信访局(办),新疆生产建设兵团司法局、信访局:

为深入贯彻党的十八大和十八届三中、四中、五中、六中全会精神,充分发挥律师在维护群众合法权益、化解矛盾纠纷、促进社会和谐稳定中的重要作用,根据中央部署要求和《律师法》、《信访条例》等法律法规规定,现就深入开展律师参与信访工作提出如下意见。

**一、深入开展律师参与信访工作的重要意义**

律师是社会主义法治工作者,是全面依法治国的重要力量。近年来,一些地方和部门积极引入律师参与信访工作,取得良好的社会效果。深入开展律师参与信访工作,有利于推进阳光信访、责任信访、法治信访建设,提高信访工作公信力;有利于充分发挥律师职业优势和第三方作用,引导信访群众通过法定程序表达诉求、依靠法律手段解决纠纷、运用法律武器维护自身合法权益;有利于提高相关部门运用法治思维和法治方式解决问题、化解矛盾的能力,增强依法办事的自觉性。各级司法行政机关和信访部门要从全面依法治国和推进信访工作法治化的高度,充分认识律师参与信访工作的重要意义,积极为律师参与信访工作创造条件,扎实推动此项工作的深入开展。

**二、总体要求**

(一)指导思想。全面贯彻落实党的十八大和十八届三中、四中、五

中、六中全会精神,深入贯彻落实习近平总书记系列重要讲话精神,按照中央关于信访工作制度改革和深化律师制度改革部署要求,深入开展律师参与信访工作,引导信访群众依法理性表达诉求,促进把信访纳入法治轨道解决,充分发挥律师在化解社会矛盾纠纷、维护社会和谐稳定中的重要作用,努力为实现"两个一百年"奋斗目标和中华民族伟大复兴的中国梦作出新的贡献。

(二)基本原则。

——坚持自愿平等。充分尊重信访群众意愿,不强制提供法律服务,不向信访群众收取任何费用。工作中不偏袒责任部门,不误导信访群众。

——坚持依法据理。严格依法按政策向信访群众讲清法理、讲明事理、讲通情理,向相关部门提出法律建议,引导信访群众和相关部门依法解决矛盾和纠纷。

——坚持实事求是。以事实为依据,以法律为准绳,依法维护信访群众的合法权益,尊重相关部门作出的合法合理处理意见,促进信访案件在法治的轨道上得到有效化解。

——坚持注重实效。以有利于解决信访事项、维护信访群众合法权益为出发点,坚持释法明理与解决纠纷、化解矛盾相结合,维护社会和谐稳定,实现法律效果与社会效果有机统一。

## 三、工作任务

律师参与信访工作的主要任务是:

(一)参与接待群众来访。在信访接待场所为信访群众特别是反映涉法涉诉信访事项的群众解答法律问题,提供咨询意见,引导信访群众通过法定程序表达诉求、运用法律手段解决纠纷、依靠法律途径维护自身合法权益。对信访事项于法有据的,要认真向信访部门反馈;对依法应当通过其他途径解决的,引导来访人向有关机关提出;对符合法律援助、司法救助条件的,依法指明申请程序;对于法无据、于理不合的,对信访人进行引导教育,协助相关部门做好息访解纷、化解矛盾工作。

(二)参与处理疑难复杂信访事项。参与疑难复杂信访事项的协调会商,提出依法分类处理的建议,为信访事项办理、复查、复核或者审核认定办结工作提供法律意见。参与信访积案、重复信访事项的化解,对信访人进行法治宣传教育。参与领导信访接待日群众来访接待工作,为接访领导提供法律意见。

（三）服务信访工作决策。为涉及信访工作的改革创新举措提供法律意见；参与对涉及信访工作的法律法规规章草案、规范性文件送审稿的论证。

（四）参与信访督查。根据信访部门工作要求，为督促检查信访事项的处理等提供法律意见和建议。

律师参与信访工作主要采用司法行政机关、律师协会选派或者推荐，信访部门聘任并提供工作场所和相关保障，律师值班或者根据需要提供法律服务等方式进行。

### 四、工作要求

（一）遵守工作程序。律师应当在信访接待场所接待群众来访。律师接待群众来访应当公示姓名和律师事务所名称，详细记录信访群众的信访事由和答复意见、处理办法，按照规范程序和要求对信访事项建档备查，接受信访部门和来访群众监督。

（二）依法处理信访事项。律师接待群众来访，应当坚持以事实为依据、以法律为准绳，全面了解信访事项基本情况，依法慎重提出法律意见。对重大、复杂、疑难信访事项，应当提交律师事务所集体讨论；对信访群众反映的重大问题或者可能引发群体性事件等其他严重后果的问题，应当及时向有关部门报告；对信访人在信访活动中的违法言行，应当积极开展引导教育，告知其应承担的法律后果，协助有关部门做好疏导工作。

（三）遵守工作纪律。参与信访工作的律师应当遵守有关信访工作、律师工作的法律法规、规章制度和执业规范，恪守律师职业道德和执业纪律，不得明示、暗示或者组织信访人集体上访、越级上访；不得支持、参与信访人进行的妨碍社会秩序的各种活动；对所接触到的信访事项和党政机关涉密事项及信访人隐私，应当严格保密；不得利用在参与信访工作期间获得的非公开信息或者便利条件，为本人或者他人牟取不正当利益；不得在信访接待场所接受信访人的委托代理；不得接受其他当事人委托，办理与所参与信访工作的部门有利益冲突的法律事务。

### 五、组织领导

各级司法行政机关、各律师协会要高度重视律师参与信访工作，积极组织推荐、选派律师和律师事务所参与本级政府工作部门的信访工作，加强律师参与信访工作的指导和监督，努力为律师和律师事务所参与信访工作创造条件。

各级信访部门要研究制定律师参与本级政府信访工作的实施办法,明确律师参与信访工作的条件、内容、程序和工作措施,积极组织推动本级政府其他部门和基层深入开展律师参与信访工作。要高度重视律师在参与信访工作中提出的意见建议,对律师在参与接待群众来访、处理疑难复杂信访事项中提出的法律意见,要作为信访部门分流、处理信访事项的重要依据;对律师在参与信访督查、服务信访工作决策中提出的法律建议,要作为相关部门决策的重要参考。要结合信访工作实际,采取政府购买服务、公益加补助等方式引入律师参与信访工作,为律师参与信访工作提供必要的经费、场地、设施等,保障律师参与信访工作的深入开展。

各级司法行政机关和信访部门要建立工作沟通协调机制,及时研究解决律师参与信访工作中遇到的问题。要认真做好宣传工作,及时总结推广好的经验做法,对工作突出、成绩显著的律师和律师事务所要给予表彰奖励,为深入开展律师参与信访工作营造良好氛围。

# 最高人民法院、最高人民检察院、公安部、国家安全部、司法部《关于在部分地区开展刑事案件认罪认罚从宽制度试点工作的办法》

(2016年11月11日 法〔2016〕386号)

为确保刑事案件认罪认罚从宽制度试点工作依法有序开展,根据刑法、刑事诉讼法和《全国人民代表大会常务委员会关于授权最高人民法院、最高人民检察院在部分地区开展刑事案件认罪认罚从宽制度试点工作的决定》,结合司法工作实际,制定本办法。

**第一条** 犯罪嫌疑人、被告人自愿如实供述自己的罪行,对指控的犯罪事实没有异议,同意量刑建议,签署具结书的,可以依法从宽处理。

**第二条** 具有下列情形之一的,不适用认罪认罚从宽制度:

(一)犯罪嫌疑人、被告人是尚未完全丧失辨认或者控制自己行为能力的精神病人的；

（二）未成年犯罪嫌疑人、被告人的法定代理人、辩护人对未成年人认罪认罚有异议的；

（三）犯罪嫌疑人、被告人行为不构成犯罪的；

（四）其他不宜适用的情形。

第三条 办理认罪认罚案件，应当遵循刑法、刑事诉讼法的基本原则，以事实为根据，以法律为准绳，保障犯罪嫌疑人、被告人依法享有的辩护权和其他诉讼权利，保障被害人的合法权益，维护社会公共利益，强化监督制约，确保无罪的人不受刑事追究，有罪的人受到公正惩罚，确保司法公正。

第四条 办理认罪认罚案件，应当坚持下列原则：

贯彻宽严相济刑事政策，充分考虑犯罪的社会危害性和犯罪嫌疑人、被告人的人身危险性，结合认罪认罚的具体情况，确定是否从宽以及从宽幅度，做到该宽则宽，当严则严，宽严相济，确保办案法律效果和社会效果。

坚持罪责刑相适应，根据犯罪的事实、性质、情节、后果，依照法律规定提出量刑建议，准确裁量刑罚，确保刑罚的轻重与犯罪分子所犯罪行和应当承担的刑事责任相适应。

坚持证据裁判，依照法律规定收集、固定、审查和认定证据。

第五条 办理认罪认罚案件，应当保障犯罪嫌疑人、被告人获得有效法律帮助，确保其了解认罪认罚的性质和法律后果，自愿认罪认罚。

法律援助机构可以根据人民法院、看守所实际工作需要，通过设立法律援助工作站派驻值班律师、及时安排值班律师等形式提供法律帮助。人民法院、看守所应当为值班律师开展工作提供便利工作场所和必要办公设施，简化会见程序，保障值班律师依法履行职责。

犯罪嫌疑人、被告人自愿认罪认罚，没有辩护人的，人民法院、人民检察院、公安机关应当通知值班律师为其提供法律咨询、程序选择、申请变更强制措施等法律帮助。

人民法院、人民检察院、公安机关应当告知犯罪嫌疑人、被告人申请法律援助的权利。符合应当通知辩护条件的，依法通知法律援助机构指派律师为其提供辩护。

第六条 人民法院、人民检察院、公安机关应当将犯罪嫌疑人、被告人认罪认罚作为其是否具有社会危害性的重要考虑因素，对于没有社会危险性的犯罪嫌疑人、被告人，应当取保候审、监视居住。

第七条 办理认罪认罚案件，应当听取被害人及其代理人意见，并将犯罪嫌疑人、被告人是否与被害人达成和解协议或者赔偿被害人损失,取得被害人谅解,作为量刑的重要考虑因素。

第八条 在侦查过程中,侦查机关应当告知犯罪嫌疑人享有的诉讼权利和认罪认罚可能导致的法律后果,听取犯罪嫌疑人及其辩护人或者值班律师的意见,犯罪嫌疑人自愿认罪认罚的,记录在案并附卷。

犯罪嫌疑人向看守所工作人员或辩护人、值班律师表示愿意认罪认罚的,有关人员应当及时书面告知办案单位。

对拟移送审查起诉的案件,侦查机关应当在起诉意见中写明犯罪嫌疑人自愿认罪认罚情况。

第九条 犯罪嫌疑人自愿如实供述涉嫌犯罪的事实,有重大立功或者案件涉及国家重大利益,需要撤销案件的,办理案件的公安机关应当层报公安部,由公安部提请最高人民检察院批准。

第十条 在审查起诉过程中,人民检察院应当告知犯罪嫌疑人享有的诉讼权利和认罪认罚可能导致的法律后果,就下列事项听取犯罪嫌疑人及其辩护人或者值班律师的意见,记录在案并附卷:

(一)指控的罪名及适用的法律条款;

(二)从轻、减轻或者免除处罚等从宽处罚的建议;

(三)认罪认罚后案件审查适用的程序;

(四)其他需要听取意见的情形。

犯罪嫌疑人自愿认罪,同意量刑建议和程序适用的,应当在辩护人或者值班律师在场的情况下签署具结书。

第十一条 人民检察院向人民法院提起公诉的,应当在起诉书中写明被告人认罪认罚情况,提出量刑建议,并同时移送被告人的认罪认罚具结书等材料。

量刑建议一般应当包括主刑、附加刑,并明确刑罚执行方式。可以提出相对明确的量刑幅度,也可以根据案件具体情况,提出确定刑期的量刑建议。建议判处财产刑的,一般应当提出确定的数额。

第十二条 对适用速裁程序的案件,人民检察院一般应当在受理后十日内作出是否提起公诉的决定;对可能判处的有期徒刑超过一年的,可以延长至十五日。

第十三条 犯罪嫌疑人自愿如实供述涉嫌犯罪的事实,有重大立功或者案件涉及国家重大利益的,经最高人民检察院批准,人民检察院可以作出不起诉决定,也可以对涉嫌数罪中的一项或者多项提起公诉。

具有法律规定不起诉情形的,依照法律规定办理。

第十四条　最高人民检察院批准不起诉的,或者经公安部提请批准撤销案件的,人民检察院、公安机关对查封、扣押、冻结的财物及其孳息,应当调查权属情况,查明是否属于违法所得或者依法应当追缴的其他涉案财物。案外人对查封、扣押、冻结的财物及其孳息提出权属异议的,应当进行审查。

确认查封、扣押、冻结的财物及其孳息属于违法所得、违禁品或者供作案所用的本人财物,除依法返还被害人的以外,应当在撤销案件或者作出不起诉决定后三十日内予以收缴,一律上缴国库。对查封、扣押、冻结的财物及其孳息不能确认属于违法所得或者依法应当追缴的其他涉案财物的,不得收缴。

第十五条　人民法院审理认罪认罚案件,应当告知被告人享有的诉讼权利和认罪认罚可能导致的法律后果,审查认罪认罚的自愿性和认罪认罚具结书内容的真实性、合法性。

第十六条　对于基层人民法院管辖的可能判处三年有期徒刑以下刑罚的案件,事实清楚、证据充分,当事人对适用法律没有争议,被告人认罪认罚并同意适用速裁程序的,可以适用速裁程序,由审判员独任审判,送达期限不受刑事诉讼法规定的限制,不进行法庭调查、法庭辩论,当庭宣判,但在判决宣告前应当听取被告人的最后陈述。

适用速裁程序审理案件,人民法院一般应当在十日内审结;对可能判处的有期徒刑超过一年的,可以延长至十五日。

第十七条　具有下列情形之一的,不适用速裁程序审理:
(一)被告人是盲、聋、哑人的;
(二)案件疑难、复杂,或者有重大社会影响的;
(三)共同犯罪案件中部分被告人对指控事实、罪名、量刑建议有异议的;
(四)被告人与被害人或者其代理人没有就附带民事赔偿等事项达成调解或者和解协议的;
(五)其他不宜适用速裁程序的情形。

第十八条　对于基层人民法院管辖的可能判处三年有期徒刑以上刑罚的案件,被告人认罪认罚的,可以依法适用简易程序审判,在判决宣告前应当听取被告人的最后陈述,一般应当当庭宣判。

第十九条　人民法院适用速裁程序或者简易程序审查的认罪认罚案

件,有下列情形之一的,应当转为普通程序审理:

(一)被告人违背意愿认罪认罚的;

(二)被告人否认指控的犯罪事实的;

(三)其他不宜适用速裁程序或者简易程序审理的情形。

第二十条 对于认罪认罚案件,人民法院依法作出判决时,一般应当采纳人民检察院指控的罪名和量刑建议,但具有下列情形的除外:

(一)被告人不构成犯罪或者不应当追究刑事责任的;

(二)被告人违背意愿认罪认罚的;

(三)被告人否认指控的犯罪事实的;

(四)起诉指控的罪名与审理认定的罪名不一致的;

(五)其他可能影响公正审判的情形。

第二十一条 人民法院经审理认为,人民检察院的量刑建议明显不当,或者被告人、辩护人对量刑建议提出异议的,人民法院可以建议人民检察院调整量刑建议,人民检察院不同意调整量刑建议或者调整量刑建议后被告人、辩护人仍有异议的,人民法院应当依法作出判决。

第二十二条 对不具有法定减轻处罚情节的认罪认罚案件,应当在法定刑的限度以内从轻判处刑罚,犯罪情节轻微不需要判处刑罚的,可以依法免予刑事处罚,确实需要在法定刑以下判处刑罚的,应当层报最高人民法院核准。

第二十三条 第二审人民法院对被告人不服适用速裁程序作出的第一审判决提起上诉的案件,可以不开庭审理。经审理认为原判认定事实和适用法律正确、量刑适当的,应当裁定驳回上诉,维持原判;原判认定事实没有错误,但适用法律有错误,或者量刑不当的,应当改判;原判事实不清或者证据不足的,应当裁定撤销原判,发回原审人民法院适用普通程序重新审判。

第二十四条 人民法院、人民检察院、公安机关工作人员在办理认罪认罚案件中,有刑讯逼供、暴力取证或者权钱交易、放纵罪犯等滥用职权、徇私枉法情形,构成犯罪的,依法追究刑事责任;尚不构成犯罪的,依法给予行政处分或者纪律处分。

第二十五条 国家安全机关依法办理认罪认罚案件,适用本办法中有关公安机关的规定。

第二十六条 办理犯罪嫌疑人、被告人认罪认罚案件,本办法有规定的,按照本办法执行;本办法没有规定的,适用刑法、刑事诉讼法等有关规定。

第二十七条　原刑事案件速裁程序试点相关规定可以参照执行,本办法另有规定的除外。

第二十八条　本办法在北京、天津、上海、重庆、沈阳、大连、南京、杭州、福州、厦门、济南、青岛、郑州、武汉、长沙、广州、深圳、西安试行。

第二十九条　本办法自发布之日起试行二年。

# 中国残疾人联合会、国家发展改革委、民政部、教育部、人力资源社会保障部、国家卫生计生委、司法部关于印发《基层残疾人综合服务能力建设"十三五"实施方案》的通知(节录)

(2016年10月12日　残联发〔2016〕53号)

各省、自治区、直辖市及计划单列市残联、发展改革委、民政厅(局)、教育厅(委、局)、人力资源社会保障厅(局)、卫生计生委、司法厅(局),新疆生产建设兵团残联、发展改革委、民政局、教育局、人力资源社会保障局、卫生计生委、司法局:

为做好"十三五"期间基层残疾人综合服务能力建设工作,根据国务院印发的《"十三五"加快残疾人小康进程规划纲要》,中国残联、国家发展改革委、民政部、教育部、人力资源社会保障部、国家卫生计生委、司法部联合制定了《基层残疾人综合服务能力建设"十三五"实施方案》,现印发给你们,请认真贯彻执行。

## 基层残疾人综合服务能力建设"十三五"实施方案

……

### 三、主要措施

(一)建立健全县级残疾人公共服务平台。

……

3. 县级残疾人康复中心开展康复咨询评估、转介、社区康复指导、辅助器具展示及适配等服务。有条件的县级残疾人康复中心开展残疾儿童康复及成年残疾人日间照料、生活能力训练、职业康复等服务。县（市、区）至少规划建设或扶持社会力量兴办1个寄宿制托养服务机构，并开展日间照料托养服务。完成县级残疾人就业服务机构规范化建设，按照统一业务流程和服务标准规范开展就业服务。开展学前残疾儿童康复教育服务，做好辖区内适龄未入学残疾儿童少年数据和特教机构办学情况调查统计。提高图书馆、科技馆、文化馆、博物馆和体育场馆、公园等各类公共设施为残疾人服务的水平。支持有条件的县级公共图书馆设立盲人图书室，打造基层残疾人健身体育示范园。县级地方普遍设立残疾人法律救助工作站。

……

# 司法部关于2016年全国"敬老月"期间深入开展老年人法律服务和法律援助活动的通知

（2016年9月20日　司发通〔2016〕96号）

各省、自治区、直辖市司法厅（局），新疆生产建设兵团司法局：

为深入贯彻落实习近平总书记关于加强老龄工作的重要指示和在中央政治局第三十二次集体学习的重要讲话精神，根据全国老龄工作委员会第十八次会议部署和《全国老龄工作委员会关于开展2016年全国"敬老月"活动的通知》（全国老龄委发〔2016〕5号），司法部决定在2016年全国"敬老月"期间开展有关敬老爱老活动。现将有关事项通知如下：

## 一、活动宗旨

深入贯彻落实党和国家老龄工作方针政策，进一步落实《中华人民共和国老年人权益保障法》，贯彻落实中共中央、国务院转发的《中央宣传部、司法部关于在公民中开展法治宣传教育的第七个五年规划（2016—2020年）》和全国人大常委会关于开展第七个五年法治宣传教育的决议，深入开展老年人法治宣传、法律服务、法律援助和人民调解工作，切实保障老年人合法权益,着力营造敬老爱老的社会氛围,不断增强老年人的获得感和幸福感。

## 二、活动时间

活动时间:10月1日至10月31日(10月9日为老年节)。

## 三、活动要求

(一)深入开展老年人法治宣传教育。各级司法行政部门要将保障老年人合法权益法治宣传列为"七五"普法启动实施的重要内容,投入必要的人力、物力、财力,加大老年人法治宣传教育力度。要紧密结合法律进机关、进乡村、进社区、进学校、进企业、进单位的"法律六进"主题活动,通过播放普法公益广告、提供法律咨询、散发宣传品、举办法律知识竞赛等多种形式,开展丰富多样的法治宣传教育活动,注重把老年人法治宣传融入健康养生、文体活动等日常生活中,推动老年人法治文化产品创作,引导老年人学习法律知识,依法维护自身合法权益,努力在全社会营造关爱老年人、保障老年人合法权益的良好法治氛围。

(二)健全完善老年人法律服务工作措施。组织引导广大律师、公证、基层法律服务所参与涉及老年人合法权益的诉讼、调解、仲裁和法律咨询等活动。围绕老年人最关心、最直接、最现实的法律问题,积极在医疗、保险、救助、赡养、婚姻、财产继承和监护等领域开展法律服务。根据各地实际,倡导律师事务所、公证处、基层法律服务所对经济困难但不符合法律援助条件的老年人减免法律服务收费,对无固定生活来源的老年人追索赡养费案件,予以费用减免;对80岁以上的老年人办理遗嘱公证免费。要充分发挥"老年维权示范岗"作用,搭建服务平台,健全服务网络,在老年人较为集中的场所,集中开展服务活动,方便老年人进行法律咨询和寻求法律服务,努力为老年人提供适应其群体特点的法律服务,切实维护老年人合法权益。推动律师事务所、公证处、基层法律服务所与当地老龄工作机构签订法律服务协议,在老龄委派专职律师、公证员、基层法律服务工作者,免费为老年人提供法律服务,有效维护老年人合法权益。

(三)进一步加强老年人法律援助工作。结合本地实际,推动扩大老年人法律援助范围,进一步放宽经济困难标准,降低老年人法律援助的门槛,把民生领域与老年人权益保护密切相关的事项纳入法律援助范围,最大限度满足老年人法律援助需求。对高龄、"三无"(无劳动能力、无生活来源、无赡养人和抚养人)、失能半失能、空巢、享受低保待遇、特困供养待遇，以及有特殊困难的老人，一律免予经济困难审查，开辟法律援助"绿色通道"。不断优化服务方式，对老年人申请法律援助实行优先受理、优先审查、优先指派，并快速办理。对80岁以上高龄、患病、失能等行动不便的老年人一律实行电话和网上预约、上门服务。推动有条件的地方在法律援助机构接待窗口设立老年人接待专区，为老年人接受法律服务或法律援助提供便利。加强"12348"法律服务热线建设，鼓励有条件的地方开设老年人维权专线，为老年人提供法律咨询。

（四）认真做好涉及老年人矛盾纠纷人民调解工作。组织动员广大人民调解组织和人民调解员，充分发挥人民调解优势特点，有针对性地开展涉及老年人的矛盾纠纷排查化解工作。要重点排查涉及老年人的婚姻、继承、赡养等常见多发的矛盾纠纷，建立工作台账，做到底数清，情况明。对排查发现的矛盾纠纷，要立足抓早抓小抓苗头，采取便民利民、灵活多样的方式及时就地化解，切实维护老年人的合法权益。要注重在调解过程中宣传老龄政策法规，弘扬敬老爱老传统美德，大力营造关爱老年人的良好社会氛围和舆论导向。

**四、工作要求**

（一）高度重视，精心组织。各级司法行政机关要充分认识开展今年"敬老月"活动的重要意义，高度重视，精心组织，周密部署，紧密结合实际，制定具体实施方案，细化工作措施。要进一步加强与当地老龄部门的沟通联系，紧密配合，通力协作，建立健全信息交流和定期沟通机制，不断提升服务老龄工作的针对性、实效性，充分发挥司法行政在服务老龄工作中的职能作用。

（二）面向基层，注重实效。各级司法行政机关要把"敬老月"活动的着力点放在基层，面向社区，面向农村；要以老年人法律服务、法律援助和人民调解需求为导向，因地制宜，注重实效，不搞形式主义；要把活动重点放在为老年人办实事、做好事、解难事上，扎扎实实为老年人解决实际困难，真真切切让老年人感受到沐浴法治阳光的温暖。

（三）加大宣传，营造氛围。各级司法行政机关要根据今年"敬老月"活动主题，制定宣传工作方案，抓好组织实施。要充分发挥网络、报刊、影视等媒体的作用，开设"敬老月"活动专题、专栏、专版，集中时间集中力量，大力宣传为老服务的先进事迹和优秀典型，展示司法行政服务老龄的良好形象和风貌,着力营造"敬老月"活动的良好社会氛围。

各地贯彻本《通知》情况,请及时报部。

# 司法部关于进一步加强公证便民利民工作的意见(节录)

(2016年9月18日　司发通〔2016〕93号)

各省、自治区、直辖市司法厅(局),新疆生产建设兵团司法局:

为充分发挥公证工作职能作用,切实满足人民群众对公证服务的需求,服务经济社会发展,现就进一步加强公证便民利民工作提出如下意见。

……

(四)依法规范公证收费。要认真落实公证收费公示制度。公证机构应当严格执行省、自治区、直辖市人民政府价格主管部门会同同级司法行政部门制定的公证服务收费标准,严格执行明码标价有关制度,在本机构显著位置和网站首页公示公证服务收费项目、收费标准、监督举报电话等信息,广泛接受社会监督。要依法减免公证收费。公证机构办理与给付社会保险待遇或者最低生活保障待遇有关的公证事项,办理与领取抚恤金(或劳工赔偿金)、救济金、劳动保险金等有关的公证事项,办理赡养、抚养、扶养协议的证明,办理与公益活动有关的公证事项时,对于符合法律援助条件的当事人应当按照有关规定减免公证服务费用;对于不符合法律援助条件,但确有困难的当事人,公证机构可以酌情减收或者免收相关的公证服务费用。推行小额遗产继承公证费用减免制度,降低当事人成本。倡导对80岁以上的老年人办理遗嘱公证免收公证费。

……

# 司法部、中央军委政法委员会关于印发 《军人军属法律援助工作实施办法》的通知

(2016年9月14日 司发〔2016〕3号)

各省、自治区、直辖市司法厅(局),新疆生产建设兵团司法局,各战区、各军兵种、军事科学院、国防大学、国防科学技术大学、武警部队、各军区善后工作办公室党委政法委员会,军委机关各部门政治工作局(综合局、直属工作局):

现将《军人军属法律援助工作实施办法》印发你们,请遵照执行。

## 军人军属法律援助工作实施办法

**第一条** 为贯彻落实《国务院、中央军委关于进一步加强军人军属法律援助工作的意见》(国发〔2014〕37号)精神,切实做好军人军属法律援助工作,依法维护国防利益和军人军属合法权益,制定本办法。

**第二条** 本办法所称军人,是指现役军(警)官、文职干部、士兵以及具有军籍的学员。军队中的文职人员、非现役公勤人员、在编职工,由军队管理的离退休人员,以及执行军事任务的预备役人员和其他人员,按军人对待。

本办法所称军属,是指军人的配偶、父母、子女和其他具有法定扶养关系的近亲属。烈士、因公牺牲军人、病故军人的遗属按军属对待。

**第三条** 县级以上司法行政机关和军队团级以上单位负责司法行政工作的部门应当密切协作、相互配合,建立健全军地联席会议、法律援助人员培训、工作考评通报等机制,共同做好军人军属法律援助工作。

**第四条** 法律援助人员办理军人军属法律援助案件,应当保守国家秘密、军事秘密,不得泄露当事人的隐私。

**第五条** 除《法律援助条例》规定的事项外,军人军属对下列事项因经济困难没有委托代理人的,可以向法律援助机构申请法律援助:

（一）请求给予优抚待遇的；

（二）涉及军人婚姻家庭纠纷的；

（三）因医疗、交通、工伤事故以及其他人身伤害案件造成人身损害或财产损失请求赔偿的；

（四）涉及农资产品质量纠纷、土地承包纠纷、宅基地纠纷以及保险赔付的。

**第六条** 军人军属申请法律援助，应当提交下列申请材料：

（一）法律援助申请表；

（二）军人军属身份证明；

（三）法律援助申请人经济状况证明表；

（四）与所申请法律援助事项有关的案件材料。

**第七条** 下列军人军属申请法律援助的，无需提交经济困难证明：

（一）义务兵、供给制学员及军属；

（二）执行作战、重大非战争军事行动任务的军人及军属；

（三）烈士、因公牺牲军人、病故军人的遗属。

**第八条** 军人军属就本办法第五条规定的事项申请法律援助的，由义务机关所在地或者义务人住所地的法律援助机构受理，也可以由军人军属法律援助工作站或者联络点受理。

**第九条** 对军人军属申请法律援助的，法律援助机构应当优化办理程序，优先受理、优先审批、优先指派。对情况紧急的可以先行受理，事后补充材料、补办手续。对伤病残等特殊困难的军人军属，实行电话申请、邮寄申请、上门受理等便利服务。有条件的可以实行网上办理。

法律援助机构对军人军属的法律援助申请作出给予法律援助的决定后，应当及时告知军队有关部门。

**第十条** 法律援助机构办理军人军属法律援助案件，需要军队有关部门协助的，军队有关部门应当予以协助。

**第十一条** 法律援助机构可以在省军区（卫戍区、警备区）、军分区（警备区）、县（市、区）人民武装部建立军人军属法律援助工作站，有条件的可以在军队团级以上单位建立军人军属法律援助工作站或者联络点。

法律援助机构可以根据需要，依托符合条件的律师事务所建立军人军属法律援助工作站。

军人军属法律援助工作站可以在乡（镇）人武部、营连级以下部队设立法律援助联络点，为军人军属申请法律援助提供服务。

第十二条　军人军属法律援助工作站应当具备以下条件：

（一）有固定的办公场所和设备；

（二）有具备一定法律知识的工作人员；

（三）有必要的工作经费；

（四）有规范的工作制度；

（五）有统一的标识及公示栏。

第十三条　军人军属法律援助工作站的职责范围包括：

（一）接受军人军属的法律援助申请并进行初步审查，对符合条件的转交有权办理的法律援助机构；

（二）开展军人军属法治宣传教育；

（三）解答法律咨询、代写法律文书；

（四）办理简单的非诉讼法律援助事项；

（五）收集、分析和报送军人军属法律需求信息。

第十四条　军人军属法律援助工作站应当在接待场所和相关网站公示办公地址、通讯方式以及军人军属法律援助条件、程序、申请材料目录等信息。

第十五条　军人军属法律援助工作站应当建立军人军属来函、来电来访咨询事项登记制度。对属于法律援助范围的，应当一次性告知申请程序，指导当事人依法提出申请；对不属于法律援助范围的，应当告知有关规定，指引当事人寻求其他解决渠道。

第十六条　军人军属法律援助工作站应当向所属法律援助机构和所驻军队单位负责司法行政工作的部门及时报告工作，接受其业务指导和监督。

第十七条　法律援助机构应当安排本机构人员或者指派律师到军人军属法律援助工作站值班。

第十八条　县级以上司法行政机关和军队团级以上单位负责司法行政工作的部门应当建立联席会议制度，其主要职责是：

（一）研究制定军人军属法律援助工作发展规划、重要制度和措施，安排部署军人军属法律援助工作任务；

（二）通报有关情况，协调落实军人军属法律援助工作；

（三）指导、检查军人军属法律援助工作，开展调查研究，及时解决工作中的困难和问题；

（四）总结推广军人军属法律援助工作经验，组织宣传相关政策制度和先进典型；

（五）组织军地法律援助人员学习交流、培训活动。

第十九条　司法行政机关应当把军人军属法律援助工作站和联络点人员培训工作纳入当地法律援助业务培训规划。军队负责司法行政工作的部门应当为军人军属法律援助工作站和联络点人员参加培训提供必要的条件和保障。

军队法律顾问处与法律援助机构、相关律师事务所可以开展业务研究、办案交流等活动，提高军人军属法律援助队伍业务素质。

第二十条　县级以上司法行政机关应当会同军队团级以上单位负责司法行政工作的部门协调地方财政部门，推动将军人军属法律援助经费纳入财政保障范围，并根据经济社会发展水平逐步加大经费投入。

有条件的地方可探索建立军人军属法律援助专项基金，专门用于办理军人军属法律援助案件。法律援助基金会等组织应当通过多种渠道，积极募集社会资金，支持军人军属法律援助工作。

军队有关部门应当将军人军属法律援助工作站、联络点日常办公所需经费纳入单位年度预算。

第二十一条　建立健全法律援助机构和法律援助人员开展军人军属法律援助工作考评机制。考评结果应当报送上一级司法行政机关和军队负责司法行政工作的部门。

第二十二条　本办法由司法部和中央军委政法委员会解释。

第二十三条　本办法自 2016 年 9 月 14 日起施行。

# 国务院关于印发《"十三五"加快残疾人小康进程规划纲要》的通知（节录）

（2016 年 8 月 3 日　国发〔2016〕47 号）

各省、自治区、直辖市人民政府，国务院各部委、各直属机构：

现将《"十三五"加快残疾人小康进程规划纲要》印发给你们，请认真贯彻执行。

# "十三五"加快残疾人小康进程规划纲要

……

（四）依法保障残疾人平等权益。

1.完善残疾人权益保障法律法规体系。社会建设和民生等领域立法过程应听取残疾人和残疾人组织意见。加快残疾人保障法配套行政法规立法进程，研究修订《残疾人就业条例》，开展残疾人社会福利、教育、盲人按摩、反残疾歧视等立法研究。促进地方残疾人权益保障立法和优惠扶助政策制定。建立残疾人权益保障法律、法规、规章信息公开系统。

2.加大残疾人权益保障法律法规的宣传执行力度。将残疾人保障法等相关法律法规宣传教育作为国家"七五"普法重要任务。积极开展议题设置，运用互联网和新媒体加大普法宣传力度。开展残疾人学法用法专项行动，提高残疾人对相关法律法规政策的知晓度和维权能力。政府部门要带头落实残疾人权益保障法律法规，依法开展残疾人工作，依法维护残疾人权益。企事业单位、社会组织和公众要认真履行扶残助残的法定义务。配合各级人大、政协开展执法检查、视察和调研，促进残疾人权益保障法律法规的有效实施。严厉打击侵犯残疾人合法权益的违法犯罪行为。

3.创新残疾人权益保障机制。推动建立残疾人权益保障协商工作机制。拓宽残疾人和残疾人组织民主参与渠道，有效发挥残疾人、残疾人亲友和残疾人工作者人大代表、政协委员在国家政治生活中的重要作用。大力推进残疾人法律救助，帮助残疾人及时获得法律援助、法律服务和司法救助，扩大残疾人法律援助范围。办好12385残疾人服务热线和网络信访平台，实现12110短信报警平台的全覆盖和功能提升。建立完善残疾人权益保障应急处置机制。

……

# 最高人民法院、最高人民检察院、公安部、国家安全部、司法部关于推进以审判为中心的刑事诉讼制度改革的意见

(2016年7月20日　法发〔2016〕18号)

为贯彻落实《中共中央关于全面推进依法治国若干重大问题的决定》的有关要求，推进以审判为中心的刑事诉讼制度改革，依据宪法法律规定，结合司法工作实际，制定本意见。

一、未经人民法院依法判决，对任何人都不得确定有罪。人民法院、人民检察院和公安机关办理刑事案件，应当分工负责，互相配合，互相制约，保证准确、及时地查明犯罪事实，正确应用法律，惩罚犯罪分子，保障无罪的人不受刑事追究。

二、严格按照法律规定的证据裁判要求，没有证据不得认定犯罪事实。侦查机关侦查终结，人民检察院提起公诉，人民法院作出有罪判决，都应当做到犯罪事实清楚，证据确实、充分。

侦查机关、人民检察院应当按照裁判的要求和标准收集、固定、审查、运用证据，人民法院应当按照法定程序认定证据，依法作出裁判。

人民法院作出有罪判决，对于证明犯罪构成要件的事实，应当综合全案证据排除合理怀疑，对于量刑证据存疑的，应当作出有利于被告人的认定。

三、建立健全符合裁判要求、适应各类案件特点的证据收集指引。探索建立命案等重大案件检查、搜查、辨认、指认等过程录音录像制度。完善技术侦查证据的移送、审查、法庭调查和使用规则以及庭外核实程序。统一司法鉴定标准和程序。完善见证人制度。

四、侦查机关应当全面、客观、及时收集与案件有关的证据。

侦查机关应当依法收集证据。对采取刑讯逼供、暴力、威胁等非法方法收集的言词证据，应当依法予以排除。侦查机关收集物证、书证不符合

法定程序,可能严重影响司法公正,不能补正或者作出合理解释的,应当依法予以排除。

对物证、书证等实物证据,一般应当提取原物、原件,确保证据的真实性。需要鉴定的,应当及时送检。证据之间有矛盾的,应当及时查证。所有证据应当妥善保管,随案移送。

五、完善讯问制度,防止刑讯逼供,不得强迫任何人证实自己有罪。严格按照有关规定要求,在规范的讯问场所讯问犯罪嫌疑人。严格依照法律规定对讯问过程全程同步录音录像,逐步实行对所有案件的讯问过程全程同步录音录像。

探索建立重大案件侦查终结前对讯问合法性进行核查制度。对公安机关、国家安全机关和人民检察院侦查的重大案件,由人民检察院驻看守所检察人员询问犯罪嫌疑人,核查是否存在刑讯逼供、非法取证情形,并同步录音录像。经核查,确有刑讯逼供、非法取证情形的,侦查机关应当及时排除非法证据,不得作为提请批准逮捕、移送审查起诉的根据。

六、在案件侦查终结前,犯罪嫌疑人提出无罪或者罪轻的辩解,辩护律师提出犯罪嫌疑人无罪或者依法不应追究刑事责任的意见,侦查机关应当依法予以核实。

七、完善补充侦查制度。进一步明确退回补充侦查的条件,建立人民检察院退回补充侦查引导和说理机制,明确补充侦查方向、标准和要求。规范补充侦查行为,对于确实无法查明的事项,公安机关、国家安全机关应当书面向人民检察院说明理由。对于二次退回补充侦查后,仍然证据不足、不符合起诉条件的,依法作出不起诉决定。

八、进一步完善公诉机制,被告人有罪的举证责任,由人民检察院承担。对被告人不认罪的,人民检察院应当强化庭前准备和当庭讯问、举证、质证。

九、完善不起诉制度,对未达到法定证明标准的案件,人民检察院应当依法作出不起诉决定,防止事实不清、证据不足的案件进入审判程序。完善撤回起诉制度,规范撤回起诉的条件和程序。

十、完善庭前会议程序,对适用普通程序审理的案件,健全庭前证据展示制度,听取出庭证人名单、非法证据排除等方面的意见。

十一、规范法庭调查程序,确保诉讼证据出示在法庭、案件事实查明在法庭。证明被告人有罪或者无罪、罪轻或者罪重的证据,都应当在法庭上出示,依法保障控辩双方的质证权利。对定罪量刑的证据,控辩双方存在争议的,应当单独质证;对庭前会议中控辩双方没有异议的证据,可以简化举证、质证。

十二、完善对证人、鉴定人的法庭质证规则。落实证人、鉴定人、侦查人员出庭作证制度,提高出庭作证率。公诉人、当事人或者辩护人、诉讼代理人对证人证言有异议,人民法院认为该证人证言对案件定罪量刑有重大影响的,证人应当出庭作证。

健全证人保护工作机制,对因作证面临人身安全等危险的人员依法采取保护措施。建立证人、鉴定人等作证补助专项经费划拨机制。完善强制证人到庭制度。

十三、完善法庭辩论规则,确保控辩意见发表在法庭。法庭辩论应当围绕定罪、量刑分别进行,对被告人认罪的案件,主要围绕量刑进行。法庭应当充分听取控辩双方意见,依法保障被告人及其辩护人的辩论辩护权。

十四、完善当庭宣判制度,确保裁判结果形成在法庭。适用速裁程序审理的案件,除附带民事诉讼的案件以外,一律当庭宣判;适用简易程序审理的案件一般应当当庭宣判;适用普通程序审理的案件逐步提高当庭宣判率。规范定期宣判制度。

十五、严格依法裁判。人民法院经审理,对案件事实清楚、证据确实、充分,依据法律认定被告人有罪的,应当作出有罪判决。依据法律规定认定被告人无罪的,应当作出无罪判决。证据不足,不能认定被告人有罪的,应当按照疑罪从无原则,依法作出无罪判决。

十六、完善人民检察院对侦查活动和刑事审判活动的监督机制。建立健全对强制措施的监督机制。加强人民检察院对逮捕后羁押必要性的审查,规范非羁押性强制措施的适用。进一步规范和加强人民检察院对人民法院确有错误的刑事判决和裁定的抗诉工作,保证刑事抗诉的及时性、准确性和全面性。

十七、健全当事人、辩护人和其他诉讼参与人的权利保障制度。

依法保障当事人和其他诉讼参与人的知情权、陈述权、辩论辩护权、申请权、申诉权。犯罪嫌疑人、被告人有权获得辩护,人民法院、人民检察院、公安机关、国家安全机关有义务保证犯罪嫌疑人、被告人获得辩护。

依法保障辩护人会见、阅卷、收集证据和发问、质证、辩论辩护等权利,完善便利辩护人参与诉讼的工作机制。

十八、辩护人或者其他任何人,不得帮助犯罪嫌疑人、被告人隐匿、毁灭、伪造证据或者串供,不得威胁、引诱证人作伪证以及进行其他干扰司法机关诉讼活动的行为。对于实施上述行为的,应当依法追究法律责任。

十九、当事人、诉讼参与人和旁听人员在庭审活动中应当服从审判长或独任审判员的指挥,遵守法庭纪律。对扰乱法庭秩序、危及法庭安全等违法行为,应当依法处理;构成犯罪的,依法追究刑事责任。

二十、建立法律援助值班律师制度,法律援助机构在看守所、人民法院派驻值班律师,为犯罪嫌疑人、被告人提供法律帮助。

完善法律援助制度,健全依申请法律援助工作机制和办案机关通知辩护工作机制。对未履行通知或者指派辩护职责的办案人员,严格实行责任追究。

二十一、推进案件繁简分流,优化司法资源配置。完善刑事案件速裁程序和认罪认罚从宽制度,对案件事实清楚、证据充分的轻微刑事案件,或者犯罪嫌疑人、被告人自愿认罪认罚的,可以适用速裁程序、简易程序或者普通程序简化审理。

# 司法部关于做好2016年司法行政系统农民工工作的通知

(2016年1月20日　司发通〔2016〕5号)

各省、自治区、直辖市司法厅(局),新疆生产建设兵团司法局:

为深入贯彻落实党中央、国务院关于农民工工作的决策部署,积极发挥司法行政职能作用,有效维护农民工合法权益,现对做好2016年司法行政系统农民工工作有关事项通知如下。

**一、深刻认识做好新形势下司法行政系统农民工工作的重要性**

农民工已成为我国产业工人的主体,是推动国家现代化建设的重要力量,为经济社会发展作出了巨大贡献。当前,我国正处于经济社会转型时期,经济社会发展前景广阔,同时面临不少困难和挑战,农民工工作面临新的情况。在党中央、国务院的高度重视下,农民工工作机制逐步健全,政策法规不断完善,综合服务能力进一步提高,关心关爱农民工的社会氛围正在形成。同时也要看到,在当前我国经济下行压力加大的背景下,农民工工作还存在农民工就业压力有所增大、拖欠农民工工资问题有所反弹、农民工权益保障需要进一步加强等问题。认真做好新形势下的农民工劳动权益保障工作,充分发挥司法行政机关在服务农民工工作中的职能作用,对于构建和谐劳动关系、促进社会公平正义、促进社会和谐稳定具有重要意义。各级司法行政机关要充分认识新形势下做好农民工工作的重要性,进一步增强责任感和使命感,积极适应经济社会发展新要求,加大司法行政系统服务农民工工作力度,着力促进农民工社会融合,更好地维护农民工合法权益。

**二、认真做好司法行政系统农民工各项工作**

2016年司法行政系统农民工工作要深入贯彻落实党的十八大、十八届三中、四中、五中全会精神,认真落实《国务院关于进一步做好为农民工服务工作的意见》和《国务院办公厅关于全面治理拖欠农民工工资问题的意见》,以有序推进农民工市民化为目标,进一步加大农民工法治宣传、法律服务、法律援助和人民调解工作力度,积极做好农民工讨薪、权益维护等服务工作,努力提供优质高效的法律服务和保障,切实维护农民工合法权益,维护社会和谐稳定。

(一)进一步加强农民工法治宣传工作。坚持把农民工普法工作情况作为"七五"普法的重要内容,指导农民工输入和输出大省把农民工普法纳入本地"七五"普法规划。开展"六五"普法先进集体和个人评选表彰,把农民工普法情况作为评比表彰的重要标准,对"六五"普法先进集体和个人进行评选表彰。深入开展"法律六进"等主题活动,按照中央宣传部、中央文明委关于2016年"三下乡"活动的统一部署,继续开展"法律下乡"活动等。进一步健全完善农民工普法教育机制,认真贯彻《关于实行国家机关"谁执法谁普法"责任制的意见》,落实各部门行业及社会单位的普法责任。建立健全农民工输出地和输入地相互衔接、相互配合的法治宣传教育机制,完善考核评估制度,加强监督检查。

(二)进一步加强农民工法律服务工作。开展专项法律服务,鼓励各地将农民工劳动权益保障纳入企业法律体检等专项法律服务活动,严格农民工劳务合同的依法订立、审查、履行、监管、备案、登记制度,引导企业依法规范用工,引导农民工通过理性合法形式表达诉求、维护权益。继续推进强制执行公证,对劳资双方达成的偿还欠款及兑现农民工工资的协议赋予强制执行效力,促进解决拖欠农民工工资问题。强化部门协作,加强与劳动、财政、信访、建设等相关职能部门的协调配合,加强与工会、共青团、妇联、残联等社会团体和组织的合作协商,争取支持,共同做好农民工法律服务工作。

（三）进一步加强农民工法律援助工作。扩大法律援助覆盖面,逐步调整法律援助经济困难标准和补充事项范围并建立动态调整机制,努力使法律援助惠及更多农民工。深化法律援助便民服务,推动法律援助便民服务窗口建设,扩大基层服务网络覆盖范围,拓宽申请渠道,积极推进网上便民服务,加强"12348"法律服务热线建设,做好小微企业农民工法律援助工作。围绕做好农民工工资支付工作,开展法律援助进企业、法律援助为农民工讨薪等专项行动,建立农民工讨薪"绿色通道",对农民工申请支付劳动报酬和工伤赔偿免除经济困难审查,优先受理,优先审批,使农民工能够及时得到帮助。加强案件质量管理,认真落实《办理法律援助案件程序规定》,规范农民工法律援助案件办理,改进农民工案件指派工作,提高法律援助办案质量。针对农民工特点,提供有针对性的法律援助,在服务过程中注重心理疏导和人文关怀,并根据农民工易发纠纷类型做好政策宣传和法治教育工作,提升法律援助服务效果。

（四）进一步加强农民工矛盾纠纷调处化解工作。完善组织网络,充实巩固农民工输出(人)大省村(居)、乡镇(街道)人民调解组织建设,积极发展农民工集中的建筑企业、劳动密集型企业、中小企业等企事业单位人民调解委员会,大力推进在农民工集中的地区和行业、专业领域建立行业性、专业性人民调解组织。加强队伍建设,扩大选任渠道,积极吸收符合条件的农民工担任人民调解员,实现农民工自我管理、服务和教育。加强与各级人社部门和工会组织的联系,积极发展调解劳动争议专业化、专职化人民调解员队伍。扎实开展矛盾纠纷排查化解工作,建立健全涉及农民工纠纷信息网络,积极开展矛盾纠纷专项排查工作,有效预防和稳妥处置涉及农民工的群体性事件,努力把涉及农民工的纠纷化解在萌芽状态,促进社会稳定。重点加强对涉及农民工的婚姻家庭、继承、房屋宅基地、征地拆迁、劳动争议特别是拖欠工资、工伤损害赔偿等矛盾纠纷的调解工作。

### 三、切实加强组织领导

做好农民工工作,是司法行政机关的重要职责。各级司法行政机关要高度重视农民工工作,将做好为农民工服务工作作为当前和今后一个时期司法行政工作的一项重要内容,摆上重要日程,明确责任分工,加强督促检查,确保各项任务措施落到实处。要积极整合基层司法行政资源,畅通申请渠道,强化便民措施,不断提高服务农民工工作水平。要加强与人力资源和社会保障、工会、劳动仲裁等农民工工作部门的沟通协调,建立高效、顺畅的农民工权益保障工作衔接配合机制。要强化调查研究,密切关注农民工工作的新情况、新问题,加强农民工权益保障工作数据统计和信息报送,及时了解农民工利益诉求,研究制定对策措施,提高农民工工作的针对性和有效性。要加强宣传工作,广泛宣传司法行政系统服务农民工的政策、成就、经验和典型事迹,营造良好社会氛围。

各地贯彻落实情况请及时报部。

# 司法部关于认真学习宣传贯彻中共中央办公厅、国务院办公厅《关于完善法律援助制度的意见》的通知

(2015年7月8日 司发〔2015〕11号)

各省、自治区、直辖市司法厅(局),新疆生产建设兵团司法局:

2015年6月29日,中共中央办公厅、国务院办公厅印发了《关于完善法律援助制度的意见》(中办发〔2015〕37号,以下简称《意见》),对新时期进一步加强法律援助工作、完善法律援助制度作出了全面部署。为做好《意见》的学习、宣传、贯彻工作,现就有关事项通知如下:

一、充分认识《意见》出台的重要意义

党中央、国务院高度重视法律援助工作。党的十八届三中、四中全会明确提出要完善法律援助制度。习近平总书记多次对做好法律援助工作作出重要指示。《意见》的出台是贯彻落实党的十八届三中、四中全会精神和习近平总书记对法律援助工作重要指示精神的重要举措,是认真落实中央关于全面推进依法治国战略部署的重要内容,是加强保障和改善民生工作的重要方面。《意见》紧紧围绕经济社会发展和人民群众实际需要,从政治和全局的高度,提出了当前和今后一个时期法律援助工作发展的指导思

想、基本原则、政策措施和要求,对做好新形势下法律援助工作作出了全面部署,是指导我国法律援助事业发展的纲领性文件,必将推动我国法律援助工作进入一个全新的发展阶段。各级司法行政机关和法律援助机构要从政治和全局的高度,认真学习《意见》的重要意义,将思想和行动统一到中央部署和习近平总书记关于做好法律援助工作一系列重要指示精神上来,切实增强紧迫感、责任感和使命感,切实抓好《意见》的学习宣传和贯彻落实工作,不断提高法律援助工作的能力和水平,完善中国特色社会主义法律援助制度,更好地发挥法律援助工作在维护困难群众合法权益、保障社会公平正义、促进社会和谐稳定中的作用,为全面依法治国作出新贡献。

**二、认真做好《意见》的学习宣传贯彻工作**

贯彻落实《意见》,是当前和今后一个时期司法行政工作的重要任务。各级司法行政机关、法律援助机构要高度重视,统筹规划,精心组织,切实把《意见》学习好、宣传好、贯彻好。

(一)认真组织学习《意见》。要组织司法行政干部、法律援助人员认真学习《意见》,深刻领会《意见》的精神实质和出台《意见》的重大意义,深刻领会法律援助工作在全面依法治国中的重要地位和职责使命,深刻领会法律援助工作始终坚持正确发展方向的根本要求,深刻领会完善法律援助制度的总体思路、重点领域和关键环节,切实把思想和行动统一到文件精神上来,努力形成贯彻落实《意见》、做好新形势下法律援助工作的思想共识,进一步增强做好法律援助工作的责任感和使命感。要把学习《意见》纳入重要议事日程,制定专门学习计划,采用举办培训班、研讨班、座谈会等多种形式认真学习《意见》,使广大法律援助人员增强贯彻落实《意见》的自觉性、主动性和坚定性。要把学习《意见》与学习贯彻党的十八大、十八届三中、四中全会精神,学习习近平总书记系列重要讲话精神和对司法行政工作的重要指示结合起来,与解决法律援助工作发展过程中的突出问题结合起来,努力取得学习实效、推动工作。

(二)积极开展《意见》的宣传。要按照司法部的部署,结合各地工作实际,精心制定宣传方案,围绕《意见》出台的重要意义和基本精神,完善法律援助制度的总体要求和具体任务,推进法律援助事业改革发展的政策扶持和保障措施,法律援助在服务人民群众和国家法治建设中的主要作用等方面,开展广泛、深入、集中宣传,营造贯彻落实《意见》、关心和支持法律援助工作的良好氛围。要拓宽宣传渠道,充分运用电视、广播、报纸、网络等传统媒体和新媒体,加大宣传力度,加深社会各界对法律援助工作的认识,增强相关部门支持配合法律援助工作的积极性,努力形成有利于法律援助事业发展的社会环境。

(三)全面贯彻落实《意见》提出的任务措施。要以学习、宣传、贯彻《意见》为契机,努力开创法律援助工作新局面。要始终坚持法律援助工作的正确方向,始终坚持党对法律援助工作的领导,坚持中国特色社会主义法治道路,紧紧围绕人民群众实际需要,积极提供优质高效的法律援助服务,努力让人民群众在每一个案件中都感受到公平正义。要依法全面履行职责,适应困难群众的民生需求,降低门槛,帮助困难群众运用法律手段解决基本生产生活方面的问题;注重发挥法律援助在人权司法保障中的作用,加强刑事法律援助工作,保障当事人合法权益;通过法律援助将涉及困难群体的矛盾纠纷纳入法治化轨道解决,有效化解社会矛盾,维护和谐稳定。要不断扩大法律援助覆盖面,推动地方逐步将与民生紧密相关的事项纳入补充事项范围,将经济困难标准逐步放宽至低收入标准,认真执行修改后刑事诉讼法关于扩大刑事法律援助覆盖面的规定,实现法律援助咨询服务全覆盖,使法律援助惠及更多困难群众。要切实提高法律援助质量,推进标准化建设,完善监管机制,健全便民服务机制等,努力为困难群众提供优质高效的法律援助服务。要积极推进法律援助保障措施落实,加强机构队伍建设,完善经费保障体制,加强基础设施建设。要积极争取党委、政府支持,将法律援助工作纳入党的群众工作范围,纳入地方经济社会发展总体规划、基本公共服务体系、为民办实事和民生工程,建立法律援助补充事项范围和经济困难标准动态调整机制,为法律援助工作发展创造良好政策环境。要鼓励和支持社会力量通过多种方式依法有序参与法律援助工作,加强对人民团体、社会组织和志愿者从事法律援助服务的指导和规范。

## 三、加强组织领导

司法部将于近期召开全国法律援助工作会议,对学习、宣传、贯彻《意见》工作作出全面部署。各级司法行政机关要按照司法部的部署和要求,做好《意见》学习宣传贯彻工作,加强领导,精心组织,确保各项任务落实到位。

(一)明确工作责任。各级司法行政机关要对《意见》贯彻落实高度重视,以《意见》出台为契机,积极争取党委、政府重视支持,为法律援助工作发展创造良好条件。要紧紧围绕工作实际,研究制定本地区实施意见,细化具体落实措施,明确责任部门、工作目标和进度要求,确保各项措施落实到位。

(二)加强工作督导。各地要加强对《意见》实施的工作指导,深入基层开展调查研究,及时研究、协调解决《意见》贯彻过程中出现的新情况新问题,推动各项任务措施落到实处。要定期交流工作情况,加强督促检查和考核奖惩。司法部将适时派出督查组对各地贯彻执行情况进行检查。

(三)加强沟通协调。各地要围绕贯彻落实《意见》,与发展改革、民政、财政、人力资源社会保障等部门加强沟通协调,按照《意见》职能分工,完善配套政策,落实扶持和保障措施,形成贯彻落实《意见》的合力,共同推进法律援助工作的开展。

各地贯彻落实《意见》的情况请及时报部。

# 中共中央办公厅、国务院办公厅印发《关于完善法律援助制度的意见》

(2015年6月24日 中办发〔2015〕37号)

法律援助是国家建立的保障经济困难公民和特殊案件当事人获得必要的法律咨询、代理、刑事辩护等无偿法律服务,维护当事人合法权益、维护法律正确实施、维护社会公平正义的一项重要法律制度。法律援助工作是一项重要的民生工程。近年来,各地认真贯彻《法律援助条例》,法律援助覆盖面逐步扩大,服务质量不断提高,制度建设积极推进,保障能力逐步增强,为保障和改善民生、促进社会公平正义发挥了积极作用。但是,与人民群众特别是困难群众日益增长的法律援助需求相比,法律援助工作还存在制度不够完善、保障机制不够健全、援助范围亟待扩大等问题。为认真落实中央关于全面推进依法治国的重大战略部署,进一步加强法律援助工作,完善中国特色社会主义法律援助制度,提出以下意见。

一、总体要求

(一)指导思想。以邓小平理论、"三个代表"重要思想、科学发展观为指导,认真贯彻党的十八大和十八届三中、四中全会精神,深入学习贯彻习近平总书记系列重要讲话精神,按照党中央、国务院决策部署,健全体制机制,坚持和完善党委政府领导、司法行政机关具体负责、有关部门协作配合、社会力量广泛参与的中国特色社会主义法律援助制度,紧紧围绕经济社会发展和人民群众实际需要,落实政府责任,不断扩大法律援助范围,提高援助质量,保证人民群众在遇到法律问题或者权利受到侵害时获得及时有效法律帮助。

(二)基本原则

——坚持以人为本。把维护人民群众合法权益作为出发点和落脚点,积极回应民生诉求,完善便民利民措施,推进公共法律服务体系建设,加强民生领域法律服务,努力为困难群众提供及时便利、优质高效的法律援助服务,将涉及困难群体的矛盾纠纷纳入法治化轨道解决,有效化解社会矛盾,维护社会和谐稳定。

——促进公平正义。把保障公平正义作为法律援助工作的首要价值追求,依法履行法律援助职责,扩大法律援助范围,使符合条件的公民都能获得法律援助,平等享受法律保护,努力让人民群众在每一个案件中都感受到公平正义。

——推进改革创新。立足基本国情,积极探索法律援助工作发展规律,创新工作理念、工作机制和方式方法,实现法律援助申请快捷化、审查简便化、服务零距离,不断提高法律援助工作规范化、制度化、法治化水平。

## 二、扩大法律援助范围

(三)扩大民事、行政法律援助覆盖面。各省(自治区、直辖市)要在《法律援助条例》规定的经济困难公民请求国家赔偿,给予社会保险待遇或者最低生活保障待遇,发给抚恤金、救济金,给付赡养费、抚养费、扶养费,支付劳动报酬等法律援助范围的基础上,逐步将涉及劳动保障、婚姻家庭、食品药品、教育医疗等与民生紧密相关的事项纳入法律援助补充事项范围,帮助困难群众运用法律手段解决基本生产生活方面的问题。探索建立法律援助参与申诉案件代理制度,开展试点,逐步将不服司法机关生效民事和行政裁判、决定,聘不起律师的申诉人纳入法律援助范围。综合法律援助资源状况、公民法律援助需求等因素,进一步放宽经济困难标准,降低法律援助门槛,使法律援助覆盖人群逐步拓展至低收入群体,惠及更多困难群众。认真组织办理困难群众就业、就学、就医、社会保障等领域涉及法律援助的案件,积极提供诉讼和非诉讼代理服务,重点做好农民工、下岗失业人员、妇女、未成年人、老年人、残疾人和军人军属等群体法律援助工作，切实维护其合法权益。

（四）加强刑事法律援助工作。注重发挥法律援助在人权司法保障中的作用，保障当事人合法权益。落实刑事诉讼法及相关配套法规制度关于法律援助范围的规定，畅通刑事法律援助申请渠道，加强司法行政机关与法院、检察院、公安机关等办案机关的工作衔接，完善被羁押犯罪嫌疑人、被告人经济困难证明制度，建立健全办案机关通知辩护工作机制，确保告知、转交申请、通知辩护（代理）等工作协调顺畅，切实履行侦查、审查起诉和审判阶段法律援助工作职责。开展试点，逐步开展为不服司法机关生效刑事裁判、决定的经济困难申诉人提供法律援助的工作。建立法律援助值班律师制度，法律援助机构在法院、看守所派驻法律援助值班律师。健全法律援助参与刑事案件速裁程序试点工作机制。建立法律援助参与刑事和解、死刑复核案件办理工作机制，依法为更多的刑事诉讼当事人提供法律援助。

（五）实现法律援助咨询服务全覆盖。建立健全法律援助便民服务窗口，安排专业人员免费为来访群众提供法律咨询。对咨询事项属于法律援助范围的，应当告知当事人申请程序，对疑难咨询事项实行预约解答。拓展基层服务网络，推进法律援助工作站点向城乡社区延伸，方便群众及时就近获得法律咨询。加强"12348"法律服务热线建设，有条件的地方开设针对农民工、妇女、未成年人、老年人等群体的维权专线，充分发挥解答法律咨询、宣传法律知识、指导群众依法维权的作用。创新咨询服务方式，运用网络平台和新兴传播工具，提高法律援助咨询服务的可及性。广泛开展公共法律教育，积极提供法律信息和帮助，引导群众依法表达合理诉求。

### 三、提高法律援助质量

（六）推进法律援助标准化建设。建立健全法律援助组织实施各环节业务规范。完善申请和受理审查工作制度，推进援务公开，规范法律援助机构审查职责范围和工作程序。改进案件指派工作制度，综合案件类型、法律援助人员专业特长、受援人意愿等因素，合理指派承办机构和人员。严格办理死刑、未成年人等案件承办人员资质条件，确保案件办理质量。探索办理跨行政区划法院、检察院受理、审理案件的指派机制。完善法律援助承办环节工作制度，规范法律咨询、非诉讼事项、诉讼事项办理流程，制定刑事、民事、行政法律援助案件质量标准。

（七）加强法律援助质量管理。认真履行法律援助组织实施职责，规范接待、受理、审查、指派等行为，严格执行法律援助事项范围和经济困难标准，使符合条件的公民都能及时获得法律援助。教育引导法律援助人员严格遵守法定程序和执业规范，提供符合标准的法律援助服务。根据案件不同类别组建法律援助专业服务团队，探索创新法律援助案件指派方式，对重大疑难案件实行集体讨论、全程跟踪、重点督办，提高案件办理专业化水平。完善服务质量监管机制，综合运用质量评估、庭审旁听、案卷检查、征询司法机关意见和受援人回访等措施强化案件质量管理。加大信息技术在法律援助流程管理、质量评估、业绩考核等方面的应用。逐步推行办案质量与办案补贴挂钩的差别案件补贴制度，根据案件办理质量确定不同级别发放标准，促进提高办案质量。完善法律援助投诉处理制度，进一步规范投诉事项范围、程序和处理反馈工作，提高投诉处理工作水平。

（八）完善法律援助便民服务机制。建立健全便民利民措施，加强长效机制建设，简化程序、手续，丰富服务内容。加强便民窗口规范化服务，优化服务环境、改进服务态度，推行服务承诺制、首问负责制、限时办结制、援务公开制，规范履行服务指引、法律咨询、申请受理、查询答疑等职责。拓宽申请渠道，发挥法律援助工作站、联络点贴近基层的优势，方便困难群众及时就近提出申请，在偏远地区和困难群众集中的地区设立流动工作站巡回受案。对有特殊困难的受援对象推行电话申请、上门受理等服务方式，逐步实行网上受理申请。简化审查程序，对城乡低保对象、特困供养人员等正在接受社会救助的对象和无固定生活来源的残疾人、老年人等特定群体，以及申请支付劳动报酬、工伤赔偿的农民工，免除经济困难审查；逐步建立法律援助对象动态数据库，提高审查效率；对情况紧急的案件可以先行受理，事后补办材料、手续；开辟法律援助"快速通道"，有条件的地方对未成年人、老年人、残疾人符合条件的申请实行当日受理、审查，并快速办理。加强军地法律援助服务网络建设，健全军人军属法律援助工作机制。建立完善法律援助异地协作机制，加强法律援助机构在转交申请、核实情况、调查取证、送达法律文书等环节的协助配合，方便受援人异地维护自身合法权益。延伸服务领域，注重对受援人进行人文关怀和心理疏导，完善法律援助与司法救助、社会救助工作衔接机制，提升服务效果。

## 四、提高法律援助保障能力

（九）完善经费保障体制。按照明确责任、分类负担、收支脱钩、全额保障的原则,完善法律援助经费保障体制,明确经费使用范围和保障标准,确保经费保障水平适应办案工作需要。中央财政要引导地方特别是中西部地区加大对法律援助经费的投入力度。省级财政要为法律援助提供经费支持,加大对经济欠发达地区的转移支付力度,提高经济欠发达地区的财政保障能力。市、县级财政要将法律援助经费全部纳入同级财政预算,根据地方财力和办案量合理安排经费。适当提高办案补贴标准并及时足额支付。建立动态调整机制,根据律师承办案件成本、基本劳务费用等因素及时调整补贴标准。鼓励社会对法律援助活动提供捐助,充分发挥法律援助基金会的资金募集作用。财政、审计等部门要加强对法律援助经费的绩效考核和监督,确保专款专用,提高经费使用效益。

（十）加强基础设施建设。加大法律援助基础设施建设投入力度,建设与服务困难群众工作需要相适应的服务设施,提高办公办案设施配备水平。鼓励支持地方加强临街一层便民服务窗口建设,合理划分功能区域,完善无障碍配套服务设施,满足接待群众需要。各地要支持法律援助工作站（点）建设,配备必要的工作和服务设施,方便困难群众就近获得法律援助。加强信息化建设,加大投入力度,改善基层信息基础设施,提升法律援助信息管理水平,实现集援务公开、咨询服务、网上审查、监督管理于一体的网上管理服务,实现与相关单位的信息共享和工作协同。

（十一）加强机构队伍建设。依托现有资源加强法律援助机构建设,配齐配强人员。把思想政治建设摆在突出位置,切实提高法律援助队伍思想政治素质和职业道德水平。探索法律援助队伍专业化、职业化发展模式,加强法律援助人才库建设,培养一批擅长办理法律援助案件的专业人员。加强教育培训工作,加大培训教材、师资、经费等投入,完善培训体系和工作机制,提高法律援助人员专业素质和服务能力。完善律师、基层法律服务工作者参与法律援助工作相关权益保障、政策扶持措施,调动律师、基层法律服务工作者等人员的积极性。加大政府购买法律援助服务力度,吸纳社会工作者参与法律援助,鼓励和支持人民团体、社会组织开展法律援助工作。多渠道解决律师资源短缺地区法律援助工作力量不足问题,充实县区法律援助机构办案人员,在农村注重发挥基层法律服务工作者的作用,加大力度调配优秀律师、大学生志愿者等服务力量支持律师资源短缺地区法律援助工作。深入开展法律援助志愿服务行动。

**五、切实加强组织领导**

（十二）加强组织领导。地方各级党委和政府要高度重视法律援助工作,将其纳入党的群众工作范围,纳入地方经济和社会发展总体规划、基本公共服务体系、为民办实事和民生工程,帮助解决工作中遇到的困难和问题。建立法律援助补充事项范围和经济困难标准动态调整机制,各省(自治区、直辖市)要根据本行政区域经济发展状况和法律援助工作需要,及时审查、调整补充事项范围和经济困难标准,促进法律援助事业与经济社会协调发展。建立法律援助责任履行情况考评机制、报告制度和督导检查制度,确保落实到位。发挥政府主导作用,鼓励和支持社会力量通过多种方式依法有序参与法律援助工作。推进法律援助立法工作,提高法治化水平。

(十三)强化监督管理和实施。各级司法行政机关是法律援助工作的监督管理部门,要健全管理体制,加强对法律援助机构执行法律法规和政策情况的监督,完善责任追究制度,确保法律援助机构和人员依法履行职责。加强《法律援助条例》配套规章制度建设,构建层次清晰、体系完备的制度体系。法律援助机构要切实履行组织实施职责,认真做好受理、审查、指派、支付办案补贴等工作,组织引导律师、基层法律服务工作者积极履行法律援助义务,律师每年应承办一定数量法律援助案件,建立健全律师事务所等法律服务机构和人员开展法律援助的考核评价机制。完善公证处、司法鉴定机构依法减免相关费用制度,并加强工作衔接。加强对人民团体、社会组织和志愿者从事法律援助服务的指导和规范,维护法律援助秩序。积极利用传统媒体和新兴媒体,扩大法律援助宣传的覆盖面,增强宣传效果。

(十四)加强部门协调配合。各有关部门和单位要根据本意见,研究提出落实措施。法院、检察院、公安机关要为法律援助办案工作提供必要支持,进一步完善民事诉讼和行政诉讼法律援助与诉讼费用减免缓制度的衔接机制,健全国家赔偿法律援助工作机制,完善刑事诉讼法律援助中法院、检察院、公安机关、司法行政机关的配合工作机制。发展改革、民政、财政、人力资源社会保障、国土资源、住房城乡建设、卫生计生、工商、档案等部门要按照职能分工,支持法律援助基层基础设施建设,落实经费保障,提供办案便利。各人民团体要充分利用自身优势参与做好法律援助工作。各有关部门和单位要形成工作合力,推动完善法律援助制度,更好地保障和改善民生。

# 司法部、全国老龄工作委员会办公室关于深入开展老年人法律服务和法律援助工作的通知

(2015年3月11日 司发通〔2015〕29号)

各省、自治区、直辖市司法厅(局)、老龄工作委员会办公室,新疆生产建设兵团司法局、老龄工作委员会办公室:

为深入贯彻党的十八大和十八届三中、四中全会精神,落实《老年人权益保障法》,更好地开展老年人法律服务和法律援助工作,现将有关事项通知如下:

**一、充分认识深入开展老年人法律服务和法律援助工作重要意义**

近年来,在党中央、国务院和各级党委、政府的高度重视和正确领导下,我国老年人法律服务和法律援助工作取得长足发展,在维护老年人合法权益、维护社会公平正义中发挥了重要作用。当前,我国人口老龄化进程日益加快,空巢化趋势日益明显,老年人利益多元化、诉求多样化的问题更加凸显,老年人在家庭赡养与扶养、社会保障待遇、人身财产权益等领域的法律服务和法律援助需求逐渐增多,维护老年人合法权益已经成为加强老龄工作的一项重要内容。

党的十八大和十八届三中、四中全会对加强老龄工作包括老年人法律服务和法律援助工作作出重要部署。习近平总书记强调指出,尊老敬老是中华民族的传统美德,爱老助老是全社会的共同责任。党中央的决策部署和习近平总书记的重要指示精神对做好老年人法律服务和法律援助工作提出了新的更高的要求。法律服务和法律援助工作者是做好为老服务、维护老年人合法权益的重要力量。引导律师、公证、基层法律服务工作者和法律援助人员深入开展老年人法律服务和法律援助工作,是适应我国老龄事业发展新形势,应对人口老龄化的重要举措;是依法维护老年人合法权益,满足老年人日益增长的法律服务和法律援助需求的客观需要;是保障和改善民生、维护社会和谐稳定、实现社会公平正义的必然要求;是法律服

务和法律援助队伍践行职责使命的生动实践。各级司法行政机关、老龄工作机构要从政治和全局的高度,深刻认识深入开展老年人法律服务和法律援助工作的重要性和必要性,切实增强责任感和使命感,把深入开展老年人法律服务和法律援助工作摆上重要议程,认真组织,扎实推进,确保取得实效。

**二、深入开展老年人法律服务和法律援助工作**

各级司法行政机关要积极适应老龄事业发展的新形势、新需求,不断拓宽老年人法律服务和法律援助覆盖面,健全服务网络,创新服务方式方法,提升服务水平,切实形成老年人法律服务和法律援助工作新格局。

(一)明确服务重点。各地要结合实际,组织引导广大律师、公证、基层法律服务所、法律援助机构及人员参与涉及老年人合法权益的诉讼、调解、仲裁和法律咨询等活动,着力解决医疗、保险、救助、赡养、婚姻、财产继承和监护等老年人最关心、最直接、最现实的法律问题。要重点关注高龄、空巢、失独、失能半失能、失智及经济困难老年人法律服务和法律援助需求,引导广大法律服务和法律援助工作者带着对老年人的深厚感情,积极做好老年人法律服务和法律援助工作。

(二)加大服务力度。进一步降低老年人法律援助的门槛,把民生领域与老年人权益保护密切相关的事项纳入法律援助范围,使法律援助惠及更多老年人。倡导律师事务所、公证处、基层法律服务所对经济困难但不符合法律援助条件的老年人减免法律服务收费,对无固定生活来源的老年人追索赡养费案件,予以费用减免;对80岁以上的老年人办理遗嘱公证,予以免费。建立和完善各项便老助老措施,引导广大法律服务和法律援助工作者对老年人,特别是70岁以上以及行动不便、患病残疾的老年人实行电话和网上预约、上门服务。对经济困难的老年人提供免费政策咨询、慈善捐助等服务。在老年人法律服务、法律援助接待窗口配备适老用品,或由专人引导和协助,为老年人接受法律服务提供便利。

(三)开展专项活动。今年10月要在全国范围内组织开展1次为期1个月的以法律服务和法律援助为主题的"法治阳光温暖老龄"专项服务活动,努力为老年人提供适应其群体特点、满足其特殊需求的法律服务和法律援助,切实维护老年人合法权益。要搭建服务平台,集中开展服务活动,方便老年人进行法律咨询和寻求法律服务。倡导律师事务所、公证处、基层法律服务所与当地老龄工作机构签订法律服务协议,为老年人提供优质高效的法律服务和法律援助,让老年人从法律服务和法律援助中沐浴法治的阳光,感受社会的公平正义。

(四)建设专门队伍。各地要整合本省(区、市)现有公益法律服务工作者和法律服务资源,统筹规划,协调发展,建设一支正规化、专业化的老年人公益法律服务队伍。要依托律师事务所、公证处、基层法律服务所设立一定数量的老年人公益法律服务中心,每个中心视情况安排律师、公证员、基层法律服务工作者相对集中为老年人提供公益法律服务。要加强老年人公益法律服务队伍的思想政治、业务能力、职业道德和党的建设,定期开展老年人法律服务工作培训,邀请行业专家、学者为老年人公益法律服务工作者授课,不断提升做好老年人法律服务工作的能力。

### 三、切实加强工作指导

(一)加强组织领导。各级司法行政机关、老龄工作机构要把开展老年人法律服务和法律援助工作作为一项重要民生工程,高度重视,精心组织,周密部署,紧密结合实际,制定具体实施方案,细化工作措施。要围绕开展专项活动,在经费补贴、场地设施等方面加强工作保障,确保工作到位、落实到位、效果到位。

(二)加强沟通协调。各级司法行政机关、老龄工作机构要进一步加强沟通联系,紧密配合,通力协作,建立健全信息交流和定期沟通机制,不断提升服务老龄工作的针对性、实效性,充分发挥法律服务和法律援助在服务老龄工作中的职能作用。

(三)表彰宣传先进典型。要通过深入开展活动,树立和表彰一批为老年人提供法律服务和法律援助的先进典型。要注重发挥模范效应,通过网络、报刊、影视等媒体大力宣传先进事迹优秀典型,大力弘扬为老服务的先进事迹和优良传统,展示法律服务行业的良好精神风貌,推动形成法律服务行业和法律援助服务老龄工作的新面貌、新气象。

各地贯彻本《通知》情况,请及时报司法部和全国老龄办。

# 司法部关于切实做好为农民工服务工作的意见

(2015年2月6日 司发通〔2015〕12号)

各省、自治区、直辖市司法厅(局),新疆生产建设兵团司法局:

为认真贯彻落实《国务院关于进一步做好为农民工服务工作的意见》(国发〔2014〕40号,以下简称《意见》),做好新形势下农民工的法治宣传、法律服务、法律援助和人民调解工作,进一步发挥司法行政在为农民工服务工作中的职能作用,切实维护农民工合法权益,现提出如下意见:

### 一、充分认识做好为农民工服务工作的重要性

农民工是改革开放以来涌现出的一支新型劳动大军,是推动国家现代化建设的重要力量。党中央、国务院高度重视农民工工作。党的十八大和十八届三中全会、中央城镇化工作会议对农民工服务工作提出了新的要求;国务院出台了《意见》,为做好农民工工作指明了方向。做好为农民工服务工作,对于推动城乡一体化发展、加强和创新社会治理、促进社会和谐稳定具有重要意义。各级司法行政机关要深刻认识做好为农民工服务工作的重要性,紧紧围绕"有序推进农民工市民化"的发展方向,切实落实中央的决策部署,充分发挥司法行政职能作用,不断提高服务农民工工作的能力和水平,着力维护好农民工合法权益。

### 二、切实做好为农民工服务工作

当前和今后一个时期,做好农民工服务工作,要坚持以人为本、公平对待,推进以人为核心的城镇化,公平保障农民工合法权益;要坚持统筹兼顾、多措并举,围绕"四个着力"工作布局,整合司法行政资源,发挥服务优势,狠抓《意见》贯彻落实;要坚持改革创新、与时俱进,坚持以改革的精神、创新的思路、发展的方法推进工作,努力使司法行政系统农民工服务工作体现时代特点,满足农民工实际需求。要重点抓好以下几项工作:

(一)进一步做好农民工法治宣传工作。将农民工法治宣传教育纳入

普法规划，作为普法工作的重要内容，切实抓紧抓好。深入宣传与农民工生产生活密切相关的法律法规，宣传党中央、国务院关于做好农民工服务工作的重大决策部署，不断提高农民工及用人单位的法治意识，提高劳动者素质，提高农民工依法维权能力。创新农民工法治宣传工作方式，开展多种形式的农民工法治宣传教育活动，加强农民工法治宣传教育阵地建设，引导农民工依法理性维权。进一步健全完善农民工法治宣传教育机制，建立健全农民工输出地和输入地相互衔接、相互配合的农民工法治宣传教育机制，实行国家机关"谁执法谁普法"的普法责任制，建立健全考核评估制度，推动农民工法治宣传教育制度化、常态化。强化互联网思维，深度融合传统媒体和新媒体，办好农民工普法节目、栏目，开展经常性法治宣传教育，不断增强农民工普法实效。

（二）进一步做好农民工法律服务工作。帮助行业、企业建立和完善各项劳动规章制度，切实保障农民工的休息和薪酬权利。创新农民工法律服务工作方式，积极倡导法律服务人员以调解协商方式化解矛盾纠纷，探索推广针对劳资双方达成的偿还欠款协议及兑现农民工工资协议的强制执行公证制度。加快建设公益律师队伍，推动将公益律师从事农民工维权服务列入各级政府购买法律服务范围；组织公益律师进行培训，提高农民工案件法律服务工作专业化水平。认真开展农民工专项法律服务工作，指导各地组建农民工法律服务团，每年春节前开展"情暖农民工"专项法律服务行动。

（三）进一步做好农民工法律援助工作。开展法律援助需求和知晓率调查，根据调查情况，逐步调整法律援助经济困难标准和补充事项范围并建立动态调整机制，使法律援助惠及更多农民工。完善法律援助服务网络，在农民工聚居区加强便民服务窗口和基层工作站点建设。加强咨询服务，运用12348法律援助服务热线、网络平台和新兴传播工具，为农民工提供形式多样的法律援助咨询服务。进一步简化法律援助受理审查程序，加大对农民工申请支付劳动报酬和工伤赔偿事项免于审查经济困难条件的执行力度，对农民工因紧急或特殊情况申请法律援助的，法律援助机构可以决定先行提供援助，事后审查。改进案件指派方式，指派具有农民工常涉纠纷办案特长的法律援助人员办理农民工案件，提高法律援助服务农民工的针对性。积极推行政府购买法律援助服务，充分发挥专业化社会组织优势。大力推进信息技术在基层法律援助工作站点的应用，提升农民工法律援助服务效率。

（四）进一步做好农民工人民调解工作。进一步完善人民调解组织网络，充实巩固农民工输出（人）地村（居）、乡镇（街道）人民调解委员会，积极发展农民工集中的劳动密集型企业人民调解委员会，大力加强劳动争议人民调解委员会建设。加强人民调解员队伍建设，通过吸收符合条件的农民工担任人民调解员实现农民工自我管理、自我服务、自我教育，加强对涉及农民工矛盾纠纷人民调解方法、技能的培训。扎实开展矛盾纠纷排查化解工作，继续部署开展拖欠农民工工资排查调处活动，组织动员人民调解组织在元旦、春节等重要时间节点，对拖欠农民工工资进行重点排查，维护农民工合法权益。

### 三、加强组织领导

农民工服务工作，将贯穿于工业化、信息化、新型城镇化、农业现代化的全过程，具有长期性、复杂性和艰巨性。各地要将做好为农民工服务工作作为当前和今后一个时期司法行政工作的一项重要内容，切实加强组织领导，认真组织实施，确保各项任务落实到位。

（一）加强指导检查。要结合普法规划总结验收，集中对各地农民工法治宣传教育工作开展情况进行督导检查。要加强农民工法律服务案件指导工作，开展法律援助案件质量评估，加强人民调解案件质量检查，不断提升农民工法律服务、法律援助和人民调解案件质量。要及时总结各地农民工服务工作中出现的好经验、好做法，及时转化为政策措施，上升为制度规范，健全完善服务农民工工作长效机制。

（二）加强调查研究。要密切跟踪农民工工作出现的新情况、新问题，加强司法行政服务农民工工作的政策理论研究，不断提高服务农民工工作的针对性、有效性。要认真开展农民工法治宣传教育、法律服务、法律援助和人民调解等专题调研活动，密切关注农民工服务工作中出现的倾向性问题，做好农民工维权信息收集和分析研究工作，为党和政府决策提供依据。

（三）加强宣传表彰。要充分利用传统媒体和新媒体，加大农民工服务工作宣传力度，加强政策阐释解读和舆论引导，积极宣传农民工工作好经验、好做法和先进典型，努力营造关心关爱农民工的社会氛围。要大力表彰司法行政系统做好农民工服务工作成绩突出的单位和个人，进一步发挥司法行政在农民工服务工作中的优势和作用。

各地贯彻落实情况请及时报部。

# 最高人民法院、最高人民检察院、公安部、民政部《关于依法处理监护人侵害未成年人权益行为若干问题的意见》

(2014年12月18日　法发〔2014〕24号)

各省、自治区、直辖市高级人民法院、人民检察院、公安厅(局)、民政厅(局),解放军军事法院、军事检察院、总政治部保卫部,新疆维吾尔自治区高级人民法院生产建设兵团分院、新疆生产建设兵团人民检察院、公安局、民政局:

现将《关于依法处理监护人侵害未成年人权益行为若干问题的意见》印发给你们,自2015年1月1日起实施,请认真遵照执行。执行情况及遇到的问题,请分别及时报告最高人民法院、最高人民检察院、公安部、民政部。

## 关于依法处理监护人侵害未成年人权益行为若干问题的意见

为切实维护未成年人合法权益,加强未成年人行政保护和司法保护工作,确保未成年人得到妥善监护照料,根据民法通则、民事诉讼法、未成年人保护法等法律规定,现就处理监护人侵害未成年人权益行为(以下简称监护侵害行为)的有关工作制定本意见。

### 一、一般规定

1. 本意见所称监护侵害行为,是指父母或者其他监护人(以下简称监护人)性侵害、出卖、遗弃、虐待、暴力伤害未成年人,教唆、利用未成年人实施违法犯罪行为,胁迫、诱骗、利用未成年人乞讨,以及不履行监护职责严重危害未成年人身心健康等行为。

2. 处理监护侵害行为,应当遵循未成年人最大利益原则,充分考虑未成年人身心特点和人格尊严,给予未成年人特殊、优先保护。

3. 对于监护侵害行为,任何组织和个人都有权劝阻、制止或者举报。

公安机关应当采取措施,及时制止在工作中发现以及单位、个人举报的监护侵害行为,情况紧急时将未成年人带离监护人。

民政部门应当设立未成年人救助保护机构(包括救助管理站、未成年人救助保护中心),对因受到监护侵害进入机构的未成年人承担临时监护责任,必要时向人民法院申请撤销监护人资格。

人民法院应当依法受理人身安全保护裁定申请和撤销监护人资格案件并作出裁判。

人民检察院对公安机关、人民法院处理监护侵害行为的工作依法实行法律监督。

人民法院、人民检察院、公安机关设有办理未成年人案件专门工作机构的,应当优先由专门工作机构办理监护侵害案件。

4. 人民法院、人民检察院、公安机关、民政部门应当充分履行职责,加强指导和培训,提高保护未成年人的能力和水平;加强沟通协作,建立信息共享机制,实现未成年人行政保护和司法保护的有效衔接。

5. 人民法院、人民检察院、公安机关、民政部门应当加强与妇儿工委、教育部门、卫生部门、共青团、妇联、关工委、未成年人住所地村(居)民委员会等的联系和协作,积极引导、鼓励、支持法律服务机构、社会工作服务机构、公益慈善组织和志愿者等社会力量,共同做好受监护侵害的未成年人的保护工作。

**二、报告和处置**

6. 学校、医院、村(居)民委员会、社会工作服务机构等单位及其工作人员,发现未成年人受到监护侵害的,应当及时向公安机关报案或者举报。

其他单位及其工作人员、个人发现未成年人受到监护侵害的,也应当及时向公安机关报案或者举报。

7. 公安机关接到涉及监护侵害行为的报案、举报后,应当立即出警处置,制止正在发生的侵害行为并迅速进行调查。符合刑事立案条件的,应当立即立案侦查。

8. 公安机关在办理监护侵害案件时,应当依照法定程序,及时、全面收集固定证据,保证办案质量。

询问未成年人,应当考虑未成年人的身心特点,采取和缓的方式进行,防止造成进一步伤害。

未成年人有其他监护人的,应当通知其他监护人到场。其他监护人无法通知或者未能到场的,可以通知未成年人的其他成年亲属、所在学校、村(居)民委员会、未成年人保护组织的代表以及专业社会工作者等到场。

9. 监护人的监护侵害行为构成违反治安管理行为的,公安机关应当依法给予治安管理处罚,但情节特别轻微不予治安管理处罚的,应当给予批评教育并通报当地村(居)民委员会;构成犯罪的,依法追究刑事责任。

10. 对于疑似患有精神障碍的监护人,已实施危害未成年人安全的行为或者有危害未成年人安全危险的,其近亲属、所在单位、当地公安机关应当立即采取措施予以制止,并将其送往医疗机构进行精神障碍诊断。

11. 公安机关在出警过程中,发现未成年人身体受到严重伤害、面临严重人身安全威胁或者处于无人照料等危险状态的,应当将其带离实施监护侵害行为的监护人,就近护送至其他监护人、亲属、村(居)民委员会或者未成年人救助保护机构,并办理书面交接手续。未成年人有表达能力的,应当就护送地点征求未成年人意见。

负责接收未成年人的单位和人员(以下简称临时照料人)应当对未成年人予以临时紧急庇护和短期生活照料,保护未成年人的人身安全,不得侵害未成年人合法权益。

公安机关应当书面告知临时照料人有权依法向人民法院申请人身安全保护裁定和撤销监护人资格。

12. 对身体受到严重伤害需要医疗的未成年人,公安机关应当先行送医救治,同时通知其他有监护资格的亲属照料,或者通知当地未成年人救助保护机构开展后续救助工作。

监护人应当依法承担医疗救治费用。其他亲属和未成年人救助保护机构等垫付医疗救治费用的,有权向监护人追偿。

13. 公安机关将受监护侵害的未成年人护送至未成年人救助保护机构的,应当在五个工作日内提供案件侦办查处情况说明。

14. 监护侵害行为可能构成虐待罪的,公安机关应当告知未成年人及其近亲属有权告诉或者代为告诉,并通报所在地同级人民检察院。

未成年人及其近亲属没有告诉的,由人民检察院起诉。

**三、临时安置和人身安全保护裁定**

15. 未成年人救助保护机构应当接收公安机关护送来的受监护侵害

的未成年人,履行临时监护责任。

未成年人救助保护机构履行临时监护责任一般不超过一年。

16. 未成年人救助保护机构可以采取家庭寄养、自愿助养、机构代养或者委托政府指定的寄宿学校安置等方式,对未成年人进行临时照料,并为未成年人提供心理疏导、情感抚慰等服务。

未成年人因临时监护需要转学、异地入学接受义务教育的,教育行政部门应当予以保障。

17. 未成年人的其他监护人、近亲属要求照料未成年人的,经公安机关或者村(居)民委员会确认其身份后,未成年人救助保护机构可以将未成年人交由其照料,终止临时监护。

关系密切的其他亲属、朋友要求照料未成年人的,经未成年人父、母所在单位或者村(居)民委员会同意,未成年人救助保护机构可以将未成年人交由其照料,终止临时监护。

未成年人救助保护机构将未成年人送交亲友临时照料的,应当办理书面交接手续,并书面告知临时照料人有权依法向人民法院申请人身安全保护裁定和撤销监护人资格。

18. 未成年人救助保护机构可以组织社会工作服务机构等社会力量,对监护人开展监护指导、心理疏导等教育辅导工作,并对未成年人的家庭基本情况、监护情况、监护人悔过情况、未成年人身心健康状况以及未成年人意愿等进行调查评估。监护人接受教育辅导及后续表现情况应当作为调查评估报告的重要内容。

有关单位和个人应当配合调查评估工作的开展。

19. 未成年人救助保护机构应当与公安机关、村(居)民委员会、学校以及未成年人亲属等进行会商,根据案件侦办查处情况说明、调查评估报告和监护人接受教育辅导等情况,并征求有表达能力的未成年人意见,形成会商结论。

经会商认为本意见第11条第1款规定的危险状态已消除,监护人能够正确履行监护职责的,未成年人救助保护机构应当及时通知监护人领回未成年人。监护人应当在三日内领回未成年人并办理书面交接手续。会商形成结论前,未成年人救助保护机构不得将未成年人交由监护人领回。

经会商认为监护侵害行为属于本意见第35条规定情形的,未成年人救助保护机构应当向人民法院申请撤销监护人资格。

20. 未成年人救助保护机构通知监护人领回未成年人的,应当将相关情况通报未成年人所在学校、辖区公安派出所、村（居）民委员会，并告知其对通报内容负有保密义务。

21．监护人领回未成年人的，未成年人救助保护机构应当指导村（居）民委员会对监护人的监护情况进行随访，开展教育辅导工作。

未成年人救助保护机构也可以组织社会工作服务机构等社会力量，开展前款工作。

22．未成年人救助保护机构或者其他临时照料人可以根据需要，在诉讼前向未成年人住所地、监护人住所地或者侵害行为地人民法院申请人身安全保护裁定。

未成年人救助保护机构或者其他临时照料人也可以在诉讼中向人民法院申请人身安全保护裁定。

23．人民法院接受人身安全保护裁定申请后，应当按照民事诉讼法第一百条、第一百零一条、第一百零二条的规定作出裁定。经审查认为存在侵害未成年人人身安全危险的，应当作出人身安全保护裁定。

人民法院接受诉讼前人身安全保护裁定申请后，应当在四十八小时内作出裁定。接受诉讼中人身安全保护裁定申请，情况紧急的，也应当在四十八小时内作出裁定。人身安全保护裁定应当立即执行。

24．人身安全保护裁定可以包括下列内容中的一项或者多项：

（一）禁止被申请人暴力伤害、威胁未成年人及其临时照料人；

（二）禁止被申请人跟踪、骚扰、接触未成年人及其临时照料人；

（三）责令被申请人迁出未成年人住所；

（四）保护未成年人及其临时照料人人身安全的其他措施。

25．被申请人拒不履行人身安全保护裁定，危及未成年人及其临时照料人人身安全或者扰乱未成年人救助保护机构工作秩序的，未成年人、未成年人救助保护机构或者其他临时照料人有权向公安机关报告，由公安机关依法处理。

被申请人有其他拒不履行人身安全保护裁定行为的，未成年人、未成年人救助保护机构或者其他临时照料人有权向人民法院报告，人民法院根据民事诉讼法第一百一十一条、第一百一十五条、第一百一十六条的规定，视情节轻重处以罚款、拘留；构成犯罪的，依法追究刑事责任。

26．当事人对人身安全保护裁定不服的，可以申请复议一次。复议期间不停止裁定的执行。

### 四、申请撤销监护人资格诉讼

27. 下列单位和人员(以下简称有关单位和人员)有权向人民法院申请撤销监护人资格:

(一)未成年人的其他监护人,祖父母、外祖父母、兄、姐,关系密切的其他亲属、朋友;

(二)未成年人住所地的村(居)民委员会,未成年人父、母所在单位;

(三)民政部门及其设立的未成年人救助保护机构;

(四)共青团、妇联、关工委、学校等团体和单位。

申请撤销监护人资格,一般由前款中负责临时照料未成年人的单位和人员提出,也可以由前款中其他单位和人员提出。

28. 有关单位和人员向人民法院申请撤销监护人资格的,应当提交相关证据。

有包含未成年人基本情况、监护存在问题、监护人悔过情况、监护人接受教育辅导情况、未成年人身心健康状况以及未成年人意愿等内容的调查评估报告的,应当一并提交。

29. 有关单位和人员向公安机关、人民检察院申请出具相关案件证明材料的,公安机关、人民检察院应当提供证明案件事实的基本材料或者书面说明。

30. 监护人因监护侵害行为被提起公诉的案件,人民检察院应当书面告知未成年人及其临时照料人有权依法申请撤销监护人资格。

对于监护侵害行为符合本意见第 35 条规定情形而相关单位和人员没有提起诉讼的,人民检察院应当书面建议当地民政部门或者未成年人救助保护机构向人民法院申请撤销监护人资格。

31. 申请撤销监护人资格案件,由未成人住所地、监护人住所地或者侵害行为地基层人民法院管辖。

人民法院受理撤销监护人资格案件,不收取诉讼费用。

### 五、撤销监护人资格案件审理和判后安置

32. 人民法院审理撤销监护人资格案件,比照民事诉讼法规定的特别程序进行,在一个月内审理结案。有特殊情况需要延长的,由本院院长批准。

33. 人民法院应当全面审查调查评估报告等证据材料,听取被申请

人、有表达能力的未成年人以及村（居）民委员会、学校、邻居等的意见。

34. 人民法院根据案件需要可以聘请适当的社会人士对未成年人进行社会观护，并可以引入心理疏导和测评机制，组织专业社会工作者、儿童心理问题专家等专业人员参与诉讼，为未成年人和被申请人提供心理辅导和测评服务。

35. 被申请人有下列情形之一的，人民法院可以判决撤销其监护人资格：

（一）性侵害、出卖、遗弃、虐待、暴力伤害未成年人，严重损害未成年人身心健康的；

（二）将未成年人置于无人监管和照看的状态，导致未成年人面临死亡或者严重伤害危险，经教育不改的；

（三）拒不履行监护职责长达六个月以上，导致未成年人流离失所或者生活无着的；

（四）有吸毒、赌博、长期酗酒等恶习无法正确履行监护职责或者因服刑等原因无法履行监护职责，且拒绝将监护职责部分或者全部委托给他人，致使未成年人处于困境或者危险状态的；

（五）胁迫、诱骗、利用未成年人乞讨，经公安机关和未成年人救助保护机构等部门三次以上批评教育拒不改正，严重影响未成年人正常生活和学习的；

（六）教唆、利用未成年人实施违法犯罪行为，情节恶劣的；

（七）有其他严重侵害未成年人合法权益行为的。

36. 判决撤销监护人资格，未成年人有其他监护人的，应当由其他监护人承担监护职责。其他监护人应当采取措施避免未成年人继续受到侵害。

没有其他监护人的，人民法院根据最有利于未成年人的原则，在民法通则第十六条第二款、第四款规定的人员和单位中指定监护人。指定个人担任监护人的，应当综合考虑其意愿、品行、身体状况、经济条件、与未成年人的生活情感联系以及有表达能力的未成年人的意愿等。

没有合适人员和其他单位担任监护人的，人民法院应当指定民政部门担任监护人，由其所属儿童福利机构收留抚养。

37. 判决不撤销监护人资格的，人民法院可以根据需要走访未成年人及其家庭，也可以向当地民政部门、辖区公安派出所、村（居）民委员会、共青团、妇联、未成年人所在学校、监护人所在单位等发出司法建议，加强对未成年人的保护和对监护人的监督指导。

38. 被撤销监护人资格的侵害人,自监护人资格被撤销之日起三个月至一年内,可以书面向人民法院申请恢复监护人资格,并应当提交相关证据。

人民法院应当将前款内容书面告知侵害人和其他监护人、指定监护人。

39. 人民法院审理申请恢复监护人资格案件,按照变更监护关系的案件审理程序进行。

人民法院应当征求未成年人现任监护人和有表达能力的未成年人的意见,并可以委托申请人住所地的未成年人救助保护机构或者其他未成年人保护组织,对申请人监护意愿、悔改表现、监护能力、身心状况、工作生活情况等进行调查,形成调查评估报告。

申请人正在服刑或者接受社区矫正的,人民法院应当征求刑罚执行机关或者社区矫正机构的意见。

40. 人民法院经审理认为申请人确有悔改表现并且适宜担任监护人的,可以判决恢复其监护人资格,原指定监护人的监护人资格终止。

申请人具有下列情形之一的,一般不得判决恢复其监护人资格:

(一)性侵害、出卖未成年人的;

(二)虐待、遗弃未成年人六个月以上、多次遗弃未成年人,并且造成重伤以上严重后果的;

(三)因监护侵害行为被判处五年有期徒刑以上刑罚的。

41. 撤销监护人资格诉讼终结后六个月内,未成年人及其现任监护人可以向人民法院申请人身安全保护裁定。

42. 被撤销监护人资格的父、母应当继续负担未成年人的抚养费用和因监护侵害行为产生的各项费用。相关单位和人员起诉的,人民法院应予支持。

43. 民政部门应当根据有关规定,将符合条件的受监护侵害的未成年人纳入社会救助和相关保障范围。

44. 民政部门担任监护人的,承担抚养职责的儿童福利机构可以送养未成年人。

送养未成年人应当在人民法院作出撤销监护人资格判决一年后进行。侵害人有本意见第40条第2款规定情形的,不受一年后送养的限制。

# 司法部办公厅关于切实做好农民工讨薪、维权等服务工作的通知

(2014年12月10日 司办通〔2014〕43号)

各省、自治区、直辖市司法厅(局),新疆生产建设兵团司法局:

为深入贯彻落实《国务院关于进一步做好农民工服务工作的意见》(国发〔2014〕40号)精神,充分发挥司法行政工作在做好农民工讨薪、维权等服务工作、依法维护农民工合法权益中的职能作用,有效促进社会和谐稳定,现通知如下。

一、深刻认识做好农民工讨薪、维权等服务工作的重要意义

农民工已成为我国产业工人的主体,是推动国家现代化建设的重要力量。进一步做好为农民工服务工作,是加快转变经济发展方式、推动城乡一体化发展的重要内容,是加强和创新社会治理、促进社会和谐稳定的重要举措。党中央、国务院高度重视做好为农民工服务工作。国发〔2014〕40号文件对农民工服务工作提出了新的要求。当前,关心关爱农民工的社会氛围正在形成,但农民工劳动保障权益受侵害的现象仍时有发生,农民工工资拖欠、社保欠费、劳动条件较差和超时加班等问题仍比较突出。各级司法行政机关要深刻认识做好农民工权益保障工作的重要性,认真贯彻落实党中央、国务院的决策部署,围绕讨薪、维权等工作,充分发挥司法行政职能作用,维护农民工合法权益,努力为农民工市民化创造条件,着力促进农民工社会融合,维护社会和谐稳定。

二、继续加大农民工法治宣传教育力度

积极开展主题法治宣传教育活动,利用农民工节假日返乡等时间节点,深入农民工集中地区,突出宣传宪法,深入宣传与农民工讨薪、维权密切相关的法律法规,不断提高农民工及用人单位的法治意识,增强农民工依法维护自身合法权益的意识和能力。建立健全农民工输出地和输入地

相互衔接、相互配合的农民工法治宣传教育机制,明确农民工用工单位的法治宣传教育义务,强化用人单位的责任,推动农民工法治宣传教育制度化、常态化。加强农民工法治宣传教育基础建设,积极推动乡村、社区和农民工用工企业建立普法主题广场、公园,法治宣传栏、橱窗,法律图书室、图书角等,丰富农民工精神文化生活。充分发挥广播电视、报刊等传统媒体的作用,办好农民工普法节目或栏目,开展经常性的普法教育。强化互联网思维,加强新媒体新技术在普法中的运用,不断增强农民工新媒体普法影响力。

**三、努力为农民工讨薪、维权提供法律服务**

鼓励支持有条件的法律服务机构设立法律咨询热线,通过各种媒体公示联系方式,便于农民工遇到困难及时、有效获取法律帮助。鼓励和支持律师事务所、公证处对经济确有困难又达不到法律援助条件的农民工,酌情减收或免收法律服务费用。注重发挥法律服务人员的调解功能,积极倡导和推进以调解协商方式化解矛盾纠纷,降低农民工讨薪、维权成本。积极探索并推广针对劳资双方达成的偿还欠款协议及兑现农民工工资协议的强制执行公证制度,进一步发挥公证工作在维护农民工合法权益方面的职能作用。面向农民工集中的行业、企业,开展有针对性的专项法律服务活动,帮助企业建立和完善各项劳动规章制度,严格农民工劳务合同的依法订立、审查、履行、监管、备案、登记制度,切实保障农民工的休息和薪酬权利。加快公益律师队伍建设,推动将公益律师从事农民工维权服务列入各级政府购买法律服务范围,保障、支持其依法开展服务。加强对农村留守儿童、留守妇女和留守老人的关爱服务,帮助解决他们的法律问题,解决农民工的后顾之忧。

**四、充分发挥法律援助的职能作用**

进一步扩大法律援助覆盖面,逐步调整法律援助经济困难标准和补充事项范围并建立动态调整机制,使法律援助惠及更多农民工。畅通农民工法律援助申请渠道,继续推进在农民工集中地区设立法律援助工作站、联络点,健全完善基层服务网络,方便农民工就近申请法律援助。加强"12348"法律服务热线建设,开辟农民工维权热线,加强人文关怀,及时为农民工提供法律咨询,引导农民工依法理性表达利益诉求,维护自身合法权益。简化法律援助受理审查程序,开通优先办理农民工讨薪、维权案件

"绿色通道",对农民工申请支付劳动报酬和工伤赔偿的事项免于审查经济困难条件。加强农民工法律援助案件质量管理,指派具有农民工常涉纠纷办案特长的法律援助人员办理农民工案件,继续推广组建专业化的农民工法律援助服务团队的做法,提高案件办理专业化水平。根据农民工法律援助需求,围绕农民工讨薪、劳动保障等易发纠纷,开展形式多样的农民工专项维权行动,充分发挥法律援助职能作用。

**五、做好涉及农民工矛盾纠纷的预防化解工作**

全力做好矛盾纠纷化解工作,指导劳动争议、企事业单位、乡镇(街道)、村(社区)人民调解委员会优先受理调解涉及农民工欠薪等劳动争议纠纷,维护农民工合法权益。健全完善化解纠纷工作机制,建立健全纠纷移交、委托双向衔接工作机制,及时受理、调解劳动保障部门、劳动争议仲裁委员会和人民法院移交、委托的劳动争议纠纷;建立健全人民调解组织与其他劳动争议调解组织的联系、沟通和联合调解机制,最大限度地把拖欠农民工工资等劳动争议纠纷化解在基层。健全完善信息通报制度,充分发挥人民调解组织优势,及时了解掌握拖欠农民工工资等涉及农民工权益的纠纷信息,特别是在春耕、秋收等农忙季节,春节探亲等拖欠农民工工资纠纷多发的时间节点,针对性地开展矛盾纠纷排查工作,对排查出的矛盾纠纷,及时依法化解;对可能引发群体性事件、刑事案件的矛盾纠纷,及时向行业主管部门报告,防止矛盾激化升级。

**六、加强组织领导**

元旦、春节即将临近,农民工讨薪、维权事件也将进入高发期。各地要将做好农民工讨薪、维权等服务工作作为当前司法行政服务农民工工作的一项重要内容,切实加强组织领导,确保各项任务落实到位。要完善工作机制,加强与人力资源和社会保障、工会、劳动仲裁等农民工工作部门的沟通协调,建立高效、顺畅的农民工权益保障工作衔接配合机制。要认真做好农民工维权信息收集和统计分析,及时了解农民工法律需求,研究制定有针对性的工作措施。要加强调查研究,密切关注农民工讨薪、维权等工作中出现的新情况和新问题,加强工作指导和督促检查,及时解决工作中的困难和问题。要及时总结推广做好农民工服务工作中的好经验、好做法,以点带面,推动工作上水平、见实效。

各地贯彻落实情况请及时报部。

# 司法部关于认真贯彻落实国发〔2014〕37号文件精神进一步做好军人军属法律援助工作的通知

(2014年11月6日 司发通〔2014〕124号)

各省、自治区、直辖市司法厅(局),新疆生产建设兵团司法局:

为贯彻落实党的十八届四中全会精神,加强新形势下的涉军维权工作力度,现就认真做好《国务院、中央军委关于进一步加强军人军属法律援助工作的意见》(国发〔2014〕37号,以下简称《意见》)精神的贯彻落实工作通知如下:

### 一、充分认识《意见》出台的重要意义

国务院、中央军委印发的《意见》,对新形势下进一步加强军人军属法律援助工作作出部署。这是贯彻落实党的十八届三中、四中全会精神和习近平总书记关于法律援助工作重要指示精神的具体体现,是中国特色法律援助制度的重大创新,也是深入推进依法治军,提高国防和军队建设法治化水平的重要举措。

做好军人军属法律援助工作,事关广大官兵切身利益,事关国防和军队建设,事关社会和谐稳定,对实现党在新形势下的强军目标,增强部队凝聚力战斗力,促进军政军民团结,具有重要作用。各级司法行政机关和法律援助机构要从政治和全局的高度,充分认识做好新形势下军人军属法律援助工作的重要意义,与部队有关部门密切配合,精心组织,切实抓好《意见》精神的贯彻落实。

### 二、认真落实《意见》确定的各项任务措施

《意见》是当前和今后一个时期指导军人军属法律援助工作的纲领性文件。各地要采取有效措施,切实把《意见》提出的各项措施任务落到实处,最大限度满足军人军属法律援助需求,维护其合法权益,为实现党在新形势下的强军目标作出新贡献。

（一）推动落实政府责任。要加强与部队有关部门的沟通协调，促进省级人民政府根据地方经济社会发展实际和军人军属法律援助需求，及时调整法律援助补充事项范围，把与军人军属权益保护密切相关的事项纳入法律援助范围；同时，放宽军人军属经济困难标准，不断扩大法律援助覆盖面，让更多的军人军属受益受惠，努力实现应援尽援。要推动将军人军属法律援助经费纳入财政保障范围，并根据经济社会发展水平逐步加大投入。

（二）积极提供法律援助服务。要坚持面向部队、面向基层、面向官兵，组织开展法律援助进军营、送法下基层等多种形式的法律援助活动，普及法律知识，为官兵解疑释惑，增强官兵法治意识。要加强"12348"法律援助热线建设，做好军人军属法律咨询工作。要及时了解掌握军人军属涉法矛盾纠纷，努力为他们排忧解难，激发广大官兵献身国防和军队建设的积极性。要着眼军人军属法律需求，不断拓宽服务领域，丰富服务内容，创新服务方式，提高服务水平。

（三）健全完善工作机制。要健全军队和地方统筹协调、需求对接、法律援助资源共享、优势互补机制，加强各环节工作规范化建设。要加强军人军属法律援助工作站、联络点建设，探索依托律师事务所等法律服务机构设立军人军属法律援助受理点，拓宽申请渠道。要积极开展流动服务和网上申请、受理等，为军人军属获得法律援助提供便利。要考虑军人军属法律援助案件特点，简化受理审查程序，健全异地协作机制，努力降低办案成本。

（四）切实搞好统筹协调。司法行政机关要会同部队有关部门积极争取各级政府的有力支持，共同推动军人军属法律援助工作纳入地方经济社会发展总体规划，纳入双拥共建活动范畴，纳入社会治理和平安建设考评体系，努力形成党委政府重视、有关部门组织协调、军地密切配合、社会各界支持的工作格局。

## 三、切实加强工作的组织领导

贯彻落实《意见》精神，是当前和今后一个时期司法行政工作特别是法律援助工作的重要任务。各级司法行政机关和法律援助机构要与部队有关部门通力合作，加强领导。

（一）落实工作责任。各省（区市）司法厅（局）主要负责同志要切实担负起领导责任，认真研究部署，亲自统筹协调；分管负责同志要亲自抓督促、抓落实；有关部门要分解任务，明确责任，落实专人。要加强调查研究，强化工作指导，及时发现和解决问题。司法部和总政治部将共同制定《意见》实施细则,对其中有关政策予以细化和明确,进一步增强可操作性。

（二）认真组织学习。要组织广大司法行政干警、法律服务工作者特别是广大法律援助人员认真学习《意见》,全面理解和准确把握军人军属法律援助工作的总体要求、政策措施与各项任务。要把学习《意见》和学习贯彻党的十八届三中、四中全会精神结合起来,和学习贯彻习近平总书记关于法律援助工作重要指示精神结合起来,真正学懂学透,不断增强做好军人军属法律援助工作的自觉性和使命感,切实把思想和行动统一到中央的决策部署上来。

（三）加大宣传力度。要大力宣传党中央、国务院和中央军委关于加强军人军属法律援助工作的重要决策部署,宣传《意见》出台的重要意义。要充分利用电视、广播、报刊和新媒体等舆论阵地,及时报道贯彻落实《意见》的好做法、新进展和工作成效,不断扩大社会影响力。要善于总结和推广基层为军人军属提供法律援助服务中的好经验、好做法,发挥示范引领作用。要进一步加大先进典型宣传表彰力度,努力营造全社会关心支持国防和军队建设,共同做好军人军属法律援助工作的良好氛围。

（四）加强检查考核。各级司法行政机关要加强监督考核,把军人军属法律援助工作成效纳入法律援助机构绩效考核内容,作为法律援助人员评选表彰先进的重要依据。要加强对《意见》贯彻落实的督促检查和追踪问效,对工作不到位、措施不得力的要通报批评,限期整改;对任务完成好、业绩突出的地区和单位要表彰奖励。司法部将会同解放军总政治部于明年上半年对各地贯彻落实《意见》的情况进行检查。

各地贯彻落实《意见》的情况请及时报部。

# 中共中央关于全面推进依法治国若干重大问题的决定

（2014年10月23日中国共产党第十八届中央委员会
第四次全体会议通过）

为贯彻落实党的十八大作出的战略部署,加快建设社会主义法治国家,十八届中央委员会第四次全体会议研究了全面推进依法治国若干重大问题,作出如下决定。

**一、坚持走中国特色社会主义法治道路,建设中国特色社会主义法治体系**

依法治国,是坚持和发展中国特色社会主义的本质要求和重要保障,是实现国家治理体系和治理能力现代化的必然要求,事关我们党执政兴国,事关人民幸福安康,事关党和国家长治久安。

全面建成小康社会、实现中华民族伟大复兴的中国梦,全面深化改革、完善和发展中国特色社会主义制度,提高党的执政能力和执政水平,必须全面推进依法治国。

我国正处于社会主义初级阶段,全面建成小康社会进入决定性阶段,改革进入攻坚期和深水区,国际形势复杂多变,我们党面对的改革发展稳定任务之重前所未有、矛盾风险挑战之多前所未有,依法治国在党和国家工作全局中的地位更加突出、作用更加重大。面对新形势新任务,我们党要更好统筹国内国际两个大局,更好维护和运用我国发展的重要战略机遇期,更好统筹社会力量、平衡社会利益、调节社会关系、规范社会行为,使我国社会在深刻变革中既生机勃勃又井然有序,实现经济发展、政治清明、文化昌盛、社会公正、生态良好,实现我国和平发展的战略目标,必须更好发挥法治的引领和规范作用。

我们党高度重视法治建设。长期以来,特别是党的十一届三中全会以来,我们党深刻总结我国社会主义法治建设的成功经验和深刻教训,提出为了保障人民民主,必须加强法治,必须使民主制度化、法律化,把依法治国确定为党领导人民治理国家的基本方略,把依法执政确定为党治国理政的基本方式,积极建设社会主义法治,取得历史性成就。目前,中国特色社会主义法律体系已经形成,法治政府建设稳步推进,司法体制不断完善,全社会法治观念明显增强。

同时,必须清醒看到,同党和国家事业发展要求相比,同人民群众期待相比,同推进国家治理体系和治理能力现代化目标相比,法治建设还存在许多不适应、不符合的问题,主要表现为:有的法律法规未能全面反映客观规律和人民意愿,针对性、可操作性不强,立法工作中部门化倾向、争权诿责现象较为突出;有法不依、执法不严、违法不究现象比较严重,执法体制权责脱节、多头执法、选择性执法现象仍然存在,执法司法不规范、不严格、不透明、不文明现象较为突出,群众对执法司法不公和腐败问题反映强烈;

部分社会成员尊法信法守法用法、依法维权意识不强,一些国家工作人员特别是领导干部依法办事观念不强、能力不足,知法犯法、以言代法、以权压法、徇私枉法现象依然存在。这些问题,违背社会主义法治原则,损害人民群众利益,妨碍党和国家事业发展,必须下大气力加以解决。

全面推进依法治国,必须贯彻落实党的十八大和十八届三中全会精神,高举中国特色社会主义伟大旗帜,以马克思列宁主义、毛泽东思想、邓小平理论、"三个代表"重要思想、科学发展观为指导,深入贯彻习近平总书记系列重要讲话精神,坚持党的领导、人民当家作主、依法治国有机统一,坚定不移走中国特色社会主义法治道路,坚决维护宪法法律权威,依法维护人民权益、维护社会公平正义、维护国家安全稳定,为实现"两个一百年"奋斗目标、实现中华民族伟大复兴的中国梦提供有力法治保障。

全面推进依法治国,总目标是建设中国特色社会主义法治体系,建设社会主义法治国家。这就是,在中国共产党领导下,坚持中国特色社会主义制度,贯彻中国特色社会主义法治理论,形成完备的法律规范体系、高效的法治实施体系、严密的法治监督体系、有力的法治保障体系,形成完善的党内法规体系,坚持依法治国、依法执政、依法行政共同推进,坚持法治国家、法治政府、法治社会一体建设,实现科学立法、严格执法、公正司法、全民守法,促进国家治理体系和治理能力现代化。

实现这个总目标,必须坚持以下原则。

——坚持中国共产党的领导。党的领导是中国特色社会主义最本质的特征,是社会主义法治最根本的保证。把党的领导贯彻到依法治国全过程和各方面,是我国社会主义法治建设的一条基本经验。我国宪法确立了中国共产党的领导地位。坚持党的领导,是社会主义法治的根本要求,是党和国家的根本所在、命脉所在,是全国各族人民的利益所系、幸福所系,是全面推进依法治国的题中应有之义。党的领导和社会主义法治是一致的,社会主义法治必须坚持党的领导,党的领导必须依靠社会主义法治。只有在党的领导下依法治国、厉行法治,人民当家作主才能充分实现,国家和社会生活法治化才能有序推进。依法执政,既要求党依据宪法法律治国理政,也要求党依据党内法规管党治党。必须坚持党领导立法、保证执法、支持司法、带头守法,把依法治国基本方略同依法执政基本方式统一起来,把党总揽全局、协调各方同人大、政府、政协、审判机关、检察机关依法依章程履行职能、开展工作统一起来,把党领导人民制定和实施宪法法律同党坚持在宪法法律范围内活动统一起来,善于使党的主张通过法定程序成为国家意志,善于使党组织推荐的人选通过法定程序成为国家政权机关的领导人员,善于通过国家政权机关实施党对国家和社会的领导,善于运用民主集中制原则维护中央权威、维护全党全国团结统一。

——坚持人民主体地位。人民是依法治国的主体和力量源泉,人民代表大会制度是保证人民当家作主的根本政治制度。必须坚持法治建设为了人民、依靠人民、造福人民、保护人民,以保障人民根本权益为出发点和落脚点,保证人民依法享有广泛的权利和自由、承担应尽的义务,维护社会公平正义,促进共同富裕。必须保证人民在党的领导下,依照法律规定,通过各种途径和形式管理国家事务,管理经济文化事业,管理社会事务。必须使人民认识到法律既是保障自身权利的有力武器,也是必须遵守的行为规范,增强全社会学法尊法守法用法意识,使法律为人民所掌握、所遵守、所运用。

——坚持法律面前人人平等。平等是社会主义法律的基本属性。任何组织和个人都必须尊重宪法法律权威,都必须在宪法法律范围内活动,都必须依照宪法法律行使权力或权利、履行职责或义务,都不得有超越宪法法律的特权。必须维护国家法制统一、尊严、权威,切实保证宪法法律有效实施,绝不允许任何人以任何借口任何形式以言代法、以权压法、徇私枉法。必须以规范和约束公权力为重点,加大监督力度,做到有权必有责、用权受监督、违法必追究,坚决纠正有法不依、执法不严、违法不究行为。

——坚持依法治国和以德治国相结合。国家和社会治理需要法律和道德共同发挥作用。必须坚持一手抓法治、一手抓德治,大力弘扬社会主义核心价值观,弘扬中华传统美德,培育社会公德、职业道德、家庭美德、个人品德,既重视发挥法律的规范作用,又重视发挥道德的教化作用,以法治体现道德理念、强化法律对道德建设的促进作用,以道德滋养法治精神、强化道德对法治文化的支撑作用,实现法律和道德相辅相成、法治和德治相得益彰。

——坚持从中国实际出发。中国特色社会主义道路、理论体系、制度是全面推进依法治国的根本遵循。必须从我国基本国情出发,同改革开放不断深化相适应,总结和运用党领导人民实行法治的成功经验,围绕社会主义法治建设重大理论和实践问题,推进法治理论创新,发展符合中国实际、具有中国特色、体现社会发展规律的社会主义法治理论,为依法治国提供理论指导和学理支撑。汲取中华法律文化精华,借鉴国外法治有益经验,但决不照搬外国法治理念和模式。

全面推进依法治国是一个系统工程,是国家治理领域一场广泛而深刻的革命,需要付出长期艰苦努力。全党同志必须更加自觉地坚持依法治国、更加扎实地推进依法治国,努力实现国家各项工作法治化,向着建设法治中国不断前进。

**二、完善以宪法为核心的中国特色社会主义法律体系,加强宪法实施**

法律是治国之重器,良法是善治之前提。建设中国特色社会主义法治体系,必须坚持立法先行,发挥立法的引领和推动作用,抓住提高立法质量这个关键。要恪守以民为本、立法为民理念,贯彻社会主义核心价值观,使每一项立法都符合宪法精神、反映人民意志、得到人民拥护。要把公正、公平、公开原则贯穿立法全过程,完善立法体制机制,坚持立改废释并举,增强法律法规的及时性、系统性、针对性、有效性。

(一)健全宪法实施和监督制度。宪法是党和人民意志的集中体现,是通过科学民主程序形成的根本法。坚持依法治国首先要坚持依宪治国,坚持依法执政首先要坚持依宪执政。全国各族人民、一切国家机关和武装力量、各政党和各社会团体、各企业事业组织,都必须以宪法为根本的活动准则,并且负有维护宪法尊严、保证宪法实施的职责。一切违反宪法的行为都必须予以追究和纠正。

完善全国人大及其常委会宪法监督制度,健全宪法解释程序机制。加强备案审查制度和能力建设,把所有规范性文件纳入备案审查范围,依法撤销和纠正违宪违法的规范性文件,禁止地方制发带有立法性质的文件。

将每年十二月四日定为国家宪法日。在全社会普遍开展宪法教育,弘扬宪法精神。建立宪法宣誓制度,凡经人大及其常委会选举或者决定任命的国家工作人员正式就职时公开向宪法宣誓。

(二)完善立法体制。加强党对立法工作的领导,完善党对立法工作中重大问题决策的程序。凡立法涉及重大体制和重大政策调整的,必须报党中央讨论决定。党中央向全国人大提出宪法修改建议,依照宪法规定的程序进行宪法修改。法律制定和修改的重大问题由全国人大常委会党组向党中央报告。

健全有立法权的人大主导立法工作的体制机制,发挥人大及其常委会在立法工作中的主导作用。建立由全国人大相关专门委员会、全国人大常委会法制工作委员会组织有关部门参与起草综合性、全局性、基础性等重要法律草案制度。增加有法治实践经验的专职常委比例。依法建立健全专门委员会、工作委员会立法专家顾问制度。

加强和改进政府立法制度建设,完善行政法规、规章制定程序,完善公众参与政府立法机制。重要行政管理法律法规由政府法制机构组织起草。

明确立法权力边界,从体制机制和工作程序上有效防止部门利益和地方保护主义法律化。对部门间争议较大的重要立法事项,由决策机关引入第三方评估,充分听取各方意见,协调决定,不能久拖不决。加强法律解释工作,及时明确法律规定含义和适用法律依据。明确地方立法权限和范围,依法赋予设区的市地方立法权。

(三)深入推进科学立法、民主立法。加强人大对立法工作的组织协调,健全立法起草、论证、协调、审议机制,健全向下级人大征询立法意见机制,建立基层立法联系点制度,推进立法精细化。健全法律法规规章起草征求人大代表意见制度,增加人大代表列席人大常委会会议人数,更多发挥人大代表参与起草和修改法律作用。完善立法项目征集和论证制度。健全立法机关主导、社会各方有序参与立法的途径和方式。探索委托第三方起草法律法规草案。

健全立法机关和社会公众沟通机制,开展立法协商,充分发挥政协委员、民主党派、工商联、无党派人士、人民团体、社会组织在立法协商中的作用,探索建立有关国家机关、社会团体、专家学者等对立法中涉及的重大利益调整论证咨询机制。拓宽公民有序参与立法途径,健全法律法规规章草案公开征求意见和公众意见采纳情况反馈机制,广泛凝聚社会共识。

完善法律草案表决程序,对重要条款可以单独表决。

(四)加强重点领域立法。依法保障公民权利,加快完善体现权利公平、机会公平、规则公平的法律制度,保障公民人身权、财产权、基本政治权利等各项权利不受侵犯,保障公民经济、文化、社会等各方面权利得到落实,实现公民权利保障法治化。增强全社会尊重和保障人权意识,健全公民权利救济渠道和方式。

社会主义市场经济本质上是法治经济。使市场在资源配置中起决定性作用和更好发挥政府作用,必须以保护产权、维护契约、统一市场、平等交换、公平竞争、有效监管为基本导向,完善社会主义市场经济法律制度。健全以公平为核心原则的产权保护制度,加强对各种所有制经济组织和自然人财产权的保护,清理有违公平的法律法规条款。创新适应公有制多种实现形式的产权保护制度,加强对国有、集体资产所有权、经营权和各类企业法人财产权的保护。国家保护企业以法人财产权依法自主经营、自负盈亏,企业有权拒绝任何组织和个人无法律依据的要求。加强企业社会责任立法。完善激励创新的产权制度、知识产权保护制度和促进科技成果转化的体制机制。加强市场法律制度建设,编纂民法典,制定和完善发展规划、投资管理、土地管理、能源和矿产资源、农业、财政税收、金融等方面法律法规,促进商品和要素自由流动、公平交易、平等使用。依法加强和改善宏观调控、市场监管,反对垄断,促进合理竞争,维护公平竞争的市场秩序。加强军民融合深度发展法治保障。

制度化、规范化、程序化是社会主义民主政治的根本保障。以保障人民当家作主为核心,坚持和完善人民代表大会制度,坚持和完善中国共产党领导的多党合作和政治协商制度、民族区域自治制度以及基层群众自治制度,推进社会主义民主政治法治化。加强社会主义协商民主制度建设,推进协商民主广泛多层制度化发展,构建程序合理、环节完整的协商民主体系。完善和发展基层民主制度,依法推进基层民主和行业自律,实行自我管理、自我服务、自我教育、自我监督。完善国家机构组织法,完善选举制度和工作机制。加快推进反腐败国家立法,完善惩治和预防腐败体系,形成不敢腐、不能腐、不想腐的有效机制,坚决遏制和预防腐败现象。完善惩治贪污贿赂犯罪法律制度,把贿赂犯罪对象由财物扩大为财物和其他财产性利益。

建立健全坚持社会主义先进文化前进方向、遵循文化发展规律、有利于激发文化创造活力、保障人民基本文化权益的文化法律制度。制定公共文化服务保障法,促进基本公共文化服务标准化、均等化。制定文化产业促进法,把行之有效的文化经济政策法定化,健全促进社会效益和经济效益有机统一的制度规范。制定国家勋章和国家荣誉称号法,表彰有突出贡献的杰出人士。加强互联网领域立法,完善网络信息服务、网络安全保护、网络社会管理等方面的法律法规,依法规范网络行为。

加快保障和改善民生、推进社会治理体制创新法律制度建设。依法加强和规范公共服务,完善教育、就业、收入分配、社会保障、医疗卫生、食品安全、扶贫、慈善、社会救助和妇女儿童、老年人、残疾人合法权益保护等方面的法律法规。加强社会组织立法,规范和引导各类社会组织健康发展。制定社区矫正法。

贯彻落实总体国家安全观,加快国家安全法治建设,抓紧出台反恐怖等一批急需法律,推进公共安全法治化,构建国家安全法律制度体系。

用严格的法律制度保护生态环境,加快建立有效约束开发行为和促进绿色发展、循环发展、低碳发展的生态文明法律制度,强化生产者环境保护的法律责任,大幅度提高违法成本。建立健全自然资源产权法律制度,完善国土空间开发保护方面的法律制度,制定完善生态补偿和土壤、水、大气污染防治及海洋生态环境保护等法律法规,促进生态文明建设。

实现立法和改革决策相衔接,做到重大改革于法有据、立法主动适应改革和经济社会发展需要。实践证明行之有效的,要及时上升为法律。实践条件还不成熟,需要先行先试的,要按照法定程序作出授权。对不适应改革要求的法律法规,要及时修改和废止。

**三、深入推进依法行政,加快建设法治政府**

法律的生命力在于实施,法律的权威也在于实施。各级政府必须坚持在党的领导下、在法治轨道上开展工作,创新执法体制,完善执法程序,推进综合执法,严格执法责任,建立权责统一、权威高效的依法行政体制,加快建设职能科学、权责法定、执法严明、公开公正、廉洁高效、守法诚信的法治政府。

(一)依法全面履行政府职能。完善行政组织和行政程序法律制度,推进机构、职能、权限、程序、责任法定化。行政机关要坚持法定职责必须为、法无授权不可为,勇于负责、敢于担当,坚决纠正不作为、乱作为,坚决克服懒政、怠政,坚决惩处失职、渎职。行政机关不得法外设定权力,没有法律法规依据不得作出减损公民、法人和其他组织合法权益或者增加其义务的决定。推行政府权力清单制度,坚决消除权力设租寻租空间。

推进各级政府事权规范化、法律化,完善不同层级政府特别是中央和地方政府事权法律制度,强化中央政府宏观管理、制度设定职责和必要的执法权,强化省级政府统筹推进区域内基本公共服务均等化职责,强化市县政府执行职责。

(二)健全依法决策机制。把公众参与、专家论证、风险评估、合法性审查、集体讨论决定确定为重大行政决策法定程序,确保决策制度科学、程序正当、过程公开、责任明确。建立行政机关内部重大决策合法性审查机制,未经合法性审查或经审查不合法的,不得提交讨论。

积极推行政府法律顾问制度,建立政府法制机构人员为主体、吸收专家和律师参加的法律顾问队伍,保证法律顾问在制定重大行政决策、推进依法行政中发挥积极作用。

建立重大决策终身责任追究制度及责任倒查机制,对决策严重失误或者依法应该及时作出决策但久拖不决造成重大损失、恶劣影响的,严格追究行政首长、负有责任的其他领导人员和相关责任人员的法律责任。

(三)深化行政执法体制改革。根据不同层级政府的事权和职能,按照减少层次、整合队伍、提高效率的原则,合理配置执法力量。

推进综合执法,大幅减少市县两级政府执法队伍种类,重点在食品药品安全、工商质检、公共卫生、安全生产、文化旅游、资源环境、农林水利、交通运输、城乡建设、海洋渔业等领域内推行综合执法,有条件的领域可以推行跨部门综合执法。

完善市县两级政府行政执法管理,加强统一领导和协调。理顺行政强制执行体制。理顺城管执法体制,加强城市管理综合执法机构建设,提高执法和服务水平。

严格实行行政执法人员持证上岗和资格管理制度,未经执法资格考试合格,不得授予执法资格,不得从事执法活动。严格执行罚缴分离和收支两条线管理制度,严禁收费罚没收入同部门利益直接或者变相挂钩。

健全行政执法和刑事司法衔接机制,完善案件移送标准和程序,建立行政执法机关、公安机关、检察机关、审判机关信息共享、案情通报、案件移送制度,坚决克服有案不移、有案难移、以罚代刑现象,实现行政处罚和刑事处罚无缝对接。

(四)坚持严格规范公正文明执法。依法惩处各类违法行为,加大关系群众切身利益的重点领域执法力度。完善执法程序,建立执法全过程记录制度。明确具体操作流程,重点规范行政许可、行政处罚、行政强制、行政征收、行政收费、行政检查等执法行为。严格执行重大执法决定法制审核制度。

建立健全行政裁量权基准制度,细化、量化行政裁量标准,规范裁量范围、种类、幅度。加强行政执法信息化建设和信息共享,提高执法效率和规范化水平。

全面落实行政执法责任制,严格确定不同部门及机构、岗位执法人员执法责任和责任追究机制,加强执法监督,坚决排除对执法活动的干预,防止和克服地方和部门保护主义,惩治执法腐败现象。

(五)强化对行政权力的制约和监督。加强党内监督、人大监督、民主监督、行政监督、司法监督、审计监督、社会监督、舆论监督制度建设,努力形成科学有效的权力运行制约和监督体系,增强监督合力和实效。

加强对政府内部权力的制约,是强化对行政权力制约的重点。对财政资金分配使用、国有资产监管、政府投资、政府采购、公共资源转让、公共工程建设等权力集中的部门和岗位实行分事行权、分岗设权、分级授权,定期轮岗,强化内部流程控制,防止权力滥用。完善政府内部层级监督和专门监督,改进上级机关对下级机关的监督,建立常态化监督制度。完善纠错问责机制,健全责令公开道歉、停职检查、引咎辞职、责令辞职、罢免等问责方式和程序。

完善审计制度,保障依法独立行使审计监督权。对公共资金、国有资产、国有资源和领导干部履行经济责任情况实行审计全覆盖。强化上级审计机关对下级审计机关的领导。探索省以下地方审计机关人财物统一管理。推进审计职业化建设。

(六)全面推进政务公开。坚持以公开为常态、不公开为例外原则,推进决策公开、执行公开、管理公开、服务公开、结果公开。各级政府及其工作部门依据权力清单,向社会全面公开政府职能、法律依据、实施主体、职责权限、管理流程、监督方式等事项。重点推进财政预算、公共资源配置、重大建设项目批准和实施、社会公益事业建设等领域的政府信息公开。

涉及公民、法人或其他组织权利和义务的规范性文件,按照政府信息公开要求和程序予以公布。推行行政执法公示制度。推进政务公开信息化,加强互联网政务信息数据服务平台和便民服务平台建设。

**四、保证公正司法,提高司法公信力**

公正是法治的生命线。司法公正对社会公正具有重要引领作用,司法不公对社会公正具有致命破坏作用。必须完善司法管理体制和司法权力运行机制,规范司法行为,加强对司法活动的监督,努力让人民群众在每一个司法案件中感受到公平正义。

(一)完善确保依法独立公正行使审判权和检察权的制度。各级党政机关和领导干部要支持法院、检察院依法独立公正行使职权。建立领导干部干预司法活动、插手具体案件处理的记录、通报和责任追究制度。任何党政机关和领导干部都不得让司法机关做违反法定职责、有碍司法公正的事情,任何司法机关都不得执行党政机关和领导干部违法干预司法活动的要求。对干预司法机关办案的,给予党纪政纪处分;造成冤假错案或者其他严重后果的,依法追究刑事责任。

健全行政机关依法出庭应诉、支持法院受理行政案件、尊重并执行法院生效裁判的制度。完善惩戒妨碍司法机关依法行使职权、拒不执行生效裁判和决定、藐视法庭权威等违法犯罪行为的法律规定。

建立健全司法人员履行法定职责保护机制。非因法定事由,非经法定程序,不得将法官、检察官调离、辞退或者作出免职、降级等处分。

(二)优化司法职权配置。健全公安机关、检察机关、审判机关、司法行政机关各司其职,侦查权、检察权、审判权、执行权相互配合、相互制约的体制机制。

完善司法体制,推动实行审判权和执行权相分离的体制改革试点。完善刑罚执行制度,统一刑罚执行体制。改革司法机关人财物管理体制,探索实行法院、检察院司法行政事务管理权和审判权、检察权相分离。

最高人民法院设立巡回法庭,审理跨行政区域重大行政和民商事案件。探索设立跨行政区划的人民法院和人民检察院,办理跨地区案件。完善行政诉讼体制机制,合理调整行政诉讼案件管辖制度,切实解决行政诉讼立案难、审理难、执行难等突出问题。

改革法院案件受理制度,变立案审查制为立案登记制,对人民法院依法应该受理的案件,做到有案必立、有诉必理,保障当事人诉权。加大对虚假诉讼、恶意诉讼、无理缠诉行为的惩治力度。完善刑事诉讼中认罪认罚从宽制度。

完善审级制度,一审重在解决事实认定和法律适用,二审重在解决事实法律争议、实现二审终审,再审重在解决依法纠错、维护裁判权威。完善对涉及公民人身、财产权益的行政强制措施实行司法监督制度。检察机关在履行职责中发现行政机关违法行使职权或者不行使职权的行为,应该督促其纠正。探索建立检察机关提起公益诉讼制度。

明确司法机关内部各层级权限,健全内部监督制约机制。司法机关内部人员不得违反规定干预其他人员正在办理的案件,建立司法机关内部人员过问案件的记录制度和责任追究制度。完善主审法官、合议庭、主任检察官、主办侦查员办案责任制,落实谁办案谁负责。

加强职务犯罪线索管理,健全受理、分流、查办、信息反馈制度,明确纪检监察和刑事司法办案标准和程序衔接,依法严格查办职务犯罪案件。

(三)推进严格司法。坚持以事实为根据、以法律为准绳,健全事实认定符合客观真相、办案结果符合实体公正、办案过程符合程序公正的法律制度。加强和规范司法解释和案例指导,统一法律适用标准。

推进以审判为中心的诉讼制度改革,确保侦查、审查起诉的案件事实证据经得起法律的检验。全面贯彻证据裁判规则,严格依法收集、固定、保存、审查、运用证据,完善证人、鉴定人出庭制度,保证庭审在查明事实、认定证据、保护诉权、公正裁判中发挥决定性作用。

明确各类司法人员工作职责、工作流程、工作标准,实行办案质量终身负责制和错案责任倒查问责制,确保案件处理经得起法律和历史检验。

(四)保障人民群众参与司法。坚持人民司法为人民,依靠人民推进公正司法,通过公正司法维护人民权益。在司法调解、司法听证、涉诉信访等司法活动中保障人民群众参与。完善人民陪审员制度,保障公民陪审权利,扩大参审范围,完善随机抽选方式,提高人民陪审制度公信度。逐步实行人民陪审员不再审理法律适用问题,只参与审理事实认定问题。

构建开放、动态、透明、便民的阳光司法机制,推进审判公开、检务公开、警务公开、狱务公开,依法及时公开执法司法依据、程序、流程、结果和生效法律文书,杜绝暗箱操作。加强法律文书释法说理,建立生效法律文书统一上网和公开查询制度。

(五)加强人权司法保障。强化诉讼过程中当事人和其他诉讼参与人的知情权、陈述权、辩护辩论权、申请权、申诉权的制度保障。健全落实罪刑法定、疑罪从无、非法证据排除等法律原则的法律制度。完善对限制人身自由司法措施和侦查手段的司法监督,加强对刑讯逼供和非法取证的源头预防,健全冤假错案有效防范、及时纠正机制。

切实解决执行难,制定强制执行法,规范查封、扣押、冻结、处理涉案财物的司法程序。加快建立失信被执行人信用监督、威慑和惩戒法律制度。依法保障胜诉当事人及时实现权益。

落实终审和诉讼终结制度,实行诉访分离,保障当事人依法行使申诉权利。对不服司法机关生效裁判、决定的申诉,逐步实行由律师代理制度。对聘不起律师的申诉人,纳入法律援助范围。

(六)加强对司法活动的监督。完善检察机关行使监督权的法律制度,加强对刑事诉讼、民事诉讼、行政诉讼的法律监督。完善人民监督员制度,重点监督检察机关查办职务犯罪的立案、羁押、扣押冻结财物、起诉等环节的执法活动。司法机关要及时回应社会关切。规范媒体对案件的报道,防止舆论影响司法公正。

依法规范司法人员与当事人、律师、特殊关系人、中介组织的接触、交往行为。严禁司法人员私下接触当事人及律师、泄露或者为其打探案情、接受吃请或者收受其财物、为律师介绍代理和辩护业务等违法违纪行为,坚决惩治司法掮客行为,防止利益输送。

对因违法违纪被开除公职的司法人员、吊销执业证书的律师和公证员,终身禁止从事法律职业,构成犯罪的要依法追究刑事责任。

坚决破除各种潜规则,绝不允许法外开恩,绝不允许办关系案、人情案、金钱案。坚决反对和克服特权思想、衙门作风、霸道作风,坚决反对和惩治粗暴执法、野蛮执法行为。对司法领域的腐败零容忍,坚决清除害群之马。

**五、增强全民法治观念,推进法治社会建设**

法律的权威源自人民的内心拥护和真诚信仰。人民权益要靠法律保障,法律权威要靠人民维护。必须弘扬社会主义法治精神,建设社会主义法治文化,增强全社会厉行法治的积极性和主动性,形成守法光荣、违法可耻的社会氛围,使全体人民都成为社会主义法治的忠实崇尚者、自觉遵守者、坚定捍卫者。

(一)推动全社会树立法治意识。坚持把全民普法和守法作为依法治国的长期基础性工作,深入开展法治宣传教育,引导全民自觉守法、遇事找法、解决问题靠法。坚持把领导干部带头学法、模范守法作为树立法治意识的关键,完善国家工作人员学法用法制度,把宪法法律列入党委(党组)中心组学习内容,列为党校、行政学院、干部学院、社会主义学院必修课。把法治教育纳入国民教育体系,从青少年抓起,在中小学设立法治知识课程。

健全普法宣传教育机制,各级党委和政府要加强对普法工作的领导,宣传、文化、教育部门和人民团体要在普法教育中发挥职能作用。实行国家机关"谁执法谁普法"的普法责任制,建立法官、检察官、行政执法人员、律师等以案释法制度,加强普法讲师团、普法志愿者队伍建设。把法治教育纳入精神文明创建内容,开展群众性法治文化活动,健全媒体公益普法制度,加强新媒体新技术在普法中的运用,提高普法实效。

牢固树立有权力就有责任、有权利就有义务观念。加强社会诚信建设,健全公民和组织守法信用记录,完善守法诚信褒奖机制和违法失信行为惩戒机制,使尊法守法成为全体人民共同追求和自觉行动。

加强公民道德建设,弘扬中华优秀传统文化,增强法治的道德底蕴,强化规则意识,倡导契约精神,弘扬公序良俗。发挥法治在解决道德领域突出问题中的作用,引导人们自觉履行法定义务、社会责任、家庭责任。

(二)推进多层次多领域依法治理。坚持系统治理、依法治理、综合治理、源头治理,提高社会治理法治化水平。深入开展多层次多形式法治创建活动,深化基层组织和部门、行业依法治理,支持各类社会主体自我约束、自我管理。发挥市民公约、乡规民约、行业规章、团体章程等社会规范在社会治理中的积极作用。

发挥人民团体和社会组织在法治社会建设中的积极作用。建立健全社会组织参与社会事务、维护公共利益、救助困难群众、帮教特殊人群、预防违法犯罪的机制和制度化渠道。支持行业协会商会类社会组织发挥行业自律和专业服务功能。发挥社会组织对其成员的行为导引、规则约束、权益维护作用。加强在华境外非政府组织管理,引导和监督其依法开展活动。

高举民族大团结旗帜,依法妥善处置涉及民族、宗教等因素的社会问题,促进民族关系、宗教关系和谐。

(三)建设完备的法律服务体系。推进覆盖城乡居民的公共法律服务体系建设,加强民生领域法律服务。完善法律援助制度,扩大援助范围,健全司法救助体系,保证人民群众在遇到法律问题或者权利受到侵害时获得及时有效法律帮助。

发展律师、公证等法律服务业,统筹城乡、区域法律服务资源,发展涉外法律服务业。健全统一司法鉴定管理体制。

(四)健全依法维权和化解纠纷机制。强化法律在维护群众权益、化解社会矛盾中的权威地位,引导和支持人们理性表达诉求、依法维护权益,解决好群众最关心最直接最现实的利益问题。

构建对维护群众利益具有重大作用的制度体系,建立健全社会矛盾预警机制、利益表达机制、协商沟通机制、救济救助机制,畅通群众利益协调、权益保障法律渠道。把信访纳入法治化轨道,保障合理合法诉求依照法律规定和程序就能得到合理合法的结果。

健全社会矛盾纠纷预防化解机制,完善调解、仲裁、行政裁决、行政复议、诉讼等有机衔接、相互协调的多元化纠纷解决机制。加强行业性、专业性人民调解组织建设,完善人民调解、行政调解、司法调解联动工作体系。完善仲裁制度,提高仲裁公信力。健全行政裁决制度,强化行政机关解决同行政管理活动密切相关的民事纠纷功能。

深入推进社会治安综合治理,健全落实领导责任制。完善立体化社会治安防控体系,有效防范化解管控影响社会安定的问题,保障人民生命财产安全。依法严厉打击暴力恐怖、涉黑犯罪、邪教和黄赌毒等违法犯罪活动,绝不允许其形成气候。依法强化危害食品药品安全、影响安全生产、损害生态环境、破坏网络安全等重点问题治理。

**六、加强法治工作队伍建设**

全面推进依法治国,必须大力提高法治工作队伍思想政治素质、业务工作能力、职业道德水准,着力建设一支忠于党、忠于国家、忠于人民、忠于法律的社会主义法治工作队伍,为加快建设社会主义法治国家提供强有力的组织和人才保障。

(一)建设高素质法治专门队伍。把思想政治建设摆在首位,加强理想信念教育,深入开展社会主义核心价值观和社会主义法治理念教育,坚持党的事业、人民利益、宪法法律至上,加强立法队伍、行政执法队伍、司法队伍建设。抓住立法、执法、司法机关各级领导班子建设这个关键,突出政治标准,把善于运用法治思维和法治方式推动工作的人选拔到领导岗位上来。畅通立法、执法、司法部门干部和人才相互之间以及与其他部门具备条件的干部和人才交流渠道。

推进法治专门队伍正规化、专业化、职业化,提高职业素养和专业水平。完善法律职业准入制度,健全国家统一法律职业资格考试制度,建立法律职业人员统一职前培训制度。建立从符合条件的律师、法学专家中招录立法工作者、法官、检察官制度,畅通具备条件的军队转业干部进入法治专门队伍的通道,健全从政法专业毕业生中招录人才的规范便捷机制。加强边疆地区、民族地区法治专门队伍建设。加快建立符合职业特点的法治工作人员管理制度,完善职业保障体系,建立法官、检察官、人民警察专业职务序列及工资制度。

建立法官、检察官逐级遴选制度。初任法官、检察官由高级人民法院、省级人民检察院统一招录,一律在基层法院、检察院任职。上级人民法院、人民检察院的法官、检察官一般从下一级人民法院、人民检察院的优秀法官、检察官中遴选。

(二)加强法律服务队伍建设。加强律师队伍思想政治建设,把拥护中国共产党领导、拥护社会主义法治作为律师从业的基本要求,增强广大律师走中国特色社会主义法治道路的自觉性和坚定性。构建社会律师、公职律师、公司律师等优势互补、结构合理的律师队伍。提高律师队伍业务素质,完善执业保障机制。加强律师事务所管理,发挥律师协会自律作用,规范律师执业行为,监督律师严格遵守职业道德和职业操守,强化准入、退出管理,严格执行违法违规执业惩戒制度。加强律师行业党的建设,扩大党的工作覆盖面,切实发挥律师事务所党组织的政治核心作用。

各级党政机关和人民团体普遍设立公职律师,企业可设立公司律师,参与决策论证,提供法律意见,促进依法办事,防范法律风险。明确公职律师、公司律师法律地位及权利义务,理顺公职律师、公司律师管理体制机制。

发展公证员、基层法律服务工作者、人民调解员队伍。推动法律服务志愿者队伍建设。建立激励法律服务人才跨区域流动机制,逐步解决基层和欠发达地区法律服务资源不足和高端人才匮乏问题。

(三)创新法治人才培养机制。坚持用马克思主义法学思想和中国特色社会主义法治理论全方位占领高校、科研机构法学教育和法学研究阵地,加强法学基础理论研究,形成完善的中国特色社会主义法学理论体系、学科体系、课程体系,组织编写和全面采用国家统一的法律类专业核心教材,纳入司法考试必考范围。坚持立德树人、德育为先导向,推动中国特色社会主义法治理论进教材进课堂进头脑,培养造就熟悉和坚持中国特色社会主义法治体系的法治人才及后备力量。建设通晓国际法律规则、善于处理涉外法律事务的涉外法治人才队伍。

健全政法部门和法学院校、法学研究机构人员双向交流机制,实施高校和法治工作部门人员互聘计划,重点打造一支政治立场坚定、理论功底深厚、熟悉中国国情的高水平法学家和专家团队,建设高素质学术带头人、骨干教师、专兼职教师队伍。

**七、加强和改进党对全面推进依法治国的领导**

党的领导是全面推进依法治国、加快建设社会主义法治国家最根本的保证。必须加强和改进党对法治工作的领导,把党的领导贯彻到全面推进依法治国全过程。

(一)坚持依法执政。依法执政是依法治国的关键。各级党组织和领导干部要深刻认识到,维护宪法法律权威就是维护党和人民共同意志的权威,捍卫宪法法律尊严就是捍卫党和人民共同意志的尊严,保证宪法法律实施就是保证党和人民共同意志的实现。各级领导干部要对法律怀有敬畏之心,牢记法律红线不可逾越、法律底线不可触碰,带头遵守法律,带头依法办事,不得违法行使权力,更不能以言代法、以权压法、徇私枉法。

健全党领导依法治国的制度和工作机制,完善保证党确定依法治国方针政策和决策部署的工作机制和程序。加强对全面推进依法治国统一领导、统一部署、统筹协调。完善党委依法决策机制，发挥政策和法律的各自优势，促进党的政策和国家法律互联互动。党委要定期听取政法机关工作汇报，做促进公正司法、维护法律权威的表率。党政主要负责人要履行推进法治建设第一责任人职责。各级党委要领导和支持工会、共青团、妇联等人民团体和社会组织在依法治国中积极发挥作用。

人大、政府、政协、审判机关、检察机关的党组织和党员干部要坚决贯彻党的理论和路线方针政策，贯彻党委决策部署。各级人大、政府、政协、审判机关、检察机关的党组织要领导和监督本单位模范遵守宪法法律，坚决查处执法犯法、违法用权等行为。

政法委员会是党委领导政法工作的组织形式，必须长期坚持。各级党委政法委员会要把工作着力点放在把握政治方向、协调各方职能、统筹政法工作、建设政法队伍、督促依法履职、创造公正司法环境上，带头依法办事，保障宪法法律正确统一实施。政法机关党组织要建立健全重大事项向党委报告制度。加强政法机关党的建设，在法治建设中充分发挥党组织政治保障作用和党员先锋模范作用。

（二）加强党内法规制度建设。党内法规既是管党治党的重要依据，也是建设社会主义法治国家的有力保障。党章是最根本的党内法规，全党必须一体严格遵行。完善党内法规制定体制机制，加大党内法规备案审查和解释力度，形成配套完备的党内法规制度体系。注重党内法规同国家法律的衔接和协调，提高党内法规执行力，运用党内法规把党要管党、从严治党落到实处，促进党员、干部带头遵守国家法律法规。

党的纪律是党内规矩。党规党纪严于国家法律，党的各级组织和广大党员干部不仅要模范遵守国家法律，而且要按照党规党纪以更高标准严格要求自己，坚定理想信念，践行党的宗旨，坚决同违法乱纪行为作斗争。对违反党规党纪的行为必须严肃处理，对苗头性倾向性问题必须抓早抓小，防止小错酿成大错、违纪走向违法。

依纪依法反对和克服形式主义、官僚主义、享乐主义和奢靡之风，形成严密的长效机制。完善和严格执行领导干部政治、工作、生活待遇方面各项制度规定，着力整治各种特权行为。深入开展党风廉政建设和反腐败斗争，严格落实党风廉政建设党委主体责任和纪委监督责任，对任何腐败行为和腐败分子，必须依纪依法予以坚决惩处，决不手软。

（三）提高党员干部法治思维和依法办事能力。党员干部是全面推进依法治国的重要组织者、推动者、实践者,要自觉提高运用法治思维和法治方式深化改革、推动发展、化解矛盾、维护稳定能力,高级干部尤其要以身作则、以上率下。把法治建设成效作为衡量各级领导班子和领导干部工作实绩重要内容,纳入政绩考核指标体系。把能不能遵守法律、依法办事作为考察干部重要内容,在相同条件下,优先提拔使用法治素养好、依法办事能力强的干部。对特权思想严重、法治观念淡薄的干部要批评教育,不改正的要调离领导岗位。

(四)推进基层治理法治化。全面推进依法治国,基础在基层,工作重点在基层。发挥基层党组织在全面推进依法治国中的战斗堡垒作用,增强基层干部法治观念、法治为民的意识,提高依法办事能力。加强基层法治机构建设,强化基层法治队伍,建立重心下移、力量下沉的法治工作机制,改善基层基础设施和装备条件,推进法治干部下基层活动。

(五)深入推进依法治军从严治军。党对军队绝对领导是依法治军的核心和根本要求。紧紧围绕党在新形势下的强军目标,着眼全面加强军队革命化现代化正规化建设,创新发展依法治军理论和实践,构建完善的中国特色军事法治体系,提高国防和军队建设法治化水平。

坚持在法治轨道上积极稳妥推进国防和军队改革,深化军队领导指挥体制、力量结构、政策制度等方面改革,加快完善和发展中国特色社会主义军事制度。

健全适应现代军队建设和作战要求的军事法规制度体系,严格规范军事法规制度的制定权限和程序,将所有军事规范性文件纳入审查范围,完善审查制度,增强军事法规制度科学性、针对性、适用性。

坚持从严治军铁律,加大军事法规执行力度,明确执法责任,完善执法制度,健全执法监督机制,严格责任追究,推动依法治军落到实处。

健全军事法制工作体制,建立完善领导机关法制工作机构。改革军事司法体制机制,完善统一领导的军事审判、检察制度,维护国防利益,保障军人合法权益,防范打击违法犯罪。建立军事法律顾问制度,在各级领导机关设立军事法律顾问,完善重大决策和军事行动法律咨询保障制度。改革军队纪检监察体制。

强化官兵法治理念和法治素养,把法律知识学习纳入军队院校教育体系、干部理论学习和部队教育训练体系,列为军队院校学员必修课和部队官兵必学必训内容。完善军事法律人才培养机制。加强军事法治理论研究。

(六)依法保障"一国两制"实践和推进祖国统一。坚持宪法的最高法律地位和最高法律效力,全面准确贯彻"一国两制"、"港人治港"、"澳人治澳"、高度自治的方针,严格依照宪法和基本法办事,完善与基本法实施相关的制度和机制,依法行使中央权力,依法保障高度自治,支持特别行政区行政长官和政府依法施政,保障内地与香港、澳门经贸关系发展和各领域交流合作,防范和反对外部势力干预港澳事务,保持香港、澳门长期繁荣稳定。

运用法治方式巩固和深化两岸关系和平发展,完善涉台法律法规,依法规范和保障两岸人民关系、推进两岸交流合作。运用法律手段捍卫一个中国原则、反对"台独",增进维护一个中国框架的共同认知,推进祖国和平统一。

依法保护港澳同胞、台湾同胞权益。加强内地同香港和澳门、大陆同台湾的执法司法协作,共同打击跨境违法犯罪活动。

(七)加强涉外法律工作。适应对外开放不断深化,完善涉外法律法规体系,促进构建开放型经济新体制。积极参与国际规则制定,推动依法处理涉外经济、社会事务,增强我国在国际法律事务中的话语权和影响力,运用法律手段维护我国主权、安全、发展利益。强化涉外法律服务,维护我国公民、法人在海外及外国公民、法人在我国的正当权益,依法维护海外侨胞权益。深化司法领域国际合作,完善我国司法协助体制,扩大国际司法协助覆盖面。加强反腐败国际合作,加大海外追赃追逃、遣返引渡力度。积极参与执法安全国际合作,共同打击暴力恐怖势力、民族分裂势力、宗教极端势力和贩毒走私、跨国有组织犯罪。

各级党委要全面准确贯彻本决定精神,健全党委统一领导和各方分工负责、齐抓共管的责任落实机制,制定实施方案,确保各项部署落到实处。

全党同志和全国各族人民要紧密团结在以习近平同志为总书记的党中央周围,高举中国特色社会主义伟大旗帜,积极投身全面推进依法治国伟大实践,开拓进取,扎实工作,为建设法治中国而奋斗!

# 司法部关于切实发挥职能作用做好刑事案件速裁程序试点相关工作的通知

(2014年10月9日 司发通〔2014〕111号)

北京、天津、辽宁、上海、江苏、浙江、福建、山东、河南、湖北、湖南、广东、重庆、陕西省(市)司法厅(局):

  2014年8月26日,最高人民法院、最高人民检察院、公安部、司法部印发了《关于在部分地区开展刑事案件速裁程序试点工作的办法》(以下简称《办法》)。这是贯彻落实中央司法体制改革部署的一项重要举措,有利于优化司法职权配置,提高办理刑事案件的质量与效率,维护当事人的合法权益,促进社会和谐稳定。各级司法行政机关要站在全局的高度,充分认识试点工作的重要意义,切实发挥职能作用,认真做好试点相关工作。

  一、切实发挥法律援助值班律师职能作用。《办法》明确了法律援助值班律师制度,明确值班律师为犯罪嫌疑人、被告人提供法律帮助,有利于进一步畅通法律援助申请渠道,拓展法律援助服务形式,保障犯罪嫌疑人、被告人的辩护权。试点地方的司法行政机关要会同人民法院、公安机关,在试点的人民法院、看守所设立法律援助工作站,派驻法律援助值班律师,及时为犯罪嫌疑人、被告人提供法律帮助。要积极协调人民法院、公安机关,为工作站提供必要的办公场所,配备必要的办公设施。工作站要按照有关要求,统一悬挂标牌,公示法律援助条件、范围和申请程序,张贴法律援助相关工作制度、联系人姓名及联系电话,放置法律援助宣传资料及相关格式文书。工作站由法律援助机构和人民法院、看守所共同领导和管理,业务上受同级法律援助机构的监督和指导,执行法律援助机构制定的各项规章制度,使用统一印刷的格式文书。法律援助机构要加强对工作站的业务指导,指定专门人员作为工作站联络员,负责工作站的日常联系等工作。

  适用速裁程序案件的犯罪嫌疑人、被告人申请提供法律帮助的,法律援助值班律师应当及时提供法律咨询和建议,但当事人自行委托辩护律师的除外。值班律师应当告知犯罪嫌疑人、被告人适用速裁程序的法律后果，帮助其进行程序选择和量刑协商，依法维护其合法权益。值班律师根据情况可以协助看守所开展对在押人员的法制宣传工作，帮助在押人员知晓法律援助权利、其他诉讼权利以及相关义务。

开展值班律师工作可以采用固定专人或者轮流值班的方式，也可以将两种方式结合起来。要严格值班律师选任条件，选择政治思想素质高、业务精通、责任心强、具备一定年限刑事办案经验的律师，组建专门的法律援助值班律师库，建立一支相对稳定的值班律师队伍。在做好值班律师选任工作中，既要注重发挥法律援助机构律师的优势，也要注重通过完善激励机制、提供相关支持等措施，调动律师工作积极性。要健全值班律师工作内部管理制度，建立值班律师工作守则，严格工作纪律，规范工作台账管理，确保值班律师工作依法规范尽责运行。要加强案件质量管理，明确值班律师服务标准和行为规范，优化工作流程，确保值班律师工作质量。

二、切实做好律师刑事辩护工作。试点地方的司法行政机关、律师协会要加强对刑事辩护律师的业务指导，开展刑事案件速裁程序培训工作，组织刑事辩护律师认真学习《办法》，准确把握刑事案件速裁程序的适用条件、审理程序、审限要求和犯罪嫌疑人、被告人的权利义务等，依法维护犯罪嫌疑人、被告人的合法权益。在办理刑事案件工作中，辩护律师认为案件符合速裁程序适用条件的，应当告知犯罪嫌疑人并征求其意见，犯罪嫌疑人要求适用速裁程序的，辩护律师应当建议人民检察院按速裁程序办理；犯罪嫌疑人不同意适用速裁程序的，辩护律师不得建议人民检察院按速裁程序办理。

三、切实做好对犯罪嫌疑人的调查评估工作。对于可能宣告缓刑或者判处管制的犯罪嫌疑人，人民检察院委托其居住地县级司法行政机关进行调查评估的，司法行政机关应当按照要求认真调查，确保在收到人民检察院委托书后五个工作日内完成调查评估。调查评估应当由两名以上工作人员进行，其中至少有一名是社区矫正执法人员。调查人员可以采取走访、谈话、查阅资料等方式，向犯罪嫌疑人的家庭成员、工作单位、就读学校、所在社区居民、村（居）民委员会、公安派出所、被害人等进行调查，重点了解犯罪嫌疑人是否有固定住所、家庭和社会关系、一贯表现、犯罪原因、悔罪态度、犯罪行为的影响等情况。对于调查掌握的情况，要认真梳理分析，客观做出判断，依法公正地提出犯罪嫌疑人是否可以适用社区矫正的评估意见，制作《调查评估意见书》，连同调查材料一并提交委托的人民检察院,抄送受理案件的人民法院。

试点地方的司法行政机关要积极争取党委政法委协调解决法律援助机构人员紧缺、经费保障等问题,将值班律师补贴纳入法律援助业务经费开支范围并合理确定补贴标准。要加强与人民法院、人民检察院、公安机关的联系与沟通,及时协调解决试点中出现的问题。各级司法行政机关应当加强对试点工作的监督指导,及时总结试点经验,确保试点工作扎实开展。试点工作情况每半年报部一次。

# 国务院、中央军委关于进一步加强军人军属法律援助工作的意见

(2014年9月7日 国发〔2014〕37号)

各省、自治区、直辖市人民政府,国务院各部委、各直属机构,各军区、各军兵种、各总部、军事科学院、国防大学、国防科学技术大学,武警部队:

做好军人军属法律援助工作,事关广大官兵切身利益,事关国防和军队建设,事关社会和谐稳定,对实现党在新形势下的强军目标,增强部队凝聚力战斗力,促进军政军民团结,具有重要作用。近年来,各级司法行政机关和法律援助机构在军队有关部门的支持配合下,建立健全军人军属法律援助工作站和联系点,及时为军人军属提供法律咨询;组织广大法律援助人员深入军营,为官兵普及法律知识;积极办理军人军属法律援助案件,最大限度维护军人军属合法权益,努力为国防和军队建设服务。但仍存在保障机制不够完善,法律援助供需矛盾突出等问题。为深入贯彻党的十八大和十八届二中、三中全会精神,落实党中央、国务院、中央军委的决策部署,促进国防和军队建设,有效满足军人军属法律援助需求,现就进一步加强军人军属法律援助工作提出如下意见。

一、加强军人军属法律援助工作的重要性和总体要求

(一)充分认识重要性。军人军属法律援助工作是中国特色法律援助事业的重要组成部分。做好军人军属法律援助工作,是司法行政机关和部队有关部门的重要任务,对于完善法律援助制度,促进社会公平正义,推动

军民融合深度发展,实现党在新形势下的强军目标,都具有重要意义。近年来,军地各级认真履行职责,密切协作配合,积极为军人军属提供法律援助服务,维护军人军属合法权益,取得明显成效。但也还存在一些问题,主要是:各地对军人军属法律援助申请条件、事项范围的规定不一致;军队律师人员较少,难以满足军人军属法律援助需求;军地有关部门协作机制不够健全等。地方各级人民政府、各有关部门和军队各级要高度重视解决这些问题,充分调动各方面力量,切实做好军人军属法律援助工作,依法维护军人军属合法权益。

(二)把握总体要求。要以邓小平理论、"三个代表"重要思想、科学发展观为指导,深入贯彻落实习近平总书记系列重要讲话精神,坚持军爱民、民拥军,坚持围绕中心、服务大局,按照中央关于全面深化改革的要求,健全军队和地方统筹协调、需求对接、法律援助资源共享、优势互补机制,完善军人军属法律援助制度。逐步扩大军人军属法律援助范围,健全军地法律援助服务网络,建立军地法律援助衔接工作制度,加强各环节工作规范化建设,努力形成党委政府重视、有关部门组织协调、军地密切配合、社会各界支持的工作格局,最大限度满足军人军属法律援助需求。

## 二、进一步扩大军人军属法律援助覆盖面

(三)适当放宽经济困难条件。法律援助机构要把军人军属作为重点援助对象,及时有效地维护其合法权益。对军人军属申请法律援助的案件,经济困难条件应适当放宽。下列人员申请法律援助,免予经济困难条件审查:义务兵、供给制学员及军属;执行作战、重大非战争军事行动任务的军人及军属;烈士、因公牺牲军人、病故军人的遗属。军队中的文职人员、非现役公勤人员、在编职工,由军队管理的离退休人员,以及执行军事任务的预备役人员和其他人员,参照军人条件执行。

(四)逐步扩大法律援助事项范围。要逐步将民生领域与军人军属权益密切相关的事项纳入法律援助范围。对符合经济困难条件或免予经济困难条件审查的军人军属,在《法律援助条例》规定事项范围的基础上,申请下列需要代理的事项,应给予法律援助:请求给予优抚待遇的;涉及军人婚姻家庭纠纷的;因医疗、交通、工伤事故以及其他人身伤害案件造成人身损害或财产损失请求赔偿的;涉及农资产品质量纠纷、土地承包纠纷、宅基地纠纷以及保险赔付的。

(五)开展多种形式法律援助服务。积极帮助解决军人军属日常工

作、生产生活中发生的矛盾纠纷,为他们排忧解难。司法行政机关要会同部队有关部门经常了解掌握军人军属法律需求状况,通过设置法律信箱、加强"12348"法律援助热线建设、开通网上专栏等方式,及时提供法律咨询等服务,为官兵解疑释惑。组织开展法律援助进军营、送法下基层等活动,普及法律知识,增强官兵法治意识,使知法用法守法、依法维权成为官兵的自觉行为。

（六）提高办案质量。完善案件指派工作,根据军人军属案件性质、法律援助人员专业特长和受援人意愿等因素,合理指派承办机构和人员,提高案件办理专业化水平。健全办案质量监督机制,加强案件质量检查、回访当事人等工作,督促法律援助机构和人员依法履行职责。对重大疑难案件,加强跟踪检查,确保军人军属获得优质高效的法律援助。

**三、健全军人军属法律援助工作机制**

（七）拓宽申请渠道。各地法律援助机构可在省军区（卫戍区、警备区）、军分区（警备区）、县（市、区）人民武装部建立军人军属法律援助工作站,有条件的可在团级以上部队建立军人军属法律援助工作站或联络点,接受军人军属的法律援助申请,作初步审查后转交法律援助机构办理。法律援助机构应派人参加军人军属法律援助工作站日常值班、接待咨询等工作。积极探索法律援助机构授权律师事务所等法律服务机构代为受理军人军属法律援助申请。开展流动服务和网上申请、受理,对伤病残等有特殊困难的军人军属实行电话申请、邮寄申请、上门受理等便利服务。

（八）优化办理程序。对军人军属申请法律援助的,应优先受理,并简化受理审查程序;情况紧急的可以先行受理,事后补办手续。健全军人军属法律援助案件异地协作机制,对需要异地调查取证的,相关地法律援助机构应积极给予协助,努力降低办案成本。办理军人军属法律援助案件,法律援助机构应及时向军队相关部门和军人所在单位通报情况、反馈信息,取得支持配合。要充分发挥军队法律顾问处和军队律师的职能作用,积极做好军人军属法律援助工作。

**四、积极提供政策支持和相关保障**

（九）完善政策措施。省级人民政府要根据经济社会发展实际和军人军属法律援助需求,及时调整法律援助补充事项范围,把与军人军属权益保护密切相关的事项纳入法律援助范围,放宽经济困难标准,让更多的军人军属受益受惠,努力实现应援尽援。省军区(卫戍区、警备区)要充分发挥桥梁纽带作用,积极配合地方人民政府制定完善有关政策措施并抓好落实。

(十)加强经费保障。各级人民政府要将军人军属法律援助经费纳入财政保障范围,并根据经济社会发展水平逐步加大经费投入。司法行政机关要积极推动落实法律援助经费保障政策,促进军人军属法律援助工作发展。有条件的地方可探索建立军人军属法律援助基金,专门用于办理军人军属法律援助案件。军队有关部门要积极配合地方司法行政机关,加强对军人军属法律援助工作站的规划、建设和管理,并给予必要的财力物力支持。要多方开辟法律援助经费筹措渠道,广泛吸纳社会资金,提倡和鼓励社会组织、企业和个人提供捐助,支持军人军属法律援助工作。

**五、切实加强组织领导**

(十一)坚持统一领导。做好军人军属法律援助工作是政府、军队和社会的共同责任,必须加强统一领导,齐抓共管。各级人民政府要把军人军属法律援助工作纳入地方经济社会发展总体规划,纳入双拥共建活动范畴,纳入社会治理和平安建设考评体系,统筹安排,整体推进。军地各有关部门要切实履行职责,建立军地法律援助衔接工作联席会议制度,及时沟通情况信息,研究存在问题,提出解决办法,齐心协力抓好工作落实。

(十二)搞好工作指导。各级司法行政机关和部队有关部门要认真履行组织、协调和指导军人军属法律援助工作的职责,充分发挥职能作用。进一步加强沟通协调,密切工作配合,建立制度化、规范化的衔接工作机制。加强调查研究,善于发现总结经验,发挥典型示范引领作用。法律援助机构要拓宽服务领域,丰富服务内容,创新服务方式,不断提高为军人军属提供法律援助服务的能力和水平。

(十三)加强队伍建设。积极依托军地法律人才资源,通过选用招聘、专兼职相结合等办法,充实军人军属法律援助工作力量。要把军队律师培养工作摆在突出位置,通过组织军人参加国家司法考试、加强业务培训、开展军队法律顾问处与地方法律援助机构或律师事务所共建活动等措施,努力建设一支素质优良、业务熟练的军队法律援助队伍。法律援助人员要牢固树立政治意识和责任意识,弘扬优良作风,立足本职,无私奉献,满腔热情做好军人军属法律援助工作。

(十四)抓好宣传引导。通过多种方式,广泛宣传做好军人军属法律援助工作的重要意义,宣传相关政策制度,大力培养和宣传为军人军属提供法律援助服务的先进典型,努力营造社会各界和广大群众积极参与、支持军人军属法律援助工作的浓厚氛围。对作出突出贡献的单位和个人给予表彰奖励,推动军人军属法律援助工作深入开展。

# 最高人民法院、最高人民检察院、公安部、司法部印发《关于在部分地区开展刑事案件速裁程序试点工作的办法》的通知

(2014年8月22日 法〔2014〕220号)

北京、天津、辽宁、上海、江苏、浙江、福建、山东、河南、湖北、湖南、广东、重庆、陕西省、直辖市高级人民法院、人民检察院、公安厅(局)、司法厅(局):

根据全国人民代表大会常务委员会《关于授权最高人民法院、最高人民检察院在部分地区开展刑事案件速裁程序试点工作的决定》,最高人民法院、最高人民检察院、公安部、司法部制定了《最高人民法院、最高人民检察院、公安部、司法部关于在部分地区开展刑事案件速裁程序试点工作的办法》(以下简称《办法》),现予以印发。请各地结合实际,认真组织有关辖区人民法院、人民检察院、公安机关、司法行政机关做好试点工作。现就有关工作要求通知如下:

一、充分认识开展试点工作的重要意义

开展刑事案件速裁程序试点工作,有利于进一步推动案件繁简分流,优化司法资源配置,提高办理刑事案件的质量与效率,维护当事人的合法权益,促进社会和谐稳定,并为改革完善刑事诉讼法积累实践经验。各级人民法院、人民检察院、公安机关、司法行政机关要充分认识试点工作的重要意义,切实加强组织领导和协调配合,确保试点工作顺利开展并取得实效。

二、紧密结合实际制定实施细则

试点地方为北京、天津、上海、重庆、沈阳、大连、南京、杭州、福州、厦

门、济南、青岛、郑州、武汉、长沙、广州、深圳、西安。各地应结合当地实际，确定若干试点单位，积累经验后逐步扩大，并根据《办法》制定实施方案或实施细则，由试点地方分别层报最高人民法院、最高人民检察院、公安部、司法部备案。

**三、加强监督指导及时总结评估**

各试点地方人民法院、人民检察院、公安机关、司法行政机关应当加强联系与沟通，及时协调解决试点中出现的问题。有关高级人民法院、人民检察院、公安机关、司法行政机关应当加强对试点工作的监督指导，及时总结试点经验，每半年分别报告最高人民法院、最高人民检察院、公安部、司法部。

最高人民法院、最高人民检察院、公安部、司法部将及时对试点工作进行评估，对实践证明可行的，及时提出修改完善有关法律规定的建议；对实践证明不宜调整实施的，及时恢复施行有关法律规定。

## 关于在部分地区开展刑事案件速裁程序试点工作的办法

根据刑事诉讼法和全国人民代表大会常务委员会《关于授权最高人民法院、最高人民检察院在部分地区开展刑事案件速裁程序试点工作的决定》，为确保试点工作依法有序开展，制定本办法。

第一条 对危险驾驶、交通肇事、盗窃、诈骗、抢夺、伤害、寻衅滋事、非法拘禁、毒品犯罪、行贿犯罪、在公共场所实施的扰乱公共秩序犯罪情节较轻、依法可能判处一年以下有期徒刑、拘役、管制的案件，或者依法单处罚金的案件，符合下列条件的，可以适用速裁程序：

（一）案件事实清楚、证据充分的；

（二）犯罪嫌疑人、被告人承认自己所犯罪行，对指控的犯罪事实没有异议的；

（三）当事人对适用法律没有争议，犯罪嫌疑人、被告人同意人民检察院提出的量刑建议的；

（四）犯罪嫌疑人、被告人同意适用速裁程序的。

第二条 具有下列情形之一的，不适用速裁程序：

（一）犯罪嫌疑人、被告人是未成年人，盲、聋、哑人，或者是尚未完全丧失辨认或者控制自己行为能力的精神病人的；

（二）共同犯罪案件中部分犯罪嫌疑人、被告人对指控事实、罪名、量刑建议有异议的；

（三）犯罪嫌疑人、被告人认罪但经审查认为可能不构成犯罪的，或者辩护人作无罪辩护的；

（四）被告人对量刑建议没有异议但经审查认为量刑建议不当的；

（五）犯罪嫌疑人、被告人与被害人或者其法定代理人、近亲属没有就赔偿损失、恢复原状、赔礼道歉等事项达成调解或者和解协议的；

（六）犯罪嫌疑人、被告人违反取保候审、监视居住规定，严重影响刑事诉讼活动正常进行的；

（七）犯罪嫌疑人、被告人具有累犯、教唆未成年人犯罪等法定从重情节的；

（八）其他不宜适用速裁程序的情形。

**第三条** 适用速裁程序的案件，对于符合取保候审、监视居住条件的犯罪嫌疑人、被告人，应当取保候审、监视居住。违反取保候审、监视居住规定，严重影响诉讼活动正常进行的，可以予以逮捕。

**第四条** 建立法律援助值班律师制度，法律援助机构在人民法院、看守所派驻法律援助值班律师。犯罪嫌疑人、被告人申请提供法律援助的，应当为其指派法律援助值班律师。

**第五条** 公安机关侦查终结移送审查起诉时，认为案件符合速裁程序适用条件的，可以建议人民检察院按速裁案件办理。

辩护人认为案件符合速裁程序适用条件的，经犯罪嫌疑人同意，可以建议人民检察院按速裁案件办理。

**第六条** 人民检察院经审查认为案件事实清楚、证据充分的，应当拟定量刑建议并讯问犯罪嫌疑人，了解其对指控的犯罪事实、量刑建议及适用速裁程序的意见，告知有关法律规定。犯罪嫌疑人承认自己所犯罪行，对量刑建议及适用速裁程序没有异议并签字具结的，人民检察院可以建议人民法院适用速裁程序审理。

**第七条** 人民检察院认为对犯罪嫌疑人可能宣告缓刑或者判处管制的，可以委托犯罪嫌疑人居住地所在的县级司法行政机关进行调查评估。司法行政机关一般应当在收到委托书后五个工作日内完成调查评估并出具评估意见，并及时向人民检察院和受理案件的人民法院反馈。

**第八条** 人民检察院一般应当在受理案件后八个工作日内作出是否提起公诉的决定。决定起诉并建议人民法院适用速裁程序的，应当在起诉书中提出量刑建议，并提供犯罪嫌疑人的具结书等材料。起诉书可以简化。

**第九条** 对于人民检察院建议适用速裁程序并且按照第八条规定提供相关材料的案件，人民法院经审查认为事实清楚、证据充分，人民检察院提出的量刑建议适当的，可以决定适用速裁程序，并通知人民检察院和辩护人。

**第十条** 人民法院适用速裁程序审理案件，由审判员一人独任审判，送达期限不受刑事诉讼法规定的限制。

**第十一条** 人民法院适用速裁程序审理案件，应当当庭询问被告人对被指控的犯罪事实、量刑建议及适用速裁程序的意见，听取公诉人、辩护人、被害人及其诉讼代理人的意见。被告人当庭认罪、同意量刑建议和使用速裁程序的，不再进行法庭调查、法庭辩论。但在判决宣告前应当听取被告人的最后陈述意见。

**第十二条** 人民法院适用速裁程序审理的案件，被告人以信息安全为由申请不公开审理，人民检察院、辩护人没有异议的，经本院院长批准，可以不公开审理。

**第十三条** 人民法院适用速裁程序审理案件，对被告人自愿认罪，退缴赃款赃物、积极赔偿损失、赔礼道歉，取得被害人或者近亲属谅解的，可以依法从宽处罚。

**第十四条** 人民法院在审理过程中，发现不符合速裁程序适用条件的，应当转为简易程序或者普通程序审理。

**第十五条** 人民法院适用速裁程序审理案件，一般应当在受理后七个工作日内审结。

**第十六条** 人民法院适用速裁程序审理的案件，应当当庭宣判，使用格式裁判文书。

**第十七条** 适用速裁程序办理案件，除本办法另有规定的以外，应当按照刑事诉讼法的规定进行。

**第十八条** 本办法自发布之日起试行二年。

# 司法部关于做好 2014 年农民工工作的通知

(2014 年 3 月 24 日　司发通〔2014〕29 号)

各省、自治区、直辖市司法厅(局),新疆生产建设兵团司法局:

2013 年以来,各级司法行政机关认真贯彻党中央、国务院一系列有关农民工工作决策部署,紧紧围绕农民工的需求,积极发挥司法行政职能作用,采取扎实有效措施,加大工作推进力度,涉及农民工的法制宣传、法律服务、法律援助和人民调解工作取得新成效。2013 年全国法律援助机构共组织办理农民工法律援助案件 43 万余件,同比增长 8%;人民调解组织调解涉及农民工劳动争议纠纷 31 万余件,有效维护了农民工合法权益。

根据《国务院农民工工作领导小组 2014 年工作要点》的要求,2014 年司法行政系统农民工工作的总体思路是:深入贯彻党的十八大、十八届二中、三中全会精神,以邓小平理论、"三个代表"重要思想、科学发展观为指导,紧紧围绕加强农民工劳动权益保障工作这一主线,不断满足农民工日益增长的法律服务和法律援助需求,充分发挥司法行政工作职能作用,进一步加大农民工法制宣传、法律服务、法律援助和人民调解工作力度,努力为农民工提供优质高效的法律服务,切实维护农民工合法权益。

**一、深刻认识做好新形势下农民工工作的重要性**

农民工问题事关新型工业化、信息化、城镇化、农业现代化的推进,事关社会公平正义,党中央、国务院高度重视。党的十八大和十八届三中全会提出,有序推进农业转移人口市民化,对农民工工作提出了新要求。当前,农民工发展面临新形势、新挑战,农民工劳动保障权益受侵害的现象时有发生,服务农民工工作任务依然繁重。司法行政工作在加强农民工劳动权益保障方面担负重要职责,具有独特优势。各级司法行政机关要深刻认识做好服务农民工工作的重要性,认真贯彻落实中央的决策部署,把改革创新贯穿于农民工工作的各个方面、各个环节,不断提高服务农民工工作的能力和水平,进一步加大农民工劳动权益保障工作力度,为维护社会和谐稳定、促进社会公平正义、保障人民安居乐业作出新贡献。

**二、认真做好服务农民工各项工作**

（一）认真做好农民工法制宣传工作。以在全国组织开展"加强法制宣传教育服务全面深化改革"主题活动为契机，切实加强与农村改革相关的法律法规宣传。继续深化"法律六进"，广泛开展"法律进企业、进乡村"等活动，在农民工集中流出地和流入地以及用人企业有针对性地开展法制宣传，并探索建立农民工法制宣传教育示范基地。编写并发放适合农民工阅读的法制宣传资料，提高农民工的法治意识和依法维权能力。健全完善农民工普法责任制，推动"谁主管，谁负责"、"谁用工，谁普法"的工作机制建设，强化农民工用人单位的法制宣传教育责任。建立健全农民工法制宣传教育考核评估制度，加强监督检查，提高农民工法制宣传教育工作规范化水平。

（二）认真做好农民工法律服务工作。进一步畅通农民工法律服务渠道，支持有条件的法律服务机构设立法律咨询热线，印制法律服务机构和人员执业信息并免费发放，方便农民工及时获得法律帮助。创新农民工法律服务工作方式，积极倡导和推进以调解协商方式化解矛盾纠纷，探索引入强制执行公证制度，降低农民工维权成本。认真开展农民工专项法律服务工作，鼓励各地将农民工劳动权益保障纳入企业法律体检等专项法律服务活动，帮助企业建立和完善各项劳动规章制度，切实保障农民工的休息和薪酬权利。加强农民工法律服务工作规范化、制度化建设，建立健全重大案件报告制度、案件指导协调制度、信息沟通制度等。

（三）认真做好农民工法律援助工作。健全完善法律援助服务网络，推进临街一层便民服务窗口建设，继续在农民工集中地区推进法律援助工作站和联系点建设，方便农民工获得法律援助。深入开展形式多样的农民工法律援助专项活动，认真做好扩大法律援助覆盖面的工作，简化办事程序和手续，加大异地协作力度，促进解决农民工工资拖欠、工伤赔偿、劳动保护等问题。加强"12348"法律服务热线建设，加大信息技术在法律援助服务中的应用，提升法律援助服务农民工的能力。加强农民工法律援助案件质量管理，严格落实《办理法律援助案件程序规定》，深化案件质量评估试点，加大投诉处理力度，努力为农民工提供高质量的法律援助。

（四）认真做好农民工人民调解工作。进一步完善人民调解组织网络，着力推动在农民工较为集中的区域和企业建立人民调解组织，扩大农民工人民调解工作覆盖面。提高人民调解员化解涉及农民工纠纷能力,发展专职化劳动争议人民调解员队伍和农民工人民调解员,促进农民工实现自我管理、自我约束。继续做好纠纷预防排查化解工作,充分发挥乡镇、街道和村居、社区人民调解组织作用,建立健全农民工纠纷情报信息网络,及时了解掌握农民工纠纷信息,加强对农民工土地承包经营流转、宅基地使用、劳动报酬、工伤损害赔偿等矛盾纠纷的排查和化解工作,维护农民工合法权益。

三、切实加强组织领导

做好服务农民工工作,是各级司法行政机关的一项重要职责。各地要切实加强组织领导,把服务农民工工作列入重要议事日程,定期研究部署,认真组织推动,确保各项任务落实到位。要及时总结各地服务农民工工作的好经验好做法,及时转化为政策措施,上升为制度规范,健全完善服务农民工工作长效机制。要密切关注农民工工作的新情况和新问题,加强对服务农民工重大理论和实践问题的研究,提高农民工工作的针对性和有效性。要加强宣传工作,广泛宣传司法行政系统服务农民工的政策、成就、经验和典型事迹,营造良好社会氛围。

各地贯彻落实情况请及时报部。

# 中共中央政法委员会、财政部、最高人民法院、最高人民检察院、公安部、司法部关于印发《关于建立完善国家司法救助制度的意见(试行)》的通知(节录)

(2014年1月17日 中政委〔2014〕3号)

各省、自治区、直辖市党委政法委、财政厅(局)、高级人民法院、人民检察院、公安厅(局)、司法厅(局),新疆生产建设兵团党委政法委、财务局、新疆维吾尔自治区高级人民法院生产建设兵团分院、新疆生产建设兵团人民检察院、公安局、司法局:

现将《关于建立完善国家司法救助制度的意见(试行)》印发给你们,请认真贯彻执行。贯彻落实情况及遇到的问题,请分别报告中央政法委员会、财政部、最高人民法院、最高人民检察院、公安部、司法部。

## 关于建立完善国家司法救助制度的意见(试行)

……

**六、国家司法救助工作的组织领导**

……

(三)建立衔接机制。对于符合司法救助条件的当事人就人身伤害或财产损失提起民事诉讼的,人民法院应当依法及时审查并减免相关诉讼费用,司法行政部门应当依法及时提供法律援助,保障困难群众充分行使诉讼权利。对于未纳入国家司法救助范围或者实施国家司法救助后仍然面临生活困难的当事人,符合社会救助条件的,办案机关协调其户籍所在地有关部门,纳入社会救助范围。

……

# 司法部办公厅关于印发法律援助投诉处理格式文书的通知

(2014年1月17日 司办通〔2014〕2号)

各省、自治区、直辖市司法厅(局),新疆生产建设兵团司法局:

根据《法律援助投诉处理办法》,司法部制作了法律援助投诉处理格式文书(示范文本),现印发你们,请遵照执行。

附件:1. 法律援助投诉登记表
2. 法律援助投诉受理通知书
3. 法律援助投诉不予受理通知书
4. 法律援助投诉处理答复书
5. 送达回证

附件一

# 法律援助投诉登记表

投诉日期： 年 月 日　　　　　　　　　援投登字〔 〕第 号

| 投诉人基本情况 | | | | | | | |
|---|---|---|---|---|---|---|---|
| 姓名 | | 性别 | | 出生日期 | | 民族 | |
| 身份证号 | | | | | | | |
| 住所地<br>(经常居住地) | | | | | | | |
| 联系电话 | | | | 类别 | □申请人 □受援人 □利害关系人 | | |
| 投诉方式 | □来访　□邮寄　□传真　□电子邮件 | | | | | | |
| 投诉事项 | | | | | | | |
| □违反规定办理法律援助申请受理、审查事项,或者违反规定指派、安排法律援助人员的<br>□法律援助人员接受指派或安排后,懈怠履行或者擅自终止履行法律援助职责的<br>□办理法律援助案件收取财物的<br>□其他违反法律援助管理规定的行为 | | | | | | | |
| 被投诉人 | □法律援助机构　□律师事务所　□基层法律服务所<br>□其他社会组织　□法律援助人员 | | | | | | |
| 投诉事实和理由(附相关证据材料,共＿＿＿页) | | | | | | | |
| | | | | | | | |

登记人员(签字)：

附件二

## 法律援助投诉受理通知书

援投受字〔　　〕第　号

投 诉 人：

投诉事项：

经 办 人(签字)：

日　　　期：

---

## 法律援助投诉受理通知书

援投受字〔　　〕第　号

_____：

　　你于____年____月____日向本机关提出对_____的投诉，经审查，符合《法律援助投诉处理办法》规定，决定予以受理。

（公章）

年　月　日

附件三

## 法律援助投诉不予受理通知书

援投拒字〔　　〕第　　号

投 诉 人：
投诉事项：
经 办 人(签字)：
日　　　期：

---

## 法律援助投诉不予受理通知书

援投拒字〔　　〕第　　号

＿＿＿＿＿＿：

　　你于＿＿＿年＿＿＿月＿＿＿日向本机关提出对＿＿＿＿＿＿＿＿的投诉，经审查，不符合《法律援助投诉处理办法》第＿＿＿＿条规定，决定不予受理。

(公章)

年　月　日

附件四

## 法律援助投诉处理答复书

援投复字〔    〕第    号

投 诉 人：

投诉事项：

经 办 人（签字）：

日       期：

---

## 法律援助投诉处理答复书

援投复字〔    〕第    号

＿＿＿＿＿＿＿：

  本机关于＿＿＿年＿＿＿月＿＿＿日收到你对＿＿＿＿＿＿＿＿＿＿的投诉后，依法组成调查组进行调查核实。现根据调查结果，对＿＿＿＿＿＿＿＿作出＿＿＿＿＿＿＿＿＿的处理决定。投诉人对司法行政机关投诉处理答复不服的，可以依法申请行政复议或提起行政诉讼。

（公章）

年　月　日

附件五

## 送 达 回 证

| 送达文书名称 | | | |
|---|---|---|---|
| 送达人 | | 送达方式 | |
| 送达地址 | | | |
| 受送达人（签字） | | 送达日期 | |
| 代收人（签字）及代收理由 | | | |
| 拒绝或无法送达原因 | | | |
| 备注 | | | |

注：1. 送达回证用于证明向受送达人送达了法律援助投诉受理通知书、法律援助投诉不予受理通知书或者法律援助投诉处理答复书。

2. 送达回证签收后退还司法行政机关。

# 最高人民法院、司法部关于印发《关于加强国家赔偿法律援助工作的意见》的通知

(2014年1月2日 司发通〔2014〕1号)

各省、自治区、直辖市高级人民法院、司法厅(局),解放军军事法院、总政司法局,新疆维吾尔自治区高级人民法院生产建设兵团分院、新疆生产建设兵团司法局:

为进一步规范和促进人民法院办理国家赔偿案件的法律援助工作,最高人民法院、司法部制定了《关于加强国家赔偿法律援助工作的意见》。现印发你们,请遵照执行。

## 关于加强国家赔偿法律援助工作的意见

为切实保障困难群众依法行使国家赔偿请求权,规范和促进人民法院办理国家赔偿案件的法律援助工作,结合法律援助工作实际,就加强国家赔偿法律援助相关工作提出如下意见:

**一、提高对国家赔偿法律援助工作重要性的认识**

依法为申请国家赔偿的困难群众提供法律援助服务是法律援助工作的重要职能。在人民法院办理的国家赔偿案件中,申请国家赔偿的公民多属弱势群体,身陷经济困难和法律知识缺乏双重困境,亟需获得法律援助。加强国家赔偿法律援助工作,保障困难群众依法行使国家赔偿请求权,是新形势下适应人民群众日益增长的司法需求、加强法律援助服务保障和改善民生工作的重要方面,对于实现社会公平正义、促进社会和谐稳定具有重要意义。各级人民法院和司法行政机关要充分认识加强国家赔偿法律援助工作的重要性,牢固树立群众观点,认真践行群众路线,进一步创新和完善工作机制,不断提高国家赔偿法律援助工作的能力和水平,努力使困难群众在每一个国家赔偿案件中感受到公平正义。

## 二、确保符合条件的困难群众及时获得国家赔偿法律援助

人民法院和司法行政机关应当采取多种形式公布国家赔偿法律援助的条件、程序、赔偿请求人的权利义务等,让公众了解国家赔偿法律援助相关知识,引导经济困难的赔偿请求人申请法律援助。人民法院应当在立案时以书面方式告知申请国家赔偿的公民,如果经济困难可以向赔偿义务机关所在地的法律援助机构申请法律援助。法律援助机构要充分发挥基层法律援助工作站点在解答咨询、转交申请等方面的作用,畅通"12348"法律服务热线;有条件的地方可以在人民法院设立法律援助工作站,拓宽法律援助申请渠道,方便公民寻求国家赔偿法律援助。法律援助机构对公民提出的国家赔偿法律援助申请,要依法进行审查,在法定时限内尽可能缩短时间,提高工作效率;对无罪被羁押的公民申请国家赔偿,经人民法院确认其无经济来源的,可以认定赔偿请求人符合经济困难标准;对申请事项具有法定紧急或者特殊情况的,法律援助机构可以先行给予法律援助,事后补办有关手续。

## 三、加大国家赔偿法律援助工作保障力度

人民法院要为法律援助人员代理国家赔偿法律援助案件提供便利,对于法律援助人员申请人民法院调查取证的,应当依法予以积极支持;对法律援助人员复制相关材料的费用,应当予以免收。人民法院办理国家赔偿案件,要充分听取法律援助人员的意见,并记录在案;人民法院办理国家赔偿案件作出的决定书、判决书和裁定书等法律文书应当载明法律援助机构名称、法律援助人员姓名以及所属单位情况等。司法行政机关要综合采取增强社会认可度、完善激励表彰机制、提高办案补贴标准等方法,调动法律援助人员办理国家赔偿法律援助案件积极性,根据需要与有关机关、单位进行协调,加大对案件办理工作支持力度。人民法院和法律援助机构要加强工作协调,就确定或更换法律援助人员、变更听取意见时间、终止法律援助等情况及时进行沟通,相互通报案件办理进展情况。人民法院和司法行政机关要建立联席会议制度,定期交流工作开展情况,确保相关工作衔接顺畅。

## 四、提升国家赔偿法律援助工作质量和效果

法律援助机构要完善案件指派工作,根据国家赔偿案件类型,综合法

律援助人员专业特长、赔偿请求人特点和意愿等因素，合理确定承办机构及人员，有条件的地方推行点援制，有效保证办案质量；要引导法律援助人员认真做好会见、阅卷、调查取证、参加庭审或者质证等工作，根据法律法规和有关案情，从维护赔偿请求人利益出发提供符合标准的法律服务，促进解决其合法合理赔偿请求。承办法官和法律援助人员在办案过程中要注重做好解疑释惑工作，帮助赔偿请求人正确理解案件涉及的政策法规，促进赔偿请求人服判息诉。司法行政机关和法律援助机构要加强案件质量管理，根据国家赔偿案件特点完善办案质量监督管理机制，综合运用案件质量评估、案卷检查评比、回访赔偿请求人等方式开展质量监管，重点加强对重大疑难复杂案件办理的跟踪监督，促进提高办案质量。人民法院发现法律援助人员有违法行为或者损害赔偿请求人利益的，要及时向法律援助机构通报有关情况，督促法律援助人员依法依规办理案件。

**五、创新国家赔偿法律援助效果延伸机制**

人民法院和法律援助机构要建立纠纷调解工作机制，引导法律援助人员选择对赔偿请求人最有利的方式解决纠纷，对于案情简单、事实清楚、争议不大的案件，根据赔偿请求人意愿，尽量采用调解方式处理，努力实现案结事了。要建立矛盾多元化解机制，指导法律援助人员依法妥善处理和化解纠纷，努力解决赔偿请求人的合理诉求，做好无罪被羁押公民的安抚工作，并通过引进社会工作者加入法律援助工作、开通心理热线等方式，加强对赔偿请求人的人文关怀和心理疏导，努力实现法律效果与社会效果的统一。要建立宣传引导机制，加大宣传力度，充分利用报刊、电视、网络等媒体，广泛宣传国家赔偿法律援助工作，及时总结推广工作中涌现出的好经验好做法，为国家赔偿法律援助工作开展营造良好氛围，并对法律援助工作中涌现的先进典型和经验，通过多种形式进行宣传推广，进一步巩固工作成果。

## 全国老龄办、最高人民法院、中央宣传部、国家发展改革委、科技部、公安部、民政部、司法部、财政部、人力资源社会保障部、住房城乡建设部、交通运输部、农业部、商务部、文化部、国家卫生计生委、新闻出版广电总局、体育总局、国家林业局、国家旅游局、国家铁路局、中国民航局、国家文物局、全国总工会关于进一步加强老年人优待工作的意见

（2013年12月30日　全国老龄办发〔2013〕97号）

各省、自治区、直辖市及新疆生产建设兵团老龄工作委员会办公室、高级人民法院、党委宣传部、发展改革委、科技厅（委、局）、公安厅（局）、民政厅（局）、司法厅（局）、财政厅（局）、人力资源社会保障厅（局）、住房城乡建设厅（委、局）、交通厅（委、局）、农业厅（局、委）、商务主管部门、文化厅（局）、卫生计生委（卫生厅、局、人口计生委）、新闻出版局、广电局、体育局（委）、林业厅（局）、旅游局（委）、铁路局、民航管理局、文物局、总工会：

老年人优待是政府和社会在做好公民社会保障和基本公共服务的基础上，在医、食、住、用、行、娱等方面，积极为老年人提供的各种形式的经济补贴、优先优惠和便利服务。做好老年人优待工作，是增进老年人福祉的重要举措，也是社会文明进步的重要标志。根据新修订的《中华人民共和国老年人权益保障法》和《中共中央、国务院关于加强老龄工作的决定》的有关规定，现就进一步加强老年人优待工作，提出以下意见：

## 一、总体要求

**（一）指导思想**

以邓小平理论、"三个代表"重要思想、科学发展观为指导,立足我国基本国情和经济社会发展现状,针对老年人的特殊需求,积极完善优待政策法规体系,逐步拓展优待项目和范围、创新优待工作方式、提升优待水平,让老年人更好地共享经济社会发展成果,不断提升老年人生活质量。

**（二）基本原则**

——政府主导,社会参与。发挥政府在政策制定、督查检查、示范引领方面的主导作用,在社会保障、基本公共服务等方面积极为老年人提供优待,采取措施鼓励、引导社会力量参与优待工作。

——因地制宜,积极推进。根据经济社会发展实际,合理确定优待范围、优待对象和优待标准。积极推进优待工作,坚持积极稳妥、循序渐进,稳步提升。

——突出重点,适度普惠。从不同老年群体的实际需求出发,对各优待项目的服务对象进行细分,优先考虑高龄、失能等困难老年群体的特殊需要,逐步发展面向老年人的普惠性优待项目。

——统筹协调,和谐共融。统筹社会优待与社会保障、优待工作与老龄事业、物质帮助与精神关爱协调发展；统筹推进城乡老年人优待工作,加快发展农村老年人优待项目；统筹不同年龄群体的利益诉求,促进代际共融与社会和谐。

**（三）主要目标**

2015年,实现县级以上地方人民政府全面建立健全老年人优待政策,社会敬老氛围更加浓厚,各项优待规定得到有效落实；2020年,实现优待工作管理进一步规范,优待项目进一步拓展,优待水平进一步提升,老年人过上更加幸福的小康生活。

## 二、优待项目和范围

优待的基本对象为60周岁以上的老年人。各地可因地制宜,在本意见基础上合理确定优待对象和优待标准,率先在卫生保健、交通出行、商业服务、文体休闲等方面,对常住本行政区域内的老年人给予同等优待,并根据本地实际情况,逐步拓展同等优待范围。

（一）政务服务优待

1. 各地在落实和完善社会保障制度和公共服务政策时，应对老年人予以适度倾斜。

2. 鼓励地方建立80周岁以上低收入老年人高龄津贴制度。

3. 政府投资兴办的养老机构，要在保障"三无"老年人、"五保"老年人服务需求的基础上，优先照顾经济困难的孤寡、失能、高龄老年人。

4. 各地对经济困难的老年人要逐步给予养老服务补贴。对生活长期不能自理、经济困难的老年人，要根据其失能程度等情况给予护理补贴。

5. 各地在实施廉租住房、公共租赁住房等住房保障制度时，要照顾符合条件的老年人，优先配租配售保障性住房；进行危旧房屋改造时，优先帮助符合条件的老年人进行危房改造。

6. 政府有关部门要为老年人及时、便利地领取养老金、结算医疗费和享受其他物质帮助，创造条件，提供便利。鼓励和引导公共服务机构、社会志愿服务组织优先为老年人提供服务。

7. 政府有关部门在办理房屋权属关系变更等涉及老年人权益的重大事项时，应依法优先办理，并就办理事项是否为老年人的真实意愿进行询问，有代理人的要严格审查代理资格。

8. 免除农村老年人兴办公益事业的筹劳任务。经农村集体经济组织全体成员同意，将未承包的集体所有的部分土地、山林、水面、滩涂等作为养老基地，收益供老年人养老，纳入国家和地方湿地保护体系及其自然保护区的重要湿地除外。

9. 政府有关部门要完善老年人社会参与方面的支持政策，充分发挥老年人参与社会发展的积极性和创造性。

10. 对有老年人去世的城乡生活困难家庭，减免其基本殡葬服务费用，或者为其提供基本殡葬服务补贴。对有老年人去世的家庭，选择生态安葬方式的，或者在土葬改革区自愿实行火葬的，要给予补贴或奖励。

（二）卫生保健优待

11. 医疗卫生机构要优先为辖区内65周岁以上常住老年人免费建立健康档案，每年至少提供1次免费体格检查和健康指导，开展健康管理服务。定期对老年人进行健康状况评估，及时发现健康风险因素，促进老年疾病早发现、早诊断、早治疗。积极开展老年疾病防控的知识宣传，开展老年慢性病和老年期精神障碍的预防控制工作。为行动不便的老年人提供上门服务。

12. 鼓励设立老年病医院,加强老年护理院、老年康复医院建设,有条件的二级以上综合医院应设立老年病科。

13. 医疗卫生机构应为老年人就医提供方便和优先优惠服务。通过完善挂号、诊疗系统管理,开设专用窗口或快速通道、提供导医服务等方式,为老年人特别是高龄、重病、失能老年人挂号(退换号)、就诊、转诊、综合诊疗提供便利条件。

14. 鼓励各地医疗机构减免老年人普通门诊挂号费和贫困老年人诊疗费。提倡为老年人义诊。

15. 倡导医疗卫生机构与养老机构之间建立业务协作机制,开通预约就诊绿色通道,协同做好老年人慢性病管理和康复护理,加快推进面向养老机构的远程医疗服务试点,为老年人提供便捷、优先、优惠的医疗服务。

16. 支持符合条件的养老机构内设医疗机构,申请纳入城镇职工(居民)基本医疗保险和新型农村合作医疗定点范围。

(三)交通出行优待

17. 城市公共交通、公路、铁路、水路和航空客运,要为老年人提供便利服务。

18. 交通场所和站点应设置老年人优先标志,设立等候专区,根据需要配备升降电梯、无障碍通道、无障碍洗手间等设施。对于无人陪同、行动不便的老年人给予特别关照。

19. 城市公共交通工具应为老年人提供票价优惠,鼓励对65周岁以上老年人实行免费,有条件的地方可逐步覆盖全体老年人。各地可根据实际情况制定具体的优惠办法,对落实老年优待任务的公交企业要给予相应经济补偿。

20. 倡导老年人投保意外伤害保险,保险公司对参保老年人应给予保险费、保险金额等方面的优惠。

21. 公共交通工具要设立不低于坐席数10%的"老幼病残孕"专座。铁路部门要为列车配备无障碍车厢和座位,对有特殊需要的老年人订票和选座位提供便利服务。

22. 严格执行《无障碍环境建设条例》、《社区老年人日间照料中心建设标准》和《养老设施建筑设计规范》等建设标准,重点做好居住区、城市道路、商业网点、文化体育场馆、旅游景点等场所的无障碍设施建设,优先推进坡道、电梯等与老年人日常生活密切相关的公共设施改造,适当配备老年人出行辅助器具,为老年人提供安全、便利、舒适的生活和出行环境。

23. 公厕应配备便于老年人使用的无障碍设施，并对老年人实行免费。

（四）商业服务优待

24. 各地要根据老年人口规模和消费需求，合理布局商业网点，有条件的商场、超市设立老年用品专柜。

25. 商业饮食服务网点、日常生活用品经销单位，以及水、电、暖气、燃气、通讯、电信、邮政等服务行业和网点，要为老年人提供优先、便利和优惠服务。

26. 金融机构应为老年人办理业务提供便捷服务，设置老年人取款优先窗口，并提供导银服务，对有特殊困难、行动不便的老年人提供特需服务或上门服务。鼓励对养老金客户实施减费让利，对异地领取养老金的客户减免手续费。对办理转账、汇款业务或购买金融产品的老年人，应提示相应风险。

（五）文体休闲优待

27. 各级各类博物馆、美术馆、科技馆、纪念馆、公共图书馆、文化馆等公共文化服务设施，向老年人免费开放。减免老年人参观文物建筑及遗址类博物馆的门票。

28. 公共文化体育部门应对老年人优惠开放，免费为老年人提供影视放映、文艺演出、体育赛事、图片展览、科技宣传等公益性流动文化体育服务。关注农村老年人文化体育需求，适当安排面向农村老年人的专题专场公益性文化体育服务。

29. 公共文化体育场所应为老年人健身活动提供方便和优惠服务，安排一定时段向老年人减免费用开放，有条件的可适当增加面向老年人的特色文化体育服务项目。提倡体育机构每年为老年人进行体质测定，为老年人体育健身提供咨询、服务和指导，提高老年人科学健身水平。

30. 提倡经营性文化体育单位对老年人提供优待。鼓励影剧院、体育场馆为老年人提供优惠票价，为老年文艺体育团体优惠提供场地。

31. 公园、旅游景点应对老年人实行门票减免，鼓励景区内的观光车、缆车等代步工具对老年人给予优惠。

32. 老年活动场所、老年教育资源要对城乡老年人公平开放，公共教育资源应为老年人学习提供指导和帮助。贫困老年人进入老年大学（学校）学习的，给予学费减免。

（六）维权服务优待

33. 各级人民法院对侵犯老年人合法权益的案件，要依法及时立案受理、及时审判和执行。

34. 司法机关应开通电话和网络服务、上门服务等形式，为高龄、失能等行动不便的老年人报案、参与诉讼等提供便利。

35. 老年人因其合法权益受到侵害提起诉讼，需要律师帮助但无力支付律师费用的，可依法获得法律援助。对老年人提出的法律援助申请，要简化程序，优先受理、优先审查和指派。各地可根据经济社会发展水平，适度放宽老年人经济困难标准，将更多与老年人权益保护密切相关的事项纳入法律援助补充事项范围，扩大老年人法律援助覆盖面。

36. 要健全完善老年人法律援助体系，不断拓展老年人申请法律援助的渠道，科学设置基层法律援助站点，简化程序和手续，为老年人就近申请和获得法律援助提供便利条件。

37. 老年人因追索赡养费、扶养费、养老金、退休金、抚恤金、医疗费、劳动报酬、人身伤害事故赔偿金等提起诉讼，交纳诉讼费确有困难的，可以申请司法救助，缓交、减交或者免交诉讼费。因情况紧急需要先予执行的，可依法裁定先予执行。

38. 鼓励律师事务所、公证处、司法鉴定机构、基层法律服务所等法律服务机构，为经济困难的老年人提供免费或优惠服务。

### 三、组织实施

（一）切实加强领导。各地要高度重视老年人优待工作，健全政府主导、老龄委组织协调、相关部门各司其职、企事业单位和社会团体以及志愿者积极参与的工作体制和运行机制。要保障老年人优待工作经费，进一步落实各项财税优惠政策，调动社会力量积极参与。加强对老年人优待工作年度目标责任考核，确保责任到位、任务落实。县级以上地方人民政府和相关部门要结合实际制定老年人优待政策和具体实施办法。

（二）协力推进实施。优待老年人是全社会的共同责任。国家机关、社会团体、企事业单位和其他组织，都要履行为老年人提供优待的职责义务，积极为老年人提供优待服务。各级涉老主管单位要规范服务，加强管理，督促各优待服务场所、设施和窗口设置优待标识，公布优待内容。有关部门要加强尊老敬老思想教育和道德宣传、老年维权法制教育活动，增强社会成员优待老年人的自觉性，提高老年人自我维权意识和能力。深入推进"敬老爱老助老"主题教育、"敬老文明号"和"老年人维权示范岗"活动,在全社会弘扬孝亲敬老传统美德,进一步营造尊重老年人的社会氛围。

(三)监督检查落实。各级老龄工作委员会负责老年人优待工作的组织协调和监督指导,各级老龄工作委员会办公室承担老年人优待工作的日常事务管理,要会同有关部门定期开展监督检查。要进一步发挥行政监督和社会监督的作用,建立健全信息反馈和监督机制,设立服务和监督热线,依法妥善解决好举报和投诉问题,对老年人优待工作中反映强烈的突出问题,要尽早发现、及时解决。对不按规定履行优待老年人义务的,由有关主管部门责令改正。

# 司法部关于印发《法律援助投诉处理办法》的通知

(2013年11月19日 司发通〔2013〕161号)

各省、自治区、直辖市司法厅(局),新疆生产建设兵团司法局:

为规范法律援助投诉处理工作,加强对法律援助活动的监督,维护投诉人和被投诉人合法权益,根据《中华人民共和国律师法》、《法律援助条例》,司法部制定了《法律援助投诉处理办法》,现印发你们,请认真遵照执行。

## 法律援助投诉处理办法

第一条 为规范法律援助投诉处理工作,加强对法律援助活动的监督,维护投诉人和被投诉人合法权益,根据《中华人民共和国律师法》、《法律援助条例》等法律、行政法规,制定本办法。

第二条 本办法所称投诉,是指法律援助申请人、受援人或者利害关系人(以下简称投诉人)认为法律援助机构、律师事务所、基层法律服务所、其他社会组织和法律援助人员(以下简称被投诉人)在法律援助活动中有违法违规行为,向司法行政机关投诉,请求予以处理的行为。

第三条 法律援助投诉处理工作,应当遵循属地管理、分级负责,依法查处,处罚与教育相结合的原则。

**第四条** 司法行政机关应当向社会公示法律援助投诉地址、电话、传真、电子邮箱及投诉事项范围、投诉处理程序等信息。

**第五条** 有下列情形之一的,投诉人可以向主管该法律援助机构的司法行政机关投诉:

(一)违反规定办理法律援助受理、审查事项,或者违反规定指派、安排法律援助人员的;

(二)法律援助人员接受指派或安排后,懈怠履行或者擅自停止履行法律援助职责的;

(三)办理法律援助案件收取财物的;

(四)其他违反法律援助管理规定的行为。

**第六条** 投诉人提出投诉,应当采取书信、传真或者电子邮件等书面形式;书面形式投诉确有困难的,可以口头提出,司法行政机关应当当场记录投诉人的基本情况、投诉请求、主要事实、理由和时间,并由投诉人签字或者捺印。

投诉人应当如实投诉,对其所提供材料真实性负责。

**第七条** 投诉人委托他人进行投诉的,应当向司法行政机关提交授权委托书,并载明委托权限。

**第八条** 符合下列条件的投诉,司法行政机关应当予以受理:

(一)具有投诉人主体资格;

(二)有明确的被投诉人和投诉请求;

(三)有具体的投诉事实和理由;

(四)属于本机关管辖范围;

(五)属于本办法规定的投诉事项范围。

**第九条** 有下列情形之一的,不予受理:

(一)投诉事项已经依法处理,且没有新的事实和证据的;

(二)投诉事项正在通过诉讼、行政复议等法定程序解决的,或者已被信访、纪检监察等部门受理的;

(三)投诉人仅对法律援助案件办理结果有异议的;

(四)投诉事项不属于违反法律援助管理规定的。

**第十条** 司法行政机关收到投诉后,应当填写《法律援助投诉登记表》,并在5个工作日内作出以下处理:

(一)对于符合本办法规定的,应当受理并向投诉人发送《法律援助投诉受理通知书》；

（二）对于不符合本办法规定的，不予受理并向投诉人发送《法律援助投诉不予受理通知书》。

**第十一条** 司法行政机关受理投诉后，应当及时调查核实。调查应当全面、客观、公正。调查工作不得妨碍被投诉人正常的法律援助活动。

**第十二条** 司法行政机关进行调查，可以要求被投诉人说明情况、提交有关材料，调阅被投诉人有关业务案卷和档案材料，向有关单位、个人核实情况、收集证据，听取有关部门的意见和建议。

调查应当由两名以上工作人员进行，并制作笔录。调查笔录应当由被调查人签字或者捺印。

**第十三条** 司法行政机关在调查过程中，发现被投诉人的违法违规行为仍处在连续或者继续状态的，应当责令被投诉人立即停止违法违规行为。

**第十四条** 司法行政机关应当根据调查结果，作出如下处理：

（一）对有应当给予行政处罚或者纪律处分的违法违规行为的，依职权或者移送有权处理机关、单位给予行政处罚、行业惩戒或者纪律处分；

（二）对违法违规行为情节轻微并及时纠正，没有造成危害后果，依法不予行政处罚或者纪律处分的，应当给予批评教育、通报批评、责令限期整改等处理；

（三）投诉事项查证不实或者无法查实的，对被投诉人不作处理。

对涉嫌犯罪的，移送司法机关依法追究刑事责任。

**第十五条** 司法行政机关受理投诉后，一般应当在45日内办结；投诉事项复杂的，经本机关负责人批准，可以适当延长办理期限。

延长办理期限的，应当书面告知投诉人并说明理由。

**第十六条** 司法行政机关应当自作出处理决定之日起5个工作日内，向投诉人发送《法律援助投诉处理答复书》。

**第十七条** 投诉人对司法行政机关投诉处理答复不服的，可以依法申请行政复议或者提起行政诉讼。

**第十八条** 作出处理决定的司法行政机关应当对被投诉人执行处理决定的情况进行监督。发现问题的，应当及时纠正。

**第十九条** 司法行政机关应当建立投诉处理档案，一事一卷。归档材料包括投诉登记、受理决定、调查材料、处理决定或者处理意见、投诉处理答复等。

第二十条　上级司法行政机关应当加强对下级司法行政机关开展法律援助投诉处理工作的监督和指导。发现投诉处理违法的,应当及时纠正。

第二十一条　本办法自2014年1月1日起施行。

# 最高人民法院、最高人民检察院、公安部、司法部印发《关于依法惩治性侵害未成年人犯罪的意见》的通知(节录)

(2013年10月23日　法发〔2013〕12号)

各省、自治区、直辖市高级人民法院、人民检察院、公安厅(局)、司法厅(局),解放军军事法院、军事检察院,新疆维吾尔自治区高级人民法院生产建设兵团分院,新疆生产建设兵团人民检察院、公安局、司法局:

为依法惩治性侵害未成年人犯罪,加大对未成年人合法权益的司法保护,现将《最高人民法院、最高人民检察院、公安部、司法部关于依法惩治性侵害未成年人犯罪的意见》印发给你们,请认真贯彻执行。

## 最高人民法院、最高人民检察院、公安部、司法部关于依法惩治性侵害未成年人犯罪的意见

……

**二、办案程序要求**

……

15. 人民法院、人民检察院办理性侵害未成年人案件,应当及时告知未成年被害人及其法定代理人或者近亲属有权委托诉讼代理人,并告知其如果经济困难,可以向法律援助机构申请法律援助。对需要申请法律援助的,应当帮助其申请法律援助。法律援助机构应当及时指派熟悉未成年人身心特点的律师为其提供法律援助。

……

# 司法部关于加快解决有些地方没有律师和欠发达地区律师资源不足问题的意见

(2013年7月3日 司发通〔2013〕111号)

各省、自治区、直辖市司法厅(局),新疆生产建设兵团司法局:

为深入贯彻落实党的十八大精神和中央领导同志重要指示精神,努力满足群众基本的法律服务需求,维护社会公平正义,促进平安中国、法治中国建设,现就加快解决有些地方没有律师和欠发达地区律师资源不足的问题提出如下意见。

**一、充分认识加快解决有些地方没有律师和欠发达地区律师资源不足问题的重要性**

近些年来,在党中央、国务院的正确领导下,我国律师队伍迅速壮大,律师事业全面发展。但目前全国仍有些地方没有执业律师,一些欠发达地区律师资源严重不足。据统计,全国共有164个县(市、区)没有律师。其中,126个县既没有律师也没有律师事务所,38个县有律师事务所没有律师。此外,还有92个县(市、区)只有1名律师。这种状况如不改变,就会影响维护人民群众合法权益,影响当地经济社会发展。因此,加快解决有些地方没有律师和欠发达地区律师资源不足的问题,是贯彻党的十八大和中央领导同志有关重要指示精神、贯彻党的群众路线的重要举措,也是适应经济欠发达地区人民群众的新要求、新期待,促进当地经济社会发展,建设平安中国、法治中国的迫切要求。各级司法行政机关和各地律师协会一定要从全面推进依法治国、建设社会主义法治国家的高度,充分认识加快解决有些地方没有律师和欠发达地区律师资源不足问题的重要意义,切实增强责任感和使命感,紧紧围绕欠发达地区和困难群众的法律服务需求,采取有力措施,下决心加快解决有些地方没有律师和欠发达地区律师资源不足的问题,为推进经济社会发展和民主法治建设作出贡献。

### 二、总体要求和工作措施

加快解决有些地方没有律师和欠发达地区律师资源不足问题，总的要求是：以邓小平理论、"三个代表"重要思想、科学发展观为指导，深入贯彻党的十八大精神和中央领导同志重要指示精神，全面落实中办发〔2010〕30号文件精神，以设立律师事务所分所、组建国资律师事务所、组织选派志愿律师、深入开展"1+1"法律援助志愿者行动和"同心·律师服务团"为主要工作措施，加大政策、经费和组织保障力度，切实解决有些地方没有律师和欠发达地区律师资源不足的问题。此项工作由司法部、全国律协和各省（区、市）司法厅（局）、律师协会具体组织实施。

（一）鼓励支持设立分所。由司法部、全国律协和有关省（区、市）司法厅（局）、律师协会统一组织安排规模较大、社会形象好的律师事务所，特别是全国优秀律师事务所到没有律师事务所的县（市、区）设立分所。西藏自治区暂在没有律师的县所在地区和人口较多、交通沿线、边境口岸县设立律师事务所分所。设立分所原则上由这些县（市、区）所在的省（区、市）司法厅（局）、律师协会在本省（区、市）内协调解决。在设立分所的同时，律师事务所要选派政治、业务素质好的优秀律师到分所执业，并保证至少有1名律师常年在分所专职执业。同时，注意吸收该地区考取法律职业资格或律师资格的人员到分所执业，为培养当地律师人才创造条件。

（二）组建国资律师事务所。各省（区、市）司法厅（局）应当根据《律师法》和《律师事务所管理办法》的规定，指导没有律师的县（市、区）的司法行政机关积极创造条件，组建发展国资律师事务所。要争取地方政府支持，落实中办发〔2010〕30号文件关于对国资律师事务所给予财政支持的政策，为当地国资律师事务所的设立发展提供支持和保障。

（三）组织选派志愿律师。由全国律协指导有关省（区、市）律师协会统一组织选派优秀律师到有律师事务所但没有律师的县（市、区）和律师资源严重不足的县（市、区）志愿执业，志愿律师与当地律师事务所签订聘用合同。派出志愿律师的律师事务所要积极支持，保证志愿律师在原所的待遇不变，并给予一定的经费补贴。志愿律师被派往的县（市、区）司法行政机关要协助当地律师事务所做好志愿律师的服务工作，支持志愿律师开展业务活动，保障志愿律师有适宜的工作和生活条件。

（四）深入开展"1+1"法律援助志愿者行动。进一步扩大"1+1"法律援助志愿者行动的覆盖面。从今年开始，"1+1"行动要优先选派更多法律援助志愿者律师到没有律师和律师资源严重不足的地区服务。同时,扩大"同心·律师服务团"规模,增加对口帮扶地区数量,为没有律师和律师资源严重不足的地区提供法律服务。

(五)扎实推进"百千千工程"和"千人计划"。全国律协组织开展的"百千千工程"和县域律师培养"千人计划",在今后一个时期,要向没有律师和律师资源严重不足的地区倾斜,为当地律师事务所和律师开展业务工作和人才培养提供帮助和支持。

### 三、切实加强组织领导和工作指导

(一)加强组织领导。各级司法行政机关和各地律师协会要高度重视解决有些地方没有律师和欠发达地区律师资源不足问题工作,主要领导亲自负责,抓紧研究制定实施方案。没有律师的县(市、区)和律师资源严重不足的欠发达地区所在省(区、市)司法厅(局)、律师协会要根据工作要求,结合本地区实际情况,制定具体工作方案,动员组织安排本地区规模较大、社会形象好的律师事务所设立分所、派驻志愿律师,并对派驻律师、志愿律师和律师事务所分所开展业务活动进行指导和监督,不断提高其服务质量和工作水平。本省(区、市)内解决确有困难的,要报司法部、全国律协协调其他省(区、市)统一解决。相关省(区、市)司法厅(局)、律师协会要大力支持、积极配合做好这项工作。

(二)加大经费保障。要积极争取财政资金支持,为开办律师事务所分所和派驻律师、志愿律师工作和生活提供经费保障。同时,要将在没有律师的县(市、区)和律师资源严重不足的欠发达地区执业的派驻律师和志愿律师办理案件费用纳入中央补助地方法律援助办案专款和中央专项彩票公益金法律援助项目资金补贴范围。有关省(区、市)司法厅(局)、律师协会要为在没有律师的县(市、区)设立的律师事务所分所以及在当地执业的派驻律师和志愿律师提供经费支持,并减免其律师协会会费、实习律师上岗培训费等相关费用。鼓励有条件的律师协会和律师事务所设立培养基金,资助没有律师的县(市、区)和律师资源严重不足的欠发达地区培养律师人才。

(三)提供政策支持。没有律师的县(市、区)所在的省(区、市)司法行政机关要根据司法部《律师事务所管理办法》,制定具体实施办法,降低在没有律师的县(市、区)设立国资律师事务所和设立律师事务所分所的门槛和条件,对设所的资产条件不做硬性要求;允许律师事务所就近从本所在没有律师的县（市、区）所在省（区、市）分所中选派律师，派驻律师的档案保持不变，保留在原注册地。要在律师评优、表彰、培训等方面对志愿律师、派驻律师和律师事务所分所实行政策倾斜。各地贯彻落实情况和实施方案，请于 2013 年 7 月底前报司法部和全国律协。

# 民政部、中央综治办、教育部、公安部、司法部、财政部、人力资源社会保障部、国务院扶贫办、共青团中央、全国妇联关于在全国开展"流浪孩子回校园"专项行动的通知（节录）

（2013 年 5 月 13 日　民发〔2013〕82 号）

各省、自治区、直辖市民政厅（局）、综治办、教育厅（教委）、公安厅（局）、司法厅（局）、财政厅（局）、人力资源社会保障厅（局）、扶贫办、团委、妇联，新疆生产建设兵团民政局、综治办、教育局、公安局、司法局、财务局、人力资源社会保障局、扶贫办、团委、妇联：

……

**二、开展合力保学，让流浪未成年人健康快乐成长**

……

（四）细化关爱帮扶措施。民政部门要将符合条件的生活困难家庭及时纳入最低生活保障、医疗救助和临时救助范围，将符合条件的孤儿全部纳入孤儿基本生活保障范围，切实帮助其解决实际生活困难。教育行政部门要认真落实国家资助家庭经济困难学生就学的各项政策措施，杜绝因贫辍学失学现象；要指导学校对返校复学的流浪未成年人给予特别关怀，安排心理老师或社会工作者对其进行情绪疏导和心理健康教育，帮助其顺利融入校园。司法行政部门要依法为符合条件的流浪未成年人提供法律援助，及时维护其合法权益。民政、教育、共青团、妇联等部门要对监护能力不足或监护方式不当的流浪未成年人家庭提供心理、社工等专业化家庭教育指导服务,提升家庭教育和抚育能力,对监护人确实无法履行监护责任的,协调委托有监护能力的寄养家庭或爱心人士代为监护。扶贫部门要把符合"雨露计划"补助条件的扶贫对象家庭纳入补助范围,帮助改善生产生活条件,提高就业生产能力。

……

# 司法部关于进一步推进法律援助工作的意见

(2013年4月26日　司发通〔2013〕88号)

各省、自治区、直辖市司法厅(局),新疆生产建设兵团司法局:

为认真贯彻落实党的十八大精神,切实做好新形势下法律援助维护群众合法权益的各项工作,更好地发挥法律援助在服务保障和改善民生、维护社会公平正义、促进社会和谐稳定中的职能作用,现就进一步推进法律援助工作提出如下意见。

**一、充分认识做好新形势下法律援助工作的重要性**

近年来,在党中央、国务院的正确领导下,法律援助工作快速发展,覆盖面逐步扩大,服务水平不断提高,保障能力明显增强,有效维护了困难群众合法权益。同时也要看到,随着我国经济社会不断发展和民主法治进程加快推进,人民群众特别是困难群众的法律服务需求不断增长。党的十八大报告指出加强社会建设必须以保障和改善民生为重点,习近平总书记在中央政治局集体学习中强调要加大对困难群众维护合法权益的法律援助,2013年政府工作报告要求健全法律援助制度,为进一步做好法律援助工作指明了方向。做好新形势下的法律援助工作是贯彻落实党和国家关于法律援助工作决策部署的必然要求,也是满足人民群众日益增长法律需求的必然要求。各级司法行政机关要深入贯彻落实党的十八大精神,以邓小平理论、"三个代表"重要思想、科学发展观为指导,坚持和完善中国特色社会主义法律援助制度,紧紧围绕人民群众法律援助需求,进一步做好服务困难群众的各项工作,大力加强法律援助制度、经费保障和机构队伍建设,着力构建规范高效的法律援助管理体系和组织实施体系,做大做强做优法律援助事业,为推进平安中国和法治中国建设、促进经济持续健康发展作出新的贡献。

**二、加大对困难群众法律援助服务力度**

积极做好为困难群众提供法律援助的工作。认真落实中央关于保障和改善民生的决策部署,及时为符合条件的困难群众提供诉讼和非诉讼代理服务,帮助他们依法解决涉及基本生存、生产生活方面的问题。围绕促进解决涉及困难群众切身利益的社会热点问题,积极组织办理劳动争议、环境保护、食品药品安全、医疗等领域涉及法律援助的案件,重点做好农民工、下岗失业人员、妇女、未成年人、残疾人等困难群众法律援助工作,依法维护其合法权益。面向公众免费提供来信、来访和网络等多种形式法律咨询服务,加强"12348"法律服务热线建设,积极开展法制宣传和公共法律教育,引导群众依法表达合理诉求。坚持在党委、政府统一领导下参与处理涉法涉诉信访案件,及时疏导化解矛盾纠纷,维护社会和谐稳定。

扩大法律援助覆盖面。紧密结合经济社会发展实际,适应困难群众民生需求,及时调整法律援助补充事项范围,将就业、就学、就医、社会保障等与民生紧密相关的事项逐步纳入法律援助范围;进一步放宽经济困难标准,使法律援助覆盖人群从低保群体逐步拓展至低收入群体。加快建立法律援助范围和标准的动态调整机制,促进法律援助与经济社会协调发展。认真贯彻执行修改后的刑事诉讼法关于扩大刑事法律援助覆盖面的规定,加强侦查、审查起诉阶段法律援助工作,完善与公检法机关的协作配合,依法维护犯罪嫌疑人、被告人等的诉讼权利。

深化法律援助便民服务。健全基层法律援助服务网络,加强法律援助工作站和联系点建设,推进法律援助向社区、乡村延伸。继续推进临街一层法律援助便民服务窗口建设,改善服务设施,优化服务环境,改进服务态度。完善便民利民举措,拓宽申请渠道,简化程序和手续,不断丰富便民服务内容,实现法律援助申请快捷化、审批简便化、服务零距离。创新服务方式和手段,开展流动服务和网上便民服务,将心理疏导融入法律援助服务,加强法律援助异地协作,有条件的地方逐步推行点援制,探索推行法律援助周转金制度。健全完善便民服务机制,促进法律援助便民工作常态化。

提高法律援助服务质量。认真履行受理、审查、指派等组织实施职责,教育引导广大法律援助人员严格遵守法定程序和执业规范,确保提供符合标准的法律援助服务。改进案件指派工作,综合案件性质和办案人员专业特长等因素指派合适承办人,严格办理死刑、未成年人等案件承办人员资质条件,提高案件办理专业化水平。推进信息化在法律援助流程管理、质量评估、业绩考核等方面的应用,促进提高办案质量。完善服务质量监管机制,综合运用案件质量评估、案卷检查、当事人回访等措施强化案件质量管理,努力为受援人提供优质高效的法律援助。

**三、切实履行法律援助监管职责**

强化法律援助监管职能。完善法律援助工作管理体制,配齐配强管理人员,落实各级司法行政机关监督管理职责。开展法律援助机构和工作人员执业情况考评,规范法律援助机构运行。建立健全律师协会等行业协会、法律服务机构对律师等人员提供法律援助的考核机制,督促其自觉履行法律援助义务。鼓励和支持社会组织和法律援助志愿者开展与其能力相适应的法律援助活动,依法规范机构设置,严格职业准入标准,维护法律援助秩序。加强法律援助经费监管,严格执行各项经费开支范围、标准和程序,确保资金使用安全。推行援务公开,建立法律援助民意沟通机制,主动接受社会监督。

完善法律援助工作制度。制定完善《法律援助条例》配套规章和规范性文件,对质量监控、经费管理、组织机构和人员管理等进行规范。根据《办理法律援助案件程序规定》要求,健全完善组织实施各环节的业务规范和服务标准,制定刑事、民事、行政法律援助案件办理指南。建立健全投诉处理制度和业务档案管理、信息统计等内部管理制度。认真落实中央有关部署安排,深化法律援助体制机制改革。做好立法前期准备工作。

**四、加强法律援助工作保障**

提高法律援助工作保障水平。认真贯彻"三个纳入"要求,争取县级以上政府全部将法律援助业务经费纳入财政预算,协调加大中央和省级财政转移支付力度,建立法律援助办案补贴标准动态调整机制,拓宽社会筹资渠道,提高法律援助经费保障水平。完善公检法机关和民政、财政、人力资源和社会保障等相关部门支持配合法律援助工作机制。加强法律援助队伍思想政治、业务能力和工作作风建设,加大培训力度,建立健全学习、实践和交流机制,提高广大法律援助人员群众工作能力、维护社会公平正义能力、新媒体时代舆论引导能力、科技信息化应用能力和拒腐防变能力。

加强对经济欠发达地区和律师资源短缺地区法律援助工作扶持。加大中央补助地方法律援助办案专款、中央专项彩票公益金法律援助项目资金对连片特困地区和革命老区、民族地区、边疆地区倾斜力度;推动省级财政全部建立法律援助专项资金,加大司法行政机关政法转移支付资金对本行政区域经费保障能力较低地区支持力度,促进提高贫困地区法律援助经费保障水平。多渠道解决律师资源短缺和无律师地区法律援助工作力量不足问题,充实县(区)法律援助机构专职办案人员,在农村乡镇注重发挥基层法律服务工作者的作用,合理调配本行政区域内律师资源丰富地区律师支持律师资源短缺地区法律援助工作,深入开展"1+1"法律援助志愿者行动,选派优秀律师、大学生志愿者到无律师和律师资源短缺地区服务,满足当地群众法律援助需求。加强对经济欠发达地区和律师资源短缺地区法律援助人员培训工作的支持,在课程设置、人员名额等方面充分考虑这些地区实际需求,促进提高法律援助服务水平。

各地要结合本地实际,制定具体实施方案,加强统筹协调,采取有效措施确保各项任务落实到位。贯彻执行中的问题请及时报部。

# 司法部关于印发《法律援助文书格式》的通知

(2013年3月19日 司发通〔2013〕34号)

各省、自治区、直辖市司法厅(局),新疆生产建设兵团司法局:

根据《办理法律援助案件程序规定》,司法部对2005年下发的《法律援助格式文书(示范文本)》进行了修改,现予印发,自通知发布之日起执行。2005年《法律援助格式文书(示范文本)》停止执行。

各地在执行中遇到的问题请及时报部。

附件:1.《法律援助文书格式》目录与样本
      2.《法律援助文书格式》修改及使用说明

附件1

# 《法律援助文书格式》目录与样本

1. 法律援助来访/电话/信函/网络咨询登记表
2. 法律援助申请表
3. 法律援助申请委托书
4. 法律援助申请人经济状况证明表
5. 法律援助申请材料接收凭证
6. 补充材料/说明通知书
7. 法律援助协作函
8. 法律援助审批表
9. 给予法律援助决定书
10. 不予法律援助决定书
11. 送达回证
12. 指派通知书
13. 委托代理/辩护协议
14. 法律援助公函
15. 法律援助公函(转交申请)
16. 法律援助公函(通知辩护)
17. 法律援助公函(强制医疗通知代理)
18. 法律援助案件承办情况通报/报告记录
19. 法律援助中心(处)介绍信
20. 更换法律援助人员审批表
21. 更换法律援助人员通知书
22. 终止法律援助决定书
23. 终止法律援助公函
24. 结案报告表

法律援助文书格式一

## 法律援助来访/电话/信函/网络咨询登记表

咨询日期： 年 月 日　　　　　　　　　援咨字〔 〕第 号

| 咨询人基本情况 | | | | | | | |
|---|---|---|---|---|---|---|---|
| 姓名 | | 性别 | | 出生日期 | | 民族 | |
| 身份证号 | | | | | | | |
| 住所地<br>（经常居住地） | | | | | | | |
| 联系电话 | | | | 共同咨询人数 | | | |
| 咨询方式 | □来访　□电话　□信函　□网络 | | | | | | |
| 咨询事项类别 | | | | | | | |
| □刑事<br>□民事（□劳动□侵权□婚姻家庭□其他_____）<br>□行政<br>□其他 | | | | | | | |
| 咨询内容 | | | | | | | |
|  | | | | | | | |
| 答复意见 | | | | | | | |
| 接待人员（签字）： | | | | | | | |
| 备注： | | | | | | | |

**法律援助文书格式二**

# 法律援助申请表

援申字〔　　〕第　号

| 申请人基本情况 | | | | | | | |
|---|---|---|---|---|---|---|---|
| 姓名 | | 性别 | | 出生日期 | | 民族 | |
| 身份证号 | | | | | | | |
| 户籍所在地 | | | | | | | |
| 住所地<br>（经常居住地） | | | | | | | |
| 邮政编码 | | | 联系电话 | | | | |
| 工作单位 | | | | | | | |
| 代理人基本情况 | | | | | | | |
| 姓名 | | | □法定代理人　□委托代理人 | | | | |
| 身份证号 | | | | | | | |
| 案情及申请理由概述 | | | | | | | |
| 本人承诺以上所填内容和提交的证件、证明材料均真实。<br><br>　　　　　　　　　　　　　　申请人（签字）：<br><br>　　　　　　　　　　　　　　代理人（签字）：<br><br>　　　　　　　　　　　　　　　年　月　日 | | | | | | | |

**法律援助文书格式三**

# 法律援助申请委托书

本人＿＿＿＿＿＿（身份证号＿＿＿＿＿＿＿＿＿＿＿＿）委托＿＿＿＿＿＿（身份证号＿＿＿＿＿＿＿＿＿＿＿＿＿），系本人＿＿＿＿＿＿（与本人关系），办理＿＿＿＿＿＿一案法律援助申请有关事宜。

委托人(签字)：
年　月　日

法律援助文书格式四

## 法律援助申请人经济状况证明表

申请人： 　　　　　　　工作单位：
住所地（经常居住地）：

| 申请人及共同生活的家庭成员月收入状况 | 姓名 | 关系 | 工资性收入(元) | 生产经营性收入(元) | 其他收入(元) | 合计(元) |
|---|---|---|---|---|---|---|
| | | 本人 | | | | |
| | | | | | | |
| | | | | | | |
| | | | | | | |
| | | | | | | |
| | | | | | | |
| | 总计 | | | 家庭人均收入(元) | | |
| 资产状况 | 房产：□无　□有＿＿＿＿＿套，＿＿＿＿＿平方米 | | | | | |
| | 汽车(经营性运输工具除外)：□无　□有 | | | | | |
| | 现金、存款、有价证券等资产：＿＿＿＿＿元 | | | | | |
| 重大支出 | | | | | | |

本人承诺以上内容真实无误，如有不实，将承担相应法律后果。

申请人或者　　　　　　　　　　　　　　　出证单位(公章)
法定代理人(签字)：　　　　　　　　　　　联系电话：
　　年　月　日　　　　　　　　　　　　　年　月　日

注：1. 出证单位是指法律援助地方性法规、规章规定的有权出具经济困难证明的机关、单位。无相关规定的，申请人住所地或者经常居住地的村民委员会、居民委员会或者所在单位为出证单位。
2. 申请事项的对方当事人是与申请人共同生活的家庭成员的，申请人仅填报个人情况。
3. 重大支出是指自提出申请之日前12个月内的家庭或者个人重大支出。

法律援助文书格式五

# 法律援助申请材料接收凭证

本中心(处)收到_____(申请人)_____一案

法律援助申请材料如下：

| 编号 | 提交材料名称 | | 页数 |
|---|---|---|---|
| 1 | | □原件 □复印件 | |
| 2 | | □原件 □复印件 | |
| 3 | | □原件 □复印件 | |
| 4 | | □原件 □复印件 | |
| 5 | | □原件 □复印件 | |
| 6 | | □原件 □复印件 | |
| 7 | | □原件 □复印件 | |
| 8 | | □原件 □复印件 | |
| 9 | | □原件 □复印件 | |
| 10 | | □原件 □复印件 | |

注：本凭证一式二份，申请人、法律援助中心(处)各一份。

申请人(签字)：　　　　　　　　　　　　　收件人(签字)：

　　　　　　　　　　　　　　　　　　　　　　（公章）
　　　　　　　　　　　　　　　　　　　　　年　月　日

法律援助文书格式六存根

## 补充材料/说明通知书

申请人：
案　由：
经办人(签字)：
日　期：

---

法律援助文书格式六

## 补充材料/说明通知书

_____：

　　经审查,你提交的法律援助申请材料不齐全/内容不清楚,根据《办理法律援助案件程序规定》第十三条第二款规定,请自收到本通知书之日起_____个工作日内补充下列材料/说明有关情况。未按要求提交补充材料/进行说明的,视为撤销申请。

　　需要补充的材料：

1. _____
2. _____
3. _____

　　需要说明的情况：

（公章）

年　月　日

法律援助文书格式七存根

## 法律援助协作函

援协字〔　　〕第　　号

发往单位：
申请人/受援人：
案　　由：
协作事项：
经办人(签字)：
日　　期：

---

法律援助文书格式七

## 法律援助协作函

援协字〔　　〕第　　号

_____法律援助中心(处)：

本中心(处)受理的_____一案,案件基本情况是：_____
_____。
因_____,现根据《办理法律援助案件程序规定》第十四条第二款、第二十八条规定,请贵中心(处)协助调查下列事项,并请于_____年_____月_____日前回复我中心(处)。

1. _____
2. _____
3. _____

请予协助。

联系人：
联系方式：

（公章）<br>年　月　日

法律援助文书格式八

# 法律援助审批表

援审字〔    〕第    号

| 申请人基本情况 | | | | |
|---|---|---|---|---|
| 姓名 | | 案由 | | 申请日期 |
| 文化程度 | □文盲　□小学　□中学　□大专以上 | | | |
| 人群类别<br>（可重复交叉） | □女性　□未成年人　□残疾人　□老年人(60岁以上)<br>□农民　□农民工　□少数民族　□军人军属<br>□一般贫困者　□外国籍人或无国籍人<br>□其他(注明)_____ | | | |
| 经济状况 | | | | |
| 是否符合法律援助经济困难标准 | | | □是　□否 | |
| 案件来源 | | | | |
| □当事人直接申请<br>□转交申请(□人民法院□人民检察院□公安机关□监狱□看守所□劳动教养管理所□强制隔离戒毒所)<br>□其他来源(注明)_____ | | | | |
| 申请事项 | | | | |
| □刑事案件<br>□请求国家赔偿<br>□请求给予最低生活保障待遇或社会保险待遇<br>□请求发给抚恤金、救济金<br>□请求给付赡养费、抚养费、扶养费<br>□请求支付劳动报酬　□主张因见义勇为行为产生的民事权益<br>□工伤　□交通事故　□医疗纠纷<br>□婚姻家庭(不含请求给付赡养费、抚养费、扶养费)<br>□其他(注明)_____ | | | | |

(续表)

| 申请事项所处阶段 |
| --- |
| □尚未进入法律程序<br>□侦查<br>□审查起诉<br>□诉讼(□一审　□二审　□审判监督程序)<br>□仲裁　□调解<br>□行政处理　□行政复议　□国家赔偿<br>□死刑复核<br>□申诉<br>□执行 |
| 案件概况 |
|  |
| 审查意见 |
| 签字：<br><br>年　月　日 |
| 审批意见 |
| 签字：<br><br>年　月　日 |

注：1. 审查意见由对法律援助申请进行初审的工作人员出具。
　　2. 审批意见由法律援助机构负责人或者其他有权签署意见的人员出具。

法律援助文书格式九存根

## 给予法律援助决定书

援决字〔　　〕第　　号

申请人：
案　由：
经办人（签字）：
日　期：

---

法律援助格式文书九

## 给予法律援助决定书

援决字〔　　〕第　　号

_____：
　　你于____年____月____日向本中心（处）提出的_____一案法律援助申请,经审查,符合法律援助条件,决定给予法律援助。

（公章）
年　月　日

法律援助文书格式十存根

## 不予法律援助决定书

援拒字〔　　〕第　　号

申请人：
案　由：
经办人(签字)：
日　期：

---

法律援助文书格式十

## 不予法律援助决定书

援拒字〔　　〕第　　号

　　　　　：
　　你于＿＿＿＿年＿＿＿＿月＿＿＿＿日向本中心(处)提出的＿＿＿＿＿＿一案法律援助申请，经审查，不符合＿＿＿＿＿＿＿＿＿＿＿＿的规定，决定不予法律援助。
　　如对本决定有异议，可以自收到本决定书之日起＿＿＿＿个工作日内向＿＿＿＿＿＿司法局(厅)提出。

（公章）<br>年　月　日

法律援助文书格式十一

# 送 达 回 证

| 送达文书名称 | |
|---|---|
| 送达人 | 送达方式 |
| 送达地址 | |
| 受送达人（签字） | 送达日期 |
| 代收人(签字)及代收理由 | |
| 拒绝或无法送达原因 | |
| 备注 | |

注：1. 送达回证用于证明向受送达人送达了给予法律援助决定书、不予法律援助决定书或者终止法律援助决定书。
2. 送达方式参照民事诉讼法关于送达的规定。
3. 送达回证签收后退还法律援助中心(处)。

法律援助文书格式十二存根

## 指派通知书

援指字〔    〕第    号

发往单位：
受 援 人：
案   由：
经 办 人(签字)：
日   期：

---

法律援助文书格式十二

## 指派通知书

援指字〔    〕第    号

_____：
　　本中心(处)决定对_____一案提供法律援助，现指派你单位承办该案。请自收到本通知书之日起_____个工作日内安排合适承办人，并自安排之日起5个工作日内将承办人姓名和联系方式告知受援人及本中心(处)，与受援人或者其法定代理人、近亲属签订委托代理/辩护协议。
　　特此通知。

法律援助中心(处)地址：
联系人：
联系方式：

（公章）
年　月　日

法律援助文书格式十三

# 委托代理/辩护协议

甲方　受援人姓名：　　性别：　　出生日期：　　民族：
　　　身份证号码：
　　　法定代理人(或近亲属)姓名：　　系受援人(关系)：
　　　身份证号码：
　　　联系地址：　　　　　联系电话：
乙方　(承办机构)：
　　　地　　　址：
　　　联系电话：

　　甲方_____一案,经_____法律援助中心(处)审查,决定给予法律援助,并指派乙方承办。现双方就委托事项达成如下协议：
　　一、乙方接受甲方的委托,安排_____(承办人)担任本案_____阶段的代理/辩护人,提供下列第_____项的法律援助：
　　(一)刑事辩护;(二)刑事被害人代理;(三)刑事附带民事诉讼代理;(四)自诉代理;(五)民事诉讼代理;(六)行政诉讼代理;(七)劳动仲裁代理;(八)其他非诉讼代理。
　　二、甲方委托乙方承办人的权限包括_____
_____。
　　三、乙方承办人应当遵守职业道德和执业纪律,在受委托的权限内依法完成受托事项,维护甲方的合法权益。
　　乙方承办人代理甲方以和解或者调解方式解决纠纷的,应当征得甲方同意。
　　对于民事诉讼法律援助案件,乙方承办人应当告知甲方可以向人民法院申请司法救助,并提供协助。
　　四、乙方及承办人不得要求甲方支付任何形式的费用,不得接受甲方的财物或者牟取其他利益。
　　五、甲方应当真实完整地叙述案件事实,提出的要求应当明确、合法、合理,并对所提供证据材料的真实性、合法性负责;与案件有关的事实或者经济状况发生变化的,应当及时告知乙方承办人。

六、甲方有权向乙方承办人了解委托事项办理进展情况，进行法律咨询。乙方承办人应当向甲方通报案件办理情况，答复甲方询问。

七、甲方有证据证明乙方承办人不依法履行职责的，可以请求法律援助机构更换承办人。

法律援助机构决定更换的，乙方应当另行安排承办人，并与甲方变更本协议。乙方因客观原因无法另行安排的，应当书面报告法律援助机构。法律援助机构另行指派承办机构的，乙方与甲方解除本协议。

八、乙方承办人遇有下列情形之一的，有权中止委托事项，并向法律援助机构报告：

（一）甲方不再符合法律援助经济困难标准的；

（二）案件依法终止审理或者被撤销的；

（三）甲方又自行委托其他代理人或者辩护人的；

（四）甲方要求终止法律援助的；

（五）甲方利用法律援助从事违法活动的；

（六）甲方故意隐瞒与案件有关的重要事实或者提供虚假证据的；

（七）法律、法规规定应当终止的其他情形。

法律援助机构决定终止法律援助的，甲乙双方解除本协议。

九、甲乙双方就下列事项进行约定：_____

_____

_____

_____

十、本协议自双方签署之日起生效，至_____终止。本协议一式三份，甲乙双方各一份，法律援助机构备案一份。

甲方：　　　　　　　　　　　　乙方：

（公章）

年　月　日　　　　　　　　　　年　月　日

**法律援助文书格式十四存根**

## 法律援助公函

援函字〔　　〕第　　号

发往单位：
受 援 人：
案　　由：
经 办 人(签字)：
日　　期：
注：本函用于承办人向办理案件的人民法院、人民检察院、公安机关、仲裁机构、行政机关以及看守所等表明身份。

---

**法律援助文书格式十四**

## 法律援助公函

援函字〔　　〕第　　号

_____：

　　本中心(处)对_____(受援人)_____一案,已指派_____(承办机构)_____(承办人)担任其代理人/辩护人。

　　特此函告。

承办人联系方式：

(公章)

年　月　日

**法律援助文书格式十五存根**

## 法律援助公函(转交申请)

援转函字〔　　〕第　号

发往单位：
申 请 人：
案　　由：
经 办 人(签字)：
日　　期：

注：本函用于法律援助机构对人民法院、人民检察院、公安机关、监狱、看守所、劳动教养管理所、强制隔离戒毒所转交申请的回复。

---

**法律援助文书格式十五**

## 法律援助公函(转交申请)

援转函字〔　　〕第　号

＿＿＿＿＿＿＿＿：

　　本中心(处)于＿＿＿＿年＿＿＿＿月＿＿＿＿日收到贵单位转来的＿＿＿＿＿＿＿(申请人)＿＿＿＿＿＿＿一案的法律援助申请。经审查,本中心(处)认为符合下列第＿＿＿＿＿种情形：

　　1. 申请人＿＿＿＿＿＿符合法律援助条件,决定给予法律援助。
　　2. 申请人＿＿＿＿＿＿不符合＿＿＿＿＿＿的规定,决定不予法律援助。
　　特此函告。

(公章)
年　月　日

法律援助文书格式十六存根

## 法律援助公函(通知辩护)

援刑通函字〔　　〕第　号

发往单位：
受　援　人：
案　　由：
经办人(签字)：
日　　期：

注：本函用于法律援助机构回复人民法院、人民检察院、公安机关通知辩护公函。

---

法律援助文书格式十六

## 法律援助公函(通知辩护)

援刑通函字〔　　〕第　号

_____：
　　本中心(处)于_____年_____月_____日收到你单位通知为_____(犯罪嫌疑人/被告人)_____一案提供法律援助的函，现指派_____(承办机构)_____律师担任其辩护人。
　　特此函告。

律师联系方式：

(公章)
年 月 日

法律援助文书格式十七存根

## 法律援助公函(强制医疗通知代理)

援医代函字〔　　〕第　　号

发往单位：
受 援 人：
案　　由：
经 办 人(签字)：
日　　期：
注：本函用于强制医疗案件中法律援助机构回复人民法院通知代理公函。

---

法律援助文书格式十七

## 法律援助公函(强制医疗通知代理)

援医代函字〔　　〕第　　号

_____人民法院：

　　本中心(处)于_____年_____月_____日收到你单位通知为(被申请人/被告人)_____一案提供法律援助的函,现指派_____(承办机构)_____律师担任其代理人。

　　特此函告。

律师联系方式：

(公章)<br>年　月　日

**法律援助文书格式十八**

# 法律援助案件承办情况通报/报告记录

受援人：
案　由：
承办人：

| 编号 | 时间 | 方式 | 内容 |
| --- | --- | --- | --- |
| 1 | | | |
| 2 | | | |
| 3 | | | |
| 4 | | | |
| 5 | | | |
| 6 | | | |
| 7 | | | |
| 8 | | | |

注：通报/报告记录用于承办人记载向受援人通报和向法律援助机构报告案件办理进展情况，需存档。

法律援助格式文书十九存根

## 法律援助中心（处）介绍信

援介字〔　〕第　　号

发 任 单 位：
使 用 人：共　　人
事　　由：
经办人（签字）：
日　　期：

---

法律援助格式文书十九

## 法律援助中心（处）介绍信

援介字〔　〕第　　号

　　兹介绍_____等_____人前往贵单位办理_____，请予协助。

联 系 人：
联系方式：

（公章）
　年　月　日

法律援助文书格式二十

# 更换法律援助人员审批表

援更审字〔 〕第 号

| 申请人基本情况 | | | |
|---|---|---|---|
| 姓名 | | 案由 | |
| 承办机构 | | 承办人 | |
| 申请更换日期 | | | |
| 申请更换理由 <br><br><br><br> 申请人（签字）： | | | |
| 承办人履行义务情况 <br><br><br><br><br> | | | |
| 审批意见 <br><br><br> 签字： <br> 年 月 日 | | | |
| 备注： | | | |

注：工作人员应当及时告知受援人变更决定等相关事项。

法律援助文书格式二十一存根

## 更换法律援助人员通知书

援更通字〔　　〕第　　号

发往单位：
受 援 人：
案　　由：
经 办 人(签字)：
日　　期：
注：本函用于法律援助机构告知原承办机构更换承办人的决定。

---

法律援助文书格式二十一

## 更换法律援助人员通知书

援更通字〔　　〕第　　号

_____（原承办机构）：

　　_____（受援人）于_____年_____月_____日向本中心(处)提出申请更换_____一案承办人，经审查符合条件，现决定予以更换，并按下列第_____种情形办理：

　　1. 请自收到本通知书之日起_____个工作日内另行安排合适承办人，并自安排之日起_____个工作日内将更换后的承办人姓名和联系方式告知受援人及本中心(处)，与受援人变更委托代理/辩护协议。原承办人要及时与更换后的承办人办理案件材料移交手续。

　　2. 你单位不再承办本案，请自收到本通知书之日起_____个工作日内与受援人解除委托代理/辩护协议，并将案件材料交回本中心(处)。

　　特此通知。

（公章）

年　月　日

**法律援助文书格式二十二存根**

## 终止法律援助决定书

援终决字〔　〕第　号

受援人：
案　由：
经办人(签字)：
日　期：

---

**法律援助文书格式二十二**

## 终止法律援助决定书

援终决字〔　〕第　号

_____：
　　本中心(处)正在办理你的_____一案,因_____,根据_____的规定,决定终止法律援助。
　　如对本决定有异议,可以自收到本决定书之日起_____个工作日内向_____司法局(厅)提出。

（公章）

年　月　日

法律援助文书格式二十三存根

## 终止法律援助公函

援终函字〔　　〕第　　号

发往单位：
受 援 人：
案　　 由：
经 办 人(签字)：
日　　 期：
注：本函用于法律援助机构告知案件承办机构，以及人民法院、人民检察院、公安机关、仲裁机构、行政机关等有关终止法律援助的决定。

---

法律援助文书格式二十三

## 终止法律援助公函

援终函字〔　　〕第　　号

_____：
　　本中心(处)给予_____（受援人）_____一案的法律援助，因_____，根据_____的规定，决定终止法律援助。
　　特此函告。

（公章）<br>年　月　日

四、规范性文件（一）综合类　237

法律援助文书格式二十四

# 结案报告表

填表日期：

| 承办机构 | | 承办人 | |
|---|---|---|---|
| 承办人分类 | □法律援助机构工作人员　□律师事务所律师<br>□基层法律服务工作者　□社会组织人员　□法律援助志愿者 | | |
| 受援人 | | 案由 | |
| 办案机关<br>（单位） | | 所处阶段 | |
| 指派日期 | | 结案日 | |
| 援助形式 | □刑事辩护　□刑事被害人代理　□刑事附带民事诉讼代理<br>□自诉代理　□民事诉讼代理　□行政诉讼代理<br>□劳动仲裁代理　□其他非诉讼代理 | | |
| 承办情况<br>小结<br>（可另附页） | | | |
| 承办结果 | 民事/行政：□判决/裁决结案（□胜诉　　□败诉　　□部分胜诉）<br>　　　　　□调解或和解　□撤诉<br>刑事：□全部采纳　□部分采纳　□未采纳<br>其他： | | |
| 备注 | | | |

注：诉讼案件以法律援助人员收到判决书、裁定书、调解书等法律文书之日为结案日。仲裁案件或者行政复议案件以法律援助人员收到仲裁裁决书、行政复议决定书原件或者复印件之日为结案日；其他非诉讼法律事务以受援人与对方当事人达成和解、调解协议之日为结案日；无相关文书的，以义务人开始履行义务之日为结案日。法律援助机构终止法律援助的，以法律援助人员所属单位收到终止法律援助决定函之日为结案日。

附件 2

# 《法律援助文书格式》修改及使用说明

2005年,司法部印发了《法律援助格式文书(示范文本)》(共计25种),对规范法律援助工作发挥了重要作用。随着工作实践不断推进,特别是修改后的刑事诉讼法、《办理法律援助案件程序规定》颁布实施后,原格式文书部分内容与相关法律法规规定不一致、一些重要环节缺少必要的文书等问题逐步显现,已不能很好地适应工作开展需要。为做好《办理法律援助案件程序规定》贯彻执行工作,提高法律援助案件办理规范化、标准化水平,根据《办理法律援助案件程序规定》第三十八条规定,我们在广泛征求各地法律援助机构和法律援助人员意见的基础上对原格式文书进行了修改完善,形成了《法律援助文书格式》。

《法律援助文书格式》按照法律援助申请、审查、承办的流程,对法律援助案件办理中涉及的文书样式进行了规范,共计24种。与原格式文书相比,所作修改主要包括以下几个方面:一是体现法律法规的新规定。主要依据《办理法律援助案件程序规定》,同时参照新修改的《关于刑事诉讼法律援助工作的规定》关于法律援助案件办理的规定,增加了法律援助申请委托书(文书格式三)、法律援助协作函(文书格式七)、法律援助公函(强制医疗通知代理)(文书格式十七)等文书格式。二是突出法律援助案件的办理特点。考虑到原有多个格式文书与律师办理收费案件使用的文书相同,可参考律师办案有关文书规范,因此删除了律师会见在押犯罪嫌疑人的函、调查取证申请书、通知证人出庭申请书等文书,仅就法律援助案件办理中特有的文书格式予以规定。此外,针对各地在使用原格式文书中存在的问题,对表格设计、文书内容、文字表述等进行了相应修改。

为更好地理解和使用修改后的文书格式,现就有关问题说明如下:

一、法律援助申请表(文书格式二)删除了原表中的人群类别、申请事项类别、申请人的法律地位、申请事项法律状态、援助方式、申请人及家庭经济状况等,相关内容并入法律援助申请人经济状况证明表(文书格式四)、法律援助审批表(文书格式八)中,简化了申请人填写项目。法律援助机构工作人员受理审查法律援助申请时,应注意向申请人了解相关情况。

发现申请人提交的申请材料不齐全或者内容不清楚的,应向申请人发出补充材料/说明通知书(文书格式六),要求其补充相关材料或者说明相关情况。

二、法律援助申请委托书(文书格式三)为新增,用于申请人的委托代理人提交法律援助机构表明身份。

三、法律援助申请人经济状况证明表(文书格式四)对原表进行了简化,审查时主要依据"家庭人均收入"判断是否符合法律援助经济困难标准,"资产状况"、"重大支出"作为判断申请人经济状况的参考因素。此表与法律援助申请表一同提交,符合《办理法律援助案件程序规定》第十条规定的申请人无需提交此表。

四、法律援助申请材料接收凭证(文书格式五)为新增,用于法律援助机构记载收到申请人提交申请材料的情况。

五、法律援助协作函(文书格式七)为新增,用于受理申请的法律援助机构发异地法律援助机构,请求对查证申请材料或者调查取证提供协助。

六、送达回证(文书格式十一)为新增,用于证明向受送达人送达了给予法律援助决定书、不予法律援助决定书或者终止法律援助决定书。

七、委托代理/辩护协议(文书格式十三)为新增,该协议的签订主体一方为受援人或者其法定代理人、近亲属,另一方为承办人所属的法律援助机构、律师事务所、基层法律服务所或者其他社会组织。

八、该套文书格式涉及公函类的共有五种。其中,法律援助公函(文书格式十四)用于承办人提交办案机关等单位表明身份,根据需要可开具多份;法律援助公函(转交申请)(文书格式十五)用于法律援助机构对有关机关、单位转交申请的回复;法律援助公函(通知辩护)(文书格式十六)、法律援助公函(强制医疗通知代理)(文书格式十七)分别用于法律援助机构对通知辩护、通知代理的回复;终止法律援助公函(文书格式二十三)用于法律援助机构告知有关机关、单位终止法律援助的决定,根据需要可开具多份。

九、法律援助案件承办情况通报/报告记录(文书格式十八)为新增,由承办人填写,按日期先后顺序记载向受援人通报和向法律援助机构报告案件办理进展的情况。

十、更换法律援助人员审批表(文书格式二十)为新增,在申请人反映承办人有不依法履行义务的情况下使用,由法律援助机构填写,"申请更换理由"一栏申请人须签字。

十一、更换法律援助人员通知书(文书格式二十一)为新增,法律援助机构决定更换承办人的,如原承办机构能够另行安排合适承办人的,按第1种情形处理;如原承办机构无法另行安排合适承办人的,按第2种情形处理。

## 最高人民法院、最高人民检察院、公安部、司法部关于印发《关于刑事诉讼法律援助工作的规定》的通知

(2013年2月4日　司发通〔2013〕18号)

各省、自治区、直辖市高级人民法院、人民检察院、公安厅(局)、司法厅(局),解放军军事法院、军事检察院、总政司法局、新疆维吾尔自治区高级人民法院生产建设兵团分院、新疆生产建设兵团人民检察院、公安局、司法局、监狱管理局:

为贯彻实施修改后刑事诉讼法有关法律援助的规定,加强和规范刑事法律援助工作,在深入调研论证和广泛征求意见的基础上,最高人民法院、最高人民检察院、公安部、司法部对2005年9月28日联合印发的《关于刑事诉讼法律援助工作的规定》进行了修改。现印发你们,请遵照执行。

### 关于刑事诉讼法律援助工作的规定

**第一条**　为加强和规范刑事诉讼法律援助工作,根据《中华人民共和国刑事诉讼法》、《中华人民共和国律师法》、《法律援助条例》以及其他相关规定,结合法律援助工作实际,制定本规定。

**第二条**　犯罪嫌疑人、被告人因经济困难没有委托辩护人的,本人及其近亲属可以向办理案件的公安机关、人民检察院、人民法院所在地同级司法行政机关所属法律援助机构申请法律援助。

具有下列情形之一,犯罪嫌疑人、被告人没有委托辩护人的,可以依照前款规定申请法律援助:

（一）有证据证明犯罪嫌疑人、被告人属于一级或者二级智力残疾的；
（二）共同犯罪案件中，其他犯罪嫌疑人、被告人已委托辩护人的；
（三）人民检察院抗诉的；
（四）案件具有重大社会影响的。

**第三条** 公诉案件中的被害人及其法定代理人或者近亲属，自诉案件中的自诉人及其法定代理人，因经济困难没有委托诉讼代理人的，可以向办理案件的人民检察院、人民法院所在地同级司法行政机关所属法律援助机构申请法律援助。

**第四条** 公民经济困难的标准，按案件受理地所在的省、自治区、直辖市人民政府的规定执行。

**第五条** 公安机关、人民检察院在第一次讯问犯罪嫌疑人或者采取强制措施的时候，应当告知犯罪嫌疑人有权委托辩护人，并告知其如果符合本规定第二条规定，本人及其近亲属可以向法律援助机构申请法律援助。

人民检察院自收到移送审查起诉的案件材料之日起3日内，应当告知犯罪嫌疑人有权委托辩护人，并告知其如果符合本规定第二条规定，本人及其近亲属可以向法律援助机构申请法律援助；应当告知被害人及其法定代理人或者近亲属有权委托诉讼代理人，并告知其如果经济困难，可以向法律援助机构申请法律援助。

人民法院自受理案件之日起3日内，应当告知被告人有权委托辩护人，并告知其如果符合本规定第二条规定，本人及其近亲属可以向法律援助机构申请法律援助；应当告知自诉人及其法定代理人有权委托诉讼代理人，并告知其如果经济困难，可以向法律援助机构申请法律援助。人民法院决定再审的案件，应当自决定再审之日起3日内履行相关告知职责。

犯罪嫌疑人、被告人具有本规定第九条规定情形的，公安机关、人民检察院、人民法院应当告知其如果不委托辩护人，将依法通知法律援助机构指派律师为其提供辩护。

**第六条** 告知可以采取口头或者书面方式，告知的内容应当易于被告知人理解。口头告知的，应当制作笔录，由被告知人签名；书面告知的，应当将送达回执入卷。对于被告知人当场表达申请法律援助意愿的，应当记录在案。

**第七条** 被羁押的犯罪嫌疑人、被告人提出法律援助申请的，公安机关、人民检察院、人民法院应当在收到申请24小时内将其申请转交或者告知法律援助机构，并于3日内通知申请人的法定代理人、近亲属或者其委托的其他人员协助向法律援助机构提供有关证件、证明等相关材料。犯罪嫌疑人、被告人的法定代理人或者近亲属无法通知的,应当在转交申请时一并告知法律援助机构。

第八条 法律援助机构收到申请后应当及时进行审查并于7日内作出决定。对符合法律援助条件的,应当决定给予法律援助,并制作给予法律援助决定书;对不符合法律援助条件的,应当决定不予法律援助,制作不予法律援助决定书。给予法律援助决定书和不予法律援助决定书应当及时发送申请人,并函告公安机关、人民检察院、人民法院。

对于犯罪嫌疑人、被告人申请法律援助的案件,法律援助机构可以向公安机关、人民检察院、人民法院了解案件办理过程中掌握的犯罪嫌疑人、被告人是否具有本规定第二条规定情形等情况。

第九条 犯罪嫌疑人、被告人具有下列情形之一没有委托辩护人的,公安机关、人民检察院、人民法院应当自发现该情形之日起3日内,通知所在地同级司法行政机关所属法律援助机构指派律师为其提供辩护:

(一)未成年人;
(二)盲、聋、哑人;
(三)尚未完全丧失辨认或者控制自己行为能力的精神病人;
(四)可能被判处无期徒刑、死刑的人。

第十条 公安机关、人民检察院、人民法院通知辩护的,应当将通知辩护公函和采取强制措施决定书、起诉意见书、起诉书、判决书副本或者复印件送交法律援助机构。

通知辩护公函应当载明犯罪嫌疑人或者被告人的姓名、涉嫌的罪名、羁押场所或者住所、通知辩护的理由、办案机关联系人姓名和联系方式等。

第十一条 人民法院自受理强制医疗申请或者发现被告人符合强制医疗条件之日起3日内,对于被申请人或者被告人没有委托诉讼代理人的,应当向法律援助机构送交通知代理公函,通知其指派律师担任被申请人或被告人的诉讼代理人,为其提供法律帮助。

人民检察院申请强制医疗的,人民法院应当将强制医疗申请书副本一并送交法律援助机构。

通知代理公函应当载明被申请人或者被告人的姓名、法定代理人的姓名和联系方式、办案机关联系人姓名和联系方式。

第十二条 法律援助机构应当自作出给予法律援助决定或者自收到通知辩护公函、通知代理公函之日起3日内,确定承办律师并函告公安机关、人民检察院、人民法院。

法律援助机构出具的法律援助公函应当载明承办律师的姓名、所属单位及联系方式。

第十三条　对于可能被判处无期徒刑、死刑的案件,法律援助机构应当指派具有一定年限刑事辩护执业经历的律师担任辩护人。

对于未成年人案件,应当指派熟悉未成年人身心特点的律师担任辩护人。

第十四条　承办律师接受法律援助机构指派后,应当按照有关规定及时办理委托手续。

承办律师应当在首次会见犯罪嫌疑人、被告人时,询问是否同意为其辩护,并制作笔录。犯罪嫌疑人、被告人不同意的,律师应当书面告知公安机关、人民检察院、人民法院和法律援助机构。

第十五条　对于依申请提供法律援助的案件,犯罪嫌疑人、被告人坚持自己辩护,拒绝法律援助机构指派的律师为其辩护的,法律援助机构应当准许,并作出终止法律援助的决定;对于有正当理由要求更换律师的,法律援助机构应当另行指派律师为其提供辩护。

对于应当通知辩护的案件,犯罪嫌疑人、被告人拒绝法律援助机构指派的律师为其辩护的,公安机关、人民检察院、人民法院应当查明拒绝的原因,有正当理由的,应当准许,同时告知犯罪嫌疑人、被告人需另行委托辩护人。犯罪嫌疑人、被告人未另行委托辩护人的,公安机关、人民检察院、人民法院应当及时通知法律援助机构另行指派律师为其提供辩护。

第十六条　人民检察院审查批准逮捕时,认为犯罪嫌疑人具有应当通知辩护的情形,公安机关未通知法律援助机构指派律师的,应当通知公安机关予以纠正,公安机关应当将纠正情况通知人民检察院。

第十七条　在案件侦查终结前,承办律师提出要求的,侦查机关应当听取其意见,并记录在案。承办律师提出书面意见的,应当附卷。

第十八条　人民法院决定变更开庭时间的,应当在开庭3日前通知承办律师。承办律师有正当理由不能按时出庭的,可以申请人民法院延期开庭。人民法院同意延期开庭的,应当及时通知承办律师。

第十九条　人民法院决定不开庭审理的案件,承办律师应当在接到人民法院不开庭通知之日起10日内向人民法院提交书面辩护意见。

第二十条　人民检察院、人民法院应当对承办律师复制案卷材料的费用予以免收或者减收。

第二十一条　公安机关在撤销案件或者移送审查起诉后,人民检察院在作出提起公诉、不起诉或者撤销案件决定后,人民法院在终止审理或者作出裁决后,以及公安机关、人民检察院、人民法院将案件移送其他机关办理后,应当在5日内将相关法律文书副本或者复印件送达承办律师,或者书面告知承办律师。

公安机关的起诉意见书,人民检察院的起诉书、不起诉决定书,人民法院的判决书、裁定书等法律文书,应当载明作出指派的法律援助机构名称、承办律师姓名以及所属单位等情况。

第二十二条　具有下列情形之一的,法律援助机构应当作出终止法律援助决定,制作终止法律援助决定书发送受援人,并自作出决定之日起3日内函告公安机关、人民检察院、人民法院:

(一)受援人的经济收入状况发生变化,不再符合法律援助条件的;

(二)案件终止办理或者已被撤销的;

(三)受援人自行委托辩护人或者代理人的;

(四)受援人要求终止法律援助的,但应当通知辩护的情形除外;

(五)法律、法规规定应当终止的其他情形。

公安机关、人民检察院、人民法院在案件办理过程中发现有前款规定情形的,应当及时函告法律援助机构。

第二十三条　申请人对法律援助机构不予援助的决定有异议的,可以向主管该法律援助机构的司法行政机关提出。司法行政机关应当在收到异议之日起5个工作日内进行审查,经审查认为申请人符合法律援助条件的,应当以书面形式责令法律援助机构及时对该申请人提供法律援助,同时通知申请人;认为申请人不符合法律援助条件的,应当维持法律援助机构不予援助的决定,并书面告知申请人。

受援人对法律援助机构终止法律援助的决定有异议的,按照前款规定办理。

第二十四条　犯罪嫌疑人、被告人及其近亲属、法定代理人,强制医疗案件中的被申请人、被告人的法定代理人认为公安机关、人民检察院、人民法院应当告知其可以向法律援助机构申请法律援助而没有告知,或者应当通知法律援助机构指派律师为其提供辩护或者诉讼代理而没有通知的,有权向同级或者上一级人民检察院申诉或者控告。人民检察院应当对申诉或者控告及时进行审查,情况属实的,通知有关机关予以纠正。

第二十五条　律师应当遵守有关法律法规和法律援助业务规程,做好会见、阅卷、调查取证、解答咨询、参加庭审等工作,依法为受援人提供法律服务。

律师事务所应当对律师办理法律援助案件进行业务指导,督促律师在办案过程中尽职尽责,恪守职业道德和执业纪律。

第二十六条　法律援助机构依法对律师事务所、律师开展法律援助活动进行指导监督,确保办案质量。

司法行政机关和律师协会根据律师事务所、律师履行法律援助义务情况实施奖励和惩戒。

公安机关、人民检察院、人民法院在案件办理过程中发现律师有违法或者违反职业道德和执业纪律行为,损害受援人利益的,应当及时向法律援助机构通报有关情况。

第二十七条　公安机关、人民检察院、人民法院和司法行政机关应当加强协调,建立健全工作机制,做好法律援助咨询、申请转交、组织实施等方面的衔接工作,促进刑事法律援助工作有效开展。

第二十八条　本规定自2013年3月1日起施行。2005年9月28日最高人民法院、最高人民检察院、公安部、司法部下发的《关于刑事诉讼法律援助工作的规定》同时废止。

# 最高人民法院、最高人民检察院、公安部、国家安全部、司法部、全国人大常委会法制工作委员会关于实施刑事诉讼法若干问题的规定

（2012年12月26日）

## 一、管辖

1. 公安机关侦查刑事案件涉及人民检察院管辖的贪污贿赂案件时,应当将贪污贿赂案件移送人民检察院;人民检察院侦查贪污贿赂案件涉及公安机关管辖的刑事案件,应当将属于公安机关管辖的刑事案件移送公安

机关。在上述情况中,如果涉嫌主罪属于公安机关管辖,由公安机关为主侦查,人民检察院予以配合;如果涉嫌主罪属于人民检察院管辖,由人民检察院为主侦查,公安机关予以配合。

2. 刑事诉讼法第二十四条中规定:"刑事案件由犯罪地的人民法院管辖。"刑事诉讼法规定的"犯罪地",包括犯罪的行为发生地和结果发生地。

3. 具有下列情形之一的,人民法院、人民检察院、公安机关可以在其职责范围内并案处理:

(一)一人犯数罪的;

(二)共同犯罪的;

(三)共同犯罪的犯罪嫌疑人、被告人还实施其他犯罪的;

(四)多个犯罪嫌疑人、被告人实施的犯罪存在关联,并案处理有利于查明案件事实的。

**二、辩护与代理**

4. 人民法院、人民检察院、公安机关、国家安全机关、监狱的现职人员,人民陪审员,外国人或者无国籍人,以及与本案有利害关系的人,不得担任辩护人。但是,上述人员系犯罪嫌疑人、被告人的监护人或者近亲属,犯罪嫌疑人、被告人委托其担任辩护人的,可以准许。无行为能力或者限制行为能力的人,不得担任辩护人。

一名辩护人不得为两名以上的同案犯罪嫌疑人、被告人辩护,不得为两名以上的未同案处理但实施的犯罪存在关联的犯罪嫌疑人、被告人辩护。

5. 刑事诉讼法第三十四条、第二百六十七条、第二百八十六条对法律援助作了规定。对于人民法院、人民检察院、公安机关根据上述规定,通知法律援助机构指派律师提供辩护或者法律帮助的,法律援助机构应当在接到通知后三日以内指派律师,并将律师的姓名、单位、联系方式书面通知人民法院、人民检察院、公安机关。

6. 刑事诉讼法第三十六条规定:"辩护律师在侦查期间可以为犯罪嫌疑人提供法律帮助;代理申诉、控告;申请变更强制措施;向侦查机关了解犯罪嫌疑人涉嫌的罪名和案件有关情况,提出意见。"根据上述规定,辩护律师在侦查期间可以向侦查机关了解犯罪嫌疑人涉嫌的罪名及当时已查明的该罪的主要事实,犯罪嫌疑人被采取、变更、解除强制措施的情况,侦查机关延长侦查羁押期限等情况。

7.刑事诉讼法第三十七条第二款规定:"辩护律师持律师执业证书、律师事务所证明和委托书或者法律援助公函要求会见在押的犯罪嫌疑人、被告人的,看守所应当及时安排会见,至迟不得超过四十八小时。"根据上述规定,辩护律师要求会见在押的犯罪嫌疑人、被告人的,看守所应当及时安排会见,保证辩护律师在四十八小时以内见到在押的犯罪嫌疑人、被告人。

8.刑事诉讼法第四十一条第一款规定:"辩护律师经证人或者其他有关单位和个人同意,可以向他们收集与本案有关的材料,也可以申请人民检察院、人民法院收集、调取证据,或者申请人民法院通知证人出庭作证。"对于辩护律师申请人民检察院、人民法院收集、调取证据,人民检察院、人民法院认为需要调查取证的,应当由人民检察院、人民法院收集、调取证据,不得向律师签发准许调查决定书,让律师收集、调取证据。

9.刑事诉讼法第四十二条第二款中规定:"违反前款规定的,应当依法追究法律责任,辩护人涉嫌犯罪的,应当由办理辩护人所承办案件的侦查机关以外的侦查机关办理。"根据上述规定,公安机关、人民检察院发现辩护人涉嫌犯罪,或者接受报案、控告、举报、有关机关的移送,依照侦查管辖分工进行审查后认为符合立案条件的,应当按照规定报请办理辩护人所承办案件的侦查机关的上一级侦查机关指定其他侦查机关立案侦查,或者由上一级侦查机关立案侦查。不得指定办理辩护人所承办案件的侦查机关的下级侦查机关立案侦查。

10.刑事诉讼法第四十七条规定:"辩护人、诉讼代理人认为公安机关、人民检察院、人民法院及其工作人员阻碍其依法行使诉讼权利的,有权向同级或者上一级人民检察院申诉或者控告。人民检察院对申诉或者控告应当及时进行审查,情况属实的,通知有关机关予以纠正。"人民检察院受理辩护人、诉讼代理人的申诉或者控告后,应当在十日以内将处理情况书面答复提出申诉或者控告的辩护人、诉讼代理人。

### 三、证据

11.刑事诉讼法第五十六条第一款规定:"法庭审理过程中,审判人员认为可能存在本法第五十四条规定的以非法方法收集证据情形的,应当对证据收集的合法性进行法庭调查。"法庭经对当事人及其辩护人、诉讼代理人提供的相关线索或者材料进行审查后,认为可能存在刑事诉讼法第五十四条规定的以非法方法收集证据情形的,应当对证据收集的合法性进行法庭调查。法庭调查的顺序由法庭根据案件审理情况确定。

12. 刑事诉讼法第六十二条规定，对证人、鉴定人、被害人可以采取"不公开真实姓名、住址和工作单位等个人信息"的保护措施。人民法院、人民检察院和公安机关依法决定不公开证人、鉴定人、被害人的真实姓名、住址和工作单位等个人信息的，可以在判决书、裁定书、起诉书、询问笔录等法律文书、证据材料中使用化名等代替证人、鉴定人、被害人的个人信息。但是，应当书面说明使用化名的情况并标明密级，单独成卷。辩护律师经法庭许可，查阅对证人、鉴定人、被害人使用化名情况的，应当签署保密承诺书。

**四、强制措施**

13. 被取保候审、监视居住的犯罪嫌疑人、被告人无正当理由不得离开所居住的市、县或者执行监视居住的处所，有正当理由需要离开所居住的市、县或者执行监视居住的处所，应当经执行机关批准。如果取保候审、监视居住是由人民检察院、人民法院决定的，执行机关在批准犯罪嫌疑人、被告人离开所居住的市、县或者执行监视居住的处所前，应当征得决定机关同意。

14. 对取保候审保证人是否履行了保证义务，由公安机关认定，对保证人的罚款决定，也由公安机关作出。

15. 指定居所监视居住的，不得要求被监视居住人支付费用。

16. 刑事诉讼法规定，拘留由公安机关执行。对于人民检察院直接受理的案件，人民检察院作出的拘留决定，应当送达公安机关执行，公安机关应当立即执行，人民检察院可以协助公安机关执行。

17. 对于人民检察院批准逮捕的决定，公安机关应当立即执行，并将执行回执及时送达批准逮捕的人民检察院。如果未能执行，也应当将回执送达人民检察院，并写明未能执行的原因。对于人民检察院决定不批准逮捕的，公安机关在收到不批准逮捕决定书后，应当立即释放在押的犯罪嫌疑人或者变更强制措施，并将执行回执在收到不批准逮捕决定书后的三日内送达作出不批准逮捕决定的人民检察院。

**五、立案**

18. 刑事诉讼法第一百一十一条规定："人民检察院认为公安机关对应当立案侦查的案件而不立案侦查的，或者被害人认为公安机关对应当立案侦查的案件而不立案侦查,向人民检察院提出的,人民检察院应当要求公安机关说明不立案的理由。人民检察院认为公安机关不立案理由不能成立的,应当通知公安机关立案,公安机关接到通知后应当立案。"根据上述规定,公安机关收到人民检察院要求说明不立案理由通知书后,应当在七日内将说明情况书面答复人民检察院。人民检察院认为公安机关不立案理由不能成立,发出通知立案书时,应当将有关证明应当立案的材料同时移送公安机关。公安机关收到通知立案书后,应当在十五日内决定立案,并将立案决定书送达人民检察院。

### 六、侦查

19. 刑事诉讼法第一百二十一条第一款规定:"侦查人员在讯问犯罪嫌疑人的时候,可以对讯问过程进行录音或者录像;对于可能判处无期徒刑、死刑的案件或者其他重大犯罪案件,应当对讯问过程进行录音或者录像。"侦查人员对讯问过程进行录音或者录像的,应当在讯问笔录中注明。人民检察院、人民法院可以根据需要调取讯问犯罪嫌疑人的录音或者录像,有关机关应当及时提供。

20. 刑事诉讼法第一百四十九条中规定:"批准决定应当根据侦查犯罪的需要,确定采取技术侦查措施的种类和适用对象。"采取技术侦查措施收集的材料作为证据使用的,批准采取技术侦查措施的法律文书应当附卷,辩护律师可以依法查阅、摘抄、复制,在审判过程中可以向法庭出示。

21. 公安机关对案件提请延长羁押期限的,应当在羁押期限届满七日前提出,并书面呈报延长羁押期限案件的主要案情和延长羁押期限的具体理由,人民检察院应当在羁押期限届满前作出决定。

22. 刑事诉讼法第一百五十八条第一款规定:"在侦查期间,发现犯罪嫌疑人另有重要罪行的,自发现之日起依照本法第一百五十四条的规定重新计算侦查羁押期限。"公安机关依照上述规定重新计算侦查羁押期限的,不需要经人民检察院批准,但应当报人民检察院备案,人民检察院可以进行监督。

### 七、提起公诉

23. 上级公安机关指定下级公安机关立案侦查的案件,需要逮捕犯罪嫌疑人的,由侦查该案件的公安机关提请同级人民检察院审查批准;需要提起公诉的,由侦查该案件的公安机关移送同级人民检察院审查起诉。

人民检察院对于审查起诉的案件，按照刑事诉讼法的管辖规定，认为应当由上级人民检察院或者同级其他人民检察院起诉的，应当将案件移送有管辖权的人民检察院。人民检察院认为需要依照刑事诉讼法的规定指定审判管辖的，应当协商同级人民法院办理指定管辖有关事宜。

24. 人民检察院向人民法院提起公诉时，应当将案卷材料和全部证据移送人民法院，包括犯罪嫌疑人、被告人翻供的材料，证人改变证言的材料，以及对犯罪嫌疑人、被告人有利的其他证据材料。

**八、审判**

25. 刑事诉讼法第一百八十一条规定："人民法院对提起公诉的案件进行审查后，对于起诉书中有明确的指控犯罪事实的，应当决定开庭审判。"对于人民检察院提起公诉的案件，人民法院都应当受理。人民法院对提起公诉的案件进行审查后，对于起诉书中有明确的指控犯罪事实并且附有案卷材料、证据的，应当决定开庭审判，不得以上述材料不充足为由而不开庭审判。如果人民检察院移送的材料中缺少上述材料的，人民法院可以通知人民检察院补充材料，人民检察院应当自收到通知之日起三日内补送。

人民法院对提起公诉的案件进行审查的期限计入人民法院的审理期限。

26. 人民法院开庭审理公诉案件时，出庭的检察人员和辩护人需要出示、宣读、播放已移交人民法院的证据的，可以申请法庭出示、宣读、播放。

27. 刑事诉讼法第三十九条规定："辩护人认为在侦查、审查起诉期间公安机关、人民检察院收集的证明犯罪嫌疑人、被告人无罪或者罪轻的证据材料未提交的，有权申请人民检察院、人民法院调取。"第一百九十一条第一款规定："法庭审理过程中，合议庭对证据有疑问的，可以宣布休庭，对证据进行调查核实。"第一百九十二条第一款规定："法庭审理过程中，当事人和辩护人、诉讼代理人有权申请通知新的证人到庭，调取新的物证，申请重新鉴定或者勘验。"根据上述规定，自案件移送审查起诉之日起，人民检察院可以根据辩护人的申请，向公安机关调取未提交的证明犯罪嫌疑人、被告人无罪或者罪轻的证据材料。在法庭审理过程中，人民法院可以根据辩护人的申请，向人民检察院调取未提交的证明被告人无罪或者罪轻的证据材料，也可以向人民检察院调取需要调查核实的证据材料。公安机关、人民检察院应当自收到要求调取证据材料决定书后三日内移交。

28. 人民法院依法通知证人、鉴定人出庭作证的,应当同时将证人、鉴定人出庭通知书送交控辩双方,控辩双方应当予以配合。

29. 刑事诉讼法第一百八十七条第三款规定:"公诉人、当事人或者辩护人、诉讼代理人对鉴定意见有异议,人民法院认为鉴定人有必要出庭的,鉴定人应当出庭作证。经人民法院通知,鉴定人拒不出庭作证的,鉴定意见不得作为定案的根据。"根据上述规定,依法应当出庭的鉴定人经人民法院通知未出庭作证的,鉴定意见不得作为定案的根据。鉴定人由于不能抗拒的原因或者有其他正当理由无法出庭的,人民法院可以根据案件审理情况决定延期审理。

30. 人民法院审理公诉案件,发现有新的事实,可能影响定罪的,人民检察院可以要求补充起诉或者变更起诉,人民法院可以建议人民检察院补充起诉或者变更起诉。人民法院建议人民检察院补充起诉或者变更起诉的,人民检察院应当在七日以内回复意见。

31. 法庭审理过程中,被告人揭发他人犯罪行为或者提供重要线索,人民检察院认为需要进行查证的,可以建议补充侦查。

32. 刑事诉讼法第二百零三条规定:"人民检察院发现人民法院审理案件违反法律规定的诉讼程序,有权向人民法院提出纠正意见。"人民检察院对违反法定程序的庭审活动提出纠正意见,应当由人民检察院在庭审后提出。

**九、执行**

33. 刑事诉讼法第二百五十四条第五款中规定:"在交付执行前,暂予监外执行由交付执行的人民法院决定"。对于被告人可能被判处拘役、有期徒刑、无期徒刑,符合暂予监外执行条件的,被告人及其辩护人有权向人民法院提出暂予监外执行的申请,看守所可以将有关情况通报人民法院。人民法院应当进行审查,并在交付执行前作出是否暂予监外执行的决定。

34. 刑事诉讼法第二百五十七条第三款规定:"不符合暂予监外执行条件的罪犯通过贿赂等非法手段被暂予监外执行的,在监外执行的期间不计入执行刑期。罪犯在暂予监外执行期间脱逃的,脱逃的期间不计入执行刑期。"对于人民法院决定暂予监外执行的罪犯具有上述情形的,人民法院在决定予以收监的同时,应当确定不计入刑期的期间。对于监狱管理机关或者公安机关决定暂予监外执行的罪犯具有上述情形的,罪犯被收监后,所在监狱或者看守所应当及时向所在地的中级人民法院提出不计入执行刑期的建议书,由人民法院审核裁定。

35. 被决定收监执行的社区矫正人员在逃的,社区矫正机构应当立即通知公安机关,由公安机关负责追捕。

**十、涉案财产的处理**

36. 对于依照刑法规定应当追缴的违法所得及其他涉案财产,除依法返还被害人的财物以及依法销毁的违禁品外,必须一律上缴国库。查封、扣押的涉案财产,依法不移送的,待人民法院作出生效判决、裁定后,由人民法院通知查封、扣押机关上缴国库,查封、扣押机关应当向人民法院送交执行回单;冻结在金融机构的违法所得及其他涉案财产,待人民法院作出生效判决、裁定后,由人民法院通知有关金融机构上缴国库,有关金融机构应当向人民法院送交执行回单。

对于被扣押、冻结的债券、股票、基金份额等财产,在扣押、冻结期间权利人申请出售,经扣押、冻结机关审查,不损害国家利益、被害人利益,不影响诉讼正常进行的,以及扣押、冻结的汇票、本票、支票的有效期即将届满的,可以在判决生效前依法出售或者变现,所得价款由扣押、冻结机关保管,并及时告知当事人或者其近亲属。

37. 刑事诉讼法第一百四十二条第一款中规定:"人民检察院、公安机关根据侦查犯罪的需要,可以依照规定查询、冻结犯罪嫌疑人的存款、汇款、债券、股票、基金份额等财产。"根据上述规定,人民检察院、公安机关不能扣划存款、汇款、债券、股票、基金份额等财产。对于犯罪嫌疑人、被告人死亡,依照刑法规定应当追缴其违法所得及其他涉案财产的,适用刑事诉讼法第五编第三章规定的程序,由人民检察院向人民法院提出没收违法所得的申请。

38. 犯罪嫌疑人、被告人死亡,现有证据证明存在违法所得及其他涉案财产应当予以没收的,公安机关、人民检察院可以进行调查。公安机关、人民检察院进行调查,可以依法进行查封、扣押、查询、冻结。

人民法院在审理案件过程中,被告人死亡的,应当裁定终止审理;被告人脱逃的,应当裁定中止审理。人民检察院可以依法另行向人民法院提出没收违法所得的申请。

39. 对于人民法院依法作出的没收违法所得的裁定,犯罪嫌疑人、被告人的近亲属和其他利害关系人或者人民检察院可以在五日内提出上诉、抗诉。

**十一、其他**

40. 刑事诉讼法第一百四十七条规定："对犯罪嫌疑人作精神病鉴定的期间不计入办案期限。"根据上述规定，犯罪嫌疑人、被告人在押的案件，除对犯罪嫌疑人、被告人的精神病鉴定期间不计入办案期限外，其他鉴定期间都应当计入办案期限。对于因鉴定时间较长，办案期限届满仍不能终结的案件，自期限届满之日起，应当对被羁押的犯罪嫌疑人、被告人变更强制措施，改为取保候审或者监视居住。

国家安全机关依照法律规定，办理危害国家安全的刑事案件，适用本规定中有关公安机关的规定。

本规定自2013年1月1日起施行。1998年1月19日发布的《最高人民法院、最高人民检察院、公安部、国家安全部、司法部、全国人大常委会法制工作委员会关于刑事诉讼法实施中若干问题的规定》同时废止。

# 司法部关于法律援助工作贯彻实施修改后刑事诉讼法的意见

（2012年12月5日　司发通〔2012〕369号）

各省、自治区、直辖市司法厅（局），新疆生产建设兵团司法局：

为认真贯彻实施修改后的刑事诉讼法，充分发挥法律援助工作在加强人权保障、促进司法公正、维护社会和谐稳定中的重要作用，现就加强刑事法律援助工作提出如下意见：

**一、切实增强做好贯彻实施修改后刑事诉讼法的责任感使命感**

刑事诉讼法是规范刑事诉讼活动的基本法律，在中国特色社会主义法律体系中占有十分重要的地位。修改后的刑事诉讼法，明确了法律援助申请权利、延伸适用阶段和扩大对象范围等，加大了国家基本法律对犯罪嫌疑人、被告人的权利保护力度，进一步健全了中国特色社会主义法律援助制度，强化了法律援助工作在刑事司法体系中的作用，对于加强司法人权保障、促进实现刑事司法公正、做大做强做优法律援助事业具有重要意义。

各级司法行政机关和法律援助机构、广大法律援助工作者要从加快建设社会主义法治国家的高度,充分认识做好贯彻实施修改后刑事诉讼法的重要性、紧迫性,进一步增强责任感和使命感,扎实做好贯彻实施的各项工作,不断提高刑事法律援助工作能力和水平,为确保法律正确实施、维护社会公平正义作出新的更大贡献。

**二、加大刑事法律援助工作力度**

围绕贯彻实施修改后的刑事诉讼法,要重点做好以下几方面工作:

(一)确保符合条件的刑事诉讼当事人申请获得法律援助。采取多种形式公开刑事法律援助条件、程序和法律援助机构联系方式等,使公众了解知晓刑事法律援助知识并在必要时寻求帮助。畅通申请渠道,健全完善电话咨询、转交申请、网上申请、派驻值班律师等方式,为刑事诉讼当事人申请获得法律援助提供便利。法律援助机构收到申请后,要依法及时按照案件受理地所在的省、自治区、直辖市人民政府规定的经济困难标准进行审查;对于申请人符合有关规定确定的"其他原因"情形的,法律援助机构不再审查其经济状况。法律援助机构经审查认为当事人符合刑事法律援助条件的,应当及时作出决定,为当事人提供法律援助服务。

(二)认真做好通知辩护(代理)案件的组织实施工作。加强与公检法机关在办理通知辩护案件中的协作,明确各自职责,规范工作流程和各环节办理时限,促进通知辩护案件办理工作顺利开展。做好公检法机关通知辩护公函等材料的接收登记工作,对于材料不齐全的,要通知公检法机关进行补充完善。做好案件指派工作,在规定时限内确定合适承办律师并告知公检法机关,督促律师按照规定联系办案机关,并与受援人及时办理相关手续。保持与公检法机关工作联系畅通,对刑事诉讼程序变更、当事人拒绝通知辩护、变更承办人、终止法律援助等情况及时进行沟通,相互通报案件办理进展情况。依法做好强制医疗案件通知代理工作,切实维护被告人和被申请人诉讼权利。

(三)合理利用和调配法律援助人力资源。综合采用扶持培养人才、增强社会认可度、提高办案补贴等方法,树立重视刑事法律援助的工作导向,充分调动律师办理刑事法律援助案件的积极性。组织资深骨干律师办理刑事法律援助案件,发挥其示范作用;加大对律师和律师事务所办理刑事法律援助案件情况的年度检查考核力度,引导律师普遍自觉履行义务。省、市两级法律援助机构根据本地区律师资源和刑事案件工作量等情况,统筹调配律师资源,采取对口支援、志愿服务等方式提高县区法律援助服务能力,满足基层刑事法律援助案件需求。律师资源有限的地区,法律援助机构要发挥自身办案人员的作用,加强专职律师队伍建设,探索实行申请律师执业人员到法律援助机构实习制度,鼓励高等法学院校学生在法律援助机构实习,发挥国家出资设立的律师事务所的作用,加大"1+1"法律援助志愿者选派工作力度,多方解决办案力量不足问题。加强机构工作力量,通过优先招录具有法律职业资格人员加入法律援助机构,以及聘任律师等方式,加大法律援助机构法律职业资格人员配备比例,适应刑事法律援助工作开展需要。

（四）提高法律援助服务质量。认真履行组织实施职责,严格按照法律法规和相关规定办理刑事法律援助案件,确保为受援人提供符合标准的服务。严格办理案件律师资质条件,指派具有一定年限刑事辩护执业经历的律师办理无期徒刑、死刑案件,指派熟悉未成年人身心特点的律师办理未成年人案件,切实维护当事人合法权益。根据案件不同类别组建刑事法律援助服务团队,探索法律援助专职辩护人模式和法律援助案件承办合同制,探索通过招投标方式确定重大疑难复杂案件承办律师,提高案件办理的专业化水平。引导律师恪守职业道德和执业纪律,认真履行辩护职责,做好会见、阅卷、调查取证等工作,提高辩护质量。加强案件质量监管,采取重大案件集体讨论、旁听庭审、征询公检法机关意见、检查案卷等形式,努力为当事人提供优质的法律援助。逐步推行案件质量与办案补贴挂钩的差别案件补贴制度,根据案件办理质量确定不同级别办案补贴发放标准,促进提高案件办理质量。

## 三、加强组织领导

贯彻实施修改后的刑事诉讼法,是当前和今后一个时期法律援助工作的一项重要任务。各地要高度重视,加强领导,精心组织,确保刑事诉讼法关于刑事法律援助的有关规定得到有效执行。

（一）切实加强领导。各级司法行政机关要认真贯彻实施修改后刑事诉讼法,高度重视、切实做好刑事法律援助工作,积极争取党委、政府和相关部门的重视支持,协调解决刑事法律援助工作面临的困难和问题。要加强调查研究,广泛听取公检法机关、相关部门和基层法律援助机构的意见建议,提出有针对性的推进法律援助工作的对策措施。要加大与公检法等机关的协调力度,推动健全完善刑事法律援助衔接配合机制和相关工作机制,促进刑事法律援助工作顺利开展。

(二)强化工作保障。要适应刑事法律援助案件量增长的新形势,积极协调财政部门提高刑事法律援助经费保障水平,实现县级以上地方政府将法律援助业务经费全部纳入财政预算,满足刑事法律援助工作需要。要推动省级政府全面建立法律援助专项资金、死刑二审专项资金并加大投入,争取将翻译费等开展刑事法律援助工作必要费用纳入财政预算,提高刑事法律援助经费保障能力。要推动落实中办发〔2010〕30号文的有关规定,提高法律援助办案补贴标准,使其与律师承办案件的成本、律师的基本劳务费用相适应。

(三)营造良好氛围。要将修改后的刑事诉讼法关于法律援助的规定纳入"六五"普法的重点内容,使公民了解刑事法律援助工作在刑事诉讼活动中的重要作用,提高刑事法律援助知晓率。要充分利用各种媒体,加大刑事法律援助宣传力度,加深社会各界对刑事法律援助工作的认识,增强公检法等相关部门支持配合的积极性,形成良好工作氛围。要加强对外宣传,深入宣传我国刑事法律援助制度的改革完善和在刑事司法体系中发挥的重要作用,树立我国加强人权保障、促进司法公正的良好形象。

各地贯彻落实本意见的情况请及时报部。

# 司法部关于加大贫困地区法律援助力度促进开展扶贫开发工作的意见

(2012年8月27日　司发通〔2012〕278号)

各省、自治区、直辖市司法厅(局),新疆生产建设兵团司法局:

为认真贯彻落实中共中央、国务院印发的《中国农村扶贫开发纲要(2011—2020年)》,充分发挥法律援助工作在推进扶贫开发中的作用,积极推动贫困地区经济社会更好更快发展,现就加大贫困地区法律援助工作提出如下意见:

一、充分认识做好贫困地区法律援助工作的重要意义

法律援助在国家扶贫开发工作中具有重要作用,通过维护困难群众合

法权益,充分调动他们在推进扶贫开发工作中的积极性、主动性,促进缩小地区发展差距、实现全体人民共享改革发展成果。更好地满足贫困地区困难群众日益增长的法律援助需求,进一步做好贫困地区法律援助工作,是司法行政机关服务党和国家工作大局的必然要求,是坚持以人为本、执政为民的重要体现,是做大做强做优法律援助事业的根本要求。各级司法行政机关和法律援助机构要以高度的政治责任感,深刻认识做好贫困地区法律援助工作的重要性,切实增强紧迫感和自觉性,充分利用国家出台扶贫开发纲要的有力契机,加大工作力度,加强统筹协调,强化政策措施,努力为广大扶贫对象提供优质高效便捷的法律援助,积极营造和谐稳定的社会环境。

**二、做好贫困地区法律援助工作的基本要求**

当前和今后一个时期,做好贫困地区法律援助工作,要重点抓好以下几项工作:

(一)加大服务力度。适应扶贫对象民生需求,推动进一步放宽法律援助经济困难标准,扩大补充事项范围,促进解决扶贫对象的生产生活问题。推进法律援助向乡村、社区延伸,加强连片特困地区和革命老区、民族地区、边疆地区法律援助工作站点建设,推进法律援助公示牌进乡村,深入困难群众集中的乡村开展巡回受案和上门服务,加强"12348"法律服务热线建设,方便更多困难群众享受法律援助。向扶贫对象发放法律援助卡(证),对持卡(证)人免除经济困难审查。加大对少数民族、妇女儿童和残疾人扶贫对象的法律援助力度。延伸服务职能,在开展法律援助的同时注重做好人文关怀和心理疏导工作,提升服务效果。

(二)加强工作力量。协助做好西部基层法律援助志愿服务行动招募选拔工作,鼓励和引导大学生志愿者到贫困地区从事法律援助志愿服务工作,有效满足贫困地区困难群众的法律援助需求。深入开展"1+1"法律援助志愿者行动,选派优秀律师、大学生志愿者到贫困地区服务。合理调配本行政区域内律师资源丰富地区律师到无律师、少律师的贫困地区开展法律援助工作。加大对贫困地区法律援助人员培训工作的支持力度,"中部、西部省份法律援助轮训计划"、"全国法律援助业务技能培训计划"和各省(区、市)组织的培训班,在课程设置、人员名额等方面充分考虑贫困地区的需要,提高贫困地区法律援助人员的管理水平和业务技能。

(三)加强经费保障。积极协调有关部门,加大对贫困地区的法律援助经费投入力度。推动全面建立省级法律援助专项资金,对连片特困地区和国家扶贫开发重点县(市、区)给予倾斜。加大中央补助地方法律援助办案专款、中央专项彩票公益金法律援助项目资金、中国法律援助基金会专项法律援助项目资金对连片特困地区和国家扶贫开发重点县(市、区)的投入力度。

(四)推进对口帮扶。支持东部发达省(市)司法行政机关和法律援助机构开展结对帮扶工作,在加强业务交流、夯实基层基础、人才队伍培训等方面加大对贫困地区法律援助机构的支持。积极推进东中部地区支援西藏、新疆法律援助工作发展,继续完善对口帮扶的制度和措施。鼓励各省(区、市)根据实际情况,在本行政区域范围内组织开展区域性结对帮扶工作。

**三、抓好各项任务措施的落实**

做好贫困地区法律援助工作,是各级司法行政机关的一项重要职责。各地要切实加强组织领导,采取有力措施,加强督导检查,确保措施到位、责任到位、工作到位。要积极争取党委、政府和相关部门的重视和支持,不断提高贫困地区经费保障水平,充实基层人员力量,促进法律援助区域协调发展。要及时总结推广法律援助参与扶贫开发工作的好经验好做法,及时转化为政策措施,上升为制度规范,形成法律援助参与扶贫开发工作长效机制。要大力加强宣传工作,广泛宣传法律援助参与扶贫开发工作的政策、成就、经验和典型事迹,营造良好工作氛围。

各地贯彻落实情况请及时报部。

# 司法部关于开展"法律援助为民服务创先争优年"活动的意见

(2012年1月30日 司发通〔2012〕18号)

各省、自治区、直辖市司法厅(局),新疆生产建设兵团司法局:

为认真贯彻党中央、国务院关于更加注重保障和改善民生的决策部署,深入开展"为民服务创先争优"活动,深化"法律援助便民服务"主题活动,更好地为困难群众提供法律援助,司法部决定自2012年1月至12月开展"法律援助为民服务创先争优年"活动,现就有关问题提出如下意见:

**一、充分认识开展"法律援助为民服务创先争优年"活动的重要意义**

开展"法律援助为民服务创先争优年"活动,是贯彻落实国家"十二五"发展规划,进一步推进法律援助事业发展的重要措施,是司法行政系统深入开展"为民服务创先争优"活动的重要内容,也是对2009年司法部部署开展的"法律援助便民服务"主题活动的进一步深化。开展"法律援助为民服务创先争优年"活动,对于进一步推进法律援助工作改革发展,加强和改进法律援助工作,提高法律援助工作能力和水平,更好地服务保障和改善民生,促进社会和谐稳定具有重要意义。各级司法行政机关要充分认识开展活动的必要性和重要性,切实增强责任感和使命感,把开展活动作为服务困难群众的有力抓手,全面深入地贯彻中央工作部署和第五次全国法律援助工作会议精神,把法律援助做大做强做优,为维护困难群众合法权益、保障社会公平正义、维护社会和谐稳定作出新贡献。

**二、指导思想和目标**

认真贯彻党的十七大和十七届三中、四中、五中、六中全会精神,以邓小平理论和"三个代表"重要思想为指导,深入贯彻落实科学发展观,加强和创新社会管理,以困难群众满意为根本标准,以深化法律援助便民服务为着力点,进一步拓宽服务领域,创新服务方式,完善基础设施,推进机构队伍建设,努力提供更加优质便捷高效的法律援助服务,切实维护困难群众合法权益,为党的十八大胜利召开营造和谐稳定的社会环境。

通过开展"法律援助为民服务创先争优年"活动,进一步完善便民服务措施,进一步做好法律援助服务困难群众的工作,在维护人民群众权益中创先进、争优秀,使广大法律援助机构、法律服务机构和法律援助人员为民服务意识不断增强,服务能力显著提升,服务质量和效果明显优化,维护困难群众权益取得新成效。

**三、活动内容**

为实现活动目标,"法律援助为民服务创先争优年"活动的内容主要包括:

(一)扩大法律援助覆盖面。根据国家制定实施的社会保障政策,调整法律援助经济困难标准和补充事项范围,适应困难群众民生需求,依法扩充法律援助事项范围,进一步降低门槛,逐步将法律援助覆盖人群从低保群体拓展至低收入群体;已经调整的地方要加大执行力度,确保更多困难群众享受法律援助。突出重点服务对象,做好农民工、下岗失业人员、残疾人、妇女儿童等困难群众法律援助工作,推出专项服务措施,组织实施中央专项彩票公益金法律援助项目,帮助他们依法解决切身利益问题。加大刑事法律援助工作力度,加强侦查和审查起诉阶段法律援助工作,积极参与刑事和解、刑事被害人救助、量刑规范化工作,加强法律援助与司法鉴定的衔接,依法为犯罪嫌疑人、被告人和被害人等提供辩护和代理,促进司法公正。

(二)完善便民服务举措。加强基层服务平台建设,保持"12348"法律服务热线畅通,有条件的地方开设针对农民工、妇女等群体的维权专线,发挥法律援助工作站和联系点的作用,方便群众获取信息、提出申请。推行服务承诺制、首问负责制、限时办结制、援务公开制,推行标准化审批流程,在法定审批时限内尽可能缩短审批时间;有条件的地方建立法律援助对象和受援人动态数据资料库,促进简化审批环节。加强便民窗口规范化服务,推行柜台式服务开放办公,规范履行便民窗口的服务指引、法律咨询、申请受理、查询答疑等职责。推行网络便民服务,提供网上咨询服务,有条件的地方实行网上受理、审批、指派。指导监督法律援助人员严格遵守法定程序和执业规范,对重大疑难案件进行集体讨论,确保提供符合标准的法律援助。建立健全案件质量评估体系,综合运用重点案件评查、庭审旁听、案卷检查、受援人回访等措施,促进提高办案质量。

(三)创新服务方式方法。广泛运用电话、手机、互联网等,利用博客、QQ群等搭建服务平台,推行延时服务、错时服务、预约服务、流动服务。加大不同地区法律援助机构在转交申请、调查取证、送达法律文书等环节的协作力度,方便受援人异地维权。结合办案人员专业特长进行案件指派,对于死刑、未成年人等案件要严格资质要求,有条件的地方逐步推行点援制,提高案件办理专业化水平。针对不同群体特点,提供有针对性的法律援助,并根据易发纠纷类型做好政策宣传和法制教育工作,提高维护群众权益的实效性。尊重当事人意愿,根据案情需要引导当事人采取非诉讼方式解决纷争,做到每办一件案子就化解一起纠纷、增加一份和谐。探索通过引进社会工作者加入法律援助工作、开通心理热线等方式,加强对当事人的心理疏导和关爱,努力实现最佳纠纷解决效果。

（四）营造创先争优良好氛围。积极开展"学十佳比业绩,争当优秀服务标兵"活动,通过职业竞赛、岗位练兵、技能比武等形式培育一批服务标兵和先进典型,调动律师、基层法律服务工作者、法律援助志愿者等人员提供法律援助的积极性,更好地服务困难群众。推进"便民服务示范窗口"创建活动,推行阳光服务、微笑服务、高效服务、廉洁服务,做到着装整洁、举止文明、态度热情,树立便民服务窗口良好形象,努力使各项服务让群众满意。拓展民意沟通渠道,设置群众满意度评价器和意见箱(簿),有条件的地方开辟网络沟通渠道,引入社会监督和公众评议,广泛听取群众的意见建议,引导法律援助工作者在争优中提高业务技能,在创先中改进工作作风。

**四、组织领导**

开展"法律援助为民服务创先争优年"活动是今年司法行政工作的一项重要任务。各级司法行政机关要高度重视,加强组织领导,扎实有序推进。

（一）精心组织实施。各省(区、市)司法厅(局)要把开展好活动摆上重要议事日程,根据司法部下发意见,迅速制定工作方案,明确实施步骤,落实责任分工,推进活动顺利开展。要立足本地实际,拓展活动内容,丰富活动形式,让群众切实感受到活动带来的新变化。要加强对活动开展情况的监督检查,查找薄弱环节,注意及时发现解决问题,及时跟进指导,务求活动各项工作任务落到实处。

（二）加强基础保障。要充分利用开展活动的契机,争取党委政府重视和有关部门支持,帮助解决法律援助工作中的困难问题,为活动的顺利开展创造良好外部条件。要积极推动政府建立与财政收入和办案量增幅相适应的法律援助经费保障机制,进一步提高办案补贴标准,提高经费保障水平。要积极争取支持推进便民窗口基础设施建设,提高法律援助机构业务装备水平,加大全国法律援助信息管理系统推广应用力度,为开展活动提供必要保障。

（三）加强舆论宣传。要加大活动宣传力度,充分利用报刊、电视、网络等媒体,广泛宣传司法行政机关推进活动的措施和成效,形成声势,为开展活动营造良好氛围。要对活动中涌现的先进典型和经验,通过多种形式进行宣传推广,进一步巩固活动成果。司法部将于年底对评选出的"便民服务示范窗口"和"优秀服务标兵"予以表彰,组织编写法律援助为民服务优秀案例选,用身边人、身边事教育引导广大法律援助机构和人员争创佳绩。

各地贯彻落实本意见情况请及时报部。

# 最高人民法院、最高人民检察院、司法部、公安部、民政部、人力资源和社会保障部、教育部、卫生部、财政部、中国残联关于印发《残疾人法律救助"十二五"实施方案》的通知

(2011年12月29日 残联发〔2011〕28号)

各省、自治区、直辖市及计划单列市人民法院、人民检察院、司法、公安、民政、人力资源和社会保障、教育、卫生、财政厅(局、委)、残疾人联合会,新疆生产建设兵团残疾人工作委员会、黑龙江农垦总局残疾人工作委员会:

为做好"十二五"期间残疾人法律救助工作,根据《中国残疾人事业"十二五"发展纲要(2011年—2015年)》制定了《残疾人法律救助"十二五"实施方案》,现印发给你们,请认真贯彻执行。

## 残疾人法律救助"十二五"实施方案

### 一、背景

——"十一五"期间,国家积极促进司法公正,维护社会正义和司法权威。为进一步加强残疾人权益保障,最高人民法院、最高人民检察院、司法部、公安部、民政部、人力资源和社会保障部、教育部、卫生部和中国残联共同建立残疾人法律救助制度,在全国范围内建立56个残疾人法律救助工作站,采取有效措施为残疾人提供法律救助服务,探索了解决弱势群体获得司法公正问题的有效途径。

——各地法院、检察院、司法行政、公安、民政、人力资源和社会保障、教育、卫生、残联等部门、单位密切配合,共同开展残疾人法律救助工作;推

进本地残疾人法律救助工作协调机制的建立,发挥残疾人法律救助工作站的职能和作用,为残疾人获得法律服务提供了保障条件。

——伴随着经济社会的快速发展,残疾人涉法涉诉案件日益增多,但是残疾人普遍面临的请律师难、打官司难等问题并未得到有效缓解,亟需通过进一步深入开展残疾人法律救助工作予以解决。

为进一步做好残疾人法律救助工作,依据《中国残疾人事业"十二五"发展纲要》,制定本方案。

**二、任务目标**

——县级以上地方普遍建立残疾人法律救助工作协调机制。

——建立健全以各级人民法院和人民检察院的司法救助、各级司法行政部门的法律服务和法律援助为主导,以各级残联、社会力量等提供的法律救助为补充的残疾人法律救助体系。

——加快残疾人法律救助工作站建设,逐步形成残疾人法律救助工作网络,积极为残疾人提供法律救助服务。

**三、主要措施**

(一)深入开展残疾人法律救助工作。各级法院、检察院、司法行政、公安、民政、人力资源和社会保障、教育、卫生、残联等部门、单位,积极将残疾人法律救助工作切实纳入本部门、单位的工作规划和部署,共同推进残疾人法律救助工作在全国范围内深入开展。

(二)切实加强残疾人法律救助工作协调机制建设。县级以上地方普遍建立包括法院、检察院、司法行政、公安、民政、人力资源和社会保障、教育、卫生、残联等部门、单位在内的残疾人法律救助工作协调机制;不断加强协调工作的常态化和制度化建设,在涉及残疾人权益的重大政策制定、重大案件处理上切实发挥作用。

(三)积极为残疾人提供司法救助。各级人民法院对符合条件的残疾人当事人减免相关诉讼费用,简化申请司法救助的程序,逐步扩大对残疾人进行司法救助的范围。各级人民检察院积极加强残疾人权益保障,为有需求的残疾人提供相应司法救助服务。

(四)努力为残疾人提供法律援助和法律服务。各级司法行政机关不断拓展残疾人法律服务的工作领域和服务内容,把残疾人法律服务向社区、乡村和老少边贫地区延伸。根据残疾人的不同需求,及时提供个性化、专业化服务,依法解决残疾人的切实利益问题。各级法律援助部门要把残疾人作为法律援助的重要对象;继续推动将残疾人权益保护事项纳入法律援助补充事项范围,确保符合规定的残疾人法律援助案件获得足额经费补助;不断扩大残疾人法律援助覆盖面,使更多残疾人受益。公安、民政、人力资源和社会保障、教育、卫生等部门,积极采取有效措施,为残疾人提供法律救助服务,切实维护残疾人权益。

(五)加快残疾人法律救助工作机构建设。在省、市和有条件的县级地方,法院、检察院、司法行政、公安、民政、人力资源和社会保障、教育、卫生、残联等共同建立500个残疾人法律救助工作站,逐步形成残疾人法律救助工作网络;加强残疾人法律救助工作站规范化建设,强化社会化工作方式,充分发挥服务残疾人的功能和作用;通过多种途径和手段,加强残疾人法律救助工作的组织人员保障、能力技术保障和资金保障。

(六)鼓励和扶持社会团体、民间组织、高等学校等通过多种形式为残疾人提供法律救助服务,加强不同性质的残疾人法律救助机构之间的协调和配合,及时总结推广残疾人法律救助工作的经验。

(七)加强残疾人法律救助工作的信息化管理,建立残疾人法律救助网站,方便残疾人获得法律救助服务;与相关高等学校、科研院所合作,加强残疾人法律救助工作的基础理论研究,为残疾人法律救助工作的深入开展奠定基础;推动建立残疾人组织支持诉讼和非诉讼工作模式,逐步形成残疾人维权的公益诉讼制度。

**四、检查评估**

(一)各地根据本方案,结合本地实际情况制定具体发展规划。

(二)2013年进行残疾人法律救助工作中期检查;2015年进行残疾人法律救助工作终期检查验收。

# 司法部关于印发《法律援助事业"十二五"时期发展规划》的通知

(2011年10月28日　司发〔2011〕15号)

各省、自治区、直辖市司法厅(局),新疆生产建设兵团司法局、监狱局:

现将《法律援助事业"十二五"时期发展规划》印发你们,请结合各地实际,认真贯彻执行,并研究制定本地区法律援助事业"十二五"时期发展规划。

## 法律援助事业"十二五"时期发展规划

为深入贯彻落实《国民经济和社会发展第十二个五年规划纲要》和《全国司法行政工作"十二五"时期发展规划纲要》,进一步推动"十二五"时期法律援助工作改革发展,切实发挥法律援助在保障社会公平正义、维护社会和谐稳定、促进经济社会发展中的职能作用,制定本规划。

### 一、"十一五"时期法律援助工作取得显著成绩

党中央、国务院高度重视法律援助工作。党的十七大明确提出加快推进以改善民生为重点的社会建设,着力保障和改善民生。中央领导同志多次对法律援助工作作出重要指示和批示,特别是2009年召开的第五次全国法律援助工作会议,对法律援助工作提出了明确要求,为法律援助工作指明了方向。

在党中央、国务院的正确领导下,各级司法行政机关和法律援助机构坚持围绕中心、服务大局,坚持以人为本、服务为民,深入贯彻《法律援助条例》,认真落实《法律援助事业"十一五"时期发展规划》,积极探索推进法律援助工作的新思路、新措施,着力解决发展中的突出问题,法律援助工作取得了显著成绩,基本实现了"十一五"时期发展规划确定的各项目标任务,为保障社会公平正义、维护社会和谐稳定作出了新的贡献。法律援助服务

困难群众成效明显。坚持把法律援助作为司法行政工作服务保障和改善民生的重要任务,不断扩大法律援助覆盖面,组织广大法律援助工作者为符合条件的公民提供诉讼和非诉讼代理,认真做好刑事法律援助工作,加大农民工、残疾人、妇女儿童、老年人等法律援助工作力度,广泛开展法律咨询服务,组织实施法律援助志愿者西部计划和"1+1"法律援助志愿者行动,深入开展法律援助便民服务主题活动,推行拓宽申请渠道、简化受理审查程序等十项便民措施,突出抓好便民服务窗口和设施建设,推进法律援助向社区、乡村延伸,创新服务方式,拓展服务领域,提高服务质量,努力满足困难群众多层次的法律援助需求,五年来全国共办理法律援助案件265万件,年均增长23.5%,提供法律咨询2078万人次,年均增长12.8%。法律援助经费保障能力进一步增强。认真落实"三个纳入"要求,不断加大经费投入力度,五年来全国法律援助经费总额达到33.6亿元,其中财政拨款为32.3亿元,年均增长29.6%;中央补助地方法律援助办案专款投入3.3亿元,中央专项彩票公益金法律援助项目资金投入1亿元;全国有89.6%的地方将法律援助经费纳入财政预算,21个省(区、市)建立了省级法律援助专项资金;中国法律援助基金会广泛募集社会资金,为法律援助事业发展提供了有力支持。法律援助工作管理体制基本建立。司法部2008年成立了法律援助工作司,25个省(区、市)司法厅(局)成立了法律援助管理工作机构,充实了管理工作力量,法律援助监管职能进一步强化。法律援助制度体系不断完善。围绕加强经费监管、完善业务规程、加强人员管理等,出台了一系列文件规范相关工作有序开展;积极探索未成年人刑事案件侦查、检察等环节实施法律援助的工作制度,民事诉讼和刑事诉讼法律援助中与相关部门的协作配合机制不断完善;全国已有27个省(区、市)修订或制定了地方性法规规章,法律援助规范化、制度化水平进一步提高。法律援助队伍建设进一步加强。截至2010年底,全国共建立法律援助机构3573个,工作人员总数达到13830人,依托乡镇(街道)司法所、有关社会团体等设立法律援助工作站60828个;加强队伍思想政治建设、业务能力建设、作风和行风建设,加大培训力度,五年来共培训法律援助人员近22万人次,队伍整体水平明显提高。法律援助社会影响力进一步凸显。深入宣传党和国家有关法律援助工作的政策和法律法规,广泛宣传法律援助工作服务困难群众取得的积极成效,法律援助公众知晓率、社会影响力不断提高,进一步促进在全社会形成良好法治氛围。在看到法律援助工作取得成绩的同时,也要看到,与经济社会发展的要求相比,与人民群众对法律援助的需求相比,法律援助工作还面临着一些问题和困难:一些地方现行经济困难标准和补充事项范围规定还不能完全适应群众的民事法律援助需求,刑事法律援助工作相对薄弱;体制机制还不完善,服务质量和水平亟待提高;经费保障水平、办案补贴标准总体偏低;法律援助队伍素质还有待进一步提高,等等。这些问题在一定程度上影响了法律援助工作发展,必须高度重视并认真加以解决。

**二、"十二五"时期法律援助工作的指导思想、发展目标和基本原则**

"十二五"时期是全面建设小康社会的关键时期,是深化改革开放、加快转变经济发展方式的攻坚时期。《国民经济和社会发展第十二个五年规划纲要》明确提出要"加强法律援助",为推进"十二五"时期法律援助事业发展指明了方向,法律援助工作面临重要的发展机遇。做好新形势下法律援助工作,是贯彻落实党中央保障和改善民生重大决策部署的必然要求,是满足人民群众不断增长法律需求的必然要求,是推动法律援助事业又好又快发展的必然要求。各级司法行政机关和法律援助机构要全面贯彻国家"十二五"规划纲要,努力适应我国经济社会发展需要,不断加强法律援助工作自身建设,以做大做强做优法律援助事业为主线,着力扩大法律援助覆盖面,使法律援助惠及更大范围内的困难群众和特殊群体;着力提高法律援助经费保障水平,增强法律援助提供能力;着力优化法律援助工作体系和运行机制,提升法律援助质量和群众满意度,推动法律援助工作再上新台阶、新水平。

(一)指导思想。全面贯彻党的十七大和十七届三中、四中、五中、六中全会精神,高举中国特色社会主义伟大旗帜,以邓小平理论和"三个代表"重要思想为指导,深入贯彻落实科学发展观,紧紧围绕科学发展的主题和加快转变经济发展方式的主线,认真贯彻落实《国民经济和社会发展第十二个五年规划纲要》,全面实施《法律援助条例》,坚持围绕中心、服务大局,坚持以人为本、服务为民,进一步做好法律援助服务困难群众的工作,进一步健全完善法律援助工作制度,大力加强法律援助机构建设、队伍建设和保障能力建设,积极推动法律援助工作创新,努力做大做强做优法律援助事业,坚持和完善中国特色社会主义法律援助制度,为维护困难群众合法权益、保障社会公平正义、加强和创新社会管理、维护社会和谐稳定、促进经济社会发展作出新贡献。

(二)发展目标。"十二五"时期法律援助工作发展要实现以下目标:

——法律援助服务水平进一步提高。法律援助覆盖面不断扩大,服务质量和效率显著提高,公民多层次的法律援助需求得到有效满足。

——法律援助管理体制进一步完善。管理体制机制不断健全,管理力量逐步增强,监管职能有效履行。

——法律援助保障能力进一步增强。法律援助经费保障机制不断完善,办公办案条件显著改善,法律援助工作基础更加扎实。

——法律援助队伍建设进一步加强。法律援助队伍不断发展壮大,队伍素质明显提高,执法执业能力显著增强。

(三)基本原则。"十二五"时期法律援助工作发展要坚持以下指导原则:

——坚持以人为本,强化服务职能。着眼于实现好、维护好、发展好最广大人民的根本利益,围绕困难群众的法律援助需求确定法律援助目标任务,完善体制机制,提高服务能力和水平,推动法律援助工作新发展。

——坚持夯实基础,提升发展能力。坚持把强化基层基础建设作为推进法律援助工作的根基,把人力、物力、财力更多投到基层,整合基层资源,为加快法律援助发展奠定坚实基础。

——坚持分类指导,实现整体推进。立足于城市和农村、东部和中西部法律援助工作发展实际,有针对性地提出不同的发展目标和措施,实现法律援助工作的平衡、协调发展。

——坚持开拓创新,增强工作活力。积极探索法律援助工作发展规律,立足实际,以改革的精神、创新的思路、发展的办法推进工作。

## 三、"十二五"时期法律援助工作的主要任务和措施

为实现上述目标,"十二五"时期法律援助工作的主要任务和措施是:

(一)努力做好服务困难群众的各项工作

1. 进一步做好为困难群众及特殊群体提供法律援助的工作。积极为困难群众提供诉讼和非诉讼代理服务,帮助他们依法维护自身合法权益,促进解决涉及就业、就学、就医、社会保障等民生领域的实际问题。重点做好为农民工、下岗失业人员、残疾人、老年人、妇女儿童等困难群众提供法律援助的工作,组织开展相关的专项法律援助活动,帮助他们依法解决切身利益问题。加大刑事法律援助工作力度,做好刑事指定辩护工作,加强侦查和审查起诉阶段法律援助工作,积极参与刑事和解、刑事被害人救助工作,依法为犯罪嫌疑人、被告人和被害人等提供辩护和代理,维护好他们

的诉讼权利,促进司法公正。深入开展为民服务创先争优活动,组织法律援助机构和广大法律援助工作者,创建"便民服务示范窗口",争创群众满意单位,争创群众满意岗位,争当优秀服务标兵,扎实做好服务困难群众的各项工作,不断提升法律援助工作的群众满意度。

2. 进一步提高法律援助质量。依法公正办理法律援助案件,严格遵守法定程序和执业规范,在全面调查取证的基础上,正确适用法律,为受援人提供符合标准的法律服务。规范接待、受理、审查等行为,严格执行法律援助事项范围和经济困难标准,使符合条件的公民都能及时获得法律援助。改进案件指派工作,根据法律援助机构和人员的数量、专业特长、办案情况、受援人的意愿等因素,合理指派承办机构及人员,特别是对死刑案件、未成年人案件等事关受援人重大利益的案件,严把指派关,从源头上保证法律援助办案质量。切实加强法律援助质量管理工作,健全完善服务质量监督机制,积极开展案件评查、质量检查工作,确保困难群众享受优质高效的法律援助。

3. 充分发挥法律援助在党和政府主导的维护群众权益机制中的作用。加强法律咨询服务,认真做好日常法律咨询服务工作,努力把法律咨询的过程变成法制宣传的过程,积极引导和帮助困难群众增强法制观念,提高依法表达利益诉求、维护合法权益的意识和能力。认真落实调解优先原则,根据案情需要采取和解、调解等非诉讼方式化解矛盾纠纷,消除陈年积怨。认真办理劳动争议、征地拆迁、环境污染、食品药品安全、企业重组和破产等领域涉及法律援助的案件,促进解决群众普遍关注的社会热点、难点问题。建立法律援助与信访工作衔接机制,健全重大事项报告制度和突发性事件应急处置预案。完善法律援助舆情分析工作机制,有针对性地提出改进立法、执法、司法工作的建议,从源头上预防侵害群众权益事件的发生。

(二)健全完善法律援助制度

1. 健全完善配套规章制度。进一步加强法律援助工作制度建设,围绕案件办理、人员管理等制定与《法律援助条例》配套的规章制度,努力形成层次清晰、体系完备、内容全面、科学完善的法律援助制度体系。推动建立法律援助补充事项范围和经济困难标准动态调整机制,从本地经济社会发展状况和困难群众的法律援助需求出发,适时调整补充事项范围和经济困难标准,逐步扩大法律援助覆盖面。加快制定法律援助各项业务规程和服务标准,出台服务质量评估办法,制定刑事、民事、行政法律援助案件办理指南。健全人员管理制度,制定法律援助人员行为规范、法律援助人员表彰奖励办法和法律援助投诉处理办法。进一步健全内部管理制度,完善业务档案管理、信息统计等涉及日常管理及业务开展等方面的规章制度。推动法律援助立法,力争出台并实施法律援助专门法律。

2. 完善法律援助办案相关工作机制。建立法律援助与公证、司法鉴定、人民调解工作的衔接机制,完善民事诉讼法律援助与司法救助的衔接机制,完善刑事诉讼法律援助中公检法司部门的衔接机制,完善与民政、工商、档案管理等相关政府部门的协作配合机制,确保法律援助工作顺畅、高效。

3. 加强理论研究。深入基层,深入实际,紧紧围绕法律援助工作的中心任务和重点、难点问题,有针对性地开展调查研究。深入了解在经济社会发展的新形势下,人民群众对法律援助工作的新期待,以及法律援助工作面临的新情况、新问题,研究解决问题的办法和途径,不断满足人民群众的法律需求。坚持理论联系实际,开展法律援助提供方式、管理体制、经费保障等重大理论和实践问题的研究,为进一步推进法律援助工作,坚持和完善中国特色社会主义法律援助制度提供理论支撑。

(三) 大力加强法律援助监督管理工作

1. 进一步健全管理体制。尚未建立法律援助工作管理机构的省(区、市)司法厅(局),要争取党委、政府和有关部门的支持,建立起法律援助工作管理机构。明确各级司法行政机关监督管理职责,配齐配强人员,落实各项管理制度,确保法律援助工作有人抓、有人管。强化工作指导监督,加强信息沟通,加强检查督导,提高政策执行力。

2. 完善监管工作机制。建立综合评价体系,对法律援助工作的各个方面进行综合评价,促进全面发展。建立执法执业考评机制,确保法律援助机构和人员依法履行职责、规范服务。建立奖惩激励机制,对取得突出成绩的法律援助机构和个人予以表彰和奖励,加大对违法违纪行为的查处力度,严格责任追究。建立法律援助民意沟通机制,探索公众参与法律援助工作决策和管理的途径和方式,促进提高法律援助工作水平。

3. 加强对各类法律援助提供主体的监管。根据律师执业考核有关规定,对律师履行法律援助义务的情况进行考核,建立健全律师协会等行业协会、法律服务机构对律师等人员提供法律援助的检查考核制度。鼓励和支持社会组织、志愿者开展与其能力相适应的法律援助活动,规范其服务行为,维护法律援助秩序。

(四)着力推进法律援助保障能力建设

1. 提高法律援助经费保障水平。认真落实"三个纳入"要求,加大与有关部门沟通力度,继续落实好中央政法经费保障政策,推动县级以上地方政府将法律援助经费纳入同级财政预算,全面建立省级法律援助专项资金,建立法律援助经费动态增长机制,提高办案补贴标准,加大中央补助地方法律援助办案专款、中央和省级政法转移支付资金分配法律援助业务经费、中央专项彩票公益金法律援助项目对西部地区倾斜力度,提高法律援助经费保障水平。多渠道筹措社会资金,充分发挥中国法律援助基金会和地方法律援助基金会的资金募集优势,广泛利用社会资金支持法律援助事业。

2. 加强法律援助经费监督管理工作。加大经费监管力度,完善经费管理方式,严格执行国家有关法律、法规和财务规章制度,严格执行各项经费开支范围和标准,严格将法律援助经费与司法行政其他业务经费分开管理,严肃查处截留、挤占、挪用、挥霍浪费法律援助经费以及虚报冒领、压低克扣、拖延支付办案补贴等行为,并按照有关规定追究有关人员和单位的责任。

3. 加强法律援助基础设施建设。推动政法业务装备经费加大对法律援助投入力度,建设与服务困难群众工作需要相适应的法律援助业务用房,提高办公办案设施配备水平。以推进便民服务设施建设为重点,加强便民窗口规范化建设,普遍在临街、一层等方便人员往来的地点设立专门接待场所,合理划分功能区域,完善无障碍通道等服务设施。重点抓好中西部便民窗口建设,配齐办公办案设备,提高便民窗口接待能力。加强城乡社区法律援助工作站建设,配备必要的工作和服务设施。

(五)积极推进法律援助工作创新

1. 创新法律援助工作机制。从法律援助工作实际出发,进一步完善法律援助案件指派、执业考评、监督管理、奖励惩戒以及经费保障、部门协作等工作机制,确保法律援助各项工作规范、高效运行。

2. 创新法律援助工作载体。进一步深化法律援助便民服务主题活动,总结开展便民服务的有效做法和成功经验,积极搭建服务平台,不断丰富工作载体,形成便民利民长效机制。加强"12348"法律服务热线建设,努力将其打造成集法律咨询、法制宣传、法律援助职能于一体的服务平台。深入开展"1+1"法律援助志愿者行动,选派优秀律师、大学生志愿者参与行动,有效满足西部地区困难群众法律援助需求。

3. 创新法律援助服务方式。围绕便民利民惠民,进一步完善服务网络,拓宽申请渠道,简化受理审查程序,探索适合基层特点、适应群众需求的服务方式,更好地服务困难群众。完善法律援助经济困难证明制度,推行紧急状况先行法律援助制度。完善法律援助异地协作机制,方便群众异地申请获得法律援助。在律师资源丰富的地方推行点援制。在提供法律援助服务中注重人文关怀和心理疏导,提升服务效果。加大信息技术在法律援助工作中的应用,依托全国法律援助信息管理系统,建立集援务公开、咨询服务、网上审批、业绩考核于一体的"网上办事"平台,提高法律援助工作效率和水平。

(六)加强法律援助队伍建设

1. 加强思想政治建设。始终把思想政治建设放在首位,坚持用中国特色社会主义理论体系武装头脑,教育引导广大法律援助人员牢固树立社会主义法治理念,坚持中国特色社会主义法律援助制度的本质属性,切实肩负起中国特色社会主义事业建设者、捍卫者的职责使命。深入开展创先争优活动和"发扬传统、坚定信念、执法为民"主题教育实践活动,教育引导广大法律援助人员坚持把全心全意为人民服务作为法律援助工作的根本出发点和落脚点,怀着对人民群众的深厚感情,满腔热情地做好服务困难群众的工作。教育引导法律援助人员切实增强依法执业意识,强化责任意识,认真办理好每一个案件、处理好每一件事情。加强廉政建设,认真开展反腐倡廉教育,引导法律援助人员恪尽职守、勤勉尽责、公正诚信、廉洁执业,树立法律援助队伍的良好形象。

2. 加强业务能力建设。大力加强业务能力建设,教育引导法律援助人员认真学习掌握法律政策和法律实务知识,学习掌握做好群众工作的方式方法,学习掌握处置突发事件的方法途径,着力提高法律援助人员依法执业能力、群众工作能力和应对突发事件的能力。以提高法律援助人员业务素质为重点,加强队伍教育培训工作,落实各项培训制度,制定教育培训规划。积极推进教育培训改革,创新培训理念、内容和模式,切实增强教育培训工作的针对性和实效性。

3. 加强法律援助队伍管理服务。充分调动律师、基层法律服务工作者、法律援助志愿者等人员的积极性,鼓励和支持他们参与法律援助工作,努力建设一支专兼职相结合的高素质法律援助队伍。严格法律援助机构人员准入制度,坚持"凡进必考",优先招录具有法律专业知识和法律执业经验的人员,优化队伍结构。争取相关政策支持,多渠道解决基层和中西部地区法律援助机构人员短缺问题。积极探索法律援助服务队伍专业化发展模式,培养一批擅长办理法律援助案件的专门人才。从政治上、工作上、生活上真诚关心,真心爱护法律援助人员,调动好、发挥好他们的积极性,更好地做好法律援助工作。

(七)加大法律援助宣传力度

充分运用传统媒体和网络、手机等电子传媒手段,采取多种形式,大力宣传党中央、国务院关于法律援助工作的决策部署,宣传法律援助工作在服务人民群众和经济社会发展中的重要地位和作用,宣传各级司法行政机关和法律援助机构推进法律援助工作采取的措施、取得的成效,使法律援助工作深入人心。适应传播媒体的变化和群众接受习惯的变化,丰富宣传内容,拓宽宣传渠道,创新宣传形式,创出法律援助品牌,进一步在城市、乡村提高法律援助知晓率,不断扩大法律援助影响力。深化典型宣传,进一步加大先进典型宣传表彰力度,充分发挥先进典型的示范引领作用,努力营造崇尚先进、学习先进、争当先进的良好氛围,有效推动法律援助事业发展。

各地要把本规划的组织实施工作列入重要议事日程,纳入司法行政工作"十二五"时期工作总体部署,精心谋划,统筹推进。要围绕规划确定的目标措施进行任务分解,明确责任分工,健全工作机制,加强工作指导,结合自身实际创造性地实施规划。要加强对规划贯彻落实情况的督促检查,把规划执行情况作为工作成绩考核的重要依据,确保如期完成各项任务。

# 司法部关于印发《关于加强司法行政系统执法执业考评工作的意见》的通知

(2011年10月27日　司发通〔2011〕271号)

各省、自治区、直辖市司法厅(局),新疆生产建设兵团司法局、监狱管理局:

现将《关于加强司法行政系统执法执业考评工作的意见》印发你们,请认真贯彻执行。

# 关于加强司法行政系统执法执业考评工作的意见

为贯彻落实中央关于构建符合科学发展观要求的执法考评机制的要求,进一步提高司法行政系统执法执业质量,根据中央政法委《关于建立健全政法机关执法办案考评机制的指导意见》(政法〔2011〕15号),结合工作实际,现就加强司法行政系统执法执业考评工作,提出如下意见:

**一、加强执法执业考评工作的重要意义**

司法行政机关是重要的政法机关,司法行政各项工作都必须严格坚持依法行政、依法办事。对执法执业单位和人员的执法执业质量进行考核评价是促进各级司法行政机关和广大司法行政干警、法律服务工作者严格规范公正廉洁文明执法执业的重要手段。近年来,司法行政机关积极探索开展执法执业考评工作,制定了一些执法执业考评制度,对于推进司法行政系统执法执业规范化建设发挥了积极作用。进一步加强新形势下的执法执业考评工作,是深入贯彻落实科学发展观和树立正确政绩观的必然要求;是落实中央司法体制和工作机制改革要求的重要举措;是依法履行司法行政机关职责,充分发挥司法行政职能作用,加强和创新社会管理的客观需要,对于进一步提升司法行政系统执法执业能力和水平,推动司法行政事业科学发展,维护人民群众合法权益、维护社会公平正义、维护社会和谐稳定具有重要意义。各级司法行政机关要充分认识新形势下加强执法执业考评工作的重要性,切实按照中央政法委和本意见要求,将执法执业考评工作抓紧抓好。

**二、执法执业考评的指导思想和工作原则**

(一)指导思想

司法行政系统执法执业考评工作要坚持以中国特色社会主义理论体系为指导,以科学发展观和正确政绩观为导向,以促进严格规范公正廉洁文明执法执业为目标,科学设定考评内容、项目和标准,完善考评机制和方法,强化考评结果运用,充分发挥执法执业考评的导向、激励、监督、管理作用,不断提高执法执业质量和水平,努力实现执法执业工作法律效果与社会效果、政治效果的有机统一。

### (二) 工作原则

坚持从实际出发。考评内容、项目和标准的设定要符合司法行政工作实际,正确反映各项执法执业工作的不同规律和特点。考评的程序、方式方法要科学务实、简便易行。对执法执业单位的考评和执法执业人员的考评要根据其不同职责,各有侧重,增强考评的针对性和客观性。

坚持依法依规。考评内容、项目和标准要符合宪法、刑法、刑事诉讼法、监狱法、律师法、公证法、人民调解法、禁毒法、全国人大常委会关于司法鉴定管理问题的决定、全国人大常委会关于进一步加强法制宣传教育的决议、法律援助条例、劳动教养试行办法、戒毒条例等法律法规和规章、规范性文件的规定;考评工作要按照规定的权限、程序、标准依法进行,努力提高执法执业考评的规范化、制度化水平。

突出考评重点。要着重考评贯彻宽严相济刑事政策,坚持监管工作"首要标准",有效化解矛盾纠纷,维护当事人和人民群众合法权益,以及加强执法执业队伍建设情况,特别要增加对监管安全稳定情况,遵守执法执业纪律情况,以及人民群众对执法执业工作满意情况的考评权重,切实增强执法执业考评的实效性。

注重统筹协调。执法执业考评工作既要重点突出对监狱、劳教、戒毒、社区矫正等监管执行工作的考评,又要加强对其他执法执业工作的考评;既要加强对执法执业单位的考评,又要加强对执法执业人员的考评;既要与司法行政规范化建设结合起来,又要与工作目标考核、警务督察、法律服务年度检查考核等工作结合起来,努力做到相互协调、整体推进。

### 三、执法执业考评的主要内容和重点项目

(一)监狱执法考评。主要考评监狱执法机构和执法干警依法开展刑罚执行、狱政管理、狱内侦查、教育改造、生活卫生、设施和经费管理情况。重点考评是否存在狱内非正常死亡、牢头狱霸、刑讯逼供以及殴打、体罚、虐待罪犯,罪犯暴狱、脱逃等重大案件;是否发生安全生产责任事故、集体食物中毒、重大疫情;是否存在违法办理减刑、假释、暂予监外执行情况;是否存在对罪犯超期禁闭情况;是否存在罪犯超时超力劳动情况;是否存在扣押或者销毁罪犯申诉、控告、检举材料情况;防范和打击狱内犯罪是否及时、有效;安全防控、排查、应急处置、领导责任机制和安全稳定研判机制是否健全并得到落实;经费管理使用是否规范;罪犯教育改造的效果是否明显等。

（二）劳教、戒毒执法考评。主要考评劳教、戒毒执法机构和执法干警依法规范执法行为、所政管理、戒毒管理、教育和习艺、生活卫生、设施和经费管理情况。重点考评是否存在所内非正常死亡、殴打、体罚、虐待劳教、戒毒人员，劳教、强制隔离戒毒人员逃跑、脱逃等重大案件；是否发生安全生产责任事故、集体食物中毒、重大疫情；是否存在违法办理减期、所外执行、所外就医、提前解教、诊断评估、提前解除强制隔离戒毒、变更强制隔离戒毒执行方式情况；是否存在劳教、戒毒人员所内吸毒情况；是否存在未按规定进行检查，致使毒品和其他违禁物品流入所内情况；是否存在劳教、戒毒人员超时超体力劳动情况；安全防控等机制是否健全并落实；教育矫治的效果是否明显等。

（三）社区矫正执法考评。主要考评社区矫正执法机构和执法人员依法开展对社区服刑人员监督管理和教育情况。重点考评是否依法履行社区服刑人员的接收程序；是否按规定及时组织社区矫正宣告、确定专门的社区矫正小组、制定矫正方案；是否及时掌握社区服刑人员遵纪守法情况；是否依法办理外出、请假和执行地变更审批手续；是否依法办理提请减刑、撤销缓刑、假释、收监执行；是否依法执行人民法院的禁止令；对于未按时报到或者脱离监管的社区服刑人员，是否及时组织查找；是否按规定组织开展教育矫正活动等。

（四）审批管理执法考评。主要考评司法行政机关依法履行审批管理和监督法律援助、律师、公证、基层法律服务、司法鉴定、仲裁机构登记职责和依法实施国家司法考试等情况。法律援助工作重点考评是否依法受理、审批、指派办理法律援助案件，确保使符合条件的公民能够及时获得法律援助；是否严格监督法律援助人员依法、规范办理法律援助案件，切实维护受援人合法权益；是否严格依法依规使用法律援助经费、发放办案补贴，做到专款专用等。律师、公证、基层法律服务、司法鉴定、仲裁机构登记工作重点考评是否严格执行执业机构和执业人员准入条件和审批程序，把好"入口关"；是否依法开展对执业机构和执业人员执业活动的检查指导，发挥法律服务职能作用；是否严格监督执业人员遵守职业道德、执业纪律和行为规范，依法依规实施行政处罚等。国家司法考试工作重点考评是否严格执行报名条件；是否依法严格处理考试违纪行为；是否依法履行法律职业资格的受理、审批、证书颁发职责等。除上述考评内容和项目外，还要考评司法行政机关是否存在因执法活动不当或者违法，被复议机关、司法机关撤销行政行为，或者导致集体上访、国家赔偿情况等。

（五）人民调解、法制宣传教育和安置帮教执法考评。人民调解工作重点考评是否依法建立健全人民调解组织；是否有效开展对人民调解员队伍的教育和培训工作；是否依法指导人民调解组织有效、及时化解矛盾纠纷；是否落实人民调解经费保障制度等。法制宣传教育工作重点考评是否认真贯彻落实中共中央、国务院转发的"六五"普法规划和全国人大常委会《决议》，制定实施本地区法制宣传教育规划和决议；是否建立法制宣传教育工作领导体制和工作机制，健全完善法制宣传教育工作制度；普法重点对象、"法律六进"活动、法治创建活动开展情况；法制宣传教育专项经费及阵地建设落实情况等。安置帮教工作重点考评是否按规定落实刑释解教人员的衔接措施，对重点帮教对象实行必送必接，确保无缝对接；是否开展有针对性的教育帮扶工作，建立跟踪帮教机制，巩固改造成果；是否做到加强协调，多渠道解决刑释解教人员就业、就学、社会保障等方面的困难和问题等。

（六）法律服务执业考评。主要考评律师、公证、基层法律服务、司法鉴定执业机构和执业人员依法诚信执业，维护当事人和人民群众合法权益的情况。重点考评是否坚持执业为民，无论案件标的大小、收费高低、办案难易，一律平等对待，积极认真办理；是否坚持依法依规执业，严格遵守法定程序、工作规则和技术标准，保证服务质量；是否坚持廉洁执业，恪守职业道德、执业纪律，自觉维护中国特色社会主义法律工作者的形象等。

## 四、建立健全执法执业考评工作机制

（一）实行分级分类考评。各省（区、市）司法行政系统执法执业考评工作实行司法厅（局）统一领导、分级分类考评。上级机关考评下级机关，本级机关考评内设机构及其执法人员。省（区、市）司法厅（局）负责对本省（区、市）监狱管理局、劳教（戒毒）管理局执法工作的考评；省（区、市）监狱管理局、劳教（戒毒）管理局负责对所属监狱、劳教所、戒毒所执法工作的考评；各监狱、劳教所、戒毒所负责对本单位监狱劳教人民警察的考评。对法律服务机构的考评由其审批管理机关进行，对执业人员的考评由其所属的执业机构或者行业协会进行。

（二）设定考评指标体系。各省（区、市）司法厅（局）要根据上述考评主要内容和重点项目，结合本地实际和各项工作实际，设定具体考评指标体系。要按照不同执法执业领域、岗位和权限合理调整相应指标权重，与执法执业行为相对应，细化为加分项、减分项和否决项，并量化为不同的分值。要根据对执法执业单位和人员的不同要求，制定相应的考评指标。要根据法律法规规章和规范性文件，对考评指标适时调整完善。

（三）健全考评方式方法。执法执业考评原则上以一年为一个考评周期，实行年度考评、阶段考评与日常考评相结合。上级机关对下级机关，以及司法行政机关对其审批管理的法律服务机构的考评，以年度综合考评为主；司法行政机关对内设机构及其执法人员，以及法律服务机构对其执业人员的考评，以阶段考评和日常考评为主。工作目标考核、警务督察、法律服务年度检查考核等有关情况，可以作为执法执业考评的依据。要通过听取汇报、现场查看、案卷检查、社会测评、听取纪检监察机构意见等多种方式开展执法执业考评工作，并征求被考评单位和个人的意见。要建立网上考评机制，努力提高执法执业考评信息化水平。要建立执法执业考评专门档案，全面、准确、及时记载被考评单位和个人的执法执业质量、奖惩等情况。

（四）强化考评结果运用。要把考评结果作为对执法执业单位和执法执业人员奖惩的重要依据，作为司法行政机关领导班子和领导干部调整、选拔任用的重要依据。对于执法执业考评排名靠前、群众满意度高的，要予以表扬、奖励；对于排名靠后、群众满意度低的，要予以批评、督促整改。对于存在执法执业过错的，要依法予以纠正；对于涉嫌违法违纪的，要及时移送纪检监察等有关机构处理。对于执法单位和执法人员违法违纪，造成重大事故、引发群体性事件，以及其他在社会上产生恶劣影响的案件、事件的，实行"一票否决"，并依法追究有关人员的责任。要通过考评结果的充分运用，使司法行政系统执法执业水平得到进一步提高，执法执业工作得到进一步改进，司法行政队伍管理得到进一步加强。

## 五、加强对执法执业考评工作的组织领导

（一）加强组织领导。要健全领导体制，形成主要领导高度重视，分管领导亲自抓，各有关机构分工协作、逐级抓落实的工作格局。要明确专门机构、专门人员负责组织实施考评、考评结果通报以及相关奖惩等工作，推动执法执业考评工作深入开展。

（二）健全考评制度。各省（区、市）司法厅（局）要根据中央政法委和本意见的要求，制定、完善执法执业考评制度规范。司法行政机关制定执法执业考评办法及考评指标等规范性文件，应书面征求相关政法单位的意见；制定的考评制度、意见要报同级党委政法委和上级司法行政机关备案，

年度考评结果要向同级党委政法委报告。

（三）加强检查指导。要适时组织考评工作专项检查，发现问题，及时解决。要及时征求党委、人大、政府、政协相关职能部门及广大群众对司法行政系统执法执业工作的意见建议，进一步完善相关制度，不断改进考评工作。要加强对考评工作好经验、好做法的总结、推广、宣传，努力促进执法执业考评工作顺利、健康发展。

# 司法部关于加强"十二五"时期司法行政服务残疾人工作的意见

（2011年10月19日　司发〔2011〕226号）

各省、自治区、直辖市司法厅（局），新疆生产建设兵团司法局：

为深入贯彻落实《中共中央、国务院关于促进残疾人事业发展的意见》《中国残疾人事业"十二五"发展纲要》和第四次全国残疾人事业工作会议精神，充分发挥司法行政职能作用，维护残疾人合法权益，促进残疾人状况改善和全面发展，现就做好"十二五"期间服务残疾人事业的各项工作提出如下意见：

## 一、进一步增强做好服务残疾人工作的责任感和紧迫感

残疾人是一个特殊困难、特别需要扶助的社会群体。党中央、国务院高度重视残疾人工作。2008年3月，党中央、国务院印发《关于促进残疾人事业发展的意见》（中发〔2008〕7号），为残疾人事业发展指明了方向。最近，国务院颁布《中国残疾人事业"十二五"发展纲要》，确定了"十二五"期间残疾人事业的总目标、指导原则和主要任务与政策措施。前不久，国务院残工委召开第四次全国残疾人事业工作会议，总结"十一五"时期残疾人工作，全面贯彻落实《残疾人事业"十二五"发展纲要》，部署"十二五"期间残疾人工作任务，对残疾人事业发展提出了新的更高要求。

认真履行司法行政职能，做好服务残疾人的各项工作，增强残疾人法律意识，依法维护残疾人权益，促进残疾人事业发展，是坚持以人为本、贯彻落实科学发展观的具体要求，也是司法行政部门的一项重要任务。部党

组十分关心残疾人、重视残疾人事业的发展,认真贯彻中央部署,加强组织领导,采取有力举措,把服务残疾人的各项工作落到实处。做好法律服务、法律援助和法制宣传等服务残疾人的工作,促进残疾人事业发展,有利于维护残疾人合法权益,促进社会公平正义,实现全体人民共享改革发展成果;有利于调动残疾人积极性、主动性和创造性,发挥残疾人在促进改革发展稳定中的重要作用,实现经济社会又好又快发展;有利于促进我国人权事业全面发展,体现社会主义制度的优越性,树立我国良好的国际形象。各级司法行政机关要从坚持立党为公、执政为民的高度,从推动科学发展、构建和谐社会的高度,充分认识服务残疾工作的重要意义,进一步增强责任感和使命感,采取更加有力的措施,切实做好服务残疾人事业的各项工作,促进残疾人事业在新的起点上加快发展。

**二、目标任务和指导原则**

(一)总体目标任务。高举中国特色社会主义伟大旗帜,以邓小平理论和"三个代表"重要思想为指导,深入贯彻落实科学发展观,坚持以人为本,着眼于改善残疾人民生、促进残疾人全面发展,着眼于残疾人社会保障体系和服务体系建设,积极拓展残疾人法律服务工作领域和服务内容,依法解决残疾人切身利益问题。继续推动将残疾人权益保护事项纳入法律援助补充事项范围,扩大残疾人法律援助覆盖面。加大办理残疾人法律援助案件经费投入。建立完善司法行政机关服务残疾人工作机制,推进服务设施便民化、业务开展规范化、服务质量标准化,全面提升服务能力和水平,最大限度地满足残疾人的法律服务和法律援助需求。大力开展残疾人权益保障法等法律法规的宣传教育,开展形式多样的普法宣传活动,提高全社会依法维护残疾人权益的意识,提升残疾人运用法律武器维护自身合法权益的能力,促进残疾人事业的全面发展。

(二)工作原则。一是坚持以残疾人为本。认真了解残疾人诉求,积极为他们提供法律服务和法律援助,做到主动服务、热情服务、规范服务、优质服务,切实保障残疾人各项合法权益的实现。二是坚持以残疾人社会保障体系和服务体系建设为主线。把法律服务和法律援助工作纳入残疾人公共服务体系建设,改善残疾人民生,促进残疾人全面发展。三是坚持统筹规划、整体推进。统筹司法行政各项工作与服务残疾人事业的关系,将服务残疾人工作纳入司法行政机关重要日程和目标管理,在政策制定、工作研究、经费安排、督促检查等方面统筹安排和落实。四是坚持社会化工作方式。以加强和创新社会管理为契机，鼓励和引导符合条件的社会组织和志愿者参与残疾人法律服务、法律援助和法制宣传工作，支持社会组织开展与其能力相适应的法律援助活动，培育理解、尊重、关心、帮助残疾人的社会风尚。

### 三、切实做好服务残疾人事业的各项工作

（一）积极拓展工作领域。充分了解残疾人利益诉求，加大工作力度，推动各级党委、政府出台有关政策措施，使残疾人享受服务门槛更低、服务范围更广、服务内容更多的法律服务和法律援助。进一步扩大残疾人法律援助覆盖面，认真总结一些地方对特困残疾人、重度残疾人和多重残疾、一户多残及老残一体、孤残儿童等群体免除经济困难审查直接给予法律援助的做法和经验，参照《残疾人残疾分类和分级》国家标准，结合本地实际，研究推动将残疾人权益保护事项纳入法律援助补充事项的范围，使法律援助惠及更多残疾人。广泛开展"送法律下乡、进社区"活动，把残疾人法律服务覆盖到社区、乡村，覆盖到老少边穷地区，覆盖到残疾人生活的各个方面，着力在与残疾人密切相关的就业、医疗、保险、救助、住房等领域开展法律服务，依法解决他们的切身利益问题。司法行政机关要鼓励和引导律师事务所等法律服务机构为残疾人提供减、免费的法律服务，鼓励律师事务所为各级残联免费担任法律顾问。进一步增强服务的针对性，积极为有特殊情况的残疾人提供个性化、专业化的法律服务。推动残疾人法制宣传教育深入开展，将残疾人保障法等法律法规纳入各地"六五"普法规划，充分利用广播、电视、报刊、网络等媒体进行宣传，提高残疾人对残疾人保障法等法律法规的知晓率，提升残疾人运用法律武器维护自身合法权益的能力，提高全社会依法维护残疾人权益的意识。

（二）创新工作方式方法。本着便捷、高效、优质的原则，创新工作理念，转变工作方法，建立与残疾人法律服务、法律援助和法制宣传需求相适应的工作方式。引导有条件的律师事务所开通"助残维权"热线或残疾人维权网，为残疾人申请法律服务提供便利。建立和完善各项"便残助残"措施，加强"12348"法律援助咨询专线建设，方便残疾人咨询和寻求法律援助。继续推广"盘龙经验"，加强残疾人设施、程序、信息和交流"四个无障碍"建设。对残疾人申请法律援助实行优先接待、优先受理、优先指派的"三优先"服务。加强法律援助便民服务窗口、残疾人法律服务联系点、"残疾人维权示范岗"等工作载体建设，为残疾人搭建"一站式、窗口化"服务平

台,提高服务效率和工作水平。开展形式多样的普法宣传活动,丰富残疾人法制宣传载体,增强残疾人法制宣传的针对性、实效性。

(三)完善工作体制机制。建立健全法律服务、法律援助和法制宣传部门之间规范化、制度化的工作衔接机制,充分发挥各自职能优势,相互支持,密切配合,形成工作合力,共同做好为残疾人服务的各项工作。进一步加强与公检法、残联等部门的协作配合,健全残疾人法律救助工作协调机制,更好地为残疾人提供法律救助服务,共同推进残疾人事业发展。

(四)进一步加大保障力度。将服务残疾人事业工作纳入本地区司法行政工作"十二五"时期发展规划,统一部署、统筹安排、同步实施。抓紧研究制定相关措施,落实政策支持保障、经费投入保障、工作条件保障,为实现服务残疾人工作各项目标任务创造良好条件。

**四、加强对服务残疾人工作的组织领导**

"十二五"时期是全面建设小康社会的关键时期,是深化改革开放、加快转变经济发展方式的攻坚时期,也是加快发展残疾人事业的重要时期。各级司法行政机关要把思想统一到中央部署和部党组要求上来,切实加强组织领导,采取有效措施,扎扎实实做好各项服务工作,推进残疾人事业发展再上新台阶。

(一)强化组织领导。做好服务残疾人工作是司法行政机关和法律服务、法律援助机构服务为民的重要内容,是爱民之情、亲民之义的具体体现。越是困难的群体,越要给予特殊的关爱。各级司法行政机关要进一步加强对服务残疾人工作的领导,把残疾人工作摆上重要议程。有效整合各方资源,推动服务残疾人各项工作任务的落实。引导广大法律服务人员和法律援助工作者带着深厚的感情、饱满的热情、持久的激情、执着的痴情,全心全意为残疾人服务,使残疾人得到实实在在的利益。

(二)强化督促检查。各地要结合实际,明确工作目标任务,认真组织实施。通过督促检查,全面了解掌握各项工作进展情况,及时发现解决问题。及时总结推广为残疾人服务的好经验、好做法,以点带面,推动整体工作上水平。注重研究残疾人普遍性、群体性利益诉求,在丰富工作方法手段上下功夫,在完善维权工作机制上求成效,以新举措打开新局面。

(三)强化宣传工作。采取多种形式,广泛宣传党中央、国务院对维护残疾人权益工作的高度重视和加强这项工作的重要部署和举措,宣传司法行政机关和法律服务、法律援助机构服务残疾人工作的措施和成效,让社会各界更多地了解支持这项工作。注重树立为残疾人提供法律服务、法律援助和开展法制宣传方面的先进典型,大力宣传广大法律服务人员和法律援助、法制宣传工作者助残维权、帮助残疾人解决实际困难的感人事迹。创新方法手段,增强宣传的吸引力、感染力和亲和力,营造有利于残疾人工作发展的良好社会氛围。

# 国务院关于印发《中国老龄事业发展"十二五"规划》的通知(节录)

(2011年9月17日 国发〔2011〕28号)

各省、自治区、直辖市人民政府,国务院各部委、各直属机构:

现将《中国老龄事业发展"十二五"规划》印发给你们,请认真贯彻执行。

## 中国老龄事业发展"十二五"规划

为积极应对人口老龄化,加快发展老龄事业,根据《中华人民共和国国民经济和社会发展第十二个五年规划纲要》、《中华人民共和国老年人权益保障法》和《中共中央国务院关于加强老龄工作的决定》(中发〔2000〕13号),制定本规划。

……

(九)老年人权益保障。

1. 加强老龄法制建设。推进老年人权益保障法制化进程,做好修订《中华人民共和国老年人权益保障法》的相关工作,开展执法检查和普法教育,提高老年人权益保障法制化水平。

2. 健全老年维权机制。弘扬孝亲敬老美德,促进家庭和睦、代际和顺。加强弱势老年人社会保护工作,把高龄、孤独、空巢、失能和行为能力不健全的老年人列为社会维权服务重点对象。加强对养老机构服务质量的检查、监督,维护老年人的生活质量与生命尊严,杜绝歧视、虐待老年人现象。

3. 做好老年人法律服务工作。拓展老年人维权法律援助渠道,扩大法律援助覆盖面。重点在涉及老年人医疗、保险、救助、赡养、住房、婚姻等方面,为老年人提供及时、便利、高效、优质的法律服务。加大对侵害老年人权益案件的处理力度,切实保障老年人的合法权益。

4. 加强青少年尊老敬老的传统美德教育。在义务教育中,增加孝亲敬老教育内容,开展形式多样的尊老敬老社会实践活动,营造良好的校园文化环境。

……

# 司法部关于进一步做好司法行政服务老龄事业的指导意见

(2011年5月4日　司发通〔2011〕89号)

为认真贯彻落实国民经济和社会发展"十二五"规划纲要关于老龄工作的决策部署和全国老龄工作委员会第十三次全体会议精神,进一步做好司法行政服务老龄事业工作,现通知如下。

一、充分认识司法行政服务老龄事业的重要性

"十二五"时期,是全面建设小康社会的关键时期,是深化改革开放、加快转变经济发展方式的攻坚时期,也是老龄事业抓住机遇、实现快速发展的重要时期。"十二五"时期,我国依然面临"未富先老"的基本国情,人口老龄化、高龄化、空巢化将进一步加速发展,预计到2015年,全国60岁以上老年人将达到2.16亿人,约占总人口的16.7%,80岁以上的高龄老人将达到2400万人,约占老年人口的11.1%,65岁以上的空巢老年人口有4150万人,约占老年人口的25%。人口老龄化、高龄化、空巢化的加速发展,不仅作用于生产、流通、消费、金融等经济领域,也将作用于社会管理、公共服务、意识形态和社会稳定等多个方面,并将伴随着全面建设小康社会的全过程,影响深刻。适应我国人口老龄化发展态势,国家"十二五"规划提出了一系列积极应对人口老龄化的重要政策和重要举措,全国老龄工作委员会第十三次全体会议也作出了着力推进老龄工作"六个体系"建设

的工作部署。司法行政机关承担着法律服务、法律援助、法制宣传等重要职能,在服务老龄事业、推进老龄工作方面肩负着重要责任。各级司法行政机关一定要深刻领会国家"十二五"规划和全国老龄工作委员会第十三次全体会议精神,充分认识应对人口老龄化的重要性、复杂性和长期性,认真贯彻落实中央关于积极应对人口老龄化的决策部署,把服务老龄工作作为推动经济社会科学发展、加快转变经济发展方式的重要内容,作为"发扬传统、坚定信念、执法为民"主题活动的重要载体,切实采取有效措施,推动司法行政服务老龄工作更加深入、扎实、有效开展。

**二、进一步发挥司法行政服务老龄事业职能作用**

各级司法行政机关要适应老龄事业发展需要,进一步发挥法律服务、法律援助和法制宣传在服务老龄工作中的职能作用,努力提高服务工作针对性,突出工作重点,提高服务工作能力水平,努力推动司法行政服务老龄事业的能力和水平再上新台阶。

(一)努力提高服务工作针对性。继续引导和推动律师、公证、基层法律服务机构及人员参与涉及老年人合法权益的诉讼、调解、仲裁和法律咨询等法律服务活动。结合各地实际,有针对性地开展适应老年人群特点、满足老年人特殊需求的专项法律服务活动,努力提高老年人法律服务的实效性。进一步拓展老年人申请和获得法律援助的渠道,科学设置法律援助站点,鼓励各地依托当地老龄委设立法律援助工作站,方便老年人就近申请和获得法律援助。加强法律援助便民服务窗口建设,普遍在临街、一层等方便老年人往来的地点设立专门接待场所,完善无障碍通道等服务设施,最大限度地满足老年人的特殊需求。深入开展针对老年人的法制宣传,将老年人权利保护等相关法制宣传教育活动作为"六五"普法的重要内容,广泛深入地宣传《中华人民共和国老年人权益保障法》、《中国老龄事业发展"十二五"规划》等有关法律法规和政策,增强全社会尊重关爱老年人、保护老年人合法权益的良好氛围。

(二)突出服务工作重点。围绕深入推进三项重点工作,着力在老年人最关心、最直接、最现实的利益问题,诸如医疗、保险、救助、赡养、住房等领域开展法律服务、法律援助和法制宣传。针对老龄人口实际状况,重点关注和努力满足80岁以上高龄、失能半失能、贫困以及空巢老人的法律服务和法律援助需求。加强与老年人密切相关的婚姻、继承、赡养、社会保障等方面法律政策的宣传工作,提高老年人的自我防范意识和依法维护自身合法权益的能力,维护老年人的合法权益。引导老年人法律服务、法律援助和法制宣传工作向基层和中西部地区延伸,鼓励法律服务机构与司法所结对帮扶,深入推动"1+1"中国法律援助志愿者行动项目,开展法制宣传进农村、进社区等,切实增强基层和中西部老年人法律服务、法律援助和法制宣传工作。

(三)进一步提高服务能力水平。在律师、公证员、基层法律服务工作者、法律援助机构工作人员、法制宣传工作人员中广泛开展与老年人权益保护相关的法律法规和政策措施的培训,进一步提高老年人法律服务、法律援助和法制宣传工作水平。努力创新服务方式,继续深入开展"老年人维权示范岗"活动,倡导法律服务机构与当地老龄委签订法律服务协议,在老龄委派专职律师、公证员免费为老年人提供相关法律服务。积极探索为老年人提供及时便利服务的途径,倡导通过发放"法律援助联系卡"、公示法律咨询电话以及对行动不便、患病残疾的老年人主动提供上门服务等形式,增强法律服务和法律援助工作的便捷性、主动性。创新老年人法制宣传工作的方式方法,充分利用电视、广播、报刊、网络等现代传媒,充分利用在法制宣传日、节假日,特别是"九九"重阳节开展专项法制宣传活动,通过以案说法、文艺演出等群众喜闻乐见的形式,加大法制宣传力度,增强法制宣传效果。

**三、进一步加强对司法行政服务老龄事业的组织领导**

各级司法行政机关要把服务老龄事业摆上重要议程,切实加强组织领导。"十二五"时期是应对人口老龄化的重要机遇期。各级司法行政机关要根据《中国老龄事业发展"十二五"规划》的部署和本通知要求,紧密结合实际,细化工作措施,落实规划任务,努力推动服务老龄工作在"十二五"时期再上新水平。要深入调查研究,及时了解我国人口老龄化发展基本态势和老龄工作的新特点、新问题,深刻理解中央关于积极应对人口老龄化的战略部署和重要政策措施,始终把服务老龄工作放在司法行政工作大局中来谋划,来推进,以更高的站位审视服务老龄工作,以更广阔的视野谋划服务老龄工作,以更有力的措施推进老龄服务工作。要进一步加强与当地老龄委及各有关部门的沟通联系,建立健全信息交换和定期沟通机制,在事关老龄工作发展的重要政策措施中进一步体现和发挥司法行政工作的职能作用,与各有关部门紧密配合,通力协作,共同推动老龄事业的健康发展。

# 最高人民法院、最高人民检察院、公安部、国家安全部、司法部关于加强协调配合积极推进量刑规范化改革的通知(节录)

(2010年11月6日　法发〔2010〕47号)

各省、自治区、直辖市高级人民法院、人民检察院、公安厅(局)、国家安全厅(局)、司法厅(局),解放军军事法院、军事检察院,新疆维吾尔自治区高级人民法院生产建设兵团分院、新疆生产建设兵团人民检察院、公安局、国家安全局、司法局:

"规范裁量权,将量刑纳入法庭审理程序"(以下简称量刑规范化改革)是中央确定的重大司法改革项目。根据中央关于深化司法体制和工作机制改革的总体部署要求,在深入调研论证、广泛征求各方面意见的基础上,最高人民法院制定了《人民法院量刑指导意见(试行)》,最高人民法院、最高人民检察院、公安部、国家安全部、司法部联合制定了《关于规范量刑程序若干问题的意见(试行)》。经中央批准同意,从2010年10月1日起在全国全面推行量刑规范化改革。为认真贯彻落实中央的重大决策部署,积极推进量刑规范化改革,确保改革取得成效,现就有关问题通知如下:

……

7. 要加强律师辩护工作指导,加大法律援助工作力度。各级司法行政机关、律师协会要加强对律师辩护工作的指导,完善律师办理刑事案件业务规则,规范律师执业行为。律师办理刑事案件,要依法履行辩护职责,切实维护犯罪嫌疑人、被告人的合法权益。司法机关应当充分保障律师执业权利,重视辩护律师提出的量刑证据和量刑意见。司法行政机关要进一步扩大法律援助范围,加大法律援助投入,壮大法律援助队伍,尽可能地为那些不认罪或者对量刑建议有争议、因经济困难或者其他原因没有委托辩护人的被告人提供法律援助,更好地保护被告人的辩护权。

……

10. 加强业务培训，提高素质能力。量刑规范化改革对调查取证、审查起诉、律师辩护、法律援助、法庭审理等工作提出了新的更高的要求。各级人民法院、人民检察院、公安机关、国家安全机关、司法行政机关要根据工作实际，通过不同途径，采取不同方式，加强业务培训，确保相关刑事办案人员正确理解量刑规范化改革的重要性和必要性，强化量刑程序意识，掌握科学量刑方法，不断提高执法办案的能力和水平，确保刑事办案质量。

……

# 中共中央办公厅、国务院办公厅转发《司法部关于进一步加强和改进律师工作的意见》的通知（节录）

（2010年9月17日　中办发〔2010〕30号）

各省、自治区、直辖市党委和人民政府，中央和国家机关各部委，军委总政治部，各人民团体：

《司法部关于进一步加强和改进律师工作的意见》已经中央同意，现转发给你们，请结合实际认真贯彻执行。

……

## 司法部关于进一步加强和改进律师工作的意见

……

一、始终坚持律师工作的社会主义方向

……

我国律师制度是中国特色社会主义司法制度的重要组成部分，律师是中国特色社会主义法律工作者。我国律师制度和律师的本质属性，是由我国宪法、法律和国情决定的，是与中国特色社会主义经济、政治、文化、社会制度相适应的。进一步加强和改进律师工作，必须高举中国特色社会主义伟大旗帜,以邓小平理论和"三个代表"重要思想为指导,深入贯彻落实科学发展观,全面贯彻实施《中华人民共和国律师法》(以下简称《律师法》),贯彻落实中央关于深化司法体制和工作机制改革的部署,坚持和完善中国特色社会主义律师制度,大力加强律师队伍建设和律师行业党的建设,努力建设一支政治坚定、法律精通、维护正义、恪守诚信的律师队伍。

……

**四、加大律师行业发展的政策扶持和保障力度**

……

2. 完善律师工作经费保障政策。建立健全律师担任政府法律顾问和从事公益性法律服务经费保障机制,采用政府购买和财政补贴结合的方式,对律师担任政府法律顾问以及参与信访、调解、社区工作等公益性法律服务给予必要的补贴。合理确定律师承办法律援助案件经费补贴标准,使其与律师承办案件的成本、律师的基本劳务费用相适应。对在经济欠发达地区国家出资设立的律师事务所,财政部门要继续予以必要的支持。加大律师培训投入,将司法行政机关开展律师培训工作所必需的经费纳入中央和地方财政预算,依托司法行政系统现有教育资源建立律师培训基地,将律师继续教育工作纳入专业技术人才继续教育体系。

……

# 司法部关于深入贯彻落实中发7号文件和国务院残工委第五次全体会议精神进一步加强残疾人法制宣传法律服务和法律援助工作的通知

(2010年9月15日 司发通〔2010〕168号)

各省、自治区、直辖市司法厅(局),新疆生产建设兵团司法局:

为深入贯彻落实《中共中央、国务院关于促进残疾人事业发展的意见》(中发〔2008〕7号)、国务院残疾人工作委员会第五次全体会议精神和国务院办公厅《关于加快推进残疾人社会保障体系和服务体系建设的指导意见》(国办发〔2010〕19号),推进残疾人事业在新的起点上加快发展,现就加强残疾人法制宣传、法律服务和法律援助工作通知如下:

一、充分认识做好法制宣传、法律服务和法律援助工作,促进残疾人事业发展的重要意义。近年来,在党中央、国务院的正确领导下,残疾人事业取得显著发展。各级司法行政机关认真履行职责,采取各种措施,积极开展残疾人法制宣传、法律服务和法律援助工作,全社会维护残疾人权益的法制观念进一步增强,残疾人依法维权的意识和能力不断提高。但是,由于受经济社会发展水平、人们道德素质等多种因素的影响,歧视和侵害残疾人权益的现象仍时有发生,许多残疾人仍然面临着咨询难、请律师难、无力支付法律服务费用等问题,残疾人的法律服务需求还不能得到充分有效满足。做好残疾人法制宣传、法律服务和法律援助工作,促进残疾人事业发展,有利于维护残疾人合法权益,促进社会公平正义,实现全体人民共享改革发展成果;有利于调动残疾人积极性、主动性和创造性,发挥残疾人在促进改革发展稳定中的重要作用,实现经济社会又好又快发展;有利于促进我国人权事业全面发展,体现社会主义制度的优越性,树立我国良好的国际形象。各级司法行政机关要从坚持立党为公、执政为民的高度,从推动科学发展、构建和谐社会的高度,充分认识发展残疾人事业的重要意义,进一步增强责任感和使命感,采取更加有力的措施,切实做好残疾人法制宣传、法律服务和法律援助工作,促进残疾人事业在新的起点上加快发展。

二、大力加强残疾人法制宣传教育,营造良好法治环境。要采取多种形式宣传残疾人保护有关法律法规和政策。大力宣传《残疾人保障法》和《中共中央、国务院关于促进残疾人事业发展的意见》、国务院办公厅《关于加快推进残疾人社会保障体系和服务体系建设的指导意见》等有关法律法规和政策,不断增强全社会依法维护残疾人权益的意识。积极开展送法进机关、乡村、社区、学校、企业和单位的"法律六进"活动,开展残疾人权益保护法律咨询、图片展览、法制文艺、媒体宣传专栏、知识竞赛、法制书画展览、法制讲座等工作。要利用各种媒体进行广泛宣传。充分利用报刊、电台、电视、网络等大众传媒,宣传表彰维护残疾人合法权益中涌现出的先进集体和先进个人,扩大残疾人权益保护法制宣传教育的影响力。要加强考核检查。各地在"五五"普法考核验收中,要把残疾人权益保护法制宣传教育作为考核的重点内容,对检查达不到要求的,要提出整改意见,认真抓好落实,推动残疾人权益保护法制宣传教育深入开展,努力营造有利于残疾人事业发展的良好法治环境。

三、突出重点,努力为残疾人提供法律服务。要不断拓宽法律服务的领域,着力在残疾人医疗卫生、社会保险、生活救助、住房、教育、就业等领域开展法律服务。继续深入开展"残疾人维权示范岗"活动,确定一批律师事务所、公证处和基层法律服务所,相对集中地为残疾人提供法律服务。倡导律师事务所与当地残联签订服务协议,在残联设置法律服务办公室,专门为残疾人服务。律师事务所、基层法律服务所要注意安排对残疾人有深厚感情、熟悉相关法律和政策、擅长办理有关案件的人员为残疾人提供法律服务。要选择对残疾人最有利的方式解决纠纷,坚持调解优先原则,对于案情简单、事实清楚、争议不大的案件,根据残疾人意愿,尽量采用调解方式结案,及时解决纠纷。大力加强基层残疾人法律服务工作,将服务领域不断向城市社区和农村延伸,基层法律服务所要加强与街道、村(居)委会的联系,为行动不便的残疾人上门提供法律服务,定期走访残疾人家庭,保障残疾人能够就地、就近、及时获得法律帮助。要突出为残疾人服务的公益性和社会效益,对经济困难又达不到法律援助条件的残疾人,律师事务所要减免服务收费,公证机构要按照有关规定减免公证费。要探索建立专项基金,对律师事务所、公证机构和法律服务所减免费用为残疾人提供法律服务给予适当的经济补偿。

四、采取多种方式,积极为残疾人提供法律援助。要进一步扩大残疾人法律援助覆盖面。国家残疾分类分级标准即将出台,要推动地方政府进一步降低残疾人法律援助门槛,对特困残疾人、重度残疾人和多重残疾、一户多残及老残一体、孤残儿童等群体的法律援助申请免除经济状况审查,使更多的残疾人能够获得法律援助。要建立完善各项便残助残措施。各地法律援助机构要以深化"法律援助便民服务"主题活动为契机,进一步健全便民服务窗口,在临街一层设置专门的接待场所,配备必要的无障碍服务设施。在各级残联和基层社区、福利企业、特殊教育学校等设立残疾人法律援助工作站、联络点,为残疾人申请和获得法律援助提供便利。要开通残疾人"绿色通道",优先受理、审查残疾人的法律援助申请,优先办理残疾人法律援助案件。要深入学习推广"盘龙经验",不断探索为残疾人服务的新途径和方法。有条件的地方要积极推进信息和交流无障碍,为残疾人提供语音、文字提示、盲文、手语等无障碍服务。要适应残疾人的不同需求,尽量使用电话、邮寄、网络等方式进行联系,办理有关申请、受理等事项,必要时上门为残疾人提供服务。要加强与民政、团委、妇联、残联、老龄委等部门的配合,广泛开展形式多样的"志愿助残阳光行动",形成关爱残疾人、奉献残疾人的浓厚社会氛围。

五、加强组织领导,把各项任务落到实处。各级司法行政机关要切实加强领导,经常开展对残疾人法制宣传、法律服务和法律援助工作的研究和督促检查,及时解决工作中的困难和问题,抓好各项工作落实。要加强与法院、检察院、公安、民政、人力资源和社会保障、教育、卫生、残联等部门的配合,建立高效、便捷、完善的残疾人维权工作衔接机制,推进残疾人法律救助工作深入开展。法制宣传部门、法律服务和法律援助机构要发挥各自优势,相互支持,密切配合,形成工作合力,保证残疾人享受内容更多、质量更高的法律服务。要及时总结推广为残疾人服务的好经验、好做法,以点带面,推动整体工作上水平。

# 最高人民法院、最高人民检察院、公安部、国家安全部、司法部印发《关于规范量刑程序若干问题的意见(试行)》的通知(节录)

(2010年9月13日 法发〔2010〕35号)

各省、自治区、直辖市高级人民法院、人民检察院、公安厅(局)、国家安全厅(局)、司法厅(局),解放军军事法院、军事检察院,新疆维吾尔自治区高级人民法院生产建设兵团分院、新疆生产建设兵团人民检察院、公安局、国家安全局、司法局:

为进一步规范量刑程序,促进量刑活动的公开、公正,根据中央关于深化司法体制和工作机制改革的总体部署,在深入调研论证,广泛征求各方面意见的基础上,最高人民法院、最高人民检察院、公安部、国家安全部、司法部联合制定了《关于规范量刑程序若干问题的意见(试行)》。现予以印发,请认真贯彻执行。对于实施情况及遇到的问题,请分别及时报告最高人民法院、最高人民检察院、公安部、国家安全部、司法部。

## 关于规范量刑程序若干问题的意见(试行)

为进一步规范量刑活动,促进量刑公开和公正,根据刑事诉讼法和司法解释的有关规定,结合刑事司法工作实际,制定本意见。

……

**第六条** 对于公诉案件,特别是被告人不认罪或者对量刑建议有争议的案件,被告人因经济困难或者其他原因没有委托辩护人的,人民法院可以通过法律援助机构指派律师为其提供辩护。

……

**第十八条** 本意见自 2010 年 10 月 1 日起试行。

## 中央综治委预防青少年违法犯罪工作领导小组、最高人民法院、最高人民检察院、公安部、司法部、共青团中央关于进一步建立和完善办理未成年人刑事案件配套工作体系的若干意见(节录)

(2010 年 8 月 28 日 综治委预青领联字〔2010〕1 号)

……

**一、进一步建立、巩固和完善办理未成年人刑事案件专门机构**

……

4. 司法部和省级司法行政机关应当加强对办理未成年人刑事案件配套工作的指导,成立相关工作指导小组。地市级和区县级司法行政机关所属法律援助机构应当成立未成年人法律援助事务部门,负责组织办理未成年人的法律援助事务,条件不具备的,应当指定专人办理。司法行政机关社区矫正工作部门一般应当设立专门小组或指定专人负责未成年人的社区矫正工作。

……

(一)对未成年犯罪嫌疑人、被告人、罪犯合法权益的保护

……

7. 公安机关办理未成年人刑事案件……

……

在第一次对未成年犯罪嫌疑人讯问时或自采取强制措施之日起,公安机关应当告知未成年人及其法定代理人有关诉讼权利和义务,在告知其有权委托辩护人的同时,应当告知其如果经济困难,可以向法律援助机构申请法律援助,并提供程序上的保障。

……

8. 人民检察院办理未成年人刑事案件……

……

在审查批捕和审查起诉阶段,人民检察院应当告知未成年犯罪嫌疑人及其法定代理人有关诉讼权利和义务,在告知其有权委托辩护人的同时,应当告知其如果经济困难,可以向法律援助机构申请法律援助,并提供程序上的保障。

……

9. 未成年犯罪嫌疑人及其法定代理人提出委托辩护人意向,但因经济困难或者其他原因没有委托的,公安机关、人民检察院应当依法为其申请法律援助提供帮助。

开庭时未满十八周岁的未成年被告人没有委托辩护人的,人民法院应当指定承担法律援助义务的律师为其提供辩护。

……

12. 对于未成年犯罪嫌疑人、被告人及其法定代理人的法律援助申请,法律援助机构应当优先审查;经审查符合条件的,应当提供法律援助。人民法院为未成年被告人指定辩护的,法律援助机构应当提供法律援助。

……

(二)未成年被害人、证人合法权益的保护

……

5. 对未成年被害人及其法定代理人提出委托诉讼代理人意向,但因经济困难或者其他原因没有委托的,公安机关、人民检察院、人民法院应当帮助其申请法律援助,法律援助机构应当依法为其提供法律援助。

……

# 最高人民法院关于进一步加强
# 人民法院涉军案件审判工作的通知(节录)

(2010年7月28日 法发〔2010〕254号)

各省、自治区、直辖市高级人民法院,解放军军事法院,新疆维吾尔自治区高级人民法院生产建设兵团分院:

最高人民法院、解放军总政治部《关于认真处理涉军纠纷和案件切实维护国防利益和军人军属合法权益的意见》发布近十年来,人民法院依法妥善处理了一大批涉军纠纷案件,为维护国防利益和军人军属合法权益,促进国防和军队建设作出了积极贡献。随着经济社会发展和军队使命任务拓展,军队建设和多样化军事任务中遇到的涉法涉诉问题日益增多,涉军案件审判工作面临许多新情况新问题。为了适应新的形势和任务要求,认真贯彻落实全国维护国防利益和军人军属合法权益工作表彰会议精神,人民法院要认真总结经验,发扬成绩,开拓创新,进一步发挥审判职能,为人民军队有效履行新的历史使命提供有力司法保障。

……

5. 积极开展司法救助和法律援助。对经济困难的军人军属,请求给付赡养费、抚养费、扶养费、抚恤金、优待金、社会保险金、劳动报酬和经济补偿金、人身损害赔偿等案件,依法决定诉讼费的缓、减、免交。军人军属合法财产权益因不能执行兑现、生活困难的,应积极协调有关部门,给予必要救助。军人军属需要法律援助的,应积极协调有关法律援助机构,及时提供法律援助。

……

# 最高人民法院印发《关于进一步贯彻"调解优先、调判结合"工作原则的若干意见》的通知(节录)

(2010年6月7日 法发〔2010〕16号)

各省、自治区、直辖市高级人民法院,解放军军事法院,新疆维吾尔自治区高级人民法院生产建设兵团分院:

现将最高人民法院《关于进一步贯彻"调解优先、调判结合"工作原则的若干意见》予以印发,请各地结合实际,认真贯彻执行。

……

## 关于进一步贯彻"调解优先、调判结合"工作原则的若干意见

……

"调解优先、调判结合"工作原则是认真总结人民司法实践经验,深刻分析现阶段形势任务得出的科学结论,是人民司法优良传统的继承和发扬,是人民司法理论和审判制度的发展创新,对于充分发挥人民法院调解工作在化解社会矛盾、维护社会稳定、促进社会和谐中的积极作用,具有十分重要的指导意义。为进一步贯彻该工作原则,特制定本意见。

……

14. 注重发挥律师和法律援助机构在调解工作中的积极作用。各级法院要积极推动、引导律师和法律援助机构参与或者主持调解、和解,共同做好调解工作。要积极探索,争取当地司法行政部门、律师协会的支持,注意解决律师风险代理收费与调解结案之间的矛盾。要积极推动律师协会建立推荐优秀律师担任调解员的制度,推进律师和法律援助机构参与或者主持调解工作的制度化、规范化。对于在调解工作中成绩突出的律师和法

律援助机构,人民法院应当向当地司法行政部门、律师协会提出予以表彰和奖励的建议。

……

# 最高人民法院、最高人民检察院、公安部、司法部印发《关于依法惩治拐卖妇女儿童犯罪的意见》的通知(节录)

(2010年3月15日　法发〔2010〕7号)

各省、自治区、直辖市高级人民法院、人民检察院、公安厅(局)、司法厅(局),解放军军事法院、军事检察院,新疆维吾尔自治区高级人民法院生产建设兵团分院,新疆生产建设兵团人民检察院、公安局、司法局:

为加大对妇女、儿童合法权益的司法保护,依法惩治拐卖妇女、儿童犯罪,现将最高人民法院、最高人民检察院、公安部、司法部《关于依法惩治拐卖妇女儿童犯罪的意见》印发给你们,请认真贯彻执行。

## 关于依法惩治拐卖妇女儿童犯罪的意见

为加大对妇女、儿童合法权益的司法保护力度,贯彻落实《中国反对拐卖妇女儿童行动计划(2008—2012)》,根据刑法、刑事诉讼法等相关法律及司法解释的规定,最高人民法院、最高人民检察院、公安部、司法部就依法惩治拐卖妇女、儿童犯罪提出如下意见:

一、总体要求

……

2. 注重协作配合,形成有效合力。人民法院、人民检察院、公安机关应当各司其职,各负其责,相互支持,相互配合,共同提高案件办理的质量与效率,保证办案的法律效果与社会效果的统一;司法行政机关应当切实做好有关案件的法律援助工作,维护当事人的合法权益。各地司法机关要统一思想认识,进一步加强涉案地域协调和部门配合,努力形成依法严惩拐卖妇女、儿童犯罪的整体合力。

……

## 最高人民法院印发《关于贯彻宽严相济刑事政策的若干意见》的通知(节录)

(2010年2月8日 法发〔2010〕9号)

各省、自治区、直辖市高级人民法院,解放军军事法院,新疆维吾尔自治区高级人民法院生产建设兵团分院:

宽严相济刑事政策,是党中央在构建社会主义和谐社会新形势下提出的一项重要政策,是我国的基本刑事政策。它对于最大限度地预防和减少犯罪、化解社会矛盾、维护社会和谐稳定,具有特别重要的意义。最高人民法院在深入调查研究、广泛征求各方面意见的基础上,制定了最高人民法院《关于贯彻宽严相济刑事政策的若干意见》(以下简称《意见》),对人民法院在刑事审判工作中如何更好地贯彻落实宽严相济的刑事政策,提出了具体、明确的要求。

各级人民法院要认真组织学习,充分认识《意见》对于刑事审判工作的重要指导作用。要深刻领会《意见》精神,切实增强贯彻执行宽严相济刑事政策的自觉性,将这一政策的基本要求落实到刑事审判工作的每一个环节中去,切实做到该宽则宽,当严则严,宽严相济,罚当其罪,确保裁判法律效果和社会效果的高度统一。

现将最高人民法院《关于贯彻宽严相济刑事政策的若干意见》印发给你们,请结合落实好今年政法工作的"三项重点工作",认真贯彻执行。执行中的具体问题,请及时层报我院。

### 最高人民法院关于贯彻宽严相济刑事政策的若干意见

宽严相济刑事政策是我国的基本刑事政策,贯穿于刑事立法、刑事司法和刑罚执行的全过程,是惩办与宽大相结合政策在新时期的继承、发展和完善,是司法机关惩罚犯罪,预防犯罪,保护人民,保障人权,正确实施国家法律的指南。为了在刑事审判工作中切实贯彻执行这一政策,特制定本意见。

……

**五、完善贯彻宽严相济刑事政策的工作机制**

……

45. 各级人民法院要加强与公安机关、国家安全机关、人民检察院、司法行政机关等部门的联系和协调,建立经常性的工作协调机制,共同研究贯彻宽严相济刑事政策的工作措施,及时解决工作中出现的具体问题。要根据"分工负责、相互配合、相互制约"的法律原则,加强与公安机关、人民检察院的工作联系,既各司其职,又进一步形成合力,不断提高司法公信,维护司法权威。要在律师辩护代理、法律援助、监狱提请减刑假释、开展社区矫正等方面加强与司法行政机关的沟通和协调,促进宽严相济刑事政策的有效实施。

# 司法部关于深化"法律援助便民服务"主题活动积极推进三项重点工作的意见

(2010年1月27日　司发〔2010〕4号)

各省、自治区、直辖市司法厅(局),新疆生产建设兵团司法局:

为认真贯彻党的十七大和十七届三中、四中全会精神,深入贯彻落实科学发展观,贯彻落实中央经济工作会议和全国政法工作电视电话会议精神,积极推进三项重点工作,进一步发挥法律援助在维护困难群众合法权益、促进社会和谐稳定中的职能作用,司法部决定深化"法律援助便民服务"主题活动,将活动延长至2010年底。现就深化"法律援助便民服务"主题活动提出如下意见:

**一、提高思想认识,增强责任感使命感**

当前,我国正处于经济社会发展重要战略机遇期和社会矛盾凸显期,改革发展稳定的任务艰巨繁重。深入推进社会矛盾化解、社会管理创新、公正廉洁执法三项重点工作,着力解决影响社会和谐稳定的源头性、根本性、基础性问题,是当前和今后一个时期政法工作的一项重要任务,也对进一步做好新形势下法律援助工作提出了新的更高要求。做好新形势下法律援助工作,依法维护困难群众合法权益,有利于预防化解涉及困难群众切身利益的矛盾纠纷,从源头上消除社会不稳定因素,促进形成依法有序表达诉求、及时有效解决问题的社会环境;做好新形势下法律援助工作,运用法律手段促进解决特殊人群帮教管理问题,有利于充分发挥法律援助在社会管理创新中的职能作用,推动提高社会服务管理水平;做好新形势下法律援助工作,不断强化法律援助公正廉洁服务,有利于促进法律正确实施,保障司法公正,切实让困难群众感受到社会主义社会的公平正义。

2009年6月,司法部在全国部署开展了"法律援助便民服务"主题活动,这是法律援助工作实现好、维护好、发展好人民群众根本利益的生动实践。活动开展以来,各地按照统一部署,积极推行十项便民措施,不断扩大法律援助覆盖面,加强便民窗口建设,拓宽申请渠道,简化受理审查程序,努力满足困难群众法律援助需求。通过开展主题活动,法律援助机构人员工作作风进一步改进,服务质量进一步提高,困难群众得到了实实在在的帮助。

面对新形势、新任务,"法律援助便民服务"主题活动要取得更大成效,法律援助工作要取得更大发展,必须围绕贯彻落实全国政法工作电视电话会议精神、积极推进三项重点工作,进一步拓展主题活动的广度和深度,扩大活动规模,丰富活动内容。深化"法律援助便民服务"主题活动,是各级司法行政机关和法律援助机构适应新形势新任务新要求,认真履行法律援助职责、切实服务困难群众的有效载体,是提高法律援助能力和水平、推动法律援助工作深入发展的重要途径,对于促进解决涉及困难群众切身利益的民生问题,及时化解人民内部矛盾,推动科学发展,促进社会和谐具有重要意义。

各级司法行政机关和法律援助机构要从政治和全局的高度,充分认识深化"法律援助便民服务"主题活动、进一步做好新形势下法律援助工作的重要性,切实增强责任感使命感,把深化主题活动作为积极推进三项重点工作的重要抓手,努力把便民理念贯穿到法律援助服务的全过程,落实到工作的每个环节和各个方面,不断增强法律援助服务困难群众的能力,全面提升法律援助化解社会矛盾的水平,为实现经济平稳较快发展、维护社会和谐稳定作出新的贡献。

**二、突出工作重点,提升活动效果**

当前和今后一个时期,深化"法律援助便民服务"主题活动,要围绕积极推进三项重点工作,在继续推行十项便民措施的基础上,适应人民群众日益增长的法律援助需求,突出抓好以下几方面工作:

(一)拓展服务领域,注重从源头上解决困难群众利益问题。密切关注转变经济发展方式、调整经济结构过程中出现的新情况新问题,继续推动将与民生问题紧密相关的权益保护事项纳入法律援助补充事项范围,进一步扩大法律援助覆盖面,及时满足困难群众法律援助需求。组织引导法律援助人员积极参与征地拆迁、劳动争议、食品药品安全、教育医疗、环境保护等案件办理工作,切实维护困难群众合法权益。充分发挥法律援助在党和政府主导的维护群众权益机制中的作用,建立法律援助介入信访工作机制、重大事项报告制度,依法积极介入群众关注的社会热点难点问题,协助党委、政府和有关部门依法妥善处理和化解涉法涉诉信访问题、群体性纠纷、突发性事件,努力解决当事人的合法合理诉求。着眼于预防社会矛盾,做好舆情分析工作,及时发现规律性、倾向性问题,做好预警预案,为党委、政府和有关部门评估社会稳定风险和制定政策提供参考,防止侵害群众合法权益的事件发生,从源头上预防和减少社会不稳定因素。

(二)突出重点服务对象,积极参与社会管理创新工作。将农民工、零就业家庭、残疾人、老年人等列为重点援助对象,针对其不同特点提供个性化、专业化服务,帮助他们依法解决就业、就医、就学等方面的切身利益问题。做好服刑人员、劳教人员和刑释解教人员法律援助工作,促进其教育改造转化,顺利融入社会。有针对性地开展法制宣传,协助有关部门做好对不在学、无职业、流浪乞讨青少年、服刑在教人员未成年子女、农村留守儿童的教育帮助工作。在办案过程中密切关注可能影响社会稳定的苗头性、倾向性问题,及时向有关部门提出加强和改进社会管理的意见建议。

(三)建立健全长效机制,促进公正廉洁执法。完善法律援助与公检法部门的衔接配合机制,保证诉讼活动顺利进行,促进案件公正审理;探索建立值班律师制度,在刑事诉讼各阶段为犯罪嫌疑人、被告人和刑事被害人提供咨询服务,依法保障当事人诉讼权利,维护司法公正。完善法律援助受理、审查、决定、指派、承办等各个环节的工作程序、工作制度和行为规范,细化服务标准,完善工作流程,确保为当事人提供符合标准的法律援助。探索建立法律援助案件质量评估体系,开展评估试点工作,强化办案质量管理,加强对案件的考核评估,提高服务质量。推行援务公开,通过多种形式向社会公开法律援助申请条件、范围、程序等有关事项;充分发挥网络公开、便捷、高效的优势,开展网上受理、审批及指派工作,以公开促公正,以透明保廉明。健全法律援助民意沟通机制,畅通社情民意表达渠道,扩大公众对法律援助工作的有序参与,主动接受社会和受援人监督,做好意见反馈,提高法律援助公信力。建立法律援助人员教育培训长效机制,着力加强思想政治建设、业务能力建设、作风建设,切实提高把握运用法律政策能力、群众工作能力、信息化应用能力、突发事件处置能力,全面提升法律援助工作整体水平。

(四)创新服务方式,提高服务效果。适应困难群众实际需要,推行电话申请、网络申请、邮寄申请、上门受理等服务方式,深入农村社区、工厂工地等困难群众集中的区域巡回受案,变坐等群众为主动服务。改进案件指派方式,根据案件性质、法律援助人员特长等因素指派案件,逐步推行点援制,不断提高专业化服务水平。积极开展法律援助异地协作,方便当事人异地申请和获得法律援助,降低维权成本。坚持"调解优先"原则,尊重当事人意愿,根据案情需要引导当事人采取调解、和解等非诉讼方式解决纷争,努力实现案结事了。总结推广一些地方将社工服务引入法律援助工作的经验,多做理顺情绪、平衡心理的工作,注重人文关怀和心理疏导,在化解矛盾纠纷的同时让困难群众感到满意、感受温暖。

### 三、强化组织领导,扎实有序推进

深化"法律援助便民服务"主题活动,积极推进三项重点工作,是当前和今后一个时期各级司法行政机关和法律援助机构的一项重要工作,各地要切实加强领导,注重统筹协调,采取有效措施,确保活动有序有力推进。

(一)切实加强领导。要把深化"法律援助便民服务"主题活动作为司法行政机关积极推进三项重点工作的重要内容,争取纳入地方党委、政府推进三项重点工作的整体部署,围绕党委、政府中心工作,从解决人民群众最关心的问题入手,认真落实好各项任务。要研究制定深化主题活动的实施方案,细化工作目标,明确任务要求,制定具体措施,扎实深入推进活动开展。要及时掌握本地区活动整体推进情况,加强工作指导,强化监督检查,务求取得实效。

(二)落实工作保障。为确保深化主题活动取得实效,要积极争取党委、政府和相关部门的重视和支持，认真落实"三个纳入"要求，为推进活动深入开展、加强改进法律援助工作提供必要条件和保障。要落实好国家政法经费保障体制改革的有关政策，不断提高经费保障水平，改善法律援助机构办公办案条件，加快推进法律援助信息化建设。注重做好抓基层、打基础的工作，加强对基层法律援助工作的指导，配齐配强基层人员力量，提高基层法律援助工作能力。要合理配置资源，实现优势互补，加大对老少边穷地区的扶持力度，促进法律援助区域协调发展。

（三）加大宣传表彰力度。要紧紧抓住深化"法律援助便民服务"主题活动的有利契机，继续加大法律援助宣传工作力度，把主题活动作为宣传工作的重要内容，统一部署，统筹安排。要着眼于创出品牌、形成规模、造出声势，深入开展有特色有影响的宣传活动，集中宣传法律援助工作的新举措、新进展、新成效，大力宣传表彰法律援助工作先进典型。司法部将在活动期间，适时召开座谈会，总结交流经验，在全系统举办"法律援助便民窗口建设示范单位"和"全国百优法律援助精品案例"评选活动，在活动结束时，对先进集体和个人进行表彰。

各地贯彻落实本意见的情况请及时报部。

# 人力资源和社会保障部、司法部、中华全国总工会、中国企业联合会/中国企业家协会关于加强劳动人事争议调解工作的意见（节录）

（2009年10月30日　人社部发〔2009〕124号）

各省、自治区、直辖市人力资源社会保障（人事、劳动保障）厅（局）、司法厅（局）、总工会、企业联合会/企业家协会，新疆生产建设兵团人事局、劳动保障局、司法局、工会、企业联合会/企业家协会，国务院有关部委、直属机构人事部门：

为进一步贯彻落实劳动争议调解仲裁法，切实发挥调解在促进劳动人事关系和谐和社会稳定中的重要作用，现就加强劳动人事争议调解工作提出如下意见。

......

**九、明确职责分工，形成推动调解工作合力**

人力资源社会保障行政部门、司法行政部门、工会、企业代表组织要加强对劳动人事争议调解工作的指导，充分发挥各自职能优势，落实责任，加大投入，整合资源，形成协调配合、通力合作的劳动人事争议调解工作新格局。

人力资源社会保障行政部门要统筹规划，会同司法行政部门、工会、企业代表组织及有关部门指导推动劳动人事争议调解和预防工作；做好与立法机构制定法律、司法审判机关法律适用等方面的协调；建立人力资源社会保障行政部门牵头，工会、企业代表组织及主管部门共同参与的集体性劳动人事争议应急调解协调机制；推动乡镇街道劳动保障服务所（站）开展劳动争议调解工作。司法行政部门要对人民调解委员会开展劳动争议调解工作进行指导，健全劳动争议法律援助制度，规范律师在劳动争议调解代理中的执业行为。工会、企业代表组织要共同推进企业建立健全劳动争议调解委员会，完善争议预防和调解制度，引导争议双方通过协商解决争议，提高企业自主解决劳动争议的能力。推动乡镇、街道工会和企业代表组织设立的劳动争议调解组织以及行业工会与行业协会设立的行业性劳动争议调解组织建设，有效开展调解工作。

......

# 司法部关于加强和改进法律援助工作的意见

（2009年7月10日　司发〔2009〕12号）

各省、自治区、直辖市司法厅（局），新疆生产建设兵团司法局、监狱管理局：

为认真贯彻落实党的十七大和十七届三中全会精神，进一步做好新形势下法律援助工作，努力为"保增长、保民生、保稳定"服务，现就加强和改进法律援助工作提出如下意见。

## 一、进一步增强做好新形势下法律援助工作的责任感和使命感

（一）充分认识做好新形势下法律援助工作的重要意义。党的十七大明确提出加快推进以改善民生为重点的社会建设，着力保障和改善民生，为法律援助工作发展提供了难得的发展机遇。同时，随着依法治国基本方略的实施，公民法律意识不断提高，法律服务需求日益增长，困难群众的法律援助需求也随之大量增加。做好新形势下法律援助工作，是深入贯彻落实科学发展观的必然要求，是保障和实现社会公平正义的必然要求，是贯彻落实中央"保增长、保民生、保稳定"决策部署的必然要求。各级司法行政机关一定要从政治和全局的高度，进一步增强做好新形势下法律援助工作的责任感、使命感，抓住机遇，迎接挑战，推进法律援助工作深入发展。

（二）全面把握加强和改进法律援助工作总的要求。当前和今后一个时期法律援助工作总的要求是：认真学习贯彻党的十七大和十七届三中全会精神，坚持以邓小平理论和"三个代表"重要思想为指导，深入贯彻落实科学发展观，认真贯彻中央"保增长、保民生、保稳定"的决策部署，全面贯彻实施《法律援助条例》，坚持围绕中心、服务大局，坚持以人为本、服务为民，努力维护困难群众合法权益，不断扩大法律援助覆盖面，努力提高法律援助工作质量，大力加强法律援助机构和队伍建设，大力加强法律援助经费保障能力建设，大力加强法律援助工作制度建设，坚持和完善中国特色社会主义法律援助制度，推动法律援助事业又好又快发展，为保障社会公平正义、促进社会和谐稳定、促进经济平稳较快发展作出新的更大贡献。

（三）进一步明确加强和改进法律援助工作总的目标。当前和今后一个时期法律援助工作总的目标是：法律援助覆盖面进一步扩大，提供能力进一步增强，更好地满足困难群众的法律援助需求；法律援助网络进一步健全，质量进一步提高，为困难群众提供更加优质高效的法律援助服务；法律援助经费投入进一步增加，基础设施进一步完善，物质保障水平明显提高；法律援助队伍进一步壮大，法律援助工作者政治业务素质进一步提高，法律援助工作水平显著提高。

## 二、着力提高新形势下法律援助工作水平

（四）进一步做好为困难群众及特殊群体提供法律援助的工作。积极为符合条件的困难群众提供诉讼和非诉讼代理，帮助他们依法维护自身合法权益，促进解决涉及基本生存、生产生活方面的问题，当前要特别围绕特

殊群体的法律援助需求,努力做好下岗失业人员、零就业家庭、返乡农民工等法律援助工作。认真办理好刑事法律援助案件,做好盲聋哑人、未成年人以及可能被判处死刑的被告人的刑事指定辩护工作,依法为经济困难的刑事案件当事人提供辩护和代理,维护犯罪嫌疑人、刑事被告人和被害人的诉讼权利。广泛开展法律援助咨询服务,切实做好法律援助专线咨询工作,为群众解疑释惑。

(五)不断扩大法律援助覆盖面。全面、准确了解困难群众在民生问题方面的法律需求,推动地方政府根据当地经济社会发展水平,不断扩大法律援助覆盖面。鼓励、支持有条件的地方,综合考虑公民法律援助需求、法律援助资源状况等因素,适度放宽法律援助经济困难标准,逐步降低法律援助门槛。适应困难群众的法律援助需求,按照权利保护优先顺序和需求迫切程度,将就业、就医、就学、劳动报酬、社会保障等与民生问题紧密相关的事项,纳入法律援助补充事项范围。推动政府建立法律援助"三项标准"动态调整机制,促进法律援助工作与经济社会协调发展。

(六)健全完善法律援助便民措施。建立健全法律援助便民服务窗口,扩大基层法律援助服务网络覆盖范围,拓宽法律援助申请渠道。简化法律援助受理审查程序,为符合条件的特定困难群体发放法律援助卡(证),免除经济困难审查,对情况紧急的案件,可以先行受理,事后补办手续。建立完善法律援助异地协作机制,方便群众异地申请获得法律援助,降低群众维权成本。选择有利于受援人的服务方式,减轻讼累,提高服务效果。

(七)切实提高法律援助工作质量和效率。依据《法律援助条例》规定,完善法律援助受理、审批、指派、承办等各个环节的工作程序、工作制度和服务标准,提高法律援助规范化水平。严格按照最高人民法院和司法部联合印发的《关于充分保障律师依法履行辩护职责确保死刑案件办理质量的若干规定》,指派具有刑事案件出庭辩护经验的律师担任死刑案件的辩护人,确保辩护质量。健全完善法律援助服务质量监督机制,建立健全服务质量检查公布制度、质量跟踪检查制度、投诉处理制度,探索建立法律援助服务质量评估体系,提高办案质量。推行限时办结制度,按照规定期限,及时办理法律援助案件,提高法律援助工作效率。加快法律援助信息化建设,以信息资源的整合与开发利用为重点,全面提高法律援助管理效率和服务水平。

(八)全力维护社会和谐稳定。坚持把维护社会和谐稳定作为第一责任,充分发挥法律援助工作在党和政府主导的维护群众权益机制中的积极作用,在党委和政府的领导下,努力做好化解社会矛盾纠纷的工作,促进社会和谐稳定。坚持把调解优先原则落实到法律援助工作中,在办理法律援助案件时,根据案情需要,引导当事人采取调解、和解等非诉讼方式解决纷争,化解矛盾。在法律咨询、案件办理等工作中开展法制宣传教育,引导公众理性表达利益诉求,依法维护自身合法权益。认真办理食品药品安全和生产安全等社会敏感性、群体性案件,准确把握国家有关政策,加强与相关部门的协调配合,妥善处理,依法维护受害人合法权益。积极参与处理涉法涉诉信访案件,有效疏导化解矛盾纠纷。做好舆情分析工作,及时向党委政府和有关部门提供决策依据,努力促进从源头上解决问题。

(九)积极服务农村改革发展。把服务"三农"放在更加突出的位置,适应农村法律援助需求量不断增加的趋势,采取有效措施,及时为农民、农民工提供法律援助服务,促进农民增收、农业发展和农村进步。重点做好涉及农村土地承包经营权流转、农村土地征用、资源纠纷和拖欠农民工工资、工伤赔偿等的法律援助工作,促进农村社会和谐稳定。探索建立法律援助与人民调解等其他纠纷调处手段的衔接机制,增强农村法律援助服务的实际效果。

**三、提高法律援助经费保障能力**

(十)加大法律援助经费财政投入力度。继续推动地方政府将法律援助经费列入同级政府财政预算,加大投入力度,建立法律援助经费动态增长机制。推动建立中央和地方按比例分担的法律援助经费保障体制,设立省级法律援助专项资金,推动中央和省级财政加大对贫困地区经费支持力度,提高贫困地区法律援助经费保障水平。

(十一)多渠道筹集法律援助资金。不断拓宽法律援助经费筹措渠道,鼓励社会各界自愿捐资支持法律援助。积极发挥中国法律援助基金会和地方法律援助基金会的作用,探索建立社会化法律援助资金筹措机制,增强筹资能力,扩大可用资金规模,努力为更多的贫困地区法律援助工作提供支持。

(十二)加强法律援助经费使用管理的监督。加强对法律援助经费使用管理的监督,建立完善内部监督机制,加强审计监督,加大司法行政系统纪检监察机关监督力度,畅通监督渠道,主动接受社会监督,坚决防止并严肃查处侵占、截留和挪用法律援助经费的行为,确保专款专用,确保资金使用安全。

（十三）加快法律援助机构业务用房和办案设施建设。抓住各地积极落实中央扩大内需一揽子计划的有利时机，推动将法律援助业务用房、办案设施和法律援助专线等基础设施建设纳入投资建设规划，促进解决县区、地市法律援助机构业务用房紧张和基层法律援助办案设备紧缺的问题。

**四、全面加强法律援助队伍建设**

（十四）切实加强思想政治建设。把思想政治建设放在首位，坚持用马克思主义中国化最新成果武装头脑，坚持不懈地用社会主义核心价值体系教育广大法律援助人员。在法律援助工作队伍中开展深入学习实践科学发展观活动，认真学习和深刻领会科学发展观的科学内涵、精神实质和根本要求，切实增强贯彻落实科学发展观的自觉性和坚定性。深入开展"大学习、大讨论"活动，进一步坚定广大法律援助人员的政治信念，坚定不移地做中国特色社会主义的建设者、捍卫者。深入持久地开展社会主义法治理念教育，使广大法律援助人员进一步端正执业理念、规范执业行为，打牢服务为民的思想根基。引导广大法律援助人员坚持中国特色社会主义法律援助制度的本质属性，始终做到党在心中、人民在心中、法在心中、正义在心中，始终坚持党的事业至上、人民利益至上、宪法法律至上，努力实现法律效果、社会效果和政治效果的统一。

（十五）切实加强业务能力建设。认真学习法律政策知识和法律实务知识，更好地适应法律援助工作的专业化要求，不断提高依法执业能力。熟悉群众工作特点，把握群众工作规律，学会做群众工作，切实提高联系群众、服务群众、引导群众的本领，不断提高群众工作能力。增强政治意识和大局意识，准确把握处置突发事件的原则方法，依法参与突发事件的处理，不断提高应对突发事件的能力。加大法律援助队伍培训力度，落实各项培训制度，制定法律援助教育培训规划，加强培训教材、师资、经费等基础建设，提升培训效果，不断提高法律援助队伍服务水平。

（十六）切实加强作风和行风建设。教育引导法律援助人员牢固树立群众观念，带着对群众的深厚感情开展法律援助工作，保持与群众的血肉联系，倾听群众呼声，关心群众疾苦，注重疏导群众情绪，维护受援人合法权益。教育广大法律援助人员依法执业，牢固树立宪法意识和法律意识，自觉遵守宪法和法律，正确理解和运用法律，依法维护受援人合法权益。

强化责任意识,脚踏实地,真抓实干,努力办理好每一个案件,处理好每一件事情。大力倡导无私奉献精神,立足本职,尽职尽责,切实帮助困难群众解决实际问题。大力加强职业道德教育,强化执业纪律,把公正、廉洁作为最基本的职业道德,始终保持高尚的道德追求,树立和弘扬优良作风,坚决防止和杜绝办理法律援助案件收取财物、或假借办理法律援助案件之名从事有偿服务等严重违反职业道德和执业纪律的行为。

**五、切实加强对法律援助工作的组织领导**

(十七)把法律援助工作摆在更加重要的位置。各级司法行政机关要充分认识做好新形势下法律援助工作的重要性和必要性,切实把法律援助工作摆上更加重要的位置,列入议事日程,加强组织领导。要积极主动地向党委、政府汇报法律援助工作情况,进一步争取党委、政府的重视和支持,争取将法律援助工作列入当地党委、政府为民办实事项目,把法律援助事业纳入各地经济和社会发展规划,把法律援助纳入党和政府主导的维护群众权益机制,把法律援助经费纳入同级政府财政预算。深入研究法律援助工作的重要理论和实践问题,认真解决法律援助工作遇到的实际困难和问题。建立和落实工作责任制,建立健全抓落实的工作机制,确保法律援助工作的各项任务和措施落到实处。认真学习贯彻中央关于深化司法体制和工作机制改革精神,在有关部门的支持下,扎实做好法律援助工作改革的各项任务,坚持和完善中国特色社会主义法律援助制度。

(十八)切实履行监管职责。根据国务院2008年批准的司法部"三定"方案精神,结合实际,建立健全组织机构,进一步理顺法律援助工作管理体制,配齐配强管理人员,确保更好地履行监督管理职责。加强对法律援助机构的监督和管理,保证其严格按照《法律援助条例》规定的范围和程序,为受援人提供优质高效便捷的法律援助;督促律师等法律服务人员自觉履行法律援助义务,指导律师协会积极协助法律援助的实施;鼓励引导律师事务所、公证处、司法鉴定机构等法律服务机构减免服务收费,探索建立法律援助与公证、司法鉴定服务衔接机制,努力满足困难群众的法律服务需求。支持社会组织开展与其能力相适应的法律援助活动,加强对社会组织和志愿者参与法律援助工作的监督和管理,依法规范机构设置,严格职业准入标准,规范法律援助服务,维护法律援助秩序。加强法律援助人才队伍建设,健全人才培养、竞争、考核、评价和奖励机制,逐步建立一支高素质的法律援助人才队伍。按照《司法部关于法律援助事业"十一五"时期发展规划》的要求,加快制定法律援助配套规章,对办案程序、质量控制、经费使用、人员管理等方面作出规定,不断提高法律援助规范化管理水平。

(十九)加强与相关部门的协调配合。大力加强与编制、人事、财政、发改委等部门的协调,积极争取支持,帮助解决法律援助工作中遇到的实际困难和问题。大力加强与公检法部门的协作配合,完善民事诉讼法律援助与司法救助的衔接机制和刑事诉讼法律援助中公检法司部门的配合工作机制,使各部门在法律援助工作中的衔接配合有序通畅。探索建立规范化、制度化的工作衔接机制,把发挥法律援助机构自身职能作用与争取相关部门的支持配合结合起来,努力形成工作合力,共同做好法律援助工作。

(二十)进一步加大宣传工作力度。采取多种形式,广泛宣传党中央、国务院有关法律援助工作的重要部署和举措,宣传法律援助工作在维护社会稳定、促进经济社会发展、服务人民群众和国家法治建设中的重要地位和作用,宣传司法行政机关推进法律援助工作的措施和成效,让社会各界更多地了解支持法律援助工作。大力宣传法律援助工作先进典型,展现新时期法律援助工作者的良好形象和精神风貌。创新宣传形式,拓宽宣传渠道,增强法律援助宣传工作的针对性、实效性,营造有利于法律援助事业发展的社会氛围。

# 司法部关于在全国开展"法律援助便民服务"主题活动的意见

(2009年6月1日　司发通〔2009〕93号)

各省、自治区、直辖市司法厅(局),新疆生产建设兵团司法局:

为贯彻落实中央关于保持经济平稳较快发展和"保增长、保民生、保稳定"的决策部署,进一步加大法律援助工作力度,更好地维护困难群众合法权益,司法部决定,自2009年6月至2010年6月,在全国开展"法律援助便民服务"主题活动。现就有关问题提出如下意见:

一、指导思想、目标要求

开展"法律援助便民服务"主题活动,要认真贯彻落实党的十七大和十七届三中全会精神,坚持以邓小平理论和"三个代表"重要思想为指导,深入贯彻落实科学发展观,坚持以人为本,服务为民,以满足人民群众法律援助需求为目标,以维护人民群众合法权益为主线,以方便群众、服务群众为重点,全面提升法律援助服务能力和水平,让更多的困难群众方便快捷地获得法律援助,切实维护社会公平正义,促进社会和谐稳定。

通过开展"法律援助便民服务"主题活动,推动各地完善便民利民措施,督促法律援助机构和法律援助人员进一步强化服务意识,改进服务作风,创新服务方式,提高服务质量和效率,探索构建法律援助便民长效机制,建立高效规范的法律援助实施体系,努力为困难群众提供优质高效的法律援助服务。

## 二、活动内容

活动期间,在全国范围内进一步推行法律援助十项便民措施,具体包括:

(一)努力扩大法律援助覆盖面。各级司法行政机关要根据当地经济社会发展水平,针对困难群众生产生活等方面出现的新情况,推动地方政府及时放宽法律援助经济困难标准,进一步降低法律援助门槛,努力把劳动就业、社会保障、土地承包、征地拆迁等与民生问题紧密相关的权益保护事项纳入补充事项范围,及时满足困难群众法律援助需求。

(二)建立健全法律援助便民服务窗口。各级司法行政机关和法律援助机构要积极创造条件,在临街、一层等方便人员来往的地点设置专门接待场所。在醒目位置设立便民指示牌,统一服务标识。设立公示栏,列明法律援助条件、申请程序、无偿服务原则、监督投诉电话等基本内容。完善无障碍配套服务设施,为残疾人、老年人等提供方便。

(三)拓宽法律援助申请渠道。各地法律援助机构要广泛建立法律援助工作站、联络点,扩大基层法律援助服务网络覆盖范围,使困难群众法律援助申请及时就近得到受理。根据需要到信访、劳动保障和法院等与困难群众联系密切的部门接受申请。探索法律援助机构授权律师事务所等法律服务机构代为受理公民申请。在偏远地区和困难群众集中的区域设立流动工作站,巡回受案。对老弱病残等有特殊困难的受援对象推行电话申请、邮寄申请、上门受理等服务方式。有条件的地方开展网上受理申请。

(四)做好法律援助接待咨询工作。各地法律援助机构要对来访人员免费提供法律咨询。来访咨询事项属于法律援助范围的,应当一次性告知申请程序,指导来访人提出申请;对不属于法律援助范围的,要告知有关规定,指引来访人寻求其他解决渠道。对疑难问题实行预约解答。向社会公布"148"法律援助专线电话,安排专业人员值守咨询专线,确保线路畅通,处理及时。有条件的地方,开通农民工法律咨询专线。

(五)简化法律援助受理审查程序。各地法律援助机构要为低保人群、零就业家庭、有特殊困难的残疾人、老年人,发放法律援助卡(证),对持卡(证)人免除经济困难审查。对农民工申请支付劳动报酬和工伤赔偿案件,不再审查经济困难条件。将特困企业职工、返乡农民工、生活困难的被征地农民以及新失业人员等,纳入重点范围,简化审批程序。对情况紧急或者即将超过仲裁或诉讼时效的法律援助案件,可以先行受理,事后补办手续。

(六)方便群众异地申请获得法律援助。各地法律援助机构要引导和帮助当事人依法在义务人所在地申请法律援助,建立完善法律援助异地协作机制,就异地调查取证等开展协作,降低群众维权成本。

(七)建立受援人联系告知制度。各地法律援助机构应当告知受援人在法律援助过程中的权利与义务,并及时向受援人通报办理法律援助事项的进展情况。法律援助事项为诉讼案件的,应当告知受援人在诉讼中的权利义务,提示可能产生的法律风险。

(八)选择有利于受援人的服务方式。各地法律援助机构要引导法律援助人员选择对受援人最有利的方式解决纠纷,对于案情简单、事实清楚、争议不大的案件,根据受援人意愿,尽量采用调解方式结案,减轻受援人讼累。

(九)提高法律援助服务质量。各地法律援助机构要实行首问负责制、服务承诺制、限时办结制。在援助前、援助中、援助后等各个环节强化办案质量管理,实行全程跟踪,重点督办重大疑难案件,保证受援人获得优质、高效的法律服务。

(十)主动接受受援人和社会监督。各地法律援助机构应当发放监督卡,做好受援人跟踪回访工作,接受受援人监督。设立投诉电话,公开网络邮箱,规范投诉处理反馈工作,促进改进作风、完善服务。

### 三、实施步骤

(一)动员部署阶段。各省(区、市)司法厅(局)要从领会《通知》精神、制定实施方案、搞好思想发动等方面入手,扎实做好动员部署工作。要在广泛征求各方面意见、认真开展调查研究的基础上,结合本地区实际,尽快研究制定具体实施方案。要进行广泛深入的思想发动和部署,充分调动广大法律援助工作者参与主题活动的主动性和积极性。

(二)组织实施阶段。各级司法行政机关和法律援助机构要按照《通知》和本地实施方案的要求,细化实化工作措施,全面抓好落实工作。要在活动过程中认真查找为群众服务的差距,进一步规范服务行为,完善工作制度,努力为群众解决一些实际问题。司法部将适时对各地主题活动开展情况进行督查或抽查。各级司法行政机关也要组织对所属地区的检查工作,查找薄弱环节,采取有效措施,积极加以推进。

(三)总结表彰阶段。各省(区、市)司法厅(局)要认真总结分析本地区主题活动开展情况,并向司法部提交书面报告。及时推广活动中创造和积累的好经验好做法,进一步巩固活动成果,探索建立法律援助便民工作长效机制。对活动中涌现的先进集体和个人,司法部将进行通报表彰。

### 四、组织领导

(一)高度重视,周密部署。开展"法律援助便民服务"主题活动是司法行政系统贯彻落实党的十七大和十七届三中全会精神的重要举措,是新形势下法律援助工作服务党和国家工作大局的切入点,也是为困难群众排忧解难的实事、好事。各级司法行政机关和法律援助机构要充分认识做好这项工作的重大意义,摆上重要日程,高度重视,周密部署,切实做到认识到位、组织到位、措施到位、工作到位。

(二)精心组织,务求实效。要把开展主题活动与落实中央提出的全力做好保增长、保民生、保稳定的各项政策措施和工作部署结合起来,与开展深入学习实践科学发展观活动和"大学习、大讨论"活动结合起来,确保主题活动有组织、有计划、有步骤地进行。要针对不同情况,鼓励和支持各地在开展主题活动的具体方式方法上因地制宜地作出安排。要深入基层调查研究,加强督促检查和工作指导,确保主题活动按照司法部统一要求扎实推进。要强化创新意识,坚持以已有的实践经验为基础,下大力气完善工作方法和手段,不断推出新举措,让群众切身感受到主题活动成效,防止搞形式主义和"政绩工程"。

(三)注重宣传,营造氛围。要大力宣传开展主题活动的重大意义、指导思想和目标要求,为活动的顺利开展营造良好舆论氛围。要充分利用电视、广播、报刊、网络等舆论阵地,及时报道主题活动的新进展、好做法和取得的实际成效,不断扩大社会影响力。要及时搜集汇总活动进展情况,定期交流上报活动信息和经验。要善于发现典型,着力培育不同层次、不同类型的典型经验,并通过各种形式推广交流,充分发挥典型引路的作用。

(四)加强保障,提升能力。要积极争取各级党委政府和相关部门的支持,帮助解决法律援助工作中存在的实际困难,把这项惠及广大困难群众的工作做好做实。要紧紧抓住当前国家扩大内需的有利契机,根据当地经济发展水平、法律援助需求量以及办案成本等,积极争取政府加大法律援助经费投入,加快改善法律援助基础设施,为落实十项措施提供必要保障。要建立健全法律援助便民服务长效机制,把主题活动中创造和积累的好经验、好做法用制度和规范固定下来,为法律援助便民工作常态化提供制度保障。

# 司法部关于进一步做好司法行政服务老龄工作的通知

(2009年5月11日　司发通〔2009〕80号)

各省、自治区、直辖市司法厅(局),新疆生产建设兵团司法局:

为认真贯彻落实中央关于加强老龄工作的决策部署和全国老龄工作委员会第十一次全体会议精神,进一步加强司法行政服务老龄工作,现通知如下。

一、进一步提高对司法行政服务老龄工作重要性的认识

今年是新中国成立60周年,是我国应对国际国内环境重大挑战、推动党和国家事业发展的关键一年,也是新形势下加快发展城乡老龄事业的重要一年。截至2008年底,我国60岁以上老年人口已达到约1.6亿人,占全国总人口的12%,今年还将出现第一次老年人口增长高峰。老年人口增速加快,高龄老人和失能老人大幅增加,空巢化趋势进一步明显的问题日益突出。尤其是受国际金融危机影响,国内经济形势变化对老龄工作的影响逐步加深,人口老龄化的各种矛盾和问题与社会转型、经济转轨相互交织,老龄问题已经成为影响我国经济社会发展的重要问题。适应我国老

龄事业发展形势,大力发展老龄事业,是保障和改善民生、维护社会公平正义、保持社会和谐稳定的必然要求。充分发挥司法行政职能作用,大力加强老年人法律服务、法律援助和法制宣传工作,是司法行政机关肩负的重要责任。各级司法行政机关一定要充分认识当前服务老龄工作的重要性、紧迫性,切实增强做好司法行政服务老龄工作的责任感和使命感,认真贯彻落实中央关于加强老龄工作的决策部署,把服务老龄工作作为贯彻落实中央提出的"保增长、保民生、保稳定"政策措施的重要内容,坚持着眼大局、积极推进、竭诚服务,采取有效措施,推动司法行政服务老龄工作更加深入、扎实、有效开展。

**二、进一步发挥司法行政服务老龄工作职能作用**

各级司法行政机关要适应老龄工作需要,充分发挥法律服务、法律援助和法制宣传在服务老龄工作中的职能作用,努力扩大工作覆盖面,丰富服务内容,健全服务机制,创新服务方式,不断提高司法行政服务老龄工作的能力和水平。

(一)努力扩大工作覆盖面。积极拓展司法行政服务老龄工作领域和服务内容,引导和推动律师、公证、基层法律服务机构及人员参与涉及老年人合法权益的诉讼、调解、仲裁和法律咨询等法律服务活动。继续放宽法律援助经济困难标准,扩充法律援助事项范围,鼓励各地将老年人权益损害赔偿等涉及老年人切身利益事项纳入法律援助范围。着力抓好基层、农村司法行政服务老龄工作,充分利用县(区)域法律服务机构,引导和推动老龄法律服务、法律援助和法制宣传工作重心向基层、社区和农村发展,让更多的老年人获得及时有效的法律服务和法律援助。

(二)突出工作重点。结合当前经济社会发展形势对老年人合法权益保障的影响,着力在老年人最关心、最直接、最现实的利益问题,诸如医疗、保险、求助、赡养、住房等领域开展法律服务、法律援助和法制宣传。针对老龄人口实际状况,重点关注和努力满足 80 岁以上高龄、失能半失能、贫困以及空巢老人的法律服务和法律援助需求。加强与老年人密切相关的婚姻、继承、赡养、社会保障等方面法律政策的宣传工作,提高老年人的自我防范意识和依法维护自身合法权益的能力,维护老年人的合法权益。

(三)创新方式方法。继续深入发展"老年人维权示范岗"活动,倡导律师事务所与当地老龄委签订法律服务协议,在老龄委派专职律师免费为老年人提供相关法律服务。积极探索为老年人提供及时便利服务的途径,鼓励各地依托当地老龄委设立法律援助工作站，拓展老年人申请获得法律援助的渠道，方便老年人就近申请和获得法律援助。倡导通过发放"法律援助关系卡"、公司法律咨询电话以及对行动不便、患病残疾的老年人主动提供上门服务等形式，增强法律服务和法律援助工作的便捷性、主动性。创新老年人法制宣传工作的方式方法，充分利用电视、广播、报刊、网络等现代传媒，充分利用在法制宣传日、节假日，特别是"九九"重阳节开展专项法制宣传活动，通过以案说法、文艺演出等群众喜闻乐见的形式，加大法制宣传力度，增强法制宣传效果。

三、各级司法行政机关要把服务老龄工作摆上重要议事日程，纳入工作规划，经常深入基层调查，及时了解和掌握服务老龄工作面临的新情况、新特点、新需求，提出有针对性的指导措施

今年，各级司法行政机关在法律服务、法律援助和法制宣传服务老龄工作中，都要重点围绕建立一个机制、总结一个经验、树立一个典型的目标要求，加强工作指导和任务落实，确保司法行政服务老龄工作取得实效。建立一个机制，就是要建立高效、便捷、完善的老年人维权工作机制，实现司法行政服务老龄工作的常态化、制度化。总结一个经验，就是要及时发现、认真总结、深入推广司法行政服务老龄工作的新经验、新做法，不断提升司法行政服务老龄工作的整体水平。树立一个典型，就是树立为老年人提供法律服务、法律援助和法制宣传先进典型。结合全国老龄委发展的全国老龄工作先进单位和先进个人评选表彰活动，加强对为老年人提供服务的先进人物、事迹的评选、表彰和宣传工作，鼓励和引导广大法律服务、法律援助和法制宣传工作者积极为老龄事业发展服务。

各地司法行政服务老龄工作有关情况要及时报司法部。

# 最高人民法院、最高人民检察院、公安部、司法部、民政部、人力资源和社会保障部、教育部、卫生部、中国残疾人联合会印发《关于加强残疾人法律救助工作的意见》的通知

(2009年5月6日 残联发〔2009〕10号)

各省、自治区、直辖市及计划单列市人民法院、人民检察院、公安厅(局)、司法厅(局)、民政厅(局)、人力资源社会保障(人事、劳动保障)厅(局)、教育厅(教委、教育局)、卫生厅(局)、残联,新疆生产建设兵团残工委,黑龙江农垦总局残工委:

为贯彻落实《中共中央、国务院关于促进残疾人事业发展的意见》和《中国残疾人事业"十一五"发展纲要》、《残疾人法律救助"十一五"实施方案》、《〈残疾人法律救助"十一五"实施方案〉实施办法》的要求,切实推进残疾人法律救助工作,制定了《关于加强残疾人法律救助工作的意见》,现印发给你们,请认真贯彻执行。

## 关于加强残疾人法律救助工作的意见

党和国家高度重视残疾人法律救助工作。2008年3月28日,《中共中央、国务院关于促进残疾人事业发展的意见》(中发〔2008〕7号)中指出:"建立残疾人法律救助体系,做好残疾人法律服务、法律援助、司法救助工作。加大对侵害残疾人合法权益案件的查处力度。"2008年4月24日,十一届全国人大常委会第二次会议通过修订后的《中华人民共和国残疾人保障法》,强化了相关单位和部门维护残疾人权益的职责,规定了残疾人法律救助的相关内容。国务院批转的《中国残疾人事业"十一五"发展纲要》中要求建立残疾人法律救助体系,解决残疾人的实际困难。最高人民法院、最高人民检察院、公安部、司法部、民政部、劳动和社会保障部、教育部、卫

生部、中国残联联合制定下发《残疾人法律救助"十一五"实施方案》及《〈残疾人法律救助"十一五"实施方案〉实施办法》,明确规定了"十一五"期间残疾人法律救助工作的任务目标和主要措施,明确了各相关单位和部门的法律救助职责,为残疾人法律救助工作的顺利开展奠定了坚实基础。2008年6月26日,十一届全国人大常委会第三次会议批准我国加入联合国《残疾人权利公约》,该公约要求缔约国采取有效措施,保障残疾人获得平等司法保护。为切实维护残疾人的合法权益,进一步做好残疾人法律救助工作,使残疾人能够切实获得法律救助服务,提出以下意见:

## 一、从构建社会主义和谐社会的高度,充分认识开展残疾人法律救助工作的重要意义

我国有8300多万残疾人,涉及2.6亿家庭人口。残疾人是一个数量众多、特性突出、特别需要帮助的社会群体。党和政府历来十分关心残疾人,高度重视发展残疾人事业,特别是改革开放以来,采取了一系列重大措施,推动残疾人事业不断发展壮大,残疾人参与社会生活的环境和条件明显改善,法律意识普遍提高,依法维护自身权益的能力显著增强。但是,残疾人在社会中的弱势地位并未得到根本改变,他们仍然是社会弱势群体中最为困难的群体。残疾人的总体生活状况与社会平均水平仍然存在较大差距,歧视残疾人、侵害残疾人权益的现象时有发生,许多残疾人仍然面临着咨询难、请律师难、打官司难、无力支付法律服务费用等问题,残疾人的法律服务需求还不能得到充分有效满足,依法维护残疾人权益依然是残疾人事业发展中一项根本而长远的任务。

为残疾人提供法律救助服务是构建社会主义和谐社会的一项重要内容。党中央从中国特色社会主义事业总体布局和全面建设小康社会全局出发,提出了构建社会主义和谐社会的重大战略任务。构建社会主义和谐社会的首要原则是以人为本,始终把最广大人民的根本利益作为党和国家一切工作的出发点和落脚点,实现好、维护好、发展好最广大人民的根本利益。残疾人作为社会弱势群体中最为困难的群体,其权益保障状况对社会主义和谐社会建设具有非常重要的意义。为残疾人提供法律救助服务,是依法维护残疾人权益的科学方法和有效手段,有助于充分发挥国家司法救助、法律援助、法律服务的功能和作用,使残疾人享受服务门槛更低、服务内容更多、服务范围更广的法律服务。切实保障残疾人的合法权益、为残疾人提供法律救助服务是构建社会主义和谐社会的一项重要内容。

目前,我国正处在改革发展的关键时期,经济体制深刻变革,社会结构深刻变动,利益格局深刻调整,思想观念深刻变化。这种空前的社会变革,给我国发展进步带来巨大活力的同时,也必然带来这样那样的矛盾和问题。残疾人抵御风险的能力较低,保障自身权益的能力和途径有限,因此残疾人在经济变革和社会变动中比其他人面临更多的困难和障碍。为残疾人提供法律救助服务,是社会主义和谐社会建设的一项必然要求,是依法治国理念和人权保障事业在残疾人工作领域的生动体现,能够提高残疾人依法保障权益的意识和能力,使残疾人充分享受经济社会发展和改革开放成果。各级人民法院、人民检察院、公安、司法行政、民政、人力资源社会保障、教育、卫生、残联等单位和部门要切实提高对残疾人法律救助工作的认识,把残疾人法律救助工作纳入重要工作议程,出台相关政策和有效措施,推进残疾人法律救助工作的深入开展。

**二、以科学发展观为指导,全面推进残疾人法律救助工作**

残疾人法律救助工作需要各级政府发挥主导作用,相关部门分工负责、综合协调、共同推进。建立残疾人法律救助工作协调机构有助于协调相关部门共同开展残疾人法律救助工作,研究制定残疾人法律救助的政策和计划,妥善处理残疾人法律救助工作中的重大疑难问题。2008年2月19日,最高人民法院、最高人民检察院、公安部、司法部、民政部、原劳动和社会保障部、教育部、卫生部、中国残联成立了残疾人法律救助工作协调领导小组及办公室,并通过召开会议、重点调研等多种形式,积极研究、部署全国范围内残疾人法律救助工作的有序开展。辽宁、湖北、甘肃、广东、贵州、新疆生产建设兵团、河南、新疆、黑龙江、山西、河北、天津、黑龙江农垦总局、内蒙古等地方也都先后成立了残疾人法律救助工作协调机构,河北省将残疾人法律救助工作协调机构的组成单位扩大到省人大内务司法委员会、省政协社会和法制委员会、省财政厅,内蒙古自治区将残疾人法律救助工作协调机构的组成单位扩大到自治区政法委,有力地促进了当地残疾人法律救助工作的开展。

各级人民法院、人民检察院、公安、司法行政、民政、人力资源社会保障、教育、卫生、残联等单位和部门在各自职责范围内承担着不同的残疾人法律救助工作任务。最高人民法院、最高人民检察院、公安部、司法部、民政部、人力资源和社会保障部、教育部、卫生部、中国残联都通过不同途径,采取不同方式,部署残疾人法律救助工作的深入、有序开展,并积极出台相关政策措施,保证残疾人享受内容更多、质量更高的法律救助服务。同时,还通过《中华人民共和国最高人民法院公报》、《检察日报》、《中国法律援助》等报刊对残疾人法律救助工作进行宣传报道,营造了残疾人法律救助工作的良好社会氛围。地方人民法院、人民检察院、公安、司法行政、民政、人力资源社会保障、教育、卫生、残联等单位和部门也通过多种方式,积极加强对本地残疾人法律救助工作的研究、部署和宣传,有力地推动了残疾人法律救助工作的全面开展。

各级人民法院、人民检察院、公安、司法行政、民政、人力资源社会保障、教育、卫生、残联等单位和部门应当根据《中共中央、国务院关于促进残疾人事业发展的意见》要求,结合当前开展深入学习实践科学发展观活动的有利时机,用科学发展观指导残疾人法律救助工作的有效开展,及时成立残疾人法律救助工作协调机构,加强沟通协调,认真履行职责,不断完善残疾人法律救助工作体系,努力解决工作中出现的各种困难和障碍,避免工作走过场、形式化,真心实意地为残疾人提供法律救助服务。

**三、以残疾人为本,充分发挥残疾人法律救助工作站的作用**

残疾人法律救助工作站是为残疾人提供法律救助的协调服务机构,也是保证残疾人获得法律救助服务的具体实施机构。切实做好残疾人法律救助工作站建设工作,有助于建立服务残疾人的有效渠道,了解残疾人诉求,解决残疾人面临的法律服务困境。

为推进残疾人法律救助工作站建设工作,残疾人法律救助工作协调领导小组决定在全国范围内建立一批残疾人法律救助工作站(见附件1),并制定了《残疾人法律救助工作站管理规定》(见附件2)。批准建立残疾人法律救助工作站的地区,要有专人负责残疾人法律救助工作站的日常管理工作,并通过社会化工作方式积极为残疾人提供法律救助服务。同级人民法院、人民检察院、公安、司法行政、民政、人力资源社会保障、教育、卫生、残联等单位和部门要共同制定工作规程,向社会公示能够直接为残疾人提供法律救助服务的案件范围和条件,指定本单位、本部门负责残疾人法律救助工作站的联络人,共同做好残疾人法律救助工作站建设工作。

未批准建立残疾人法律救助工作站的地区,同级人民法院、人民检察院、公安、司法行政、民政、人力资源社会保障、教育、卫生、残联等单位和部门应当认真做好调查研究,根据本地实际情况,因地制宜地开展残疾人法律救助工作站建设工作。

最高人民法院、最高人民检察院、公安部、司法部、民政部、人力资源和社会保障部、教育部、卫生部、中国残联要共同做好对地方残疾人法律救助工作的指导、监督和检查，做好残疾人法律救助工作人员的培训，推进残疾人法律救助工作站的规范化和网络化建设，不断开创残疾人法律救助工作的新局面。

附件1:残疾人法律救助工作站名单(略)

附件2:

# 残疾人法律救助工作站管理规定

**第一条** 残疾人法律救助工作站是对符合条件的残疾人提供法律救助的协调服务机构。

**第二条** 残疾人法律救助工作站由残疾人法律救助工作协调领导小组批准设立。

最高人民法院、最高人民检察院、公安部、司法部、民政部、人力资源和社会保障部、教育部、卫生部、中国残联对残疾人法律救助工作站进行指导和监督。

同级人民法院、人民检察院、公安部门、司法行政部门、民政部门、人力资源社会保障部门、教育部门、卫生部门、残联共同负责残疾人法律救助工作站的相关业务工作和管理。

残疾人法律救助工作站设在同级残联。

**第三条** 残疾人法律救助的内容包括但不限于咨询、代书、调解、协调、代理等。

**第四条** 残疾人可以通过书面或者口头形式向残疾人法律救助工作站提出法律救助申请。对于残疾人的法律救助申请，残疾人法律救助工作站应当认真处理。

**第五条** 如果认为案件符合法律援助、司法救助条件，残疾人法律救助工作站应当将案件转介到相关机构，并协助残疾人获得相应的法律援助和司法救助。

应当由相关单位或部门为残疾人提供法律服务和帮助的其他案件，残疾人法律救助工作站应当协助残疾人获得相应法律服务和帮助。

第六条　除第五条规定的案件外,残疾人法律救助工作站应当根据本地的实际情况,直接为残疾人提供法律救助服务。

对于能够直接提供法律救助服务的案件范围和条件,残疾人法律救助工作站应当公示。

对于下列残疾人案件,残疾人法律救助工作站应当直接提供法律救助服务:(1)残疾人经济困难(具体标准由残疾人法律救助工作站根据本地实际情况确定);(2)侵犯残疾人群体利益;(3)案情复杂、涉及面广、社会影响较大。

残疾人法律救助工作站应当不断扩大为残疾人提供法律救助服务的范围和内容。

第七条　残疾人法律救助工作站应当有专职人员负责残疾人法律救助工作。鼓励通过社会化的工作方式,聘请律师、法律工作者、志愿者等人员为残疾人提供法律救助服务。

第八条　残疾人法律救助工作站应当建立健全案件登记制度、档案制度和统计制度。

第九条　残疾人法律救助工作站应当加强宣传工作,重点宣传具有重大社会意义的典型案件。

第十条　残疾人法律救助工作站应当在每年度末,将年度工作开展情况报送同级残疾人法律救助工作协调领导小组、相关单位和部门。

第十一条　残疾人法律救助工作站的经费由同级人民政府财政支付。中国残联等相关单位和部门应当通过多种渠道对残疾人法律救助工作站提供经费支持。

残疾人法律救助工作站应当建立完善的财务制度,规范经费的使用。

第十二条　残疾人法律救助工作协调领导小组批准设立的残疾人法律救助工作站,遵照上述规定开展工作。

地方残疾人法律救助工作协调领导小组可以参照上述规定,在本行政区域内开展残疾人法律救助工作站建设工作。

# 司法部办公厅关于进一步做好预防和解决企业工资拖欠法律服务和法律援助工作的通知

(2009年1月22日 司办通〔2009〕9号)

各省、自治区、直辖市司法厅(局),新疆生产建设兵团司法局,总政司法局:

近期,受国际金融危机的影响,企业生产经营困难加剧,部分企业停产倒闭,拖欠职工工资甚至欠薪逃匿问题突出。为贯彻落实党中央、国务院应对当前经济形势做出的一系列决策部署,进一步做好预防和解决企业工资拖欠工作,依法维护职工合法权益,维护社会稳定,现通知如下。

一、努力为预防和解决企业工资拖欠工作提供优质高效的法律服务

积极引导和组织律师接受企业职工的委托,通过代理职工参加劳动仲裁、诉讼、劳动争议调解或与用人单位进行协商等方式,把解决企业工资拖欠问题纳入法制化轨道。进一步加强企业法律顾问工作,充分发挥企业法律顾问的作用,协助和指导企业建立和完善各项规章制度,帮助企业建立权责明确、科学规范的长效管理机制。充分发挥公证工作职能,运用公证法律手段规范劳动合同关系,提高劳务合同的履约率,保证职工工资得以及时足额兑现。积极探索并推广针对劳资双方达成的偿还欠款协议及兑现农民工工资协议的强制执行公证制度。进一步畅通为企业职工提供法律服务的渠道,在企业职工较为密集的区域设立工作站,鼓励支持有条件的法律服务机构开通法律咨询热线,免费解答企业职工的法律问题。通过电视、报刊、杂志、网络等媒体公示法律服务机构、人员的执业信息,便于企业职工遇到困难及时获取法律帮助。对经济确有困难又达不到法律援助条件的农民工,要酌情减收或免收服务费用。

二、认真做好解决工资拖欠问题有关法律援助工作

进一步畅通法律援助渠道,简化办理程序,努力为企业职工提供便捷高效的法律援助服务,特别是做好被拖欠工资的困难职工、农民工的法律

援助工作,依法维护他们的合法权益。努力提高为解决拖欠工资提高法律援助工作的水平,加强有关办理欠薪案件法律知识和诉讼技能的培训,有条件的地方可以指派或安排具有办理欠薪案件专长的法律援助人员或以组建专门律师志愿团等形式提供援助。法律援助机构要加强对办案环节的质量监控,确保为劳动者提供符合标准的法律援助服务。

### 三、大力倡导以调解协商方式解决企业工资拖欠问题

充分发挥法律服务人员的调解功能,引导法律服务人员在代理职工参加劳动仲裁、诉讼时,积极通过诉前和解、诉讼调解等方式,促成当事人与企业和解,争取调解结案。对小额、简单案件以及涉及人数较多的案件,尽可能通过协调有关主管部门和欠薪单位,以调解方式平稳解决纠纷。要在地方各级人民政府的统一领导下,依法参与处理因拖欠工资问题引发的群体性事件的应急工作,在提供法律服务和法律援助的同时,深入细致地做好疏导工作,稳定职工情绪,协助有关部门妥善、快速处置因企业无力支付拖欠工资或欠薪逃匿问题引发的群体性事件。

### 四、积极配合有关部门做好打击欠薪逃匿行为工作

要配合有关部门加大对欠薪逃匿行为的防范、打击力度,依法引导法律服务机构和人员协助职工和债权人向人民法院申请对企业资产进行保全。对于非正常撤离中国的外资企业,要按照商务部、外交部、公安部、司法部联合印发的《外资非正常撤离中国相关利益方跨国追究与诉讼工作指引》的精神,配合有关部门依法追究逃匿者的经济、法律责任。

### 五、加大法律咨询和法律宣传力度

要组织和引导法律服务、法律援助机构和人员,通过咨询热线、法律讲堂、以案说法等形式,利用报刊、网络、电视、社区宣传栏等各种媒介普及有关职工权益保障的法律知识,特别是加大对《劳动法》、《劳动合同法》、《劳动合同法实施条例》等与预防和解决拖欠工资问题密切相关的法律法规的宣传,提高企业守法意识,增强广大职工依法维护自身合法权益的意识和能力,为预防和解决拖欠工资工作营造良好的法制氛围。

各级司法行政机关、各地律师协会、公证协会要从深入贯彻落实科学发展观,实现好、维护好、发展好人民群众最关心、最直接、最现实的利益的高度,把预防和解决企业工资拖欠法律服务和法律援助工作摆在突出位

置,切实加强组织领导。要在地方党委、政府的统一领导下,做好相关法律服务、法律援助工作的组织领导、统筹协调工作。各地司法厅(局)和律师协会、公证协会要成立专门的工作小组,围绕做好预防和解决企业工资拖欠法律服务和法律援助工作有针对性地开展调查研究,预测、分析企业拖欠职工工资的新情况、新问题,研究制定指导性意见。要进一步加强与劳动保障、建设、工会、共青团、妇联、残联等部门、单位以及社会团体、组织的协调配合,建立信息共享交流机制,积极争取社会各方对解决企业拖欠工资法律服务和法律援助工作的支持,建立健全解决企业拖欠工资法律服务和法律援助工作长效机制,确保广大企业职工、农民工获得更加便捷有效的法律服务和法律帮助。

# 全国妇联、中央宣传部、最高人民检察院、公安部、民政部、司法部、卫生部印发《关于预防和制止家庭暴力的若干意见》的通知(节录)

(2008年7月31日 妇字〔2008〕28号)

各省、自治区、直辖市妇联,党委宣传部,人民检察院,公安厅(局),民政厅(局),司法厅(局),卫生厅(局):

为了进一步做好预防和制止家庭暴力工作,依法保护公民特别是妇女儿童的合法权益,促进社会主义和谐社会建设,中央宣传部、最高人民检察院、公安部、民政部、司法部、卫生部、全国妇联联合制定了《关于预防和制止家庭暴力的若干意见》。现印发给你们,请认真贯彻执行。

## 关于预防和制止家庭暴力的若干意见

……

**第十条** 司法行政部门应当督促法律援助机构组织法律服务机构及从业人员,为符合条件的家庭暴力受害人提供法律援助。鼓励和支持法律服务机构对经济确有困难又达不到法律援助条件的受害人,按照有关规定酌情减收或免收法律服务费用。

对符合法律援助条件的委托人申请司法鉴定的,司法鉴定机构应当按照司法鉴定法律援助的有关规定,减收或免收司法鉴定费用。

……

# 司法部关于进一步做好服务老龄工作的通知

(2008年6月11日 司发通〔2008〕99号)

各省、自治区、直辖市司法厅(局),新疆生产建设兵团司法局、监狱管理局:

近年来,各级司法行政机关认真贯彻落实党中央、国务院关于老龄工作的部署,把老龄工作作为司法行政工作的一项重要内容,列入司法行政工作"十一五"规划和"五五"全国普法规划,不断加强对服务老龄工作的规划和指导,积极开展老年人法律服务、法律援助和法制宣传工作,取得了明显成效。根据全国老龄工作委员会第十次全体会议的部署,为贯彻落实党中央、国务院关于老龄工作的指示精神,充分发挥司法行政工作职能,进一步加强老年人法律服务、法律援助、法制宣传工作,切实维护老年人的合法权益,特通知如下。

## 一、充分认识做好服务老龄工作的重要意义

党的十七大强调要加快推进以改善民生为重点的社会建设,明确提出要"加强老龄工作",努力使全体人民"老有所养"。胡锦涛总书记明确指出,尊重老年人、关爱老年人、照顾老年人是中华民族的优良传统,也是一个国家文明进步的标志。发挥职能作用,服务老龄事业,依法维护老年人的合法权益,是司法行政机关肩负的重要责任。目前我国老龄事业发展面临的一系列问题,特别是老年人关注的民生利益问题,往往与法律有密切的关系,需要通过法律途径来解决。同时,由于我国是在经济尚不发达的情况下进入老龄社会的,"未富先老"以及不断增多的高龄、病残、独居老人的问题,使得老年人对方便、快捷的法律服务,特别是法律援助的需求更为迫切,这就对服务老龄工作提出了新的更高的要求。做好老年人法律服

务、法律援助和法制宣传工作,是适应我国老龄事业发展形势,应对人口老龄化的重要举措;是依法维护老年人的合法权益,满足老年人日益增长的法律服务需求的客观需要;是维护社会公平正义,保持社会和谐稳定的必然要求。各级司法行政机关一定要认真学习贯彻党的十七大精神和胡锦涛总书记的重要指示精神,进一步提高对服务老龄工作重要意义的认识,认真分析老龄工作面临的形势和任务,切实增强做好服务老龄工作的责任感和紧迫感,采取有效措施,依法履行职责,不断完善老龄工作服务体系,扩大老年人法律服务、法律援助和法制宣传的覆盖面,建立健全保障老年人合法权益的制度机制,提高服务能力和水平。

**二、积极提供优质高效的法律服务**

重点围绕"规范、优质、高效"的要求,拓展和创新老龄法律服务工作内容和方法。进一步扩大老龄法律服务工作的覆盖面,积极拓展老龄服务工作领域,着力在老年人最关心、最直接、最现实的利益问题,诸如医疗、保险、救助、赡养、住房等领域开展法律服务。着力抓好基层、农村老龄法律服务工作,促进老龄法律服务向城乡基层和欠发达地区延伸,让更多的老年人获得及时有效的法律服务。引导和推动律师、公证、基层法律服务机构及人员积极参与涉及老年人合法权益的诉讼、调解、仲裁和法律咨询等法律服务,依法维护老年人的合法权益。积极组织推荐律师参与《老年人权益保障法》及相关法律、法规、政策的制订和修改论证工作,围绕落实和完善维护老年人合法权益的法律法规和政策措施积极建言献策,着力促进全面保障老年人合法权益的制度和机制建设。不断改进服务方式,积极探索为老年人提供及时便利法律服务的途径,继续倡导律师事务所与当地老龄委签订法律服务协议,在老龄委设置法律服务办公室,派专职律师免费为老年人提供相关法律服务。深入开展"老年人维权示范岗"活动,确定一批律师事务所、公证机构和基层法律服务所相对集中地为老年人提供法律服务,对患病和残疾的老年人积极主动上门服务。

**三、大力开展便民利民的法律援助工作**

适应老年人群日益增长的法律援助需求,努力提供便捷周到的法律援助。不断扩大对老年人的法律援助覆盖面,继续放宽法律援助经济困难标准、扩充法律援助范围,将涉及老年人切身利益事项纳入到法律援助的事项范围。充分发挥法律援助机构在城市社区、农村乡镇和各级老龄组织设立的法律援助工作站和联系点的作用,加强和改进县区、农村面向老年人的法律援助工作。进一步畅通法律援助渠道,简化法律援助申请、受理和审批程序,在同等条件下,优先受理和审批涉及老年人合法权益的法律援助案件。针对老年人年老体弱、行动不便、信息不畅等特点,积极探索和认真落实方便老年人维权的便民措施,法律援助机构要尽可能在临街、一层以及其他老人方便到达的地方设立接待咨询办公室,向老年人发放"法律援助卡",提供法律援助咨询电话和办公地址,为行动不便的孤寡老人实行上门服务,方便老年人寻求法律援助。鼓励律师事务所、公证机构、基层法律服务机构对经济困难又达不到法律援助条件的老年人减少或免除服务收费。

### 四、不断加强深入有效的法制宣传

针对老年人群的特点,不断扩大老龄法制宣传工作覆盖面,深入开展生动有效地老龄法制宣传教育工作。在全社会大力宣传《中华人民共和国老年人权益保障法》、《中共中央、国务院关于加强老龄工作的决定》和《中国老龄事业发展"十一五"规划》等有关法律法规政策,大力宣传老年人享有的权利和家庭对老年人的赡养义务,老年人享有财产、婚姻等方面的自由,努力提高全社会保护老年人权益的法律意识,积极营造老年人权益保护的良好法治氛围。针对老年人权益保障的重点工作和存在的问题,集中开展法制宣传教育,把有关法律法规送到广大老年人手中,努力提高老年人的自我防范意识和依法维护自身合法权益的能力。创新对老年人法制宣传的形式和方法,充分利用电视、广播、报刊、网络等现代传媒开展宣传,充分利用好"12·4"全国法制宣传日、"老年法制宣传周"等活动,通过开展主题教育,推进老年人法制宣传教育进机关、进乡村、进社区、进学校、进企业、进单位。要结合"五五"普法规划中期检查,加强对老年人权益保护法律法规宣传教育活动的监督检查。要把老年人法制宣传教育与精神文明建设结合起来,在宣传老年人权益保障法的同时,大力弘扬中华民族传统美德,在全社会营造一个尊老、爱老、敬老、助老的良好氛围和环境。

### 五、切实加强组织领导

各级司法行政机关要把服务老龄工作摆上重要议事日程,纳入相关规划,及时了解掌握服务老龄工作面临的新情况、新特点、新需求,提出有针对性的指导措施。要深入实际,调查研究,及时掌握工作情况,总结交流工作经验，查找存在的问题。加强对包括老年人法律服务、法律援助案件监督检查力度，规范法律服务机构内部建设和法律服务人员行为，不断提高服务质量。加强服务老龄工作机构和队伍建设，特别是要积极为基层老龄工作者创造工作条件，改善工作环境。加强与法院、老龄委、街道、村（居）委会等的协调配合，建立高效、便捷、完善的老年人维权工作协调机制。要加大对服务老龄工作作出突出贡献的先进集体和个人的宣传和表彰力度，树立为老年人提供法律服务、法律援助和法制宣传的先进典型，激发和提高司法行政干部和法律服务工作者参与老龄工作的积极性和主动性。

各地贯彻落实本通知的情况请及时报部。

# 司法部关于认真贯彻落实中发7号文件精神进一步加强残疾人法制宣传、法律服务和法律援助工作的意见

（2008年6月4日　司发通〔2008〕98号）

各省、自治区、直辖市司法厅（局），新疆生产建设兵团司法局、监狱管理局：

为认真贯彻落实《中共中央、国务院关于促进残疾人事业发展的意见》（中发〔2008〕7号）和新修订的《残疾人保障法》，认真贯彻落实国务院残疾人工作委员会第三次全体会议精神，履行司法行政职能，促进残疾人事业发展，现就进一步加强残疾人法制宣传、法律服务和法律援助工作提出如下意见：

**一、充分认识进一步加强残疾人法制宣传、法律服务和法律援助工作的重要意义**

前不久，中共中央、国务院下发了《关于促进残疾人事业发展的意见》，明确了促进残疾人事业发展的总体要求；全国人大常委会通过了新修订的《残疾人保障法》，为促进残疾人事业发展提供了更为完善的法律保障。司法行政工作是党和国家事业的重要组成部分，在促进残疾人事业发展中肩负着法制宣传、法律服务和法律援助的重要职责。进一步加强残疾人法制宣传、法律服务和法律援助工作有利于进一步增强全社会依法维护残疾人

权益的观念,切实维护残疾人合法权益;有利于进一步提高残疾人依法维权的意识和能力,引导残疾人以理性、合法方式表达利益诉求;有利于进一步完善残疾人法律救助体系,帮助残疾人这一群体平等地享受法律保护。这对于促进残疾人事业发展,促进司法公正、维护社会公平正义、推进以改善民生为重点的社会建设具有积极作用。各级司法行政机关一定要从全面建设小康社会、构建社会主义和谐社会的高度,充分认识进一步加强残疾人法制宣传、法律服务和法律援助工作的重要意义,坚决贯彻落实《中共中央、国务院关于促进残疾人事业发展的意见》和新修订的《残疾人保障法》,切实增强使命感和责任感,明确工作任务,采取有力措施,提高服务质量,竭诚为促进残疾人事业发展服务。

**二、进一步加强残疾人法制宣传教育工作**

要在全社会深入宣传新修订的《残疾人保障法》,使广大干部群众了解熟悉这部法律的基本内容,为这部法律的实施营造广泛的社会思想基础。要促进各级党委、政府和领导干部带头学习新修订的《残疾人保障法》,依法保障残疾人的合法权益。要帮助广大残疾人学习掌握新修订《残疾人保障法》的基本知识,切实提高他们依法维权的意识和能力。要不断创新方法和形式,增强残疾人法制宣传教育的实效性和针对性。发挥大众传媒的作用,充分利用广播、电视、报刊、网络等各类媒体开展宣传教育,不断提高残疾人法制宣传教育的覆盖面和渗透力。要结合开展法律进机关、进乡村、进社区、进学校、进企业、进单位的"法律六进"活动,把新修订的《残疾人保障法》作为重要内容,采取多种形式广泛宣传,在全社会营造关爱残疾人、保护残疾人合法权益的法治环境。

**三、进一步加强残疾人法律服务工作**

要积极拓展残疾人法律服务工作领域,进一步扩大残疾人法律服务工作的覆盖面,着力在医疗、保险、救助、住房等领域开展法律服务。引导和推动律师、公证、基层法律服务机构和人员积极参与涉及残疾人合法权益的诉讼、调解、仲裁和法律咨询等法律服务,依法维护残疾人的合法权益。积极组织推荐律师参与残疾人权益保障有关法律、法规、政策的制订和修改论证工作,努力为推进完善残疾人事业法律法规和制度建设服务。根据当地实际情况,制定为残疾人提供优先优惠法律服务的政策措施,鼓励律师事务所、公证机构对经济困难又达不到法律援助条件的残疾人减少或免除服务收费。有条件的地方可以探索建立专项基金,对律师事务所、公证机构和法律服务所为残疾人提供法律服务给予适当的经济补偿。不断改进服务方式,积极探索为残疾人提供及时便利法律服务的途径,继续倡导律师事务所与当地残联签订法律服务协议,在残联设置法律服务办公室派专职律师在残联办公,免费为残疾人提供相关法律服务。推动公证员积极为残疾人上门办理公证,解答残疾人的公证法律咨询,指导基层法律服务工作者积极参与法律援助。

**四、进一步加强残疾人法律援助工作**

要努力扩大残疾人法律援助覆盖面,根据当地经济社会发展水平,及时调整法律援助经济困难标准,降低援助门槛,扩大援助范围,努力使更多的残疾人能够获得法律援助。要完善残疾人法律援助工作衔接机制,加强与法院、残联、街道、村(居)委会等的协调配合,推动建立高效便捷的残疾人维权工作机制,共同维护好残疾人的合法权益。要健全残疾人法律援助工作网络,根据实际情况,在各级残联和基层社区、福利企业、特殊教育学校等残疾人比较集中的地方,设立残疾人法律援助联络部或工作站等,安排有关专业人员,开展法律咨询、调解、代书等工作,推动残疾人法律援助工作向基层延伸,为残疾人提供及时便捷的法律援助服务。要大力学习推广"盘龙经验",不断探索新的途径和方法,完善各项"便残助残"措施。建设和改善便利残疾人求助的办公接待场所和无障碍服务设施,并及时进行维修和保护。法律援助机构的接待场所要创造条件,为残疾人提供语音和文字提示、手语、盲文等信息交流服务,并提供优先服务和辅助性服务,帮助残疾人及时了解和申请法律援助。采取发放法律援助卡、开通法律援助热线、实行上门服务、定期回访等措施,进一步方便残疾人获得法律援助。要切实提高残疾人法律援助服务质量,注意挑选对残疾人有深厚感情、熟悉相关法律和政策、擅长办理同类案件的工作人员为残疾人提供法律援助服务。对于疑难复杂案件,法律援助机构可与残疾人组织共同研究,必要时进行专家论证,保证受援人获得有效的帮助。要加大对残疾人法律援助工作经费保障力度,充分考虑当地残疾人数量及其法律援助需求状况,不断加大经费投入力度。同时,鼓励社会各界捐助残疾人法律援助事业,不断完善残疾人法律援助专项基金,努力提高残疾人法律援助经费保障水平。

### 五、切实加强组织领导

各级司法行政机关要高度重视残疾人法制宣传、法律服务和法律援助工作,把残疾人法制宣传、法律服务和法律援助工作作为司法行政工作的重要任务,列入议事日程,认真研究,采取措施,积极推进。要主动向党委、政府汇报残疾人法制宣传、法律服务和法律援助工作情况,为司法行政机关开展残疾人法制宣传、法律服务和法律援助工作争取更大支持。要加强宣传表彰工作,对在残疾人法制宣传、法律服务和法律援助工作中做出突出贡献的先进集体和个人,要积极宣传、大力表彰。

# 最高人民法院、司法部印发《关于充分保障律师依法履行辩护职责确保死刑案件办理质量的若干规定》的通知

(2008 年 5 月 21 日　法发〔2008〕14 号)

各省、自治区、直辖市高级人民法院、司法厅(局),解放军军事法院,新疆维吾尔自治区高级人民法院生产建设兵团分院、新疆生产建设兵团司法局:

现将《关于充分保障律师依法履行辩护职责确保死刑案件办案质量的若干规定》印发给你们,请认真遵照执行。执行情况及遇到的问题,请分别及时报告最高人民法院、司法部。

## 关于充分保障律师依法履行辩护职责确保死刑案件办案质量的若干规定

为确保死刑案件的办理质量,根据《中华人民共和国刑事诉讼法》及相关法律、法规和司法解释的有关规定,结合人民法院刑事审判和律师辩护、法律援助工作的实际,现就人民法院审理死刑案件,律师依法履行辩护职责的具体问题规定如下:

一、人民法院对可能被判处死刑的被告人,应当根据刑事诉讼法的规

定,充分保障其辩护权及其他合法权益,并充分保障辩护律师依法履行辩护职责。司法行政机关、律师协会应当加强对死刑案件辩护工作的指导,积极争取政府财政部门落实并逐步提高法律援助工作经费。律师办理死刑案件应当恪尽职守,切实维护被告人的合法权益。

二、被告人可能被判处死刑而没有委托辩护人的,人民法院应当通过法律援助机构指定律师为其提供辩护。被告人拒绝指定的律师为其辩护,有正当理由的,人民法院应当准许,被告人可以另行委托辩护人;被告人没有委托辩护人的,人民法院应当通知法律援助机构为其另行指定辩护人;被告人无正当理由再次拒绝指定的律师为其辩护的,人民法院应当不予准许并记录在案。

三、法律援助机构在收到指定辩护通知书三日以内,指派具有刑事案件出庭辩护经验的律师担任死刑案件的辩护人。

四、被指定担任死刑案件辩护人的律师,不得将案件转由律师助理办理;有正当理由不能接受指派的,经法律援助机构同意,由法律援助机构另行指派其他律师办理。

五、人民法院受理死刑案件后,应当及时通知辩护律师查阅案卷,并积极创造条件,为律师查阅、复制指控犯罪事实的材料提供方便。

人民法院对承办法律援助案件的律师复制涉及被告人主要犯罪事实并直接影响定罪量刑的证据材料的复制费用,应当免收或者按照复制材料所必须的工本费减收。

律师接受委托或者被指定担任死刑案件的辩护人后,应当及时到人民法院阅卷;对于查阅的材料中涉及国家秘密、商业秘密、个人隐私、证人身份等情况的,应当保守秘密。

六、律师应当在开庭前会见在押的被告人,征询是否同意为其辩护,并听取被告人的陈述和意见。

七、律师书面申请人民法院收集、调取证据,申请通知证人出庭作证,申请鉴定或者补充鉴定、重新鉴定的,人民法院应当及时予以书面答复并附卷。

八、第二审开庭前,人民检察院提交新证据、进行重新鉴定或者补充鉴定的,人民法院应当至迟在开庭三日以前通知律师查阅。

九、律师出庭辩护应当认真做好准备工作,围绕案件事实、证据、适用法律、量刑、诉讼程序等,从被告人无罪、罪轻或者减轻、免除其刑事责任等方面提出辩护意见,切实保证辩护质量,维护被告人的合法权益。

十、律师接到人民法院开庭通知后,应当保证准时出庭。人民法院应当按时开庭。法庭因故不能按期开庭,或者律师确有正当理由不能按期出庭的,人民法院应当在不影响案件审理期限的情况下,另行安排开庭时间,并于开庭三日前通知当事人、律师和人民检察院。

十一、人民法院应当加强审判场所的安全保卫,保障律师及其他诉讼参与人的人身安全,确保审判活动的顺利进行。

十二、法官应当严格按照法定诉讼程序进行审判活动,尊重律师的诉讼权利,认真听取控辩双方的意见,保障律师发言的完整性。对于律师发言过于冗长、明显重复或者与案件无关,或者在公开开庭审理中发言涉及国家秘密、个人隐私,或者进行人身攻击的,法官应当提醒或者制止。

十三、法庭审理中,人民法院应当如实、详细地记录律师意见。法庭审理结束后,律师应当在闭庭三日以内向人民法院提交书面辩护意见。

十四、人民法院审理被告人可能被判处死刑的刑事附带民事诉讼案件,在对赔偿事项进行调解时,律师应当在其职责权限范围内,根据案件和当事人的具体情况,依法提出有利于案件处理、切实维护当事人合法权益的意见,促进附带民事诉讼案件调解解决。

十五、人民法院在裁判文书中应当写明指派律师担任辩护人的法律援助机构、律师姓名及其所在的执业机构。对于律师的辩护意见,合议庭、审判委员会在讨论案件时应当认真进行研究,并在裁判文书中写明采纳与否的理由。

人民法院应当按照有关规定将裁判文书送达律师。

十六、人民法院审理案件过程中,律师提出会见法官请求的,合议庭根据案件具体情况,可以在工作时间和办公场所安排会见、听取意见。会见活动,由书记员制作笔录,律师签名后附卷。

十七、死刑案件复核期间,被告人的律师提出当面反映意见要求或者提交证据材料的,人民法院有关合议庭应当在工作时间和办公场所接待,并制作笔录附卷。律师提出的书面意见,应当附卷。

十八、司法行政机关和律师协会应当加强对律师的业务指导和培训,以及职业道德和执业纪律教育,不断提高律师办理死刑案件的质量,并建立对律师从事法律援助工作的考核机制。

# 司法部关于学习盘龙经验进一步做好残疾人法律援助工作的通知

(2007年5月18日 司发通〔2007〕35号)

各省、自治区、直辖市司法厅（局），新疆生产建设兵团司法局：

长期以来，党中央、国务院高度重视发展残疾人事业，各级党委、政府致力于保障残疾人在生活、就业等各方面的权益，使他们与正常人一样享受经济社会发展的成果。法律援助工作作为政府工作的重要组成部分，在维护残疾人合法权益方面发挥了积极作用。近年来，随着法律援助工作的深入发展，各地围绕"便残助残"的工作要求，不断探索新途径、新办法，在为残疾人提供法律援助方面取得了明显成效。云南省昆明市盘龙区法律援助中心是其中的一个典型代表，他们在残疾人法律援助工作方面做出了突出成绩，创造了许多有益经验，得到了中央领导同志的充分肯定，值得推广学习。现就学习盘龙区工作经验，进一步做好残疾人法律援助工作通知如下：

一、学习盘龙区法律援助中心心系残疾人，促进社会和谐稳定的职业精神

当前，全党和全国正在致力于全面建设小康社会、加快推进社会主义和谐社会的伟大实践。构建和谐社会的前提和基础是稳定，只有在稳定中才能求发展，才能让人民群众安居乐业，和谐相处。实现社会和谐稳定，必须以解决人民群众最关心、最直接、最现实的利益问题为重点，解决社会矛盾纠纷，促进社会公平正义。残疾人作为社会中特殊的弱势群体，面临着生产生活诸多矛盾和困难。解决好他们的矛盾和困难，维护好他们的合法权益，对于促进社会和谐稳定关系重大。做好残疾人法律援助工作，是司法行政机关和法律援助机构服务大局、服务构建和谐社会的重要内容。盘龙区司法局和法律援助中心抓住了这个大局，把残疾人法律援助工作作为党和政府为民办实事的"民心工程"，提出"真心关爱、热情服务、全力援助、

便捷高效"的服务宗旨,从思想认识、工作措施、服务态度等方面努力体现心系残疾人、服务残疾人的职业精神,通过实实在在地为残疾人提供法律援助,维护了残疾人的合法权益,促进了社会和谐稳定,生动体现了法律援助工作维护社会公平正义、推动构建和谐社会、弘扬社会美德的本质特征,充分说明了法律援助事业是党和政府服务人民群众的崇高事业。各级司法行政机关和法律援助机构,要学习他们服务中心工作,以高度的政治责任感开展法律援助工作的大局意识;学习他们心系残疾人,真心实意地为残疾人服务的职业精神,自觉地把法律援助工作与党和政府的中心工作、大局工作联系起来,关注残疾人等社会弱势群体,从本地区的实际出发,根据残疾人的特殊需要,采取更多的倾斜政策和切实措施,把残疾人法律援助工作层层部署好、落实好,扎扎实实为残疾人办好事、办实事,推动残疾人事业与社会的协调发展。

**二、学习盘龙区法律援助中心以残疾人为本,为残疾人提供无障碍法律援助的经验做法**

残疾人由于身体状况、经济条件和受教育程度的限制,在维护自身合法权益时,普遍面临着比常人更多的困难。这就要求法律援助机构在开展残疾人法律援助工作中,要落实科学发展观,以残疾人为本,通过各种渠道、各种方式为残疾人提供方便快捷的法律援助,消除他们在获得法律援助方面存在的经济条件障碍、物质环境障碍、语言障碍和信息障碍,使他们能够及时有效地维护自身合法权益。盘龙区在这方面做出了有益的探索:一是开辟信息无障碍通道,让残疾人及时获得咨询服务。通过法律援助工作网络和"148"法律服务热线,让残疾人随时就地获得咨询服务;发放法律援助资料盲文版、提供手语翻译等,让残疾人准确了解法律援助有关知识;组织宣传小分队深入社区、农村向残疾人宣传有关法律法规,提高残疾人依法维权意识。二是开辟设施无障碍通道,方便残疾人申请法律援助。铺设盲道和缘石坡道、设立"残疾人接待室"、改建无障碍厕所,为残疾人申请法律援助创造良好环境。三是开辟交流无障碍通道,使残疾人获得心理上精神上的抚慰。开展"微笑服务",提供人文关怀,让残疾人诉委屈、找说法、讨公道,找到精神上的依靠和归属感。四是开辟程序无障碍通道,保证残疾人优先获得法律援助。实行"三优先"原则(优先受理、优先审查、优先指定),对情况特殊者采取"先援助,后审批",发放法律援助卡,实行上门服务,帮助申请减、免、缓收诉讼费等,让符合条件的残疾人顺利获得法律援助。通过全方位开辟无障碍通道,确保经济困难的残疾人获得无障碍法律援助。各地要认真学习盘龙的经验做法,结合本地实际,不断探索各种途径、方法,完善"便残助残"措施,为残疾人获得法律援助提供便利条件。健全为残疾人提供无障碍法律援助的工作网络。要在各级残联和基层社区、福利企业、特殊教育学校等残疾人比较集中的地方,设立残疾人法律援助联络部或工作站等,配备专(兼)职工作人员,开展法律咨询、调解、代书等工作;要建设和改善便利残疾人求助的办公接待场所和无障碍服务设施;推动残疾人无障碍法律援助工作向基层延伸;采取发放法律援助卡、开通法律援助热线、设立咨询信箱、实行上门服务、定期回访等措施,方便残疾人寻求法律援助。要改进工作作风,踏踏实实、全职全责地为残疾人提供热情周到、规范满意的服务。

### 三、学习盘龙区法律援助中心坚持创新发展,不断开创法律援助工作新局面的进取意识

法律援助制度经过十多年的发展,在机构建设、制度建设和业务开展等方面取得了明显成效,但是,目前法律援助工作仍然存在体制机制不完善、队伍不稳定、工作人员素质有待提高等问题,使得法律援助的提供能力与困难群众的需求、与构建和谐社会的要求还有较大差距。客观形势要求我们必须开拓进取,不断加强和改进法律援助工作。盘龙区无论是在围绕大局,找准工作的突破口方面,还是在具体工作措施,把工作做实做大方面,都表现出他们勇于创新、谋求发展的进取意识。各级司法行政机关和法律援助机构要把学习盘龙经验与推动本地法律援助工作的深入发展结合起来,从"立党为公、执政为民"、"服务大局、服务中心"的高度来认识加强和改进法律援助工作的重要性,增强服务和谐社会建设的责任感和紧迫感,根据当地工作实际,结合开展"法律服务和法律援助工作为构建社会主义和谐社会服务"的主题实践活动,围绕困难群众的法律援助需求,制定加强和改进法律援助工作的目标和措施,因地制宜、实现法律援助的重点突破。进一步加大法律援助工作力度,认真研究解决法律援助工作面临的突出矛盾和问题,努力探索适合国情的法律援助工作机制和模式,不断增强法律援助物质保障、组织建设、管理工作、服务工作和社会宣传等五项能力建设,逐步扩大法律援助覆盖面,提高法律援助工作质量和效率,切实维护困难群众的合法权益,不断开创法律援助工作的新局面,为全面建设小康社会、加快构建社会主义和谐社会作出新的更大贡献。

# 最高人民法院、最高人民检察院、公安部、司法部印发《关于进一步严格依法办案确保办理死刑案件质量的意见》的通知(节录)

(2007年3月9日 法发〔2007〕11号)

各省、自治区、直辖市高级人民法院、人民检察院、公安厅(局)、司法厅(局),解放军军事法院、军事检察院、总政治部保卫部,新疆维吾尔自治区高级人民法院生产建设兵团分院、新疆生产建设兵团人民检察院、公安局、司法局:

现将《关于进一步严格依法办案确保办理死刑案件质量的意见》印发给你们,请认真遵照执行。执行情况及遇到的问题,请分别及时报告最高人民法院、最高人民检察院、公安部、司法部。

……

**三、认真履行法定职责,严格依法办理死刑案件**

(一)侦查

……

13. 犯罪嫌疑人在被侦查机关第一次讯问后或者采取强制措施之日起,聘请律师或者经法律援助机构指派的律师为其提供法律咨询、代理申诉、控告的,侦查机关应当保障律师依法行使权利和履行职责。涉及国家秘密的案件,犯罪嫌疑人聘请律师或者申请法律援助,以及律师会见在押的犯罪嫌疑人,应当经侦查机关批准。律师发现有刑讯逼供情形的,可以向公安机关、人民检察院反映。

……

(二)提起公诉

……

17. 人民检察院自收到移送审查起诉的案件材料之日起三日以内,应当告知犯罪嫌疑人有权委托辩护人;犯罪嫌疑人经济困难的,应当告知其可以向法律援助机构申请法律援助。辩护律师自审查起诉之日起,可以查阅、摘抄、复制本案的诉讼文书、技术性鉴定材料,可以同在押的犯罪嫌疑人会见和通信。其他辩护人经人民检察院许可,也可以查阅、摘抄、复制上述材料,同在押的犯罪嫌疑人会见和通信。人民检察院应当为辩护人查阅、摘抄、复制材料提供便利。

......

(三)辩护、提供法律帮助

......

29. 被告人可能被判处死刑而没有委托辩护人的,人民法院应当通过法律援助机构指定承担法律援助义务的律师为其提供辩护。法律援助机构应当在收到指定辩护通知书三日以内,指派有刑事辩护经验的律师提供辩护。

......

(四)审判

31. 人民法院受理案件后,应当告知因犯罪行为遭受物质损失的被害人、已死亡被害人的近亲属、无行为能力或者限制行为能力被害人的法定代理人,有权提起附带民事诉讼和委托诉讼代理人。经济困难的,还应当告知其可以向法律援助机构申请法律援助。在审判过程中,注重发挥附带民事诉讼中民事调解的重要作用,做好被害人、被害人近亲属的安抚工作,切实加强刑事被害人的权益保护。

......

36. 第二审人民法院应当及时查明被判处死刑立即执行的被告人是否委托了辩护人。没有委托辩护人的,应当告知被告人可以自行委托辩护人或者通知法律援助机构指定承担法律援助义务的律师为其提供辩护。人民法院应当通知人民检察院、被告人及其辩护人在开庭五日以前提供出庭作证的证人、鉴定人名单,在开庭三日以前送达传唤当事人的传票和通知辩护人、证人、鉴定人、翻译人员的通知书。

......

# 司法部、财政部贯彻落实《国务院关于解决农民工问题的若干意见》的意见

(2006年10月13日 司发通〔2006〕69号)

各省、自治区、直辖市司法厅(局)、财政厅(局),新疆生产建设兵团司法局、财政局:

为贯彻落实《国务院关于解决农民工问题的若干意见》(国发〔2006〕5号,以下简称国务院5号文件),做好对农民工的法律服务、法律援助和法制宣传工作,切实维护农民工合法权益,提出如下意见:

## 一、认真学习国务院5号文件精神,切实增强工作责任感

农民工问题事关我国经济和社会发展全局,解决农民工问题是建设中国特色社会主义的战略任务,维护农民工合法权益,直接关系维护社会公平正义,保持社会和谐稳定。国务院5号文件对当前涉及农民工的若干重要问题作了全面的政策性规定,其中专门规定要"健全维护农民工权益的保障机制",强调要"做好对农民工的法律服务和法律援助工作","在农民工中开展普法宣传教育",要求"政府要根据实际情况安排一定的法律援助资金,为农民工获得法律援助提供必要的经费支持。"各级司法行政机关和财政部门要认真学习领会国务院5号文件精神,从实践"三个代表"重要思想、全面落实科学发展观和坚持立党为公、执政为民的高度,充分认识维护农民工权益的重要意义,增强工作责任感,采取有力措施,切实维护广大农民工合法权益,促进农民工问题的有效解决,推动社会和谐稳定发展。

## 二、采取有效措施,为维护农民工合法权益发挥司法行政职能作用

各级司法行政机关要按照国务院5号文件要求,认真组织法律服务、法律援助机构和法制宣传部门全面开展对农民工法律帮助和普法教育。

组织引导律师和律师事务所在农民工较为集中的区域,定期或不定期开展农民工义务法律咨询活动,有条件的律师事务所要设立农民工免费法

律咨询热线。对于经济确有困难又达不到法律援助条件的农民工,适当减少或免除服务费用。

保证符合国务院5号文件规定条件的农民工及时获得法律援助。畅通申请渠道,为农民工及时就近申请法律援助提供组织保障。法律援助机构可以通过接受邮寄申请的方式,方便农民工在异地申请法律援助。创新服务方式,根据需要采取代书、诉讼指引和非诉讼调解的方式,节省法律援助资源,减少诉讼,以最小的投入达到最佳的维权效果。建立输入地与输出地法律援助工作协作机制。输出地可以依托本地政府在输入地的办事机构设立法律援助联系点,向家乡农民工提供咨询等法律帮助。输入地和输出地法律援助机构之间可以就申请移送、案件调查取证、送达法律文书等事项进行协作,降低农民工维权成本。

加强对农民工的法制宣传教育。建成一批服务于农民工的法制宣传栏、法律图书室和法制培训基地,尽可能满足农民工学法用法的需要。结合"法律进企业"、"法律进社区"、"法律进乡村"等"法律六进"活动,突出对农民工法制宣传教育的针对性和实效性。按照"谁主管谁负责,谁用工谁教育"的原则,明确用工单位开展农民工法制宣传教育的责任与义务。通过法制教育,使农民工增强法制观念,知法守法,学会利用法律手段,通过合法渠道维护自己的合法权益。

### 三、增加财政投入,为农民工获得法律援助提供必要的经费支持

各级财政部门要在现有法律援助业务经费的基础上,增加为农民工提供法律援助所需的经费,农民工输入较多地方可以建立农民工法律援助专项资金,专门用于农民工法律援助工作。农民工法律援助经费数额由各级财政部门会同同级司法行政部门依据本地农民工数量、农民工维权案件发生量及办案所需费用、法律援助办案补贴标准等因素核定。

### 四、加强领导,精心组织,确保国务院5号文件精神的贯彻落实

各级司法行政机关和财政部门要切实加强领导,在地方政府解决农民工问题指导协调机构的领导下开展工作,加强协作,密切配合。要加强调查研究,建立农民工维权信息收集和统计分析制度,为决策服务。要加强指导管理,对各地为农民工服务的工作情况以及农民工法律援助经费的保障和使用情况进行监督检查,及时发现存在的问题并研究提出改进措施。要适时总结推广经验,努力开创农民工工作新局面,为解决好"三农"问题,推进工业化和城镇化进程,构建社会主义和谐社会做出积极贡献。

# 共青团中央、教育部、公安部、民政部、司法部、建设部、文化部、国家人口和计划生育委员会、国家工商行政管理总局、国家安全生产监督管理总局、中央社会治安综合治理委员会办公室、中国关心下一代工作委员会关于深入实施"进城务工青年发展计划"进一步加强青年农民工工作的意见（节录）

（2006年9月26日 中青联发〔2006〕57号）

近年来，各级共青团组织联合政府有关部门和社会力量，以推动进城务工青年发展进步为目的，大力实施"千校百万"进城务工青年培训计划，不断加强务工青年文化建设，维护进城务工青年的合法权益，帮助进城务工青年提高自身素质，增加就业创业本领，受到了广大进城务工青年的欢迎，得到了社会各界的充分肯定。进城务工青年作为一个日益庞大的新兴群体，为加快城市建设、繁荣农村经济、维护社会稳定做出了积极贡献，他们正逐步成为所务工城市的"新市民"，成为社会主义和谐社会和新农村建设不可或缺的一支重要力量。

为认真贯彻落实《国务院关于解决农民工问题的若干意见》，进一步做好进城务工青年工作，突出"培育新市民、服务新农村"的主题，更好地引导和带领广大进城务工青年在构建社会主义和谐社会和建设社会主义新农村的时代进程中建功立业，现就深入实施"进城务工青年发展计划"，进一步加强青年农民工工作制定如下意见。

……

## 二、工作内容

……

3. 进一步推动进城务工青年维权工作。经常深入进城务工青年之中,了解他们的工作、生活和思想状况,积极反映进城务工青年的意愿和呼声,帮助他们排忧解难。依托社会有关组织和法律服务机构,为进城务工青年就近就便开展法制宣传,提供法律服务和法律援助。加快12355青少年服务台建设,将维护进城务工青年权益作为12355青少年服务台一项重要内容抓紧抓实。积极探索进城务工青年维权队伍建设和有效形式,动员优秀"青少年维权岗",针对进城务工青年面临的突出问题,积极维护进城务工青年的合法权益。动员社会开展经常性扶贫济困送温暖活动,关心进城务工青年及其子女,切实帮助他们解决工作、生活中的实际困难。

……

## 三、重点工作

……

4. 建立进城务工青年维权服务站(点)。依托青少年维权机构、法律服务机构、法律援助机构或协调高校团委、法律社团支持,推动建立一批"进城务工青年维权服务站(点)"。在专业法律工作者和法律专业大学生中招募志愿者,积极建立"律师+志愿者"的法律援助和维权服务队伍。通过开展法制宣传、法律咨询、法律援助等维权服务,结合发挥12355青少年服务台和青少年维权岗等工作载体的作用,切实加强进城务工青年维权服务体系建设,维护进城务工青年合法权益。

……

# 司法部关于进一步加强法律援助宣传工作的通知

(2006年8月22日 司发通〔2006〕54号)

各省、自治区、直辖市司法厅(局),新疆生产建设兵团司法局:

为了促进法律援助工作的深入开展,增强社会对法律援助工作的了解和支持,现就进一步加强法律援助宣传工作通知如下。

## 一、充分认识加强法律援助宣传工作的重要意义

法律援助宣传工作在我国法律援助制度建立和发展过程中发挥了积极的舆论向导作用。各地工作的成功经验表明,只有广泛、深入地开展法律援助宣传,使更多的困难群众了解并实际地运用法律援助维护自己的合法权益,法律援助制度才能更好地发挥社会效用,才能促使法律援助工作进入良性循环的发展轨道。

法律援助宣传是广大人民群众了解法律援助制度的重要途径。进一步做好法律援助宣传工作,加大宣传力度,推动法律援助工作健康发展,是全面贯彻落实科学发展观、全面建设小康社会和构建社会主义和谐社会的需要,是体现以人为本、坚持司法为民、保障困难群众合法权益、实现"公民在法律面前一律平等"的宪法原则、维护社会公平正义的需要,是实施依法治国、健全社会主义民主法治的需要。

法律援助制度作为一项法律制度,在社会主义民主法制建设中占有重要的位置,在全面建设小康社会构建社会主义和谐社会的过程中,已经成为维护社会公平正义的不可或缺的法律制度,有着独特的功能和重要的作用。发展法律援助事业是科学发展的必然要求,反映了党的主张、人民的要求和社会的需要,是一项有着广阔前景的光彩事业。各地要从党和国家工作大局的高度,深刻认识加强法律援助宣传工作的重要意义,大张旗鼓地开展有规模、有声势、有特色、有成效的法律援助宣传,大力弘扬社会正气,树立扶贫济困风气,努力创造形成法律援助事业得发展、人民群众得实惠的良好局面。

## 二、明确法律援助宣传工作的指导思想和主要任务

法律援助宣传工作的指导思想是:以邓小平理论和"三个代表"重要思想为指导,全面贯彻落实科学发展观,认真贯彻党的十六大和十六届三中、四中、五中全会精神,坚持社会主义法治理念,以实现科学发展、促进社会和谐稳定为己任,坚持服务为民的宗旨,坚持正面宣传为主的方针,坚持善于策划、广泛传播、简约生动、持之以恒的工作方法,不断扩大法律援助工作的社会影响力。

当前,法律援助宣传工作的主要任务是:紧紧围绕司法行政改革总体部署和"十一五"期间法律援助工作的各项任务目标,广泛调动各种宣传资

源,充分发挥中央和地方两个积极性,创新宣传形式,突出宣传重点,全方位、多层次、制度化地宣传法律援助制度,为全面建设小康社会和构建社会主义和谐社会做出贡献。

（一）向公众广泛宣传法律援助制度。通过各种途径和方式,让广大群众了解法律援助的申请程序、条件、便民措施和投诉监督途径,不断提高法律援助的知晓率。要特别重视对广大进城务工人员的法律援助宣传和面向广大农村开展送法下乡的活动,提高广大农民依法维权的能力,使更多的人走依法维权的道路,为构建社会主义和谐社会服务,为建设社会主义新农村服务。2007年年底前,司法部将有选择地抽查法律援助知晓率情况。

（二）向社会各界宣传法律援助工作。当前,法律援助制度面临着很大的供需矛盾,法律援助工作的发展离各级党委、政府的要求、人民群众的期望还有很大的距离。要实现法律援助工作更大的发展,需要社会各界的广泛支持,要采取多种办法,加大向社会各界宣传法律援助工作的力度,加深社会各界对法律援助工作的认识,增加支持配合的积极性,形成党政领导关心重视、政府部门理解支持、社会各界积极配合法律援助的良好局面,使法律援助事业发展所需要的人、财、物保障状况明显改善。

（三）拓展创新法律援助宣传工作形式。围绕司法行政工作大局,结合本地特点,根据法律援助工作发展的新特点、新任务,积极探索,不断改进宣传方法,在法律援助宣传工作中要特别注意善于策划、广泛传播、简约生动、持之以恒,要不断策划组织开展一些有声势有影响的宣传活动,采取灵活多样、群众喜闻乐见的形式进行宣传；要充分利用报刊、广播、电视、网络等媒体,组织法律援助咨询活动、论坛讲演、志愿服务、文艺演出、巡回宣传、公益广告、影视剧、文学创作等形式,广泛传播法律援助知识,把法律援助宣传活动延伸到社会各个地方；要善于使用最简练的文字、最生动的图像进行宣传,努力强化宣传效果；要持之以恒,不间断地、反复进行法律援助宣传,让更多的群众了解法律援助制度,学会运用法律援助维护自身的合法权益,为法律援助事业发展创造良好的社会基础。

（四）突出法律援助先进集体、先进个人事迹的宣传。司法部和各地表彰的法律援助先进集体和先进个人是法律援助工作的先进典型,要珍惜、发挥好这些典型的作用,通过大力宣传他们的先进事迹和无私奉献的精神,鼓励和引导广大法律援助工作者兢兢业业地工作,全心全意服务困难群体,争创一流业绩,使法律援助的服务效率和服务质量明显提高。同时也要向社会充分展示法律援助工作者和广大法律服务人员的精神风貌，树立法律援助工作的良好形象。

**三、切实加强对法律援助宣传工作的领导**

法律援助宣传工作做得如何，对推进法律援助事业有着重要的作用，各级司法行政机关要高度重视，把法律援助宣传工作纳入议事日程，纳入目标管理责任制，把法律援助宣传工作作为今后一个时期的重要任务抓紧抓实。要为做好法律援助宣传工作提供必要的保障和支持，确保法律援助宣传所需的人员和经费的落实，明确工作职责，做到有人办事，有条件办事。

（一）要重视向党委、政府汇报法律援助工作。法律援助是一项社会性很强的工作，需要党委、政府的关心和支持，各级司法行政机关要经常向当地党委、政府汇报法律援助工作的新发展、新成绩、新经验，让地方党委、政府充分了解法律援助工作在维护公平正义、促进社会和谐、保障经济发展等方面的重要作用，推动法律援助政府责任真正落到实处。

（二）要正确把握法律援助宣传导向。法律援助宣传报道，要坚持以正面宣传为主的方针，突出法律援助扶贫助弱、伸张正义的工作宗旨，重点宣传法律援助人员敬业、奉献精神，宣传法律援助制度在维护当事人合法权益、促进司法公正、维护社会和谐稳定方面所起的积极作用。充分利用各种渠道，以及各种宣传媒体，向社会各界进行宣传，把法律援助宣传活动延伸到社会的各个地方。

（三）要建立健全法律援助宣传工作的长效机制。各地法律援助机构应确定一至两名工作人员专职法律援助宣传工作。要增强新闻宣传意识，注意挖掘本部门受理的法律援助案件中，具有宣传价值的典型案例，预先向上级法律援助机构报告，重大典型案件报部法律援助中心，以便及时组织媒体跟踪报道。各地发现在新闻媒体的报道中涉及到可能对法律援助工作造成负面影响的，要及时采取措施，主动向公众进行解释，避免引发不良后果。涉及中央新闻媒体的，要及时向部新闻办公室或部法律援助中心报告。

（四）要建立有效的法律援助宣传通报制度。各省（区、市）法律援助处（中心）按季度向部法律援助中心通报本省（区、市）法律援助宣传工作情况；各市、县法律援助机构按月向省（区、市）通报本地法律援助宣传情况。

（五）要建立法律援助宣传员培训制度。各省（区、市）要分级分批开展法律援助宣传员的培训,提高他们的素质,以促使法律援助宣传工作越做越好,为推进法律援助事业发挥积极有效的促进作用。

# 司法部办公厅关于加紧落实公民经济困难标准、法律援助办案补贴标准和法律援助事项补充范围的通知

(2006年6月13日 司办通〔2006〕62号)

各省、自治区、直辖市司法厅(局)、新疆生产建设兵团司法局:

制定公民经济困难标准、法律援助办案补贴标准和法律援助事项补充范围(以下统称"三项标准")是《法律援助条例》的明确要求,也是落实中央关于司法体制和工作机制改革初步意见的重要任务之一。近年来,各省、自治区、直辖市司法厅(局)高度重视,采取积极措施,"三项标准"落实工作取得了明显进展。目前,大部分地方落实了"三项标准",法律援助工作得到了进一步规范。但是,由于种种原因,一些省(区、市)尚未制定法律援助办案补贴标准或公民经济困难标准。为督促尽快落实"三项标准",现对尚未落实"三项标准"的省、自治区、直辖市司法厅(局)提出如下要求:

一、进一步提高认识,增强工作紧迫感。各地要充分认识到落实"三项标准"是省、自治区、直辖市人民政府贯彻《法律援助条例》的重要任务,也是司法厅(局)落实司法体制和工作机制改革的重要任务。根据《司法部关于贯彻落实〈中央司法体制改革领导小组关于司法体制和工作机制改革的初步意见〉和〈中央政法委员会关于贯彻落实司法体制和工作机制改革初步意见的分工方案〉的工作安排》的要求,"三项标准"制定工作必在今年年底前全部完成。司法部将加大督促检查力度,在年底进行法律援助"规范与质量"检查活动总结验收时,把是否落实"三项标准"作为考察各省、自治区、直辖市法律援助工作成绩的一项重要指标,并会商财政部,在制定下一年度中央补助地方法律援助办案经费下拨计划时,酌情考虑是否已制定法律援助办案补贴标准等因素。有关省、自治区、直辖市司法厅(局)要增强工作责任感和急迫感,把推动制定"三项标准"作为当前的一项重要工作

任务,切实抓紧落实。

二、加强组织领导,全力做好协调工作。要迅速建立得力的领导班子,具体负责此项协调工作。按照有关规定,借鉴其他地方的经验做法,结合本地情况,制定切实可行的工作方案。加强同政府法制部门、财政部门沟通协调,区别不同情况,共同采取措施确保年底前落实"三项标准"。

三、积极汇报,争取党委、政府支持。各地要及时向党委、政府领导汇报,讲清落实"三项标准"的重要性和司法部的要求,报告这项工作的进展情况以及存在的问题,取得党委、政府的重视和支持。

接此通知后,尚未落实"三项标准"的省、自治区、直辖市司法厅(局)要加紧工作,并将工作进展情况及时报部。

# 司法部关于认真学习贯彻《国务院关于解决农民工问题的若干意见》的通知

(2006年5月12日 司发通〔2006〕32号)

各省、自治区、直辖市司法厅(局),新疆生产建设兵团司法局:

按照国务院农民工工作联席会议第一次全体会议确定的任务,现就司法行政机关贯彻落实《国务院关于解决农民工问题的若干意见》(国发〔2006〕5号,以下简称国务院5号文件)精神通知如下。

一、认真学习贯彻国务院5号文件,切实增强工作责任感

(一)提高思想认识。农民工问题事关我国经济社会发展全局,解决农民工问题是建设中国特色社会主义的战略任务,维护农民工合法权益,直接关系到维护社会公平正义,保持社会和谐稳定。国务院5号文件对当前涉及农民工的若干重要问题作了全面的政策性规定,其中对司法行政工作提出了明确的要求,强调要"要在农民工中开展普法宣传教育","做好对农民工的法律服务和法律援助工作"。各级司法行政机关要认真学习领会国务院5号文件精神,从实践"三个代表"重要思想、贯彻落实科学发展观和坚持立党为公、执政为民的高度,充分认识当前开展对农民工的法制宣传、法律服务和法律援助的重要意义,增强工作的责任感,采取有力措施,

努力运用法律手段维护广大农民工合法权益,促进农民工问题的有效解决,维护社会和谐稳定,促进经济发展。

(二)明确工作任务。着眼解决当前涉及农民工切身利益的突出问题,根据司法行政工作职责,指导推动各级司法行政机关开展工作,研究制定配套政策,加强服务和宣传工作,深入调查研究,总结推广经验,逐步完善农民工维权长效机制。

(三)制定配套政策措施。司法部将会同财政部研究制定有关具体意见,进一步解决为农民工提供法律援助所需的政府财政支持的问题。各省(区、市)司法行政机关要制定相关配套措施,积极与同级政府财政部门协商,争取出台相应的政策措施,促使农民工法律援助经费及时到位,保证符合国务院5号文件规定条件的农民工都能获得法律援助。

**二、采取有效措施,为维护农民工合法权益发挥职能作用**

(四)广泛开展法制宣传教育。各地要加强对农民工法制宣传教育工作的指导、协调。要按照"五五"普法规划的要求,在法制宣传教育工作中突出加强对农民工的法制宣传教育,采取多种形式和手段,提高农民工法制宣传教育工作的针对性和实效性。引导有关涉农单位结合各自工作职能,在为农民工服务中加强法制宣传教育。司法部将组织编印《农民工法律知识读本》,免费发送农民工。各地可根据本地需要,从司法部编印的农民工维权资料中确定相关内容,印制单页,免费发放给农民工。通过对农民工的法制宣传教育,引导农民工增强法制观念,知法守法,学会利用法律手段,通过合法渠道维护自身权益。

(五)积极提供法律服务。各地要引导法律服务从业人员,积极参与涉及农民工的诉讼活动、非诉讼协商及调解活动。鼓励和支持律师事务所、公证处对经济确有困难又达不到法律援助条件的农民工,按照《律师服务收费管理办法》和《公证法》的有关规定,酌情减收或免收法律服务费用。引导法律服务机构通过开展法律辅导计划、法律咨询等多样化的法律帮助,使广大农民工及时得到优质高效的法律服务。

(六)切实做好法律援助。各地要把农民工作为法律援助的重点对象,采取各项措施,保障农民工及时获得法律援助。根据需要,设立农民工法律援助工作站,保证农民工就近快捷地申请和获得法律援助。有条件的地方设立农民工接待室,指定专人负责农民工申请法律援助的接待工作。对农民工申请法律援助,要简化程序,快速办理。对情况紧急,不及时处有可能引发严重事件,或者遇到即将超过仲裁时效或诉讼时效的,或者属于涉及人数众多的群体性农民工维权案件,法律援助机构可暂不进行经济困难条件审查,及时受理并先行指派法律服务人员提供法律援助,事后补办有关审批手续。对申请支付劳动报酬和工伤赔偿法律援助的,不再审查其经济困难条件。探索农民工输出地和输入地法律援助机构的工作协调机制,加强异地协作,降低办案成本,方便农民工获得法律援助。

**三、加强领导,精心组织,确保国务院 5 号文件精神的贯彻落实**

(七)加强组织领导。各级司法行政机关要切实加强领导,制定实施方案,认真落实好农民工维权中的法制宣传、法律服务和法律援助工作。要在地方政府解决农民工问题的指导协调机构的领导下开展工作,在制定本系统的落实方案和措施的同时,建立与有关部门和社团组织的沟通协调机制,及时掌握农民工的维权动态,有效维护农民工的合法权益。要建立农民工维权动态信息收集和统计分析制度,定期对本地区农民工法制宣传、法律服务和法律援助工作情况进行统计、分析,并及时报送上级司法行政机关和同级党委政府,为领导决策服务。

(八)认真组织培训。各级司法行政机关要制定计划,对法制宣传、法律服务和法律援助人员进行培训。6月下旬,司法部法律援助中心将举办一期农民工法律知识培训班,为各地开展培训工作积累经验。司法部还将编印《农民工法律法规政策汇编》,连同《农民工法律知识读本》,提供给法制宣传、法律服务和法律援助人员学习使用。各省、市、县(区)要分别组织好对相关人员的培训,保证所有为农民工提供法律帮助的人员都能熟练掌握相关规定,并具备合格的业务素质。通过培训和政策引导,培养一批专长于为农民工提供法制宣传、法律服务和法律援助人员,为农民工提供优质高效的法律帮助。

(九)加强工作指导。各级司法行政部门要加强调查研究,了解各地为农民工服务的工作情况,并研究提出进一步的改进措施。要及时总结各地开展为农民工提供法制宣传、法律服务和法律援助的做法和经验,及时进行推广,以促进各项工作更好地为农民工服务,为社会主义市场经济的健康发展创造更加和谐稳定的社会环境。

# 民政部、中央综治办、最高人民法院、发展改革委、教育部、公安部、司法部、财政部、劳动和社会保障部、建设部、农业部、卫生部、人口计生委、共青团中央、全国妇联关于加强孤儿救助工作的意见（节录）

（2006年3月29日　民发〔2006〕52号）

各省、自治区、直辖市民政厅（局）、综治委、高级人民法院、发展改革委、教育厅（教委）、公安厅（局）、司法厅（局）、财政厅（局）、劳动和社会保障厅（局）、建设厅（委）、农业厅（局）、卫生厅（局）、人口计生委、团委、妇联；新疆生产建设兵团民政局、综治委、法院、发展改革委、教育局、公安局、司法局、财务局、劳动和社会保障局、建设局、农业局、卫生局、人口计生委、团委、妇联：

孤儿是社会上最弱小、最困难的群体，党和政府历来关心和重视孤残儿童福利事业。最近，胡锦涛总书记要求应区别情况，完善救助制度，使孤儿都能健康成长。为贯彻落实胡锦涛总书记的指示精神和《中共中央关于制定国民经济和社会发展第十一个五年规划的建议》、《中共中央、国务院关于进一步加强和改进未成年人思想道德建设的若干意见》，发展具有中国特色的儿童福利事业，现就加强孤儿救助工作提出以下意见：

……

三、保障孤儿基本生活和合法权益

……

（八）司法部门应当依法保护孤儿的人身、财产权利。司法行政部门和人民法院应当依法对有需要的孤儿提供法律援助或者司法救助。

……

# 国务院关于解决农民工问题的若干意见(节录)

(2006年1月31日　国发〔2006〕5号)

各省、自治区、直辖市人民政府,国务院各部委、各直属机构:

农民工是我国改革开放和工业化、城镇化进程中涌现的一支新型劳动大军。他们户籍仍在农村,主要从事非农产业,有的在农闲季节外出务工、亦工亦农,流动性强,有的长期在城市就业,已成为产业工人的重要组成部分。大量农民进城务工或在乡镇企业就业,对我国现代化建设作出了重大贡献。为统筹城乡发展,保障农民工合法权益,改善农民工就业环境,引导农村富余劳动力合理有序转移,推动全面建设小康社会进程,提出如下意见:

……

**八、健全维护农民工权益的保障机制**

……

(二十九)做好对农民工的法律服务和法律援助工作。要把农民工列为法律援助的重点对象。对农民工申请法律援助,要简化程序,快速办理。对申请支付劳动报酬和工伤赔偿法律援助的,不再审查其经济困难条件。有关行政机关和行业协会应引导法律服务机构和从业人员积极参与涉及农民工的诉讼活动、非诉讼协调及调解活动。鼓励和支持律师和相关法律从业人员接受农民工委托,并对经济确有困难而又达不到法律援助条件的农民工适当减少或免除律师费。政府要根据实际情况安排一定的法律援助资金,为农民工获得法律援助提供必要的经费支持。

……

## 全国老龄委办公室、中宣部、国家发改委、科技部、民政部、司法部、财政部、建设部、铁道部、交通部、农业部、商务部、文化部、卫生部、中国民航总局、国家广电总局、国家体育总局、国家林业局、国家旅游局、国家文物局、全国总工会《关于加强老年人优待工作的意见》（节录）

（2005年12月26日　全国老龄办发〔2005〕46号）

各省、自治区、直辖市、计划单列市及新疆生产建设兵团老龄工作委员会办公室、党委宣传部、发展改革委（计委）、科技厅（委、局）、民政厅（局）、司法厅（局）、财政厅（局）、建设厅（委、局）、铁路局、交通厅（委、局）、农业厅（局、委）、商务主管部门、文化厅（局）、卫生厅（局）、民航管理局、广电局、体育局（委）、林业厅（局）、旅游局（委）、文物局、总工会：

……

七、提供维权服务优待，让老年人享受及时、便利、优质、高效的法律服务、法律援助和司法救助

1. 对城市"三无"老人、农村"五保"老人和城乡贫困老年人提出的法律援助申请，要简化程序，优先受理、优先审核和指派。各地可根据本行政区域的经济发展水平及财力状况，对老年人申请法律援助的经济困难标准和受案范围适当放宽。

2. 老年人因合法权益受到侵害提起诉讼，交纳诉讼费确有困难的，可以申请司法救助，缓交、减交或者免交有关收费。老年人因赡养费、扶养费、养老金、退休金、抚恤金、医疗费等纠纷提起的诉讼案件，要予以优先立案、优先审理、优先执行。因情况紧急需要先予执行的，应裁定先予执行。

3. 律师事务所、公证处、基层法律服务所和其他社会法律服务机构，应积极为老年人提供减免费法律咨询和有关服务。

……

# 最高人民法院、司法部关于印发
# 《关于民事诉讼法律援助工作的规定》的通知

(2005年9月22日 司发通〔2005〕77号)

各省、自治区、直辖市高级人民法院、司法厅(局),解放军军事法院,总政司法局,新疆维吾尔自治区高级人民法院生产建设兵团分院、新疆建设兵团司法局：

为了进一步加强和规范民事诉讼法律援助工作,最高人民法院、司法部制定了《关于民事诉讼法律援助工作的规定》,现印发你们,请遵照执行。

## 关于民事诉讼法律援助工作的规定

**第一条** 为加强和规范民事诉讼法律援助工作,根据《中华人民共和国民事诉讼法》、《中华人民共和国律师法》、《法律援助条例》、《最高人民法院关于对经济确有困难的当事人提供司法救助的规定》(以下简称《司法救助规定》),以及其他相关规定,结合法律援助工作实际,制定本规定。

**第二条** 公民就《法律援助条例》第十条规定的民事权益事项要求诉讼代理的,可以按照《法律援助条例》第十四条的规定向有关法律援助机构申请法律援助。

**第三条** 公民经济困难的标准,按案件受理地所在的省、自治区、直辖市人民政府的规定执行。

**第四条** 法律援助机构受理法律援助申请后,应当依照有关规定及时审查并作出决定。对符合法律援助条件的,决定提供法律援助,并告知该当事人可以向有管辖权的人民法院申请司法救助。对不符合法律援助条件的,作出不予援助的决定。

**第五条** 申请人对法律援助机构不予援助的决定有异议的,可以向确定该法律援助机构的司法行政部门提出。司法行政部门应当在收到异议之日起5个工作日内进行审查,经审查认为申请人符合法律援助条件的,应当以书面形式责令法律援助机构及时对该申请人提供法律援助,同时通知申请人。认为申请人不符合法律援助条件的,应当维持法律援助机构不予援助的决定,并将维持决定的理由书面告知申请人。

第六条 当事人依据《司法救助规定》的有关规定先行向人民法院申请司法救助获准的,人民法院可以告知其可以按照《法律援助条例》的规定,向法律援助机构申请法律援助。

第七条 当事人以人民法院给予司法救助的决定为依据,向法律援助机构申请法律援助的,法律援助机构对符合《法律援助条例》第十条规定情形的,不再审查其是否符合经济困难标准,应当直接做出给予法律援助的决定。

第八条 当事人以法律援助机构给予法律援助的决定为依据,向人民法院申请司法救助的,人民法院不再审查其是否符合经济困难标准,应当直接做出给予司法救助的决定。

第九条 人民法院依据法律援助机构给予法律援助的决定,准许受援的当事人司法救助的请求的,应当根据《司法救助规定》第五条的规定,先行对当事人作出缓交诉讼费用的决定,待案件审结后再根据案件的具体情况,按照《司法救助规定》第六条的规定决定诉讼费用的负担。

第十条 人民法院应当支持法律援助机构指派或者安排的承办法律援助案件的人员在民事诉讼中实施法律援助,在查阅、摘抄、复制案件材料等方面提供便利条件,对承办法律援助案件的人员复制必要的相关材料的费用应当予以免收或者减收,减收的标准按复制材料所必须的工本费用计算。

第十一条 法律援助案件的受援人依照民事诉讼法的规定申请先予执行,人民法院裁定先予执行的,可以不要求受援人提供相应的担保。

第十二条 实施法律援助的民事诉讼案件出现《法律援助条例》第二十三条规定的终止法律援助或者《司法救助规定》第九条规定的撤销司法救助的情形时,法律援助机构、人民法院均应当在作出终止法律援助决定或者撤销司法救助决定的当日函告对方,对方相应作出撤销决定或者终止决定。

第十三条 承办法律援助案件的人员在办案过程中应当尽职尽责,恪守职业道德和执业纪律。

法律援助机构应当对承办法律援助案件的人员的法律援助活动进行业务指导和监督,保证法律援助案件质量。

人民法院在办案过程中发现承办法律援助案件的人员违反职业道德

和执业纪律,损害受援人利益的,应当及时向作出指派的法律援助机构通报有关情况。

第十四条 人民法院应当在判决书、裁定书中写明做出指派的法律援助机构、承办法律援助案件的人员及其所在的执业机构。

第十五条 本规定自 2005 年 12 月 1 日起施行。最高人民法院、司法部于 1999 年 4 月 12 日下发的《关于民事法律援助工作若干问题的联合通知》与本规定有抵触的,以本规定为准。

# 司法部关于尽快落实公民经济困难标准、法律援助办案补贴标准和法律援助事项补充范围的通知

(2005 年 6 月 17 日　司发通〔2005〕52 号)

各省、自治区、直辖市司法厅(局)、新疆生产建设兵团司法局:

《法律援助条例》(以下简称《条例》)授权各省(区、市)人民政府制定公民经济困难标准和法律援助事项补充范围、各省(区、市)人民政府司法行政部门会同同级财政部门制定法律援助办案补贴标准(以下简称"三项标准")。《条例》颁布实施以来,各省(区、市)司法厅(局)积极推动制定"三项标准",江苏、浙江、青海、北京、湖南、山西、辽宁、湖北、河南、山东、云南、甘肃、内蒙古等 13 个省(区、市)通过司法厅和财政厅联合发文或省级政府发文制定了法律援助补贴标准。山东、浙江、内蒙古、宁夏、山西、辽宁、重庆、天津、青海等 9 个省(区、市)通过政府发文、制定或修改地方性法规、政府规章明确了法律援助事项补充范围和经济困难标准。广东、云南、江苏、四川、陕西、黑龙江、贵州、福建、河南、安徽、湖南、广西、湖北等 13 个省(区)在《条例》颁布前出台的地方性法规或政府规章已规定法律援助范围和经济困难标准,与《条例》的要求相一致,故继续有效。目前,尚有 18 个省(区、市)没有制定办案补贴标准,有 9 个省(区、市)没有制定经济困难标准。为了全面贯彻《条例》,尽快落实公民经济困难标准、法律援助办案补贴标准和法律援助事项补充范围,保证法律援助制度的统一实施,现提出

如下意见：

一、充分认识制定"三项标准"的重要性和紧迫性。制定"三项标准"是落实法律援助的政府责任，确保困难公民享有法律援助权利的重要措施。经济困难标准是各地执行《条例》，开展法律援助工作的基本依据。申请法律援助的公民是否符合法律援助条件，关键要审查其是否符合经济困难标准。没有经济困难标准，法律援助机构的审查于法无据，客观上造成法律援助的随意性，不利于保证公民平等地获得法律援助。支付法律援助办案补贴是各级政府承担法律援助责任的一个具体体现，制定办案补贴标准，才能使各级政府的财政支持有明确的依据，保证法律援助经费落到实处，推动法律援助制度的顺利实施。有条件的地方在《条例》规定的基础上，适当扩大民事、行政法律援助事项范围，有利于更好地维护困难群众的合法权益，促进法律援助事业与经济社会协调发展。《条例》颁布实施已近两年，一些地方相应的标准迟迟不能出台，影响了政府建立和实施法律援助制度的规范性和统一性，不利于经济困难群众法律援助权利的保障，制约了法律援助与经济社会的协调发展，尽快落实"三项标准"刻不容缓。

二、关于制定经济困难标准应考虑的因素。制定经济困难标准应当坚持以人为本，从困难群众需要出发，要深入调查了解本地区困难群众的经济状况和法律服务市场情况，掌握困难群众支付法律服务费用能力的实际状况，在综合考虑本辖区的经济发展状况、可能的财政投入、法律援助可利用资源情况以及法律援助需求量等因素的基础上合理确定经济困难标准。经济比较发达的省（区、市）经济困难标准应当高一些，将更多的困难群众纳入法律援助的对象范围。经济欠发达的省区制定经济困难标准要符合本地实际，同时也要考虑今后中央和省级财政对贫困地区的扶持因素，尽可能使可投入的财力与应援助的覆盖面相协调。

三、关于制定法律援助办案补贴标准应考虑的因素。各地在制定法律援助办案补贴标准时，要根据当地经济发展状况、财政投入情况，参考需办理的法律援助案件数量以及办理各类法律援助案件的平均成本等因素，合理确定法律援助办案补贴标准。考虑到省辖区范围内经济发展水平有差异的实际情况，可采取划分几类地区，分别确定不同的补贴标准，同时根据案件所跨区域、类型、复杂程度、办理效果等因素，规定不同的补贴幅度，以体现标准的合理性。经济比较发达的省（区、市）法律援助办案补贴应高一些，以鼓励律师办理更多的法律援助案件。

四、关于制定法律援助事项补充范围应考虑的因素。各地根据本地经济发展状况,在确保《条例》规定范围内的法律援助事项得以落实之外,如果法律援助资源仍有富余,应制定法律援助事项补充范围。首先考虑将那些与困难群众的基本生存、生活权益最为密切相关的事项列为法律援助事项补充范围;其次,可能影响社会稳定、关系困难群众利益的事项,也可以根据需要列入范围。经济比较发达的省(区、市)法律援助范围应该较宽,尽可能多地满足困难群众的实际需要。

五、加紧工作,积极推动,力争年底前促成"三项标准"出台。尚未制定"三项标准"的各省(区、市)司法厅(局)要高度重视,积极推动这项工作的落实。一把手要亲自抓,组织专门人员,会同有关部门,加快工作进度,尽快拟定具体方案上报政府或商有关部门会签,争取在今年年底前促成"三项标准"出台。司法部将对制定"三项标准"的进展情况定期通报,并于今年九月份《条例》颁布实施两周年之际督促检查各地落实"三项标准"的情况。

接此通知后,尚未制定"三项标准"的地方要将此项工作情况及下一步的落实措施及时报部。

# 司法部、建设部关于为解决建设领域拖欠工程款和农民工工资问题提供法律服务和法律援助的通知

(2004年11月6日 司发通〔2004〕159号)

各省、自治区、直辖市司法厅(局)、建设厅(局),新疆生产建设兵团司法局、建设局:

为贯彻落实《国务院办公厅关于切实解决建设领域拖欠工程款问题的通知》(国办发〔2003〕94号)精神,充分发挥法律服务和法律援助的职能作用,运用法律手段切实解决建设领域拖欠工程款以及拖欠农民工工资问题,现将有关事项通知如下:

一、统一思想,充分认识为解决建设领域拖欠工程款和农民工工资问题提供法律服务和法律援助的重要性

运用法律手段预防和解决建设领域拖欠工程款和农民工工资问题,事

关建筑市场的健康发展,事关人民群众合法权益的充分保障,事关社会稳定的大局。各级司法和建设行政机关要从实践"三个代表"重要思想和坚持立党为公、执政为民的高度,统一思想,提高认识,高度重视,采取措施切实抓好法律服务和法律援助工作,努力运用法律手段维护广大农民工合法权益,帮助建筑业企业建立责权明确、科学规范的长效管理机制,协助政府有关部门采取有针对性法律手段,加强对建筑市场的监管,切实解决各类纠纷,维护社会稳定。

**二、支持、引导法律服务机构及人员为解决建设领域拖欠工程款和农民工工资提供及时有效的法律服务**

司法行政机关要引导和发动法律服务人员,积极参与建设领域纠纷当事人之间的非诉讼协商、调解活动,使拖欠工程款问题尽可能通过非诉讼方式得到妥善解决。对确需通过诉讼方式解决的案件,鼓励和支持律师接受农民工委托,代理其参加诉讼或与相关单位进行协商、达成和解;对于经济确有困难又达不到法律援助条件的农民工,可以适当减少或免除律师费。法律服务机构应对此类案件建立质量监督机制,在受理、办理、结案等环节建立案件质量的量化标准,完善监督检查措施,确保办案质量。对群体性农民工案件及其他重大、疑难案件要建立集体讨论制度。司法行政机关对法律服务机构代理农民工案件,要加强管理,跟踪指导,采取收集各方反馈意见、出庭旁听、抽查卷宗、检查评比等办法,努力保证农民工都能得到优质高效的法律服务。

要引导法律服务机构及人员积极为建筑业提供优质、高效的法律服务。倡导建筑业企业聘请律师担任法律顾问,参与到企业生产经营活动中,为企业签订合同、重大决策等事项提供法律咨询,出具法律意见,促进企业依法开展生产经营活动;当企业权益受到不法侵害时,应及时提出合理有效的应对措施,最大限度减少企业的损失,并代理企业与相关部门进行沟通、磋商或参加诉讼,保障企业的正当权益不受侵害。帮助企业建立和完善各项规章制度,严格企业工程合同、农民工劳务合同及其他各类合同的依法订立、审查、履行、监管、备案、登记制度,根据实际情况,推行合同公证制度;帮助企业探索并建立各种担保和保险机制,完善业主的工程款支付担保,建立建筑业企业的履约责任险和保修保险,引导施工企业与建设单位就拖欠工程款制定还款计划,并进行公证,保障建筑业企业能够及时收回工程款。

要积极引导法律服务机构及人员为政府依法行政提供优质、高效的法律服务,利用专业优势,为政府决策提供法律意见和建议,协助相关部门通过采取切实有效的法律手段,加强对建筑市场的监管,保障市场经济秩序的健康发展。引导法律服务机构积极开展面向建设领域广大业主、建筑业企业和农民工的法律宣传活动,通过宣传《建筑法》、《劳动法》、《合同法》等相关的法律法规,使广大业主、建筑业企业增强守法意识,自觉保护劳动者合法权益,也使广大农民工了解自己的合法权益,增强维权意识。

### 三、法律援助机构要积极为解决建设领域拖欠工程款和农民工工资提供及时有效的法律援助

各地法律援助机构要通过采取各项措施,保障农民工及时获得法律援助。要提高法律援助工作的便民化程度,依托城市社区、乡镇街道司法所,或者通过与当地建设、劳动与社会保障等行政部门联合成立法律援助工作站,保证农民工就近快捷地申请和获得法律援助。应加强日常管理,严格值班制度,在农民工较集中的地区,可实行双休日值班制度;在有条件的地方设立农民工接待室,指定专人负责农民工申请法律援助的接待工作;建立绿色通道,优先接待群体性案件的农民工和因工致残的农民工。对农民工申请法律援助的审查,要简化程序,快速办理。对于符合法律援助条件的,要尽快办理有关手续并指派法律服务人员;对申请事项不属于法律援助范围的,应指引申请人去相关机构处理,不得推诿;对确因情况特殊无法提供身份证明或者经济困难证明的农民工,有事实证明为保障自己的合法权益需要法律帮助,情况紧急,不及时处理有可能引发严重事件,或者遇到即将超过仲裁时效或诉讼时效的,或者属于涉及人数众多的群体性案件,法律援助机构可暂不进行经济困难条件审查,及时受理并先行指派法律服务人员提供法律援助,允许受援人事后补交有关证明材料,保证农民工获得及时的法律援助。

各地法律援助机构要加大工作力度,完善工作机制,积极为法律援助事业争取专项经费和社会支持,促进和保障法律援助工作的顺利开展。法律援助机构要加强对《法律援助条例》的宣传,使农民工了解法律援助的对象、条件、范围和申请程序,提高他们运用法律手段进行维权的意识和能力,在农民工较为集中的地区,要定期或者不定期组织开展法律咨询活动,解答农民工提出的法律问题。要争取社会支持,加强与工会、共青团、妇联、残联等社会团体和组织的合作和协商,发挥他们在维护农民工合法权

益方面的行业优势。开展法律援助志愿者活动,鼓励社会力量为经济困难的农民工提供帮助。要建立农民工法律援助统计和信息报告制度,定期对本地区农民工法律援助工作情况进行统计、分析,并及时报送上级司法行政机关和同级党委政府,为上级机关统一部署、协调解决农民工问题提供决策依据。中国法律援助基金会要积极为农民工法律援助工作提供资金支持。

**四、加强领导,切实做好为解决建设领域拖欠工程款和农民工工资问题提供法律服务和法律援助的工作**

各级建设和司法行政机关要把为解决建设领域拖欠工程款和农民工工资提供法律服务和法律援助工作摆上重要议事日程,切实加强领导,制定实施方案,认真抓好落实。各地在开展工作过程中要密切与党政机关的联系,加强与相关职能部门的协调与配合,争取各部门对这项工作的支持,在相关部门之间建立联席会议制度,及时沟通情况,对于可能影响社会稳定的群体性案件,要共同研究制定解决方案,及时预防和化解矛盾;各地建设行政主管部门要积极支持法律服务和法律援助机构的工作;要加强对法律服务机构工作的指导和监督,研究拓展与规范法律服务机构为农民工、建筑业企业和政府部门提供法律服务工作的有效机制和具体办法;要加强对相关人员的专业培训,通过对法律服务人员和建筑业企业负责人进行建筑工程领域业务及相关法律知识的专业培训,提高法律服务人员的业务素质和执业水平,增强建筑业企业的法律意识;要加大宣传力度,充分发挥新闻媒体的作用,采取多种形式广泛宣传法律服务和法律援助的作用,为解决建设领域拖欠工程款和农民工工资提供法律服务和法律援助创造良好的政策环境和社会氛围;对在农民工维权中有突出成绩和贡献的有关单位和个人要作为典型广泛地予以宣传、表彰,对于违法的用人单位和个人则要予以曝光,让侵害农民工合法权益的行为接受社会的监督和谴责;通过为解决建设领域拖欠工程款和农民工工资提供法律服务和法律援助,实现法律效果与社会效果的有机结合,为社会主义市场经济的健康发展创造更加和谐稳定的社会环境和公正公平的法制环境,推动全面建设小康社会的顺利进行。

# 司法部、中国残疾人联合会关于为残疾人提供无障碍法律服务和法律援助的通知

(2004年10月8日 司发通〔2004〕143号)

各省、自治区、直辖市司法厅(局)、残疾人联合会,新疆生产建设兵团司法局、残疾人联合会:

近年来,各级司法行政部门和残疾人联合会认真宣传、贯彻《宪法》、《残疾人保障法》、《法律援助条例》等涉及保障残疾人权益的法律法规,本着维护社会正义和助残扶弱的原则,采取各种措施,在维护残疾人合法权益方面做了大量工作。但是,由于种种原因,社会上歧视、伤害残疾人和侵犯残疾人合法权益的现象仍时有发生,不少残疾人由于身体状况、经济条件和受教育程度的限制,在维护自身合法权益时,普遍面临着比常人更多的困难。为切实维护残疾人合法权益,健全为残疾人提供法律服务和法律援助的工作机制和网络,确保为残疾人提供无障碍法律服务和法律援助,现就有关问题通知如下:

一、充分认识为残疾人提供无障碍法律服务和法律援助的重要性

我国有六千多万残疾人,涉及五分之一的家庭。残疾人在政治、经济、文化、社会和家庭生活等方面依法享有同其他公民平等的权利。维护残疾人的尊严和权利是各级司法行政部门和残疾人联合会义不容辞的职责,是我国社会主义法制建设和人权保障的重要组成部分,是实现司法公正、体现社会文明进步的必然要求。为残疾人提供无障碍法律服务和法律援助,就是要通过各种渠道为残疾人提供方便快捷的法律服务和法律援助,消除他们在获得法律服务和法律援助方面面临的经济条件障碍、物质环境障碍、语言障碍和信息障碍,使他们能够及时有效地利用法律武器维护自身合法权益。各级司法行政机关和残疾人组织要从实践"三个代表"重要思想的高度,进一步增强为残疾人提供无障碍法律服务和法律援助工作的责任感和紧迫感,从本地区的实际出发,根据残疾人的特殊需要,采取更多的

倾斜政策和切实措施,认真落实有关保障残疾人合法权益的法律、法规和规章的规定,把为残疾人提供无障碍法律服务和法律援助工作层层部署好、落实好,扎扎实实为残疾人办好事、办实事,让残疾人切实体会到社会主义社会的温暖,促进残疾人事业与社会的协调发展。

**二、健全法律服务工作机制,改善服务环境,努力实现残疾人法律服务无障碍**

各级司法行政部门要积极组织、协调和整合律师、公证、基层法律服务队伍和资源,按照服务便利、快捷高效的要求,健全为残疾人提供无障碍法律服务的工作机制和工作网络。要完善以律师事务所、公证处、基层法律服务所为主体,以指定或委托的法律服务机构为骨干,以社会志愿服务机构为补充的法律服务网络,就地、就近为残疾人提供无障碍法律服务。要采取行之有效的措施和办法,大力倡导和鼓励广大律师、公证员和基层法律服务工作者为残疾人提供优先、优质、优惠的法律服务。各地法律服务机构要优化办公的软硬件环境。有条件的法律服务机构的办公接待场所要按照《城市道路和建筑物无障碍设计标准》进行改造,为残疾人提供无障碍物质环境。要不断创新工作方式,通过发放"残疾人法律服务卡",开设法律服务热线电话,组织或参与残疾人法制讲座,提供网上咨询和上门服务,开展律师助残和志愿者助残活动等,积极为残疾人提供方便及时的法律服务。要进一步扩大和健全残疾人法律服务和法律援助维权示范岗网络,制定既简便易行又能切实保障残疾人合法权益的工作程序,充分发挥残疾人维权示范岗的示范作用。建立激励机制,健全考核制度,推动和鼓励法律服务机构和法律服务人员积极为残疾人提供法律服务,将无障碍法律服务覆盖到需要帮助的残疾人中去。

**三、进一步加大对残疾人法律援助工作的力度,确保经济困难的残疾人获得无障碍法律援助**

各级司法行政部门和法律援助机构要将残疾人列为重点法律援助对象,在确保根据《刑事诉讼法》、《法律援助条例》向盲、聋、哑人提供刑事辩护法律援助的前提下,对残疾人其他方面法律援助的受援标准,可在当地政府规定的法律援助经济困难标准基础上适当放宽。司法行政部门和残疾人联合会要密切配合,从本地区残疾人的需求出发,健全为残疾人提供无障碍法律援助的工作网络。在各级残联和基层社区、福利企业、特殊教育学校等残疾人比较集中的地方,设立残疾人法律援助联络部或工作站等,配备专(兼)职工作人员,开展法律咨询、调解、代书等工作,扩大为残疾人提供法律援助的范围,推动残疾人无障碍法律援助工作向基层延伸。要建设和改善便利残疾人求助的办公接待场所和无障碍服务设施。采取发放法律援助卡、开通法律援助热线、设立咨询信箱、实行上门服务、定期回访等措施,方便残疾人咨询和寻求法律援助。

**四、切实加强指导,把为残疾人提供无障碍法律服务和法律援助工作落到实处**

各级司法行政部门和残疾人联合会,要把为残疾人提供无障碍法律服务和法律援助纳入工作规划,建立定期协商和沟通机制,认真研究解决存在的困难和问题,加大经费投入,加强分类指导和监督检查,根据东中西部、城乡之间残疾人工作的不同特点和情况,提出相应的要求和措施。要切实加强基层工作,城市要以街道、社区为重点,农村要以县、乡(镇)为重点,加强对有关残疾人权益的法律法规的宣传,完善服务平台,拓展服务内容,提高服务质量,真正消除广大残疾人在法律服务和法律援助方面面临的种种障碍。要做好法律服务、法律援助和残疾人联合会维权工作人员的培训工作,加大有关残疾人权益保障内容在培训中的分量,将各级残疾人联合会维权工作人员的法律培训纳入法律服务和法律援助培训规划,以提高他们为残疾人提供法律服务、法律援助的水平。及时总结推广为残疾人提供无障碍法律服务和法律援助的先进经验和做法,大力宣传和表彰先进集体和个人的事迹,弘扬热心助残的行业风尚。

各级残疾人联合会要增强使命感,积极配合司法行政部门开展为残疾人提供无障碍法律服务和法律援助工作,加强沟通和联系,及时反映工作中存在的困难和问题,提出改进工作的建议和意见。要进一步加强残疾人法律援助和维权机构建设,改善工作条件,增加工作经费,通过聘请法律顾问、开办维权热线电话、组织志愿者助残、承担盲文和手语翻译服务等多种形式,积极推进为残疾人提供无障碍法律服务和法律援助工作,为残疾人事业的发展创造更好的法制环境。

# 司法部关于印发《律师和基层法律服务工作者开展法律援助工作暂行管理办法》的通知

(2004年9月8日 司发通〔2004〕132号)

各省、自治区、直辖市司法厅(局),新疆生产建设兵团司法局:

《律师和基层法律服务工作者开展法律援助工作暂行管理办法》已于9月7日经司法部第30次部长办公会议审议通过,现印发给你们,请认真贯彻执行。

## 律师和基层法律服务工作者开展法律援助工作暂行管理办法

**第一条** 为了充分发挥律师和基层法律服务工作者在法律援助工作中的作用,进一步规范法律援助工作,根据《律师法》、《法律援助条例》等有关法律、法规的规定,制定本办法。

**第二条** 律师应当根据《律师法》、《法律援助条例》的有关规定履行法律援助义务,为受援人提供符合标准的法律援助,维护受援人的合法权益。

基层法律服务工作者应当根据司法部《基层法律服务工作者管理办法》和有关基层法律服务业务的规定,积极开展与其业务范围相适应的法律援助工作。

**第三条** 律师和基层法律服务工作者每年应当接受法律援助机构的指派,办理一定数量的法律援助案件。承办法律援助案件的年度工作量,由省、自治区、直辖市司法行政机关根据当地法律援助的需求量、律师和基层法律服务工作者的数量及分布等实际情况确定。

**第四条** 律师和基层法律服务工作者承办法律援助案件,应当接受司法行政机关、律师协会和法律援助机构的业务指导和监督,接受受援人和社会的监督。

第五条　法律援助机构指派法律援助案件，应当通过律师事务所、基层法律服务所安排律师、基层法律服务工作者承办。

律师事务所和基层法律服务所接到指派通知后，应当在24小时内，根据案件的具体情况和需要，安排合适人员承办。

第六条　律师和基层法律服务工作者应当在接受案件指派后的3个工作日内与受援人或其法定监护人、法定代理人签订委托代理协议。

第七条　律师和基层法律服务工作者在日常业务工作中发现当事人符合法律援助条件时，可以将当事人的有关案件材料转交其所在地的法律援助机构进行审查。法律援助机构应当在3个工作日内完成审查，做出是否提供法律援助的决定。

第八条　承办法律援助案件的律师和基层法律服务工作者，应当根据承办案件的需要，依照司法部、律师协会有关律师和基层法律服务工作者执业规范的要求，尽职尽责地履行法律服务职责，遵守职业道德和执业纪律。

第九条　对重大、复杂、疑难的法律援助案件，律师事务所、基层法律服务所应当组织集体研究，确定承办方案，确保办案的质量和效果。

律师事务所、基层法律服务所应当对本所律师、基层法律服务工作者办理法律援助案件的质量进行监督，发现问题的，应当及时纠正。

第十条　律师和基层法律服务工作者自法律援助案件办结后15日内，应当向指派案件的法律援助机构提交下列承办案件的材料，接受法律援助机构的审查；对于不符合要求的，应当要求其改正：

（一）法律援助指派函和律师事务所（基层法律服务所）批办单；

（二）委托代理协议及其他委托手续；

（三）起诉书、上诉书、申诉书或者行政复议（申诉）申请书、国家赔偿申请书等法律文书副本；

（四）会见委托人、当事人、证人谈话笔录及其他有关调查材料；

（五）答辩书、辩护词或者代理词等法律文书；

（六）判决（裁定）书、仲裁裁决书、调解协议或者行政处理（复议）决定等法律文书副本；

（七）结案报告；

（八）其他与承办案件有关的材料。

法律援助机构应当自收到结案材料之日起15日内完成审查，并将材料退还，由承办人员所在的律师事务所、基层法律服务所负责归档保管。

**第十一条** 法律援助机构应当按照当地人民政府制定的法律援助办案补贴标准,自收到结案材料之日起 30 日内,向承办法律援助案件的律师或者基层法律服务工作者支付办案补贴。

**第十二条** 律师和基层法律服务工作者在承办法律援助案件过程中,发现受援人有《法律援助条例》第二十三条规定列举的情形时,应当及时向法律援助机构报告,由法律援助机构负责审查核实,决定是否终止该项法律援助。

**第十三条** 法律援助机构应当采取对结案材料审查、办案质量反馈、评估等方式,督促律师和基层法律服务工作者尽职尽责地开展法律援助工作,确保法律援助服务的质量。

律师协会应当按照律师协会章程的规定对实施法律援助工作予以协助,指导律师和律师事务所不断提高办理法律援助案件的质量,维护律师在开展法律援助工作中的合法权益。

**第十四条** 对在法律援助工作中作出突出贡献的律师和律师事务所、基层法律服务工作者和基层法律服务所,司法行政机关、律师协会应当给予表彰、奖励。

**第十五条** 律师和律师事务所有违反《法律援助条例》等有关法律、法规以及本办法规定行为的,由司法行政机关、律师协会依照有关规定给予行政处罚或者行业处分。

基层法律服务工作者和基层法律服务所有违反《法律援助条例》以及本办法规定行为的,由司法行政机关依照有关规定给予行政处罚。

**第十六条** 法律援助机构、律师协会应当建立法律援助工作投诉查处制度。对受援人或者相关部门的投诉,应当依照有关规定及时调查处理,并告知其查处结果;经调查,认为对被投诉人应给予行政处罚的,应当及时向司法行政机关提出建议。

**第十七条** 法律援助机构安排本机构工作人员、指派社会组织人员承办法律援助案件的管理,参照本办法执行。

**第十八条** 本办法由司法部负责解释。

**第十九条** 本办法自发布之日起施行。

# 司法部、民政部、财政部、劳动和社会保障部、国土资源部、建设部、卫生部、国家工商行政管理总局、国家档案局关于贯彻落实《法律援助条例》切实解决困难群众打官司难问题的意见

(2004年9月6日　司发通〔2004〕127号)

各省、自治区、直辖市司法厅(局)、民政厅(局)、财政厅(局)、劳动和社会保障厅(局)、国土资源厅(局)、建设厅(局)、卫生厅(局)、工商行政管理局、档案局,新疆生产建设兵团司法局、民政局、财务局、劳动和社会保障局、国土资源局、建设局、卫生局、档案局:

《法律援助条例》(以下简称《条例》)自2003年9月1日颁布实施以来,我国法律援助工作取得了明显的成效,在一定程度上缓解了困难群众请律师难、打官司难的问题。但是,目前法律援助工作还存在经费短缺、相关制度不配套、经济欠发达地区困难群众申请法律援助难等问题,制约了法律援助工作的发展。为进一步贯彻落实《条例》,切实保障困难群众的合法权益,现提出如下意见:

一、认真贯彻落实《条例》,全面开展法律援助工作

《条例》的颁布实施,是我国民主法治建设中的一件大事,是党和政府落实"三个代表"重要思想的重要举措,是坚持立党为公、执政为民的具体体现,有助于落实"国家尊重和保障人权"、"公民在法律面前一律平等"的宪法原则,对于进一步规范和加强法律援助工作,促进司法公正,完善社会保障体系,推动社会文明进步,具有十分重要的意义。

保证《条例》的顺利实施,是各级人民政府的责任,各级司法行政部门、

法律援助机构要充分发挥主观能动性,有效组织法律援助工作,各级人民政府有关部门应当积极支持和配合法律援助工作。

通过政府各职能部门的共同努力,保障经济困难的公民获得必要的无偿的法律服务,促进"社会主义司法制度必须保障在全社会实现公平和正义"目标的实现。

### 二、增加财政投入,保障法律援助事业与经济、社会协调发展

为保证《条例》的顺利实施,各级人民政府要按照《条例》的规定,根据本行政区域的经济发展水平及财力状况,将每年法律援助所需要的经费数额,逐步纳入年度财政预算。要随着当地经济发展及财政收入的增加,并根据法律援助的实际需要安排经费,保障法律援助事业与经济、社会协调发展。

为保证法律援助工作在不同地区、不同区域的协调发展,省级财政部门应设立法律援助专项经费,对本行政区域内的贫困地区予以补助;中央财政根据财力可能积极支持贫困地区开展法律援助工作。

各级司法行政部门要积极探索建立资金筹措的社会化、经常化机制,广泛开辟政府财政拨款以外的法律援助经费筹措渠道,充分利用社会财力支持法律援助事业。

要对法律援助经费的使用加强管理和监督,建立完善的财务制度,做到专款专用。

### 三、完善法律援助机构与民政部门的工作配合机制

各地法律援助机构应当定期向当地民政部门了解有关困难群众的法律援助需求状况,各地民政部门应当将所掌握的本地区经济困难群众的情况,及时与当地法律援助机构进行沟通,并采取相应的便民措施,使困难群众得到及时的法律援助。

法律援助机构依《条例》规定审查法律援助申请人的经济状况时,应根据县级以上(含县级)民政部门颁发的有关救济凭证或者出具的经济困难书面证明,及时为申请人办理有关法律援助手续,尽量简化程序,提高工作效率,对证明材料需要查证的,可向出具证明的部门查证。

### 四、建立法律援助与劳动仲裁的衔接机制

对法律援助机构决定提供法律援助的案件,劳动仲裁部门要先行缓收仲裁费。受援方胜诉的案件,由非受援的败诉一方承担;受援方败诉的案

件,依法裁定受援方当事人承担部分或全部仲裁费,该方当事人确有困难的,由法律援助机构承担。

**五、加强法律援助机构与相关部门之间的协调与配合,为法律援助办案人员利用档案资料提供方便**

国土资源、建设、卫生、工商、档案管理等部门对法律援助案件办理中利用档案进行的调查取证工作应予支持,对于法院尚未立案的法律援助案件,法律援助人员可凭法律援助机构的证明查询,以免因缺乏有关证明资料,案件难以进入诉讼程序,但涉及国家机密等不公开资料的除外。

相关部门对法律援助案件办理中查阅档案资料所涉及的相关费用应当予以减免,共同降低法律援助成本,减轻经费短缺给法律援助工作造成的压力。对档案资料查询费、咨询服务费、调阅档案(资料)保护费、证明费(包括学历、工龄证明、机构设置证明、房产地产证明、财产证明)予以免收;对相关材料复制费,包括原件复印、缩微胶片复印、翻拍、扫描费给予减、免,减收的标准按复制档案资料所需的原材料成本费计算。

**六、加强法律援助机构与有关鉴定机构的沟通与协调,减免收取或缓收法律援助案件的相关鉴定费用**

为了解决法律援助案件的受援人因交不起鉴定费用而无法进入诉讼程序,从而无力维护自己合法权益的问题,各鉴定机构应当对法律援助案件所涉及事项的鉴定给予减免的优惠。

司法行政部门管理的面向社会服务的司法鉴定机构,对法律援助案件受援人申请司法鉴定的,要缓收或免收鉴定费。受援人胜诉后,应向鉴定部门补交实际需交纳的费用,受援人败诉,交纳鉴定费用确有困难,鉴定部门给予减免。

其他非财政拨款的鉴定机构对法律援助案件受援人申请人身伤残鉴定、亲子鉴定、笔迹鉴定以及财产评估等,实行缓收相关费用。受援人胜诉后,应向鉴定部门补交实际需交纳的费用。受援人败诉,交纳鉴定费用确有困难,由法律援助机构承担相关费用。

**七、各级司法行政部门要加强对法律援助工作的管理监督,确保法律援助工作规范运行**

各级司法行政部门要加强对法律援助实施主体包括法律援助机构工作人员、律师和社会组织人员的管理监督。对侵占、私分、挪用法律援助经费的,对法律援助机构及其工作人员从事有偿服务的,对律师事务所、基层法律服务所拒绝指派的和律师、基层法律服务工作者不履行义务的,对律师和社会组织人员在法律援助活动中收取当事人财物的,要依据《条例》予以处罚,保证法律援助工作规范健康地发展。

严格法律援助案件办理中的程序规则。承办法律援助案件的人员在查阅、复制档案材料或者现行文件时,应出示法律援助机构出具的指派通知书(适用于社会律师、基层法律服务工作者和社会组织人员)或者介绍信(适用于法律援助机构人员)。在查阅、复制档案材料或者现行文件时,应遵守相关法律法规规定。

各地法律援助机构应对法律援助案件进行严格审查,严禁法律援助人员假借法律援助名义从事有偿法律服务而免费查阅和复制相关材料。如发现有上述情形,经司法行政部门查证属实,承办案件的人员应按规定全额支付相关的查阅和复制档案材料费用,并按有关法律法规规定接受相应处罚。

**八、加强领导,密切配合,共同推进法律援助事业的发展**

各级人民政府有关部门要高度重视法律援助工作,加强领导,采取有效措施,切实履行政府责任,将《条例》各项规定落到实处。各部门要加强协调和配合,建立协调沟通机制和反馈机制,经常沟通信息,及时帮助解决法律援助工作中存在的困难和问题,认真贯彻落实《条例》,切实保障贫困群众的合法权益,努力使符合法律援助条件的困难群众都能获得法律援助,维护社会公平和正义。

# 司法部关于西藏自治区司法厅《关于申请颁发法律援助执业证的请示》的批复

(2004年2月24日  司复〔2004〕3号)

西藏自治区司法厅:

你厅《关于申请颁发法律援助执业证的请示》收悉。经研究,现批复如下：

一、按照《法律援助条例》的有关规定，法律援助机构负责受理、审查法律援助申请，指派律师或安排本机构的工作人员为符合法律援助条件的公民提供法律援助。因此，法律援助机构工作人员办理法律援助案件具有法律依据。为便于法律援助工作人员开展工作，可以由自治区司法厅为其颁发《法律援助工作者证》，作为承办法律援助事务的有效证件。

二、对授予《法律援助工作者证》的人员，应符合以下条件：具有法律大专以上文化程度，经过法律援助业务培训，在法律援助机构从事法律援助工作。

三、《法律援助工作者证》的使用，需得到公、检、法等部门的支持和配合，因此，可采取与自治区公、检、法等部门联合发文的形式，统一规范法律援助机构工作人员办理法律援助案件的具体事宜。

此复。

# 最高人民法院关于落实23项司法为民具体措施的指导意见（节录）

（2003年12月3日　法发〔2003〕20号）

......

**十四、切实执行诉讼费减、免、缓制度，确保经济确有困难的当事人打得起官司**

......

各级人民法院要按照《关于对确有困难的当事人予以司法救助的规定》，对于符合救助条件的当事人切实给予救助。凡是由司法行政部门已给予法律援助的，人民法院也应给予司法救助。要严格掌握救助标准，严格审批程序，既要保证经济确有困难的当事人得到救助，又要防止随意降低标准，杜绝不属救助对象的当事人得到救助，严禁借司法救助搞不正之风，确保司法救助真正发挥作用。

**十五、依法提供法律援助,保障当事人诉讼权利,维护司法公正**

在诉讼过程中保障经济困难的公民获得必要的法律援助,能够充分行使诉讼权利,是人民法院必须履行的职责。对于被告人是盲、聋、哑人或者限制行为能力的人,开庭审理时不满18周岁的未成年人,可能被判处死刑的人,没有委托辩护人的,人民法院应当为其指定辩护人。对于被告人符合当地政府规定的经济困难标准或者本人确无经济来源的,被告人家庭经济状况无法查明,且其家属经多次劝说仍不愿为其承担辩护律师费用或者共同犯罪案件中其他被告人已委托辩护人的,被告人具有外国国籍的,案件有重大社会影响的,在没有委托辩护人的情形下,人民法院认为起诉意见和移送的案件证据材料可能影响正确定罪量刑的,可以为其指定辩护人。

人民法院对于法律援助机构决定提供法律援助的民事案件,经审查认为符合司法救助条件的,可以先行对受援人作出缓收案件受理费及其他诉讼费的司法救助决定,待案件审结后再根据案件的具体情况决定对受法律援助当事人一方诉讼费的减免。

……

# 司法部关于贯彻落实《法律援助条例》促进和规范法律援助工作的意见

(2003年9月12日　司发〔2003〕18号)

各省、自治区、直辖市司法厅(局),新疆生产建设兵团司法局:

《法律援助条例》(以下简称《条例》)已于2003年9月1日正式实施。为了全面贯彻落实《条例》,促进和规范法律援助工作,现提出如下意见:

**一、认真学习宣传《条例》,深刻领会精神实质**

(一)充分认识《条例》颁布实施的重大意义。《条例》的颁布实施,是贯彻十六大精神的重要举措,体现了"三个代表"重要思想和"执政为民"的本质要求,有助于落实"公民在法律面前一律平等"的宪法原则,有利于促进"社会主义司法制度必须保障在全社会实现公平和正义"法治目标的实现,标志着我国法律援助工作走上了法制化轨道,对于进一步规范和加强法律援助工作,促进司法公正,完善社会保障体系,推动社会文明进步,都具有十分重要的意义。

(二)全面领会《条例》的基本精神。《条例》确立了我国法律援助制度的基本框架,明确了经济困难的公民有权获得免费法律服务,法律援助是政府的责任,司法行政部门负责监督管理法律援助工作,法律援助机构具体负责组织实施法律援助工作,律师是法律援助的主要提供者,应当履行法律援助义务。鼓励社会力量参与法律援助工作,规定了法律援助范围、标准、实施程序以及法律援助各方的权利义务、法律责任等,为促进和规范法律援助工作提供了重要的法律依据。

(三)认真学习,增强责任感,切实履行《条例》规定的各项职责。要加强领导,组织学习,使各级司法行政部门、法律援助机构、律师等法律服务工作者深刻认识和理解各自在《条例》实施中所担负的责任,以高度负责的精神投入到法律援助工作中去。同时要加大宣传力度,通过广泛宣传,使各级党政部门更加重视法律援助工作,使社会各界积极支持法律援助工作。

## 二、加强监督管理,保证法律援助工作的规范运行

(四)切实履行司法行政部门监督管理法律援助工作的职责。司法部负责监督管理全国法律援助工作,县级以上地方各级司法行政部门负责监督和管理本行政区域的法律援助工作。司法部监督管理法律援助工作的主要职责是:研究起草有关法律援助工作的法律、法规和政策,制定有关规章及规范性文件;监督管理全国各地方的法律援助工作;监督管理中国法律援助基金会工作及其资金使用。对在法律援助工作中作出突出贡献的组织和个人予以表彰、奖励,对违反《条例》和有关规定的行为进行查处。

省级人民政府司法行政部门监督管理法律援助工作的主要职责是:研究起草本行政区域有关法律援助工作的法规、规章,制定有关规范性文件;监督管理本行政区域的法律援助工作;管理省级的法律援助经费,并负责法律援助资源的吸收和调配,组织协调法律援助实施工作;对在法律援助工作中作出突出贡献的组织和个人予以表彰、奖励,对违反《条例》和有关规定的行为进行查处。

地市和县级人民政府司法行政部门监督管理法律援助工作的主要职

责是：贯彻执行法律、法规、规章中有关法律援助的规定，制定本行政区域的法律援助工作制度；监督管理本行政区域的法律援助工作；监督本级法律援助资金的管理和使用；对在法律援助工作中作出突出贡献的组织和个人予以表彰、奖励，对违反《条例》和有关规定的行为进行查处。

（五）加强规范，不断提高法律援助工作的管理水平。司法部制定与《条例》相配套的管理办法，加强对法律援助机构、资金使用和监督、法律服务人员履行法律援助义务、社会组织人员参与法律援助工作、法律援助服务质量和效率等方面的管理，全面规范法律援助工作。与最高人民法院、最高人民检察院、公安部等有关部门协调，研究制定统一的刑事和民事法律援助工作规范，促进各部门在法律援助工作中的配合与协作。

各省（区、市）司法厅（局）要制定贯彻落实《条例》的工作措施。要根据本行政区域法律援助机构的数量、分布与资源状况，与所在地人民法院协商确定法律援助案件的指派等工作衔接方式。要与同级政府财政部门协商，制定法律援助办案补贴办法。

各级司法行政部门要加强对法律援助工作的监督管理，对法律援助机构及其工作人员侵占、私分、挪用法律援助经费，从事有偿服务，律师事务所拒绝指派或律师不履行义务，对律师和社会组织人员在法律援助活动中收取当事人财物等行为，要依据《条例》有关规定予以处罚，保证法律援助工作规范健康地发展。

**三、发挥法律援助机构的作用，有效组织实施法律援助**

（六）加强法律援助机构和队伍建设，为法律援助的实施提供组织保障。各直辖市、设区的市和县级地方司法行政部门要按照精干高效的原则，根据需要合理确定法律援助机构的布局和数量。法律援助机构可以与"12348"法律咨询服务机构合署办公。经济欠发达的少数边远县级地方，现阶段设立法律援助机构确有困难的，可以委托律师事务所行使法律援助机构的职责。现存少量自收自支和差额补助的法律援助机构应当向全额拨款的事业单位转变。各地要为法律援助机构配备高素质工作人员，加强培训工作，提高法律援助工作人员的政治素质和业务素质。逐步提高法律援助工作人员待遇，改善他们的工作条件。

（七）发挥法律援助机构组织实施法律援助工作的职能，为公民提供便捷高效的法律援助。法律援助机构要严格按照《条例》规定的范围和程序组织开展工作。对法院指定辩护的案件，应当依据《条例》的规定及时指派律师事务所安排律师或安排本机构的工作人员办理;要积极探索便民利民的有效形式,提高工作效率,方便公民依据《条例》第十条、第十一条的规定申请和获得法律援助;发挥法律援助机构专职办案人员作用,积极办理法律援助案件;规范法律援助申请的受理和审查、指派、支付办案补贴、归档等项工作,确保法律援助工作的质量。

### 四、倡导行业奉献,发挥律师、基层法律服务工作者的作用

(八)督促律师切实履行法定义务。律师应当依据《条例》第六条的规定履行法律援助义务。律师每年须义务办理法律援助案件的数量由省(区、市)司法厅(局)根据当地实际情况规定。要积极探索律师履行法律援助义务的新方式和新途径,使所有的律师都普遍履行义务。

(九)律师协会要对法律援助工作予以协助。律师协会要组织专门委员会负责与各有关部门进行沟通和协调,为律师开展法律援助工作创造便利条件。要协助司法行政部门确定律师应承担的义务办案数量、办案补贴标准等事项;协助法律援助机构指派律师办理法律援助案件;支持律师依法办理法律援助案件,维护律师在开展法律援助工作中的合法权益,督促律师遵守职业道德和执业纪律;协助做好法律援助的宣传、培训等工作。

(十)发挥农村基层法律服务工作者的作用。各省(区、市)司法厅(局)要根据本地情况,对农村基层法律服务工作者履行法律援助义务做出规定,各法律援助机构应当积极组织、引导他们开展与其工作领域和业务能力相适应的法律援助。

### 五、采取措施,支持和规范社会力量参与法律援助工作

(十一)积极开辟法律援助的社会资源。各级司法行政部门要采取切实措施,鼓励和支持工会、共青团、妇联、残联等社会团体和组织以自身人力和财力资源为本社团特定对象提供免费法律服务;鼓励和支持法律院校高年级学生在教师的指导下为经济困难的公民提供与其业务知识和工作能力相适应的法律援助;探索建立法律援助志愿者队伍,动员社会各界符合条件的人士自愿参与,扩大法律援助的社会资源。

(十二)引导和规范社会组织开展法律援助工作。各级司法行政部门在引导和规范社会组织开展法律援助工作中,应当要求法律援助工作人员的资质水平符合有关规定;不能假借法律援助名义从事有偿服务和谋取利益;要为受援人提供合格的法律援助服务。

**六、积极工作,推动法律援助政府责任的落实**

(十三)争取地方政府采取积极措施推动法律援助工作。各级司法行政部门要按照《条例》的规定和要求,积极向党政领导汇报,争取他们的关心和支持。通过积极有效的工作,促进地方政府将法律援助工作纳入本行政区域经济和社会发展的总体规划或将法律援助的实施列入党委政府为民办实事的项目。争取地方人大、政府通过组织《条例》实施的执法检查、为法律援助的社会捐助制定优惠政策、对在法律援助工作中作出突出贡献的组织和个人给予表彰奖励等项措施,为法律援助工作的开展创造良好的社会环境。

(十四)争取地方政府对法律援助工作提供经费支持,形成以政府为主导、多渠道筹集资金的法律援助经费保障体系。各级司法行政部门要积极争取地方党委、人大、政府等领导的重视,主动与同级财政部门沟通,落实各级政府对法律援助的财政支持。已经根据地方立法和地方政府已采取措施将法律援助经费纳入财政预算的地方,应当继续坚持;尚未纳入财政预算的,争取将法律援助经费纳入地方政府公共财政支出范围,并明确法律援助经费的投入办法和标准,建立起政府对法律援助的最低经费保障机制。随着当地经济发展水平的提高不断增加经费支持,保障法律援助事业与经济、社会协调发展。

要积极拓展法律援助经费的社会捐助渠道。中国法律援助基金会要加强自身建设,努力提高募集资金的能力,积极为各地搭建筹集资金的平台。要充分发挥基金会及专项基金募集社会捐助的功能,广泛吸收社会资金和其他资源,扶持贫困地区的法律援助工作。

法律援助经费专款专用,接受财政、审计部门的监督。

(十五)推动地方法律援助立法工作,保证《条例》的贯彻实施。各省(区、市)司法厅(局)要积极推动地方人大或政府修改或制定法律援助地方性法规、政府规章。已颁布的地方性法规和规章中有利于地方工作开展的一些具体规定,只要符合《条例》的精神,应当继续执行;对地方性法规和规章中与《条例》规定不相符合的条款应当作相应调整。通过推动地方立法或采取其他有效方式,使各省(区、市)人民政府在《条例》的授权范围内,制定与本行政区域经济社会发展状况和法律援助实际需求相适应的法律援助范围和经济困难标准,为全面贯彻落实《条例》,促进和规范法律援助工作提供制度保障。

# 全国老龄工作委员会办公室、司法部、公安部关于加强维护老年人合法权益工作的意见

(2003年2月25日 全国老工办发〔2003〕4号)

各省、自治区、直辖市、计划单列市老龄工作委员会办公室,新疆生产建设兵团老龄工作委员会办公室,司法厅(局),公安厅(局):

近年来,各级老龄工作部门、司法行政部门和公安机关认真贯彻执行《中华人民共和国老年人权益保障法》和《中共中央、国务院关于加强老龄工作的决定》等有关法律法规和政策,在维护老年人合法权益方面做了大量工作,收到了积极的社会效果。但是也应看到,维护老年人合法权益工作还不适应形势发展的需要,涉及老年人权益的各种纠纷还比较突出,侵犯老年人合法权益的问题时有发生,应当引起高度重视。进一步加强老年弱势群体合法权益的保障工作,是贯彻落实党的"十六大"精神和"三个代表"重要思想的具体体现,是依法治国和以德治国的重要内容,是维护社会稳定、促进经济发展的重要举措。各级老龄工作部门、司法行政部门和公安机关要充分认识加强老年维权工作的重要性和紧迫性,认真研究新形势下维护老年人合法权益工作的新情况、新特点,充分履行职责,采取有力措施,切实做好老年人权益保障工作。现就有关问题提出如下意见:

**一、进一步加强宣传教育工作,积极营造敬老爱老助老的良好社会氛围**

各级老龄工作部门、司法行政部门和公安机关,要在组织基层工作人员认真学习有关法律、法规和政策的基础上,运用多种形式和手段,广泛深入地开展维护老年人合法权益的宣传教育活动。要加强对广大群众尤其是青少年的宣传教育,使社会各界和广大群众充分了解老年人依法享有的权利以及家庭、社会和个人对老年人应尽的义务,增强依法维护老年人合法权益意识和为老年人服务的意识,自觉遵守有关法律法规,坚决与侵害老年人合法权益的行为进行斗争。同时也要根据老年人的特点,对其加强法制宣传教育,提高他们维护自身合法权益的意识和能力。各级老龄工

部门要加强与司法行政部门、公安机关及有关新闻媒体的联系协作,整合各方面的宣传资源,广泛、深入、持久地开展保障老年人权益的法制宣传和敬老道德教育。要充分发挥舆论的激励和监督作用,大力宣传维护老年人合法权益的先进典型。要把法制宣传与精神文明建设结合起来,大力弘扬中华民族传统美德,在全社会营造敬老爱老养老助老的良好氛围,为保障老年人的合法权益夯实社会和思想基础。

**二、及时为老年人提供法律服务和司法保护,切实保障老年人的合法权益**

加强老年人法律服务工作。大力倡导和鼓励广大律师、公证员和基层法律服务工作者为老年人提供优先、及时、便利、高效的法律服务。及时、优先办理涉及老年人合法权益或者老年人委托、求助的法律事务。积极为老年人提供诉讼代理及法律咨询、代书、调解、办理公证等各种非诉讼代理服务。加强基层法律服务工作,将服务领域不断向城市社区和农村延伸。坚持服务的公益性,将社会效益放在突出位置。对于贫困老年人,根据情况适当实行低收费或减收费。坚持服务的便民性,采取多种形式,使老年人能方便、及时获得法律服务。坚持服务的主动性,为行动不便和有紧急事项的老年人提供上门服务。加强服务的针对性,最大限度地满足不同层次、不同类型老年人的法律服务需求。

各级老龄工作部门要加强老年人来信来访和有关老年人法律政策的咨询服务工作,及时向司法行政机关提供老年人法律服务和法律援助的需求信息。在社会治安综合治理、"两个文明"建设等活动中,要把敬老爱老助老作为重要内容,充分发挥有关部门的职能作用,积极为老年人办好事、办实事,为老年人创造良好的安居环境。

加强涉老纠纷的调解工作。基层老龄工作部门要协调有关方面,依托基层组织,深入排查涉及老年人的矛盾和纠纷,并做好消除矛盾、化解纠纷的工作。人民调解组织要把涉老纠纷的调解作为重要内容,坚持调防结合,以防为主,积极开展摸情况、排重点、查隐患工作,认真研究和掌握涉老纠纷发生的原因和规律,从切实维护老年人合法权益出发,不断提高涉老纠纷调解的成功率,增强涉老纠纷调解的社会效果。基层老年协会等老年群众组织要积极协助基层人民调解组织开展涉老纠纷的调解工作,及时发现和化解矛盾,促进老年人家庭和睦和社会稳定。

依法严肃处理侵害老年人合法权益的违法犯罪活动。有关部门要依法受理涉及侵害老年人合法权益的申诉、控告和检举。基层公安机关和广大公安民警要按照有关规定及时、认真地受理涉及老年人的报警和求助。对伤害老年人人身安全和侵犯老年人财产安全的违法犯罪行为,要充分发挥职能作用,密切配合有关部门,依照有关法律法规严肃处理;对需要调解的,积极做好矛盾纠纷的化解工作;对违反《社会治安管理处罚条例》有关规定的,予以治安处罚;对构成犯罪的,依法追究刑事责任。基层老龄工作部门要及时发现和制止侵害老年人权益的行为,协助公安机关严肃处理严重侵害老年人权益的案件。

各地法律援助机构应从本地实际出发,为老年人提供优质、便捷、多种形式的法律援助。对老年人提出的法律援助申请,要简化程序,优先受理、优先审查、优先指定,其受援标准可在当地政府规定的法律援助标准线上适当上浮;对行动不便的老年人,采取上门服务、定期回访等方法,提高法律援助的效率和质量;有条件的地方可以设立"12348"老年人法律咨询热线、咨询信箱,方便老年人咨询和寻求法律援助。可以参与老龄工作部门重大涉法问题的研究,提出对策建议。也可在基层社区设立老年人法律援助联络站或工作部,配备专(兼)职法律援助工作人员,开展法律咨询、调解、代书等工作,拓展为老年人提供法律援助的范围。

### 三、切实加强对老年维权工作的指导

各级老龄工作部门、司法行政机关和公安机关,要高度重视老年维权工作,将其列入工作计划,摆上议事日程,认真部署,抓好落实。各级老龄工作部门要与司法行政机关、公安机关、法律服务机构建立经常性联系,及时沟通情况,交换意见,提出建议。老龄工作部门可视情况设立老年维权或法律咨询机构。要及时总结推广老年维权工作中的典型经验和做法,创造性地开展工作。要对在老年维权工作中表现突出的先进集体和个人进行表彰。各级老龄工作委员会办公室要认真履行职责,积极发挥综合协调、督促检查作用,配合人大进行执法检查,充分发挥社会和媒体的监督作用,切实把保障老年人合法权益工作落到实处。积极开展创建"敬老模范村"和"敬老模范社区"活动。在赡养问题突出的地区,加强赡养协议签订工作。协调组织贫困老年人救助工作,推进老年人优待政策落实工作。全国老龄工作委员会办公室将协同司法部、公安部等有关部门逐步开展"老年人维权示范岗"工作,对在为老年人提供法律援助、法律服务、安全保护、调解纠纷、法律咨询等方面工作成绩突出的单位,给予发证挂牌和表彰。

# 司法部、全国总工会关于保障职工合法权益加强职工法律援助工作的通知

(2002年11月21日 司发通〔2002〕123号)

各省、自治区、直辖市司法厅(局)、总工会：

保障职工合法权益,是我国社会主义法制建设和人权保障的重要组成部分,也是法律援助工作的重要内容。为了充分发挥各级司法行政机关和工会组织的职能作用,进一步加强并规范职工法律援助工作,切实维护职工合法权益,促进社会稳定,现就有关问题通知如下：

一、各级法律援助机构和工会组织要从认真实践"三个代表"重要思想和执政为民的高度,重视和开展职工法律援助工作。《工会法》明确规定"维护职工合法权益是工会的基本职责","县级以上各级总工会可以为所属工会和职工提供法律服务"。困难职工是特殊的困难群体,为困难职工提供法律援助,维护其合法权益,是各级司法行政机关和工会组织的共同任务,是贯彻落实《工会法》的重要内容,也是当前维护稳定大局的迫切需要。各级司法行政机关和工会组织要从讲政治、抓维护、促稳定的高度,充分认识开展职工法律援助工作的重要性与紧迫性,切实加强组织领导,认真研究部署,明确工作重点,采取有效措施,把这项工作落到实处。

二、要认真研究市场经济条件下劳动关系和劳动争议的规律和特点,采取有效措施,使符合条件的困难职工当事人得到优质的法律援助。对重大劳动争议案件,要及时立案援助；对可能影响社会稳定的突出问题,要及时向党委政府反映,提出解决意见。各级工会组织要以贯彻实施修改后的《工会法》为契机,加强职工法律援助的组织和队伍建设,充分发挥自身优势,加大依法维权力度。要拨出专项经费,设立职工法律援助资金,确保职工法律援助工作的正常开展。

三、各级工会组织要遵循法律援助制度的基本原则,依据修改后的《工会法》和相关法律法规的规定开展职工法律援助工作,不断加强制度化和规范化建设。工会职工法律援助要以协调劳动关系、调处劳动争议为工

作重点，以合法权益受到侵犯的困难职工。工会工作者和基层工会组织为主要对象，通过法律咨询、代书、非诉讼调解、仲裁代理和诉讼代理等手段，提供无偿法律服务，维护其合法权益。各级地方工会要加强对职工法律援助工作的组织管理。工会开展职工法律援助工作，应当接受司法行政机关的业务指导，确保规范化运作，不断提高工作水平。

四、各级司法行政机关和工会组织在为困难职工提供法律援助工作中要加强协调，密切配合。工会作为实施法律援助的重要社会力量，在维护困难职工合法权益方面发挥着不可替代的作用，司法行政机关应当给予积极支持。要组织经常性的培训、交流和研讨，不断提高工会法律援助人员的业务素质；要在制度上互相衔接，职能上优势互补，及时总结推广经验，定期评选表彰先进，推动职工法律援助工作深入开展。各级工会组织要加强与司法行政机关的联系，主动通报情况，提供需求信息，提出意见建议，协助制定相关措施和办法，共同促进职工法律援助工作的健康发展。

五、各级司法行政机关和工会组织要紧密结合职工法律援助工作的实际需要，采取多种形式，大力开展《劳动法》、《工会法》以及相关法律法规的宣传教育工作，提高广大职工、工会工作者的法律意识，自觉地运用法律武器维护自身的合法权益；提高企业经营者的法律素质，促进他们自觉遵纪守法，保障职工的合法权益，不断优化开展职工法律援助工作的法制环境。

各地开展职工法律援助工作情况及时报司法部和全国总工会。

# 司法部、解放军总政治部关于加强法律援助和法律服务工作切实维护国家军事利益和军人军属合法权益有关问题的通知

（2001年9月30日　司发通〔2001〕103号）

各省、自治区、直辖市司法厅（局），新疆生产建设兵团司法局，各军区、各军兵种、各总部、军事科学院、国防大学、国防科学技术大学、武警部队政治部：

维护国家军事利益和军人军属合法权益是各级司法行政机关的重要

职责,也是新时期法律服务工作为国防事业和军队建设服务的重要任务。随着国家改革开放和社会主义市场经济的发展,部队和军人军属涉法问题逐年增多,妥善处理好这些涉法问题,对于维护国家军事利益和军人军属的合法权益,促进部队的安全稳定,提高部队战斗力,进一步巩固和发展军政军民团结的大好局面,具有重要意义。现就涉军法律援助和法律服务工作的有关问题通知如下:

一、各级法律援助机构要把军人军属作为重点援助对象,及时有效地维护其合法权益。对军人军属申请法律援助的案件,经济条件可适当放宽。原则上,申请人为义务兵的,可不审查其经济困难的条件;申请人为军队干部、士官及其家属的,应适当放宽经济困难条件(具体标准由地方司法行政机关确定)。对涉及部队和军人军属的法律援助案件,法律援助机构应与军队有关部门沟通,取得多方面支持和配合,最大限度地维护军人军属的合法权益。

地(市)、县(区)司法局可根据所掌握的法律援助资源情况,与所在地的军分区、人武部设立维护军人军属合法权益法律援助工作站,接待军人军属的法律咨询,接受军人军属的法律援助申请,作初步审查后转交法律援助机构办理。法律援助机构积极创造条件,组织有一定专长的律师定期到维护军人军属合法权益法律援助工作站值班,为部队和军人军属提供必要的帮助、支持,切实有效地开展法律援助工作。

二、各地法律服务机构要把为军人军属提供法律服务作为一项重要工作内容,在政策上给予适当优惠和照顾。各地律师事务所、基层法律服务所、公证处办理部队、军人军属的案件或公证,要坚持法律效果与社会效果相统一,体现依法优先的原则,充分考虑涉军案件的特点,切实照顾军人军属的困难,在法定期限内迅速及时处理。对军人军属申请代理的案件要分类管理,对确有实际困难的军人军属,要视情给予减免费优惠。根据案情需要,应主动向军队有关领导和部门反映情况,共同研究问题,搞好协调配合,妥善处理涉及国家军事利益和军人军属合法权益的问题。有条件的地方还应积极组织力量,通过帮助部队举办法律知识讲座、开办法律骨干培训班、开通"148"法律服务热线和各种法律网站等形式,为官兵提供优质高效的法律服务。

三、军队各级法律服务组织应把维护国家军事利益和军人军属合法权益作为一项重要职责,常抓不懈。解决部队和官兵的涉法问题,是军队各级法律服务组织的一项基本职责,是军队法律服务工作的重要内容。各级法律服务组织和人员要坚持面向部队、面向基层、面向官兵的服务方向，及时全面地了解掌握部队和官兵涉法问题的情况主动为各级领导和机关处理涉法问题当好参谋助手，真正把法律顾问处、法律咨询站建设成为部队官兵解决涉法问题时"离得近、叫得应、信得过、靠得住"的组织。对部队担负重要职责、执行重大任务人员遇到涉法问题，以及严重侵害军人军属合法权益或影响特别重大的案件，有关法律服务组织应当集中力量抓紧帮助解决。同时，要结合部队任务转换，主动把法律服务送到训练场、演习场、工地和一线部队为部队和官兵提供强有力的法律保障。各级法律服务组织和人员要恪守职业道德，严守执业纪律，对官兵反映的涉法问题不得推诿拖延，严禁利用工作便利向当事人提出无理要求。

四、充分发挥省军区系统的作用，建立健全军地之间畅通、有效的协调工作机制。省军区、军分区、人民武装部作为联系军队和地方的桥梁，在协调处理军人军属涉法问题方面肩负着重要职责，具有不可替代的优势。各单位应分工一名副职领导分管维护国家军事利益和军人军属合法权益的工作。要努力创造条件，保证省军区、军分区和人民武装部与地方有关部门和机关联合建立的"维护军人军属合法权益协调中心"、法律服务站、法律援助工作站等工作机构正常运转。各单位对义务兵家属优抚政策不落实、宅基地及房产纠纷、士兵权益保护、家庭婚姻纠纷等常见问题要及时提供法律帮助。有条件的单位可定期组织地方的法律专家、律师到部队，无偿为军人军属提供法律咨询。对于符合法律援助申请条件、需要律师代理的案件，应主动代理或联系有关法律援助机构和法律服务机构提供帮助，并将处理结果及时向官兵所在部队进行通报。

五、切实加强对法律服务工作的组织领导。地方各级司法行政机关、律师协会，要加强对维护国家军事利益和军人军属合法权益工作的组织协调和监督检查，督促所属法律援助机构、法律服务机构认真落实有关规定和要求，完成上级赋予的各项任务。要把为部队和军人军属提供法律服务的情况，作为检验各级法律援助机构、法律服务机构工作成绩的重要标准，大力表彰热心为部队和军人军属服务、取得较好社会效果的单位和个人，及时帮助解决工作中存在的问题。要结合"四五"普法活动，在全社会广泛开展维护国家军事利益和军人军属合法权益的宣传教育，增强广大军民的国防观念和法律意识。

部队各级政治机关和司法行政主管部门，要把帮助部队和官兵解决涉法问题，依法维护军人军属合法权益，作为加强部队建设的一项重要工作，切实摆上位置,形成制度,抓好落实。要把维护国家军事利益和军人军属合法权益工作作为"双拥"工作的内容,定期进行检查、指导。要及时总结推广新鲜经验,宣扬先进典型,推动工作的深入发展。

# 中共中央、国务院关于加强老龄工作的决定

(2000年8月19日　中发〔2000〕13号)

老龄问题涉及政治、经济、文化和社会生活等诸多领域,是关系国计民生和国家长治久安的一个重大社会问题。全党全社会必须从改革、发展、稳定的大局出发,高度重视和切实加强老龄工作。

**一、充分认识加强老龄工作的重大意义**

(一)目前,我国60岁以上人口已达到1.26亿,其中65岁以上人口达到8600万,分别占总人口的10%和7%。按照国际通行标准,我国人口年龄结构已开始进入老龄化阶段。据预测,今后一个时期我国老年人口还将以较快速度增长,2015年60岁以上人口将超过2亿,约占总人口的14%。

人口平均寿命延长,老年人口增加,是我国社会主义制度优越性的体现和社会文明进步的重要标志,是经济发展、社会进步、人民生活水平提高、医疗卫生条件改善的重大成果。但是,人口老龄化也会给我国经济和社会发展带来一系列深刻影响。采取积极措施,加强老龄工作,是一项重要而紧迫的战略任务。

(二)党和人民政府历来十分关心老年人。新中国建立后特别是改革开放以来,国家颁布实施了一系列维护老年人权益的法律法规和政策,加强了尊老爱幼思想教育,初步建立了养老、医疗等社会保障制度,老年福利、卫生、文化、教育、体育等事业有了一定发展,老年人的生活水平和生活质量不断提高。老龄工作取得的进展和成绩,对推动经济建设和社会发展起到了重要作用。

但是,也要清醒地看到,我国老龄工作基础还比较薄弱,不能很好地适应人口老龄化的要求。主要问题是:对人口老龄化问题认识不足,老龄工作政策、法规不够健全,社会保障制度尚不完善,社区管理和老年服务设

施、服务网络建设滞后,老年思想政治工作薄弱,侵犯老年人合法权益的现象时有发生。对此,我们必须高度重视,认真解决。

(三)老年人是社会的重要组成部分,他们为中国革命和建设作出了重要贡献。满足广大老年人日益增长的物质和文化生活需要,让老年人共享经济建设和社会发展的成果,是中国共产党全心全意为人民服务根本宗旨的体现,是在新的历史条件下贯彻落实江泽民同志关于"三个代表"重要思想的体现,也是国家和社会义不容辞的责任。在社会主义市场经济条件下,弘扬中华民族传统美德,形成敬老、养老、助老以及代际和谐的良好社会风尚,是社会主义精神文明建设的一项重要内容。正确处理和解决人口老龄化过程中出现的各种矛盾和问题,切实保障老年人的合法权益,对促进经济建设和社会发展具有重要意义。

**二、老龄工作的指导思想、原则和目标**

(四)我国老龄工作的指导思想是:以马克思列宁主义、毛泽东思想、邓小平理论为指导,贯彻党的十五大精神,从我国的基本国情出发,适应人口老龄化的发展趋势,完善社会保障制度,建立健全社区管理和社区服务体系,发展老年服务业,维护老年人的合法权益,加强老年思想政治工作,开创老龄工作新局面。

(五)加强老龄工作,发展老龄事业要遵循以下原则:坚持老龄事业与国民经济和社会发展相适应,促进老龄事业健康发展;坚持家庭养老与社会养老相结合,充分发挥家庭养老的积极作用,建立和完善老年社会服务体系;坚持政府引导与社会兴办相结合,按照社会主义市场经济的要求积极发展老年服务业,坚持道德规范与法律约束相结合,广泛开展敬老养老道德教育,加强老龄工作法制建设,坚持关心老年人生活以及老龄妇女的特殊问题与加强思想政治工作相结合,因地制宜地开展老龄工作,发展老龄事业。

(六)今后一个时期我国老龄事业发展的主要目标是:从我国社会主义初级阶段的基本国情出发,努力建立和完善有中国特色老年社会保障制度和社会互助制度;建立以家庭养老为基础、社区服务为依托、社会养老为补充的养老机制;逐步建立比较完善的以老年福利、生活照料、医疗保健、体育健身、文化教育和法律服务为主要内容的老年服务体系,切实提高老年人的物质和精神文化生活水平,基本实现老有所养、老有所医、老有所教、老有所学、老有所为、老有所乐。

### 三、切实保障老年人的合法权益

（七）全社会都要依据《中华人民共和国宪法》和《中华人民共和国老年人权益保障法》等法律法规，切实维护和保障老年人的合法权益。

要加强法制建设，进一步完善有关维护老年人权益的法律法规，加大执法和监督力度，依法处理和打击侵犯老年人合法权益的不法行为。依法取缔伤害老年人身心健康、宣传迷信邪说、侵害老年人合法权益的非法组织。

要在全社会积极开展维护老年人合法权益的法制教育和普法工作。各级司法行政和宣传部门要把老年人权益保障法等相关法律法规纳入普法计划，加大宣传力度，进一步提高全体公民维护老年人合法权益的自觉性和法律意识。老年人也要学法、懂法、守法，依法维护自身的合法权益。

要重视保护老年人合法权益，健全法律援助制度，加强老年人法律服务工作，使老年人能够就地、就近、及时地得到优质的法律服务。各级司法行政部门对需要获得律师及其他法律帮助但又无力支付法律服务费用的老年人，要按照有关规定向他们提供法律援助。各级人民法院对老年人因合法权益受到侵害提起诉讼交纳诉讼费确有困难的，要给予缓交、减交或免交的优待。

要大力弘扬中华民族传统美德，在全社会广泛开展敬老、养老、助老的道德教育，并与开展文明社区、文明村镇、文明家庭创建活动结合起来。中央和省级广播电视机构要开办老年节目，地、县级广播电视机构要结合本地情况进行转播，其他有条件的地方也可开办老年节目。中小学校要把敬老、养老、助老作为德育的重要内容纳入教育计划。要综合运用行政、法律和宣传、教育等手段，在全社会树立尊重、关心、帮助老年人的社会风尚。

（八）完善社会保障制度，逐步建立国家、社会、家庭和个人相结合的养老保障机制，确保老年人生活、医疗等方面的基本需求。

在城镇，要建立起以基本养老保险、基本医疗保险、商业保险、社会救济、社会福利和社会互助为主要内容的比较完善的养老保障体系。逐步建立起独立于企事业单位之外、资金来源多渠道、管理服务社会化的基本养老保险制度。要进一步完善城市居民最低生活保障制度，对实际收入低于所在城市最低生活保障线的老年人，要纳入最低生活保障范围，发放最低生活保障金。积极推进医疗保险制度改革，建立覆盖城镇所有用人单位及其职工的基本医疗保险制度，落实离休和退休人员的医疗保障政策，发展各种类型的补充医疗保险,满足老年人的基本医疗需求。

在农村,要坚持以家庭养老为主,进一步完善社会救济和以保吃、保穿、保住、保医、保葬为内容的"五保"供养制度,倡导村民互助。有条件的地区可探索多种社会养老的路子。不断完善农村合作医疗制度,积极探索多种形式的农村医疗保障制度,加快农村医疗卫生组织建设。完善农村基层卫生服务网络,切实解决贫困地区老年人缺医少药问题。

(九)老年人受赡养的权利,赡养人特别是子女要依法履行赡养义务。倡导赡养人之间签订《家庭赡养协议书》,并由基层组织监督执行。要切实保障老年人住房、财产、继承等合法权益,重视和解决好老年妇女问题。

要维护老年人婚姻自由的权利。要移风易俗,转变观念,支持单身老年人自由择偶结婚。对再婚老年人,子女要给予理解和支持,并继续依法承担赡养义务。提倡和鼓励老年人之间建立互助关系。

(十)重视发挥老年人的作用,坚持自愿和量力,社会需求同个人志趣相结合的原则,鼓励老年人从事关心教育下一代、传授科学文化知识、开展咨询服务、参与社会公益事业和社区精神文明建设等活动。

## 四、发展老年服务业

(十一)要加强社区建设,依托社区发展老年服务业,进一步完善社区为老年人服务的功能。今后企事业单位的退休人员要逐步与所在单位相脱离,由社区组织管理和服务。要充分发挥社区组织在老龄事业发展中的积极作用。加快社区老年服务设施和服务网络建设,努力形成设施配套、功能完善、管理规范的社区老年服务体系。

各地要充分利用现有设施,积极兴办不同形式、不同档次的老年福利院、老年护理院、老年公寓、托老所等,为老年人提供生活照料、文化、护理、健身等多方面的服务。各部门、各单位的老年服务设施要逐步向社会开放。倡导社会互助,积极开展扶老助困志愿活动。各级人民政府要制定有关规定,在参观、游览、乘坐公共交通工具等方面,对老年人给予优待和照顾。

各级医疗卫生机构要大力开展多种形式的老年医疗保健服务,逐步建立起完善的社区卫生服务机构,健全老年医疗保障服务网络,提高服务质量。增加社区老年医疗保健设施,发展家庭病床,采取定点、巡回、上门服务等多种形式,为老年人提供预防、医疗、保健、护理、康复和心理咨询等服务。积极开展各种形式的健康教育,普及老年保健和卫生科学知识,增强老年人自我预防和保健技能。

各级文化、体育、广播电视等部门和工会、妇联等群众团体要进一步加强老年文化体育工作,发展老年文化体育事业。要建立社区老年活动中心或活动站。现有图书馆、群众艺术馆、文化馆、文化站、公共体育场所等要为老年人提供优先优惠服务,群众艺术馆、文化馆要建立老年文化活动中心,城区、乡镇的文化站要建立老年文化活动室。要组织老年人开展体育健身和文化娱乐活动,提倡科学文明健康的生活方式。各级文化部门要积极组织创作老年人喜闻乐见的优秀作品,组织开展丰富多彩的老年文化活动。出版部门要组织出版适合老年人特点的图书、音像制品和电子出版物,满足老年人的精神文化需求,丰富老年人的精神文化生活。

各地要重视发展老年教育事业,发展广播、电视、网络和函授教育,鼓励和指导社会力量按照有关规定兴办各类老年学校。各种老年教育主要为老年人提供物质文化生活所需要的知识和技能,使更多的老年人能就近参加学习。

(十二)老年服务业的发展要走社会化、产业化的道路。鼓励和引导社会各方面力量积极参与、共同发展老年服务业,逐步形成政府宏观管理、社会力量兴办、老年服务机构按市场化要求自主经营的管理体制和运行机制。

(十三)要培育和发展老年消费市场。老年人是一个庞大的社会群体,具有不同的消费需求,要积极研制开发适合老年人特点的产品和服务项目,引导老年人合理消费,满足老年人不同层次、不同类型的消费需求。

**五、采取有效措施,加快老龄事业发展**

(十四)各级人民政府要把老龄事业纳入国民经济和社会发展中长期规划和年度计划。要高度重视社区建设,认真做好"十五"期间社区建设规划。要根据实际需要和建设条件,在充分利用现有设施的基础上,新建和扩建一批社区老年服务设施、福利设施和活动场所。非营利性老年福利设施建设所需资金以各级人民政府投入为主,同时应当制定政策,鼓励和引导社会力量积极兴办老年福利机构。

各级发展计划部门在制定投资计划、安排投资项目时,要加大对老年服务设施的投入。城市建设、旧城改造、居住区建设要将老年服务设施纳入规划并认真付诸实施。到"十五"末期,基本实现每个县(市)至少有一所老年活动场所,地级以上市有一批社区老年服务设施、福利设施和活动场所，街道办事处有老年综合福利服务设施。乡镇要努力办好敬老院，有条件的地方要逐步将敬老院建设成综合性多功能的老年福利服务中心。

（十五）要坚决贯彻落实党中央、国务院有关方针政策，确保城市居民最低生活保障金和离退休人员基本养老金按时足额发放，不得拖欠，并随着经济发展合理增长。要进一步完善农村"五保"供养制度，提高供养水平，扩大农村敬老院的服务范围。要特别关注特困老年人的生活，加大对特困老年人的救助力度。老年人遇到特殊困难，当地人民政府要及时给予救济。要倡导和组织社会互助，积极开展扶老助困和志愿者服务等活动。

（十六）各级财政部门要加大对老龄事业的资金投入，主要用于老年社会保障、老年福利与服务设施建设以及老年教育、人才培训、科学研究等。要将老年福利事业经费纳入财政预算。在国家发行的彩票收益中，要有一定比例用于老龄事业的投入。

（十七）国家鼓励社会力量兴办老年福利服务设施。对社会力量投资兴办的福利性、非营利性的老年服务机构和有关捐赠，要实行减免税等优惠政策，具体办法由财政部、国家税务总局制定。

（十八）金融机构要充分发挥信贷支持作用，热情关注、积极支持社区老年服务设施、活动场所和福利设施的建设，按照信贷通则加大贷款支持力度。

（十九）地方各级人民政府在编制本地区土地利用年度计划实施方案时，应统筹安排社区老年服务设施、活动场所和福利设施建设用地，并按有关法律法规规定，采用行政划拨方式或优惠有偿方式供地。要采取有效措施，对新建老年服务设施的市政基础设施配套建设费酌情给予减免，降低征地和拆迁补偿费。

（二十）加强对老龄工作者队伍的建设，特别要加强对老龄工作干部的业务培训，提高老龄工作者自身素质，培养一支热爱老龄事业、全心全意为老年人服务的干部队伍。有条件的普通院校可开设老年学专业和社区服务类专业，培养从事老龄工作和社区工作的专门人才，加强社区干部队伍建设。

### 六、开展生动活泼的老年思想政治工作

（二十一）进一步加强和改进老年思想政治工作，认真研究解决老年群体中的各种思想问题。要坚持把马克思列宁主义、毛泽东思想特别是邓小平理论作为老年思想政治教育的重要内容，积极开展党的基本路线、政

策、形势、民主与法制和科学文化知识的教育,使广大老年人树立正确的世界观、人生观和价值观,划清科学与迷信、文明与愚昧的界限,坚定对建设有中国特色社会主义的信念,增强对改革开放和现代化建设的信心,坚定地与以江泽民同志为核心的党中央在政治上、思想上保持一致。

(二十二)积极研究和探索新形势下加强和改进老年思想政治工作的新形式、新办法。要根据老年人的特点,把思想教育与开展健康有益的文化体育活动、解决思想问题与解决实际问题结合起来。坚持以理服人,以情感人,寓教于乐,把老年思想政治工作做实、做活、做深、做细,使广大老年人以丰富健康文明的生活方式安享晚年。要总结和推广新经验,树立典型,表彰先进,弘扬正气。

(二十三)充分发挥基层党组织在老年思想政治工作中的战斗堡垒作用,重视和发挥老年党员的政治优势和先锋模范作用。所有老年党员都要编入党的基层组织,参加党组织的活动。要建立社区老年人思想教育工作机制,切实做好老年思想政治工作,保证老年人自觉贯彻执行党的路线、方针、政策。

### 七、加强对老龄工作的领导

(二十四)老龄工作是党政工作的重要组成部分。各级党委和人民政府要统一思想,提高认识,加强领导,把老龄工作列入日常工作议程,及时研究解决工作中出现的新情况和新问题。

(二十五)理顺和健全老龄工作体制。全国老龄工作在全国老龄工作委员会的领导下,由民政部牵头,中央和国家机关各有关部门、群众团体共同参与。地方各级党委、人民政府要参照全国老龄工作委员会的设置,尽快建立健全本地区老龄工作议事协调机构,并在民政部门建立精干的办事机构,提供必要的工作经费。各地要充分发挥各有关部门和工会、共青团、妇联等群众团体及老龄组织的作用,共同做好老龄工作。

加强老龄工作,发展老龄事业,是党中央、国务院面向新世纪作出的重大决策。各级党委和人民政府要认真贯彻落实本决定精神,在以江泽民同志为核心的党中央领导下,高举邓小平理论伟大旗帜,努力开创我国老龄事业的新局面,为实现社会主义现代化建设的宏伟目标作出更大贡献。

## 最高人民法院关于第二审人民法院审理死刑上诉案件被告人没有委托辩护人的是否应为其指定辩护人问题的批复

（1997年11月12日　法释〔1997〕7号）

江西省高级人民法院：

你院《关于第二审死刑案件是否需要全部指定辩护人的请示》（赣法刑一请字〔1997〕2号）收悉。经研究，答复如下：

刑事诉讼法第三十四条第三款关于被告人可能被判处死刑而没有委托辩护人的，人民法院应当指定承担法律援助义务的律师为其提供辩护的规定，也应当适用于第二审死刑案件。即第一审人民法院已判处死刑的被告人提出上诉而没有委托辩护人的，第二审人民法院应当为其指定辩护人。

此复

## 司法部、全国妇联关于保障妇女合法权益做好妇女法律援助工作的通知

（1996年11月19日　司发通〔1996〕154号）

各省、自治区、直辖市司法厅（局），妇女联合会：

保障妇女的合法权益，是宪法规定的基本原则，也是全社会的共同责任。自《中华人民共和国妇女权益保障法》颁布实施以来，各级司法行政部门和广大法律服务工作者为保障妇女合法权益做了大量工作，但由于各种原因，目前社会上仍存在着侵害妇女合法权益的现象：非法拘禁妇女、限制

妇女人身自由，歧视、虐待、遗弃妇女、残害女婴，拐卖、绑架妇女等犯罪行为时有发生；妇女在财产继承、责任田分配、宅基地划分等财产权益方面受到不平等待遇，权益受到损害的现象也大量存在。其中有些妇女则因经济困难无力支付法律服务费用，请不起律师，打不起官司，办不起公证，不能保护自己的合法权益，这些现象已引起全社会的普遍关注。

为了切实保障妇女的合法权益，各级司法行政部门、妇联组织，要依照《妇女权益保障法》、《刑事诉讼法》、《律师法》规定的精神，密切配合，切实做好妇女的法律援助工作。现就有关工作通知如下：

一、各级司法行政部门、妇联组织要加强对妇女实施法律援助工作的领导。法律服务机构应把为妇女提供法律援助工作作为法律服务工作的重要内容来抓，根据各地的实际情况制定实施计划，明确工作重点，完善有关规章制度，使之制度化、规范化。

二、各级司法行政部门、妇联组织应大力开展《妇女权益保障法》的宣传教育工作，提高妇女的法律意识，使广大妇女自觉运用法律武器保护自己的合法权益，提高法律服务工作者保护妇女合法权益的服务意识，切实做好为符合条件的受害妇女提供法律援助的工作。

三、各级法律援助机构、律师事务所、公证处、基层法律服务所对妇女权益受到侵害案件的控告、申诉、检举，不得推诿、无故拖延，对经济困难的妇女当事人要酌情减、免法律服务费用。

四、各级妇联组织要与司法行政机关密切配合，主动介绍本地区妇女工作的状况，提供本地妇女法律援助方面的需求信息，对本地妇女法律援助工作提出意见和建议，并协助各法律服务机构制定出切实可行的工作措施，为开展妇女法律援助工作提供一些必要的条件。

五、各有关司法行政部门、妇联组织要加强对妇女权益受侵害案件法律援助工作的管理和监督，及时总结推广有益的经验，组织评选、表彰在该项工作中的优秀单位和个人。

请各地接到通知后，认真落实，并将落实情况报告司法部、全国妇联。

# 司法部、共青团中央关于保障未成年人合法权益做好未成年人法律援助工作的通知

(1996年11月12日 司发通〔1996〕142号)

各省、自治区、直辖市司法厅(局),共青团省(市)委:

《中华人民共和国未成年人保护法》颁布五年以来,各级司法行政部门和一些法律服务机构秉承扶弱济幼的传统美德,以促进社会公正、伸张社会正义为己任,采取各种手段,为维护未成年人合法权益做了大量工作。但是,由于未成年人自身的特点和其他种种原因,未成年人的人身及其他合法权益受到侵犯的事件仍然经常发生,有的甚至达到了相当严重的程度。不仅如此,未成年人由于自身条件的限制,基本上不懂得运用法律武器维护自身的合法权益,更无力负担法律服务费用。这种现象应该引起重视。

新修订的《中华人民共和国刑事诉讼法》、新颁布的《中华人民共和国律师法》都规定了法律援助制度,其中,都明确规定了向未成年人提供法律援助。我国参加的《联合国少年司法最低限度标准规则》(北京规则)也确立了向未成年人提供法律帮助的原则。为切实加强保障未成年人合法权益,做好未成年人法律援助工作,特通知如下:

一、各级司法行政部门和共青团组织要努力提高认识,站在培养跨世纪接班人的高度来认识未成年人保护工作的战略意义,将做好未成年人的法律援助工作作为本级司法行政、共青团组织的一项重要的工作来抓。根据《未成年人保护法》、《刑事诉讼法》和《律师法》规定的精神,共同研究、制定措施、密切配合,将未成年人法律援助工作真正落到实处,切实保障未成年人的合法权益。

二、各级司法行政部门和共青团组织要结合"三五普法",做好有关未成年人保护及法律援助制度的宣传工作,使全社会都来关心未成年人保护工作。特别要在青少年中做好宣传,增强其法制观念,使其了解自己拥有获得法律援助的权利及其他合法权益。

三、各地法律援助专门机构要把未成年人的法律援助案件作为工作重点,采取特殊措施,提供优先、便捷的法律服务。律师事务所、公证处、基层法律服务所等法律服务机构,要发扬"幼吾幼以及他人之幼"的传统美德,积极为未成年人提供各种形式的法律服务,对家庭经济困难、无力支付法律服务费用的当事人,要酌情减、免其费用。

四、各级共青团组织要主动与司法行政部门和法律服务机构建立联系,共同做好未成年人的法律援助工作,要发挥共青团群众组织的优势,及时提供未成年人在法律援助方面的需求信息,协助司法行政部门和法律服务机构制定适合本地未成年人需求特点的法律援助计划、措施,对本地未成年人法律援助工作提出意见和建议,并为开展未成年人的法律援助工作提供一些必要的条件。

五、各级司法行政部门和共青团组织要主动与教育、妇联、工会等单位和团体建立联系,密切合作,开展信息交流、业务委托、解难答疑、评优表先等工作,共同做好未成年人的保护工作。

请各地接此通知后,认真落实,并将落实情况报告司法部、共青团中央。

# 司法部、民政部关于保障老年人合法权益做好老年人法律援助工作的通知

(1996年10月23日　司发通〔1996〕134号)

各省、自治区、直辖市司法厅(局)、民政厅(局):

维护老年人合法权益,是我国社会主义法制建设和人权保障的重要组成部分。最近,全国人大常委会通过了《中华人民共和国老年人权益保障法》,明确规定需要获得律师帮助但无力支付律师费用的老年人可以获得法律援助。这对于弘扬中华民族尊老敬老的传统美德,促进社会稳定,推动社会主义精神文明建设,建立健全有中国特色的法律援助制度,都具有十分重要的意义。为了配合老年人权益保障法的实施,切实保障老年人的合法权益,做好法律援助工作,特就有关问题通知如下:

一、各级司法行政部门要提高认识,采取有力措施,加强对老年人法

律援助工作的指导和管理,切实将为老年人提供法律援助纳入法律服务工作的重要日程,逐步建立起以法律援助专门机构、律师事务所、公证处、法律服务所为主体,以委托或指定的律师事务所为骨干的老年人法律援助网络。

二、各级司法行政部门和民政部门要运用各种宣传手段和多种形式,广泛、深入地宣传《老年人权益保障法》,要组织广大群众和法律工作者认真学习,深刻理解,让全体公民了解和履行应尽的责任和义务,以取得社会各界对老年人法律援助工作的积极支持。

三、各级司法行政部门和民政部门应针对《刑事诉讼法》、《律师法》和《老年人权益保障法》有关法律援助的规定,密切协商,积极配合,采取必要的措施,指导法律服务机构承担起为老年人提供法律援助的义务,使符合条件的老年人就地、就近、及时地得到优质的法律援助。

四、法律援助专门机构、律师事务所、公证处、基层法律服务所等法律服务机构要树立起尊老、敬老、帮老的良好风气,热心为老年人提供各种形式的法律服务;对生活困难、无力支付法律服务费用的老年当事人,应当依照规定减免其法律服务费用。

五、各级民政部门要主动与司法行政机关和法律服务机构建立联系,介绍老年人事业进展和老年人状况,提供老年人法律援助的需求信息,协助法律服务机构解决为老年人提供法律援助中遇到的一些实际问题,并对老年人法律援助工作提出建议。

六、各级司法行政部门和民政部门要结合当地情况制定计划,编印学习材料,在老年福利院、敬老院、老年公寓等老年人比较集中的地方开办相关法律知识讲座,增强老年人的法制观念。

七、各级司法行政部门要经常征求老年人对法律援助的意见,评选、表彰为老年人提供优先、优质法律援助服务的优秀法律援助机构和个人,广为宣传,深入报道,维护社会正义,增强尊老敬老责任意识。对为老年人提供"双优"服务成绩突出的法律援助机构,应当予以表扬或奖励。

请各地接此通知后,要认真落实,并及时向司法部和民政部报告当地老年人法律援助工作的开展情况。

## (二) 机构建设类

## 司法部关于司法部法律援助工作司主要职责和内设机构的通知

(2008年12月23日 司办通〔2008〕100号)

部机关各司局、直属各单位：

根据国务院办公厅《司法部主要职责内设机构和人员编制规定》（国办发〔2008〕64号），设立法律援助工作司，为司法部内设机构。主要职责是：指导、检查法律援助的法律法规和政策的执行工作；规划法律援助事业发展布局；承担法律援助机构、法律援助工作人员的监督管理工作；指导社会组织和志愿者开展法律援助工作；承办部领导交办的其他有关事项。法律援助工作司设：综合处、指导处、监督管理处。

法律援助中心继续保留，为参照公务员法管理的司法部直属全额拨款事业单位。主要职责是：负责法律援助宣传工作；组织实施法律援助培训；负责法律援助案件质量评估；组织法律援助国际项目交流与合作；管理全国"148"法律援助专线工作；开展法律援助理论研究；承办司法部交办的其他有关事项。法律援助中心设：办公室、宣传处、培训处、交流合作处。

特此通知。

## 司法部关于加快法律援助机构建设步伐的通知

(2000年6月19日 司发通〔2000〕076号)

各省、自治区、直辖市司法厅（局），新疆生产建设兵团司法局：

法律援助制度建立几年来，已经引起各级党政领导和社会各界乃至国际社会的广泛关注和普遍欢迎。为进一步加快法律援助机构建设步伐,广泛开展法律援助工作,保障社会贫弱者的司法公正和司法人权,进一步完善社会保障体系,现将有关事项通知如下：

一、充分认识法律援助制度的重要意义,把法律援助机构建设列入司法行政工作的重要议事日程。各级司法行政机关要把建立法律援助制度提高到健全社会主义法制,实施依法治国方略的高度来认识,要把加快法律援助机构建设步伐同加强基层司法行政职能,增强司法行政部门的地位和作用联系起来,统一思想,统一认识,克服困难,常抓不懈。要认真贯彻全国基层司法行政工作会议精神,把法律援助工作作为基层司法行政工作"一个中心、两个龙头、七项工作"的重要组成部分,使法律援助机构建设有较大的发展。各地要借鉴"148"法律服务专用电话建设的成功经验,抓好法律援助机构建设。

二、积极争取党委政府和编制部门的支持。以地方机构改革为契机,争取把法律援助机构建设纳入党委政府的总体规划和部署之中,切实解决法律援助机构的列编问题。经过各级司法行政部门的共同努力,目前省级地方除江西和西藏外,都已建立了法律援助机构,地市和副省级市已建机构占应建数的76.2%,县区级地方已建机构占应建数的33.4%。法律援助工作前景广阔,大有作为。按照全国基层司法行政工作会议的要求,到今年年底,省级地方要全部建立法律援助机构；副省级市和地、市、州、盟法律援助应建机构要达到90%；县区级地方法律援助应建机构要达到三分之二。到2002年以前,力争实现在所有设置人民法院的地方基本上都建立起相对应的法律援助机构的目标,并做到有编制、有人员、有办公场所、有经费保障。

三、切实加强对法律援助机构建设的领导。司法厅(局)要有分管领导具体负责,抽调得力人员,成立领导小组,集中时间和精力,进行重点攻关,力争在近期内,使本地区法律援助机构建设有较大突破。

四、随时掌握本地区法律援助机构建设的进展情况。在工作实践中有什么问题或经验,请及时与司法部法律援助中心联系,各省、自治区、直辖市司法厅(局)务必于每月二十日前向司法部法律援助中心上报地市和县区法律援助机构建设的进展数据,由法律援助中心每月通报一次。

# 司法部关于迅速建立法律援助机构开展法律援助工作的通知

(1996年6月3日　司发通〔1996〕076号)

各省、自治区、直辖市司法厅(局)，新疆生产建设兵团司法局：

今年年初全国司法厅(局)长会议提出，建立和完善中国法律援助制度，是司法行政机关"九五"期间到2010年的主要奋斗目标之一。新修改的《刑事诉讼法》第34条和刚刚颁布的《律师法》第六章也规定了法律援助制度。司法部决定把贯彻"两法"、建立中国法律援助制度，作为司法行政系统1996年的一项重要工作来抓，在继续加强对法律援助制度理论研究的同时，推广已经开展这项工作的地方的试点经验。现将有关事项通知如下：

一、各省、自治区、直辖市司法厅(局)要根据今年一月全国司法厅(局)长会议的有关精神，报请当地党政领导同意，并争取有关部门支持，尽快建立相应的法律援助工作管理机构，制定本地区未来五年法律援助工作的总体计划及实施方案。

二、各直辖市、省会城市、计划单列市以及有条件的中等以上城市的司法行政机关，要报请当地党政领导同意，尽快建立起为本地区提供法律援助的机构，参考有关地方的试点办法(见附件)，结合本地区的实际情况，迅速开展所辖区域内的法律援助工作。

当前，应重点围绕新修改的《刑事诉讼法》第34条和已颁布的《律师法》第41条规定的服务范围开展法律援助工作。

三、各级司法行政机关要充分利用本地区的新闻媒介，结合宣传修改后的《刑事诉讼法》和已颁布的《律师法》的有关规定，宣传、介绍法律援助制度的基本内容和意义，使更多的干部和群众了解法律援助制度。

四、各级司法行政机关要随时掌握本地区法律援助工作的进展情况和存在的主要问题,并及时报上级司法行政机关。司法部已经成立国家法律援助中心筹备组,有关法律援助机构的设置和工作进展情况,各省、自治区、直辖市司法厅(局)的有关业务机构可直接与中心筹备组联系(联系电话:64662685)。

## (三) 经费保障类

# 财政部、司法部关于印发《中央专项彩票公益金法律援助项目实施与管理办法》的通知

(2014年1月29日 财行〔2014〕1号)

各省、自治区、直辖市财政厅(局)、司法厅(局),新疆生产建设兵团财务局、司法局:

为加强中央专项彩票公益金法律援助项目管理,财政部、司法部于2009年制定了《财政部、司法部关于印发〈中央专项彩票公益金法律援助项目实施与管理暂行办法〉》(财行〔2009〕554号)。根据中央专项彩票公益金法律援助项目实施五年以来的实际情况,为进一步规范项目管理,优化工作程序,充分发挥资金的使用效益,我们对《中央专项彩票公益金法律援助项目实施与管理暂行办法》(财行〔2009〕554号)进行了修订,制定了《中央专项彩票公益金法律援助项目实施与管理办法》。现印发给你们,请遵照执行。

## 中央专项彩票公益金法律援助项目实施与管理办法

### 第一章 总 则

**第一条** 为规范中央专项彩票公益金法律援助项目(以下简称项目)的实施和管理,确保项目资金使用的公益性、有效性和安全性,使更多困难群众通过法律援助的途径维护和实现自身的合法权益,根据有关法律、法规,制定本办法。

**第二条** 本办法所称的项目,是指使用中央专项彩票公益金开展的针

对农民工、残疾人、老年人、妇女家庭权益保障和未成年人法律援助的项目。

**第三条** 项目实施和管理要遵循公开透明、专款专用、严格监管、广泛覆盖、突出重点的基本原则。

## 第二章 项目资助案件的范围和类型

**第四条** 项目资助案件范围包括：

（一）当事人经济状况和申请事项符合《法律援助条例》和本省（区、市）补充规定的法律援助事项范围，但当地法律援助经费确实存在困难的；

（二）当事人的经济状况符合当地法律援助经济困难标准，其申请法律援助的事项虽不属于《法律援助条例》和本省（区、市）补充规定的法律援助事项范围的，但属于本办法第六条规定的案件类型的；

（三）当事人经济状况高于当地法律援助经济困难标准，低于当地城镇职工最低工资标准，其申请法律援助的事项符合《法律援助条例》和本省（区、市）补充规定的法律援助事项范围的；

（四）当事人经济状况高于当地法律援助经济困难标准，低于当地城镇职工最低工资标准，其申请法律援助的事项属于本办法第六条规定的案件类型的。

**第五条** 项目资助的地域包括31个省（区、市）和新疆生产建设兵团，重点是中西部地区。根据各地经济发展水平的不同，分别执行不同的案件资助范围。

（一）东部的北京、天津、上海、江苏、浙江、广东等6省（市）可以申请办理本办法第四条中的（二）（三）（四）项规定的案件。

（二）除上述东部6省（市）以外的其他省（区、市）和新疆生产建设兵团可以申请办理本办法第四条中第（一）（二）（三）（四）项规定的案件，但办理第（一）项规定的案件不超过本地区使用该项资金办理案件总数的1/3。

**第六条** 项目资助的案件类型主要是：

（一）民事案件

1. 生命权、健康权、身体权纠纷

道路交通事故人身损害赔偿纠纷、医疗损害赔偿纠纷、工伤事故损害赔偿纠纷、触电人身损害赔偿纠纷等。

2. 婚姻家庭纠纷

婚约财产纠纷、离婚纠纷、离婚后财产纠纷、离婚后损害赔偿纠纷、同居关系析产、子女抚养纠纷、婚姻无效纠纷、撤销婚姻纠纷、夫妻财产约定纠纷等。

3. 抚养、赡养纠纷

抚养费纠纷、变更抚养关系纠纷、扶养纠纷、监护权纠纷、探望权纠纷；赡养费纠纷、变更赡养关系纠纷等。

4. 收养关系纠纷

确认收养关系纠纷、解除收养关系纠纷、分家析产纠纷等。

5. 继承纠纷

法定继承纠纷、转继承纠纷、代位继承纠纷、遗嘱继承纠纷、被继承人债务清偿纠纷、遗赠纠纷、遗赠扶养协议纠纷等。

6. 产品质量损害赔偿纠纷

7. 高度危险作业损害赔偿纠纷

8. 环境污染侵权纠纷

大气污染侵权纠纷、水污染侵权纠纷、噪声污染侵权纠纷、放射性污染侵权纠纷等。

9. 地面、公共场所施工损害赔偿纠纷

10. 建筑物、搁置物、悬挂物塌落损害赔偿纠纷

11. 劳动争议、劳动合同纠纷

12. 社会保险纠纷

养老金纠纷、工伤保险待遇纠纷、医疗费、医疗保险待遇纠纷、生育保险待遇纠纷、失业保险待遇纠纷、福利待遇纠纷等。

13. 消费者权益纠纷

14. 涉农纠纷

因购买、使用种子、农药、化肥等农业生产资料而产生的纠纷、土地承包经营权纠纷等。

（二）刑事案件

1. 农民工、残疾人（盲、聋、哑除外）、老年人、妇女作为犯罪嫌疑人、被告人的刑事案件。

2. 农民工、残疾人、老年人、妇女、未成年人作为刑事被害人的刑事案件。

（三）执行案件

（四）其他可以由本项目资助办理的案件。

## 第三章　组 织 管 理

**第七条**　本项目由财政部、司法部委托中国法律援助基金会负责项目实施的管理工作。

**第八条**　财政部负责对项目资金的使用及项目实施情况进行指导、监督、检查。

**第九条**　司法部负责项目资金额度分配方案的审批、项目业务指导和监督工作，并参与项目实施单位立项审批工作。

**第十条**　司法部法律援助中心参与组织项目培训、调研、监督检查、评估工作。

**第十一条**　中华全国律师协会负责推荐优秀律师事务所参与项目实施。

**第十二条**　中国法律援助基金会设立中央专项彩票公益金法律援助项目管理办公室（以下简称中央项目管理办公室），在基金会理事会的领导下具体负责项目实施和管理的日常工作。

**第十三条**　各省（区、市）司法厅（局）所属的法律援助机构组织成立本省（区、市）项目管理办公室（以下简称省级项目管理办公室），具体负责本辖区内的项目实施和管理工作。

## 第四章　项目实施单位的申报

**第十四条**　本办法所称的项目实施单位是指接受项目资助办理或指派案件承办单位办理法律援助案件的单位。项目实施单位包括：

（一）地（市）和县（市、区）法律援助机构；

（二）北京、天津、上海、江苏、浙江、广东等六省（市）的热心公益并擅长办理农民工、残疾人、老年人、妇女家庭权益保障和未成年人法律援助案件的优秀律师事务所；

（三）法律援助类民办非企业单位；

（四）高等法学院校学生社团组织和妇联等社会团体的法律帮助中心（维权机构）。

地（市）和县（市、区）法律援助机构是主要项目实施单位。

**第十五条** 各省（区、市）项目实施单位的数量及资金分配额度，由中央项目管理办公室根据各省（区、市）的法律援助需求量、资金缺口以及办案能力、质量等实际情况提出建议，经司法部审批并报财政部备案后确定，并抄送省级财政部门。

**第十六条** 中央项目管理办公室统一发布《立项申请公告》。各类项目实施单位的立项申请和审批执行下列规定：

（一）各省（区、市）司法厅（局）所属的法律援助机构接受本辖区内地（市）和县（区）法律援助机构的立项申请，并提出审核意见，报中央项目管理办公室审批。

（二）中华全国律师协会负责推荐北京、天津、上海、江苏、浙江、广东六省（市）热心公益并擅长办理农民工、残疾人、老年人、妇女家庭权益保障和未成年人法律援助案件的优秀律师事务所，报中央项目管理办公室审批。

（三）法律援助类民办非企业单位以及各社会团体的法律帮助中心（维权机构）直接向中央项目管理办公室提出立项申请并由其审批。

**第十七条** 中国法律援助基金会与各省（区、市）司法厅（局）所属的法律援助机构签订《项目执行协议书》，明确省（区、市）司法厅（局）所属的法律援助机构对项目实施单位的管理职责。

**第十八条** 各省（区、市）司法厅（局）所属的法律援助机构与各项目实施单位签订《项目执行协议书》，明确办案质量要求、办案数量等方面的权利义务，并于签订之日起10日内报中央项目管理办公室备案。

## 第五章 项目案件的办理

**第十九条** 当事人向项目实施单位提出法律援助申请的，应当如实填写《中央专项彩票公益金法律援助项目法律援助申请表》（附件1），并提供其申请事项和经济状况符合本办法第二章规定范围的证明材料。

第二十条 项目实施单位应当在规定时限内对当事人提出的法律援助申请进行审核,并填写《中央专项彩票公益金法律援助项目法律援助受理意见表》(附件 2),对符合本办法第二章规定的,应当受理申请并指派案件承办单位或承办人具体承办法律援助案件;对不符合本办法第二章规定的,不予受理并说明理由。

律师事务所和社会团体的法律帮助中心(维权机构)作为项目实施单位的,其受理的法律援助申请应当报所在地的县(市、区)法律援助机构审查。县(市、区)法律援助机构应当在规定时限内完成审查,对符合本办法第二章规定条件的,应当做出提供法律援助的决定并出具办理公函。

第二十一条 地(市)和县(市、区)法律援助机构作为项目实施单位的,应当尽量指派律师事务所承办本项目资助的案件。东部地区的法律援助机构不得指派本单位专职法律援助人员办理本项目资助的案件;中西部地区的法律援助机构指派本单位专职法律援助人员办理本项目资助的案件原则上不超过本单位办理本项目资助案件总数的 30%。

第二十二条 案件承办单位或承办人应当在接受指派后的规定时限内与受援人签订委托代理协议。

第二十三条 案件承办单位或承办人应当依据有关法律援助工作的要求,遵守执业纪律和职业道德,为受援人提供符合标准的法律服务,并不得以任何理由、任何形式收取受援人的财物。

第二十四条 案件承办过程中,如发现受援人申报的案情或经济状况等失实的,或发现受援人有《法律援助条例》第二十三条规定列举的情形时,承办单位或承办人应当及时向项目实施单位反映,项目实施单位视情况可以终止对受援人的法律援助。律师事务所和社会团体的法律帮助中心(维权机构)认为应当终止对受援人法律援助的,还须报所在地的县(市、区)法律援助机构审查批准。

第二十五条 对重大、复杂、疑难的法律援助案件,项目实施单位、案件承办单位应当组织集体研究,确定承办方案,确保办案的质量和效果。

第二十六条 案件承办单位或承办人自案件办结后 15 日内,应当填写《中央专项彩票公益金法律援助项目结案审查表》(附件 3),与下列材料一并提交项目实施单位进行结案审查。

(一)法律援助申请表、受理审核表以及证明案件符合本办法第二章规定的资助案件范围的有关资料;

（二）法律援助指派函或其他公函；

（三）委托代理协议、授权委托书等委托手续；

（四）起诉书、上诉书、申诉书或者行政复议（申诉）申请书、国家赔偿申请书等法律文书副本；

（五）会见委托人、当事人、证人谈话笔录和其他有关调查材料以及主要证据复印件；

（六）答辩状、辩护词或者代理词等法律文书；

（七）判决（裁定）书、仲裁裁决书、调解书（包括法院调解书、仲裁调解书和当事人在经律师见证达成的调解协议）或者行政处理（复议）决定等法律文书副本；

（八）结案报告；

（九）其他与承办案件有关的材料。

**第二十七条** 律师事务所和社会团体的法律帮助中心（维权机构）作为项目实施单位的，经本单位审查准予结案的案件，还应当将本办法第二十六条规定的结案材料报所在地县（市、区）法律援助机构审查。法律援助机构应当在3日内完成审查。

**第二十八条** 法律援助类民办非企业单位和高等法学院校学生社团组织应当接受所在省项目管理办公室的业务指导和监督。按照《法律援助条例》和有关法律、法规以及本办法的规定，严格进行案件受理、指派、办理和结案审核工作。办理群体性法律援助案件，须报中央项目管理办公室审查。

**第二十九条** 项目实施单位应当按照有关法律援助档案管理的规定将案件材料立卷存档。本办法第二十六条规定的结案材料应当作为卷宗材料的重要内容予以存档。

## 第六章 项目资金的拨付与管理

**第三十条** 项目资金在财政部拨付司法部后，由司法部拨付中国法律援助基金会。中国法律援助基金会按不超过项目经费2%的比例提取工作经费，用于项目管理、宣传、培训、检查、评估等工作支出。

**第三十一条** 中国法律援助基金会根据项目实施的进度将办案补贴

直接拨付项目实施单位。

第三十二条　中国法律援助基金会、各项目实施单位应当为项目资金设立专户,实行独立核算,分账管理,不得与其他资金混合管理使用。

第三十三条　本项目资助的各地区的办案补贴标准分别是:

(一)西部的重庆、四川、贵州、云南、西藏、陕西、甘肃、青海、宁夏、新疆、广西、内蒙古等12省(区、市)和新疆生产建设兵团办理本区域内刑事案件、执行案件的办案补贴为1000元,办理本区域内民事、行政案件的补贴为1500元;疑难案件和跨地区办理的案件可以适当提高,最高不超过4000元。

(二)中部的河北、山西、吉林、黑龙江、安徽、江西、河南、湖北、湖南、海南等10省和东部的山东省、辽宁省、福建省办理本区域内刑事案件、执行案件的办案补贴为1200元,办理本区域内民事、行政案件的补贴为2000元;疑难案件和跨地区办理的案件可以适当提高,最高不超过4500元。

(三)东部的北京、天津、上海、江苏、浙江、广东等6省(市)办理本区域内刑事案件、执行案件的办案补贴为1600元,办理本区域内民事、行政案件的补贴为2800元;疑难案件和跨地区办理的案件可以适当提高,最高不超过5000元。

第三十四条　各项目实施单位办理的法律援助案件中,疑难案件和跨地区办理的案件原则上不超过10%。

第三十五条　刑事侦查阶段、审查起诉阶段的案件和刑事、民事、行政二审案件,以及以调解结案的案件,如案情简单,工作量小,应在本办法第三十三条规定的资助标准基础上降低支付金额。

第三十六条　项目实施单位每季度向省级项目管理办公室提交《中央专项彩票公益金法律援助项目实施单位季度结案统计表》(附件4)、《中央专项彩票公益金法律援助项目××单位项目执行情况报告》和《项目资金申请报告》(附件5)。

第三十七条　各省级项目管理办公室汇总、统计本省(区、市)各项目实施单位的项目执行情况,每季度向中央项目管理办公室提交《中央专项彩票公益金法律援助项目省级项目管理办公室季度结案统计表》(附件6)、《中央专项彩票公益金法律援助项目省级项目管理办公室资金申请报告》(附件7)。中央项目管理办公室审核上述材料后向项目实施单位拨付项目资金。每年3月底前,各省级项目管理办公室应向中央项目管理办公室提交上一年度项目执行情况报告。

**第三十八条** 地(市)和县(区)法律援助机构作为项目实施单位的,要及时向案件承办单位或承办人发放办案补贴,并将《中央专项彩票公益金法律援助项目办案补贴发放情况表》(附件8)报省级项目管理办公室。

**第三十九条** 各项目实施单位申请的项目资金,只能用于向案件承办单位或承办人发放办案补贴,不得用于除此之外的其他支出。

**第四十条** 项目资金的使用应当严格执行国家有关法律、法规和财务规章制度,任何人、任何部门不得截留、挤占或拖延支付、抵扣项目资金,不得贪污挪用、虚报冒领、挥霍浪费项目资金。

**第四十一条** 由本项目资助的案件,不得再申请其他财政法律援助经费或其他办案补贴。

**第四十二条** 有下列情形之一的不予支付办案补贴:

(一)项目实施单位、案件承办单位或承办人员收取受援人财物的;

(二)擅自终止或者转委托他人办理法律援助案件的;

(三)办理案件不合格或者不负责任给受援人造成损失的;

(四)有事实证明法律援助人员不履行职责而被更换的;

(五)案件承办单位或承办人员所提交的案件材料不符合项目要求的;

(六)虚构案件冒领办案补贴的。

**第四十三条** 由于出现本办法第二十四条规定的情况而终止法律援助的,如案件承办单位或承办人未开展实质性工作的,不予支付办案补贴;如已开展实质性工作的,可以按本办法第三十三条规定的标准减半支付办案补贴。

**第四十四条** 中央项目管理办公室接受相关部门审计并将审计结果报财政部和司法部。中央项目管理办公室建立信息数据管理系统,对项目资金的使用实行实时监控和数据统计,并委托有关审计机构对项目实施单位的资金使用情况进行审计。

## 第七章 监督检查

**第四十五条** 各级项目管理办公室、各项目实施单位应当建立健全内部监督、检查制度,严格执行本办法和有关法律、法规,主动接受财政、审计、监察等相关部门的审计和检查。

**第四十六条** 各省级项目管理办公室负责对本省(区、市)项目执行情况进行经常性检查;中央项目管理办公室会同有关部门进行阶段性集中检查。

项目检查的方式有:卷宗抽查、当事人回访、接受举报、实地考察、组织审计等。

**第四十七条** 项目监督检查的重点是:

(一)项目资助办理案件的质量;

(二)各项目实施单位是否设立专项账户,是否与其他资金混淆使用;

(三)资金使用中是否有违反本办法有关规定的行为;

(四)项目实施单位是否将办案补贴如数发放给案件承办单位或承办人;

(五)其他认为应确定为重点检查的内容。

**第四十八条** 如发现项目实施单位未按要求执行项目或项目管理中存在较大问题以及未及时报告项目执行情况和资金使用情况的,中央项目管理办公室应当对有关单位和个人予以批评并责令其改正,同时可视情况扣减或暂停下一阶段项目资金;如发现项目实施单位有严重违反本办法的行为,可以暂停项目在该单位的实施,责其限期整改,整改期满仍未改善的,取消其作为项目实施单位的资格,并追究有关人员的责任,情节严重构成犯罪的,移送司法机关依法追究刑事责任。

**第四十九条** 中央项目管理办公室建立项目评估系统,对项目实施情况进行评估,评估结果将作为下期项目资金分配的重要依据。对于表现突出的项目实施单位、案件承办单位、承办人,中央项目管理办公室将会同有关部门给予表彰奖励。

**第五十条** 中央项目管理办公室每半年向财政部、司法部报告项目实施和管理等有关情况,每一年向社会公开项目实施情况。

**第五十一条** 中央项目管理办公室设立举报监督电话,受理群众举报,接受社会监督。

## 第八章 附 则

**第五十二条** 各省级项目管理办公室可以根据本办法和当地实际情况,制定具体实施细则,报中央项目管理办公室备案。

**第五十三条** 本项目所使用的《法律援助申请表》等一切表格和宣传材料,均需注明"彩票公益金资助——中国福利彩票和体育彩票"的字样或标识。

**第五十四条** 本办法由财政部、司法部负责解释。

**第五十五条** 本办法自颁布之日起实行。《中央专项彩票公益金法律援助项目实施与管理暂行办法》(财行〔2009〕554号)同时废止。

# 司法部关于加强法律援助经费使用监督管理工作的意见

(2011年2月24日 司发通〔2011〕24号)

各省、自治区、直辖市司法厅(局),新疆生产建设兵团司法局:

为切实履行司法行政机关监督管理职责,做好法律援助经费使用监督管理工作,充分发挥经费使用效益,更好地满足困难群众对法律援助的需求,为保障和改善民生服务,现提出如下意见。

### 一、高度重视经费监督管理工作

(一)充分认识加强经费监督管理的重要性。法律援助经费是法律援助机构履行职责的重要条件,是经济困难群众获得法律援助的重要保障。做好经费监督管理工作,是司法行政机关的一项重要任务,对于履行法律援助工作职责,加强法律援助机构建设,提高法律援助服务质量和效率,推动法律援助事业又好又快发展具有重要作用。各级司法行政机关和法律援助机构要各司其职,建立健全经费管理制度和监督机制,落实监管责任,努力发挥经费使用的最大效益,促进法律援助工作健康发展。

(二)认真解决经费管理使用中存在的问题。近年来,随着政法经费保障政策的落实,中央和地方财政对法律援助经费的投入逐年增加,法律援助经费保障水平不断提高,办案数量大幅增长,有力满足了困难群众对法律援助的需求。但是,经费管理使用中的一些问题仍然存在,一些地方法律援助经费没有单独列支或设置明细账,经费支出不够合理,执行办案补贴标准和补贴发放程序不严格等,影响了法律援助工作的发展。必须进一步加强经费监督管理工作,确保经费使用规范、安全、有效。对于发现的问题要认真分析原因,提出改进意见,及时予以解决。

## 二、进一步规范经费管理工作

(三)科学合理编制经费预算。进一步加强与财政部门的沟通协调,全面掌握法律援助经费的需求,充分考虑公民经济困难标准、法律援助事项范围、案件数量、办案经费支出和补贴标准等因素,以及开展法律援助宣传、人员培训等方面对经费的需求,法律援助业务装备建设对经费的需求,科学合理编制年度法律援助经费预算。要研究制定法律援助办案业务成本开支和成本核算办法,细化各项预算支出标准,按财政预算管理程序编报。

(四)建立健全经费管理机制。法律援助机构应当设立专门账户或单列科目,实行单独核算。要严格执行国家有关财政资金管理的法律、法规和财务规章制度,建立健全本地区、本单位经费管理各项规章制度及内控机制,加强经费收支和财务管理,严格执行各项经费开支范围和标准,按规定用途使用各项资金,确保专款专用。

## 三、切实提高经费使用效益

(五)合理分配使用中央、地方政法转移支付资金。省级司法行政机关要主动争取同级财政部门的支持,在中央和省级政法转移支付资金分配司法行政部门办案(业务)费中,优先保障市县法律援助经费需求。要合理确定各项经费支出比例,在充分保障法律援助办案所需经费的前提下,适当安排宣传、培训等方面的经费。要使用好业务装备经费,逐步解决法律援助办案设备、车辆紧缺及办公等基础设施落后的问题,促进法律援助各项工作协调发展。

(六)严格管理使用中央补助地方法律援助办案专款和中央专项彩票

公益金法律援助项目资金。要认真执行财政部、司法部印发的《中央补助地方法律援助办案专款管理暂行办法》(财行〔2005〕191号)和《中央专项彩票公益金法律援助项目实施与管理暂行办法》(财行〔2009〕554号),严格按照办案专款和项目资金使用范围进行支出,不得改变资金用途。

(七)严格按标准发放办案补贴。严格执行各省(区、市)和中央专项彩票公益金法律援助项目资助地区的法律援助办案补贴标准,认真履行办案补贴领取手续,及时、足额兑现办案补贴,严禁随意压低、克扣、拖延支付办案补贴。要根据当地经济社会发展水平,适时提高办案补贴标准,建立科学合理的办案补贴标准动态调整机制。

(八)优化经费支出结构。办案经费用于办理法律援助案件的开支和支付办案补贴,不得用于购置固定资产、弥补日常运行公用经费或基础设施建设经费不足。要将中央和地方政法转移支付资金、本级财政拨付的法律援助经费和各种渠道筹集的社会资金结合起来,统筹安排使用,优先保障法律援助办案经费。办案经费支出原则上地市一级不得低于50%,县区一级不得低于60%。

**四、进一步加强对经费管理使用的监督**

(九)建立监督检查制度。各级司法行政机关应当会同同级财政、审计部门加强对法律援助经费管理使用情况的监督检查,及时发现并解决经费管理使用中存在的问题,防止违法违规使用资金。对中央补助地方法律援助办案专款的安排和使用情况,省级司法行政机关要会同财政部门按规定期限向财政部和司法部作出书面报告。对中央专项彩票公益金法律援助项目资金的安排和使用情况,省级项目管理办公室要按规定向中央项目管理办公室作出书面报告,中央项目管理办公室要按规定期限向财政部和司法部作出书面报告。建立法律援助经费使用年度报告制度,法律援助机构应当于每年初向同级司法行政机关和财政部门报告上一年度经费使用效益情况。建立经费使用公示制度,各地应通过媒体或互联网每年初对上一年度法律援助经费预算、执行和支出效益等情况予以公布,主动接受社会的监督。

(十)建立绩效考评制度。司法行政机关要会同财政部门对法律援助经费管理及使用效益情况开展专项检查和年度考评。对管理不到位或资金使用效益不高的地区及单位,责成有关部门及时纠正。同时依据考评结果建立相应的奖惩制度,对执行好的单位予以表彰,对存在问题多的单位,应要求其作出书面说明,提出整改措施,并予以警示或通报。

**五、切实加强领导**

(十一)强化组织领导。各级司法行政机关要把法律援助经费监督管理工作作为一项重要任务,高度重视,摆上议事日程,切实加强领导。要及时了解掌握法律援助经费拨付、管理和使用情况,研究解决法律援助经费方面的困难和问题,加强对经费管理使用工作的检查指导,确保资金使用安全。要把经费监督管理工作与执法检查、投诉处理等工作结合起来,确保取得实效。

(十二)严格责任追究。司法行政监察机构要把法律援助经费管理使用监督工作,作为廉政建设和法律援助行风建设的一项重要内容来抓,加强对法律援助管理部门、法律援助机构及其工作人员执行政策法律法规、履行监管职责、实施法律援助等方面的监督。对不履行职责,滥用职权,造成严重后果的;对违反规定使用、截留、挤占、挪用或私分法律援助经费的机构和个人,依照有关规定追究其责任,情节严重、构成犯罪的,移送司法机关依法追究刑事责任。

# 司法部关于进一步加强法律援助经费使用管理监督工作的通知

(2009年7月7日 司发通〔2009〕101号)

各省、自治区、直辖市司法厅(局),新疆生产建设兵团司法局:

为进一步加强司法行政机关和法律援助机构对法律援助经费使用的管理和监督,切实做到法律援助经费专款专用,提高经费管理水平和资金使用效益,保障法律援助事业健康发展,现就做好有关工作通知如下:

一、进一步增强做好法律援助经费使用管理监督工作的责任感。法律援助经费是政府援助困难群众的专项经费,加强对此项经费使用的管理监督,是司法行政机关的一项重要职责,是提高经费使用效益、做好法律援助工作的重要保证。近年来,各级司法行政机关和法律援助机构认真贯彻实施《法律援助条例》,严格执行国家有关财务管理的法律法规和财政部、司法部有关规定,在法律援助经费紧缺的情况下,合理安排使用资金,努力提高资金使用效益,为困难群众服务,树立了法律援助工作的良好形象。各级司法行政机关和法律援助机构要进一步统一思想认识,从法律援助工作大局和维护人民群众利益出发,切实加强法律援助经费的管理、监督工作,将有限的资金管好用好,努力发挥经费使用的最大效益,为更多困难群众提供优质高效的法律援助服务。

二、严格经费使用管理,坚决杜绝违法违纪现象。各级司法行政机关要认真执行财政部、司法部印发的《中央补助地方法律援助办案专款管理暂行办法》(财行〔2005〕191号),使用好中央补助地方法律援助办案专款、地方法律援助专项资金等各项法援资金。要按照国家和地方有关财政资金管理的要求,严格执行会计制度和财务制度,依法管理法律援助经费,确保专款专用。要重点加强法律援助办案经费的管理,不得将法律援助办案专款用于弥补县(区)司法局和法律援助机构人员经费和公用经费的不足。对符合办案经费使用范围的各类支出,应按照经费使用审批的程序办理。要提高法律援助经费中办案费用的支出比例,尽力满足办案需要。要建立法律援助办案经费拨付、复核、稽核和单位主管领导审核把关的分工责任制。要实行严格的内部稽核制度,建立规范的内部制约和纠错机制。要加强对法律援助资金使用的控制,严格执行各项费用的开支标准和审批权限,财务人员要依法理财,保证账目真实、完整、规范。要建立健全并切实执行财务管理制度及经费管理使用考评制度和奖惩制度,严格经费使用管理,坚决杜绝违法违纪现象发生。

三、加强对经费使用的监督,严格责任追究。各级司法行政机关要建立完善内部监督机制,加强审计监督,加大纪检监察机关监督力度,畅通监督渠道,主动接受社会监督。各级司法行政机关纪检监察部门要把法律援助经费使用监督检查工作,作为党风廉政建设和法律援助行风建设的一项重要内容来抓,维护资金安全。省(区、市)司法厅(局)要会同财政、审计部门加强对法律援助经费使用情况的审计和监督检查,对没有建立法律援助办案费台账的单位,要督促其尽快建立。对经费管理存在的问题,要限期进行整改。属于违法违纪问题,对负有责任的领导干部和直接责任人员,按照有关党纪政纪规定,坚决严肃处理,情节严重构成犯罪的,移送司法机关依法追究刑事责任。要进一步加强对中央补助地方法律援助办案专款使用情况的监督管理,实行跟踪反馈责任制,切实做到补助专款拨付到哪里,监管责任就延伸到哪里。接受中央补助地方法律援助办案专款的省

(区、市)司法厅(局),要继续严格按规定定期向财政部和司法部报送办案专款的安排和使用情况。下半年,司法部将对各地法律援助经费使用情况进行专项检查。各地要先行开展自查,司法部将在各地自查的基础上,组织进行重点抽查,并将检查情况予以通报。对有令不行、有禁不止、违法违纪的典型事例,公开曝光,严肃查处。

# 司法部关于规范有效使用中央补助地方法律援助办案专款的通知

(2005年10月28日 司发通〔2005〕84号)

各省、自治区、直辖市司法厅(局),新疆生产建设兵团司法局:

为落实国务院《法律援助条例》(以下简称《条例》),帮助经济欠发达地区解决法律援助经费困难,促进不同地区法律援助工作的协调发展,今年中央财政首次安排补助地方办理法律援助案件的专项资金(以下简称法律援助办案专款),并由财政部、司法部联合颁布《中央补助地方法律援助办案专款管理暂行办法》(以下简称《暂行办法》),对使用和管理此专款的有关问题做出了明确规定。现就严格执行《暂行办法》,规范有效使用法律援助办案专款有关问题通知如下:

**一、加紧落实"三项标准",为规范使用法律援助办案专款提供可操作的依据**

《条例》授权各省(区、市)人民政府制定公民经济困难标准和法律援助事项补充范围,各省(区、市)人民政府司法行政部门会同同级财政部门制定法律援助办案补贴标准(简称"三项标准"),《司法部关于贯彻落实〈中央司法体制改革领导小组关于司法体制和工作机制改革的初步意见〉和〈中央政法委员会关于贯彻落实司法体制和工作机制改革初步意见的分工方案〉的工作安排》明确要求,推动各省(区、市)今年内完成"三项标准"的制定。没有明确的办案补贴标准,法律援助办案专款的使用缺乏可操作的依据。《暂行办法》规定,省级财政部门要在收到中央补助资金的两个月内将专款下拨到县级法律援助机构。根据这个要求,今年年底前各省(区、市)

务必出台法律援助办案补贴标准,才能保证各地方顺利执行《暂行办法》,按期使用法律援助办案专款。否则,不仅影响到此项专款的使用,而且将直接影响到下一年度法律援助办案专款的安排。各省(区、市)应根据法律援助经费财政投入增加的实际情况,及时制定和调整与此相适应的法律援助范围和公民经济困难标准,使现有的资源得到充分有效地使用,适当地扩大法律援助覆盖面,尽可能多地提供法律援助服务。

**二、尽快推动地方各级政府将法律援助经费纳入预算,推动省级财政部门设立法律援助专项资金**

法律援助是政府的责任。《暂行办法》要求省级财政部门要在司法行政部门的配合下,将中央财政补助的法律援助办案专款,结合省级财政安排的专项资金下拨到县级法律援助机构。要求县级法律援助机构要将上级补助的法律援助专款、本级财政安排的办案经费和各种渠道筹集的社会资金结合起来,统筹安排使用。中央财政已率先建立补助地方法律援助专款,对经济困难地方的法律援助工作给予了有力的支持。各级司法行政部门要抓住中央下拨法律援助办案专款的有利时机,加强与财政部门的沟通协调,尽快落实县级以上各级人民政府将法律援助经费纳入财政预算、省级政府建立法律援助专项资金,建立起符合本地实际情况的财政支持体系,为法律援助提供经费保障。

**三、加大办案力度,力争办案数量稳步上升,提高办案质量,发挥法律援助办案专款的最大使用效益**

办案经费的保障程度,对于法律援助案件的数量和质量有着重要的影响。中央补助资金的下拨,加上省级财政专项资金的逐步到位,基层法律援助经费紧张的状况将在相当程度上得以缓解,为法律援助机构组织多办案、办高质量案件提供了基本的财政保障。按照《暂行办法》的规定,法律援助办案专款采用"因素计算法"进行分配,其中,法律援助办案量是确定补助地方法律援助办案专款的重要因素,并要求省级财政部门在分配法律援助办案专款时也以此为基础,以鼓励地方多办案。各级司法行政部门要把办案数量的多少和办案质量的高低作为评判地方法律援助工作成效的主要指标,可以根据法律援助经费增加的额度,测算出应当相应增加的办案数量,并通过有效的组织实施加以落实。各法律援助机构要积极发挥职能作用,采取各种有效措施,广泛调动并合理分配律师、基层法律服务工作者以及其他可利用的人力资源,尽可能多地办理法律援助案件,并保证办案质量。在没有法律援助机构、律师缺少的地方,司法局要确定专人负责,有效组织基层法律服务工作者和法律援助志愿者开展法律援助工作,用足用好现有的财力,促进法律援助经费发挥最大社会效益。

四、建立健全制度,加强监督检查,确保法律援助办案专款的及时、足额到位;专款专用

各级司法行政部门要按照《暂行办法》的要求,加强对法律援助办案专款的监督管理。各级司法行政部门和法律援助机构要建立健全法律援助经费管理制度,保证法律援助经费专款专用,不得用于司法行政部门和法律援助机构的人员经费和办公经费,任何部门、单位和个人不得截留、挤占、挪用。司法部将会同财政部选择一些接受中央补助资金的地方进行跟踪检查,了解专款使用情况。各省(区、市)司法行政部门要切实担负起监督检查责任,检查范围要具体到每一接受专款的县(区),检查内容应按照已有的工作规范性要求,尽可能具体、量化,发现问题及时纠正,并按照《暂行办法》的要求,按时将法律援助办案专款的使用情况向上级报告、向下级通报。

各地发现专款分配、使用中的有关情况和问题请及时报部。

# 财政部、司法部关于印发《中央补助地方法律援助办案专款管理暂行办法》的通知

(2005年9月6日 财行〔2005〕191号)

各省、自治区、直辖市财政厅(局)、司法厅(局):

为落实国务院《法律援助条例》,帮助经济不发达地区解决法律援助经费困难,促进不同地区法律援助工作的协调发展,中央财政专项安排了中央补助地方法律援助办案专款。为充分发挥专款的使用效益,我们制定了《中央补助地方法律援助办案专款管理暂行办法》,现印发给你们,请遵照执行。

# 中央补助地方法律援助办案专款管理暂行办法

**第一条** 为加强中央补助地方法律援助办案专款(以下简称法律援助办案专款)的管理,充分发挥法律援助办案专款的使用效益,推动法律援助工作的发展,根据财政部《中央对地方专项拨款管理办法》的规定,特制定本办法。

**第二条** 法律援助办案专款是为落实国务院《法律援助条例》,帮助经济不发达地区解决法律援助经费困难,促进不同地区法律援助工作的协调发展,由中央财政专项安排的补助地方办理法律援助案件的专项资金。

根据司法部、民政部、财政部等九部门《关于贯彻落实〈法律援助条例〉切实解决困难群众打官司难问题的意见》的规定,各级政府应将法律援助所需经费纳入预算,省级财政部门应设立法律援助专项资金,各级司法行政部门要广泛开辟政府财政拨款以外的法律援助经费筹措渠道,充分利用各方面力量解决法律援助办案所需经费。

**第三条** 法律援助办案专款的投向是国家级和省级扶贫开发工作重点县(市、区),以及经费保障能力较低的其他困难县(市、区)法律援助机构(含未单独设立法律援助机构,承担法律援助任务的县、市、区司法局,下同)。

**第四条** 法律援助办案专款的使用范围

(一)支付接受法律援助机构指派办理案件的律师、基层法律服务工作者和接受安排办理案件的社会组织人员、法律援助志愿者的办案补贴,包括差旅费、交通通讯费、文印费、调查取证费等;

各省级司法行政部门应会同同级财政部门根据本地区实际情况制定办案补贴标准。

(二)法律援助机构办理法律援助案件的直接费用。

(三)受援人败诉后确因经济困难无力交纳的鉴定费和仲裁费。

**第五条** 法律援助办案专款的分配

(一)法律援助办案专款分配原则是:公开、公正、透明;保贫困、保基层、保基本,体现政府的责任和财政支付能力的协调平衡。

(二)法律援助办案专款采用"因素计算法"进行分配,即根据国家有关部门的统计资料,选择贫困人口数量、财政状况、法律援助办案量及其他客观因素,在量化的基础上,根据各因素对经费需求的影响程度和财政管理的要求,确定各因素的权重和差异系数,通过公式计算确定补助各地的法律援助办案专款的数额。

（三）贫困人口数量以国家统计的上年全国各地贫困人口数为准；财政状况以人均可用财力指标为准，适当参考其他财政指标；法律援助办案量以上年实际完成法律援助案件数为准；其他因素主要考虑法律援助办案专款的管理情况和各级财政的法律援助专项资金安排情况。

计算专款的因素及其所占权重可根据情况的变化进行适当调整。

（四）省级财政部门在分配法律援助办案专款时，也要以"因素计算法"为基础，坚持鼓励办案数量多和本身安排办案经费多的地区的原则。

**第六条** 法律援助办案专款的使用管理

（一）法律援助办案专款实行集中安排、一次下达的办法，由财政部直接拨付到省级财政部门。

（二）省级财政部门要在司法行政部门的配合下，将中央财政补助的法律援助办案专款，结合省级财政安排的专项资金，在收到中央补助资金的两个月内，按财政预算管理程序核定并下拨到县级法律援助机构。县级法律援助机构要将上级补助的法律援助办案专款、本级财政安排的办案经费和各种渠道筹集的社会资金结合起来，统筹安排使用。

（三）有条件实行财政国库直接支付的地区，省级财政可直接将法律援助办案专款拨付给县级法律援助机构。

（四）承办法律援助案件的办案人员在领取法律援助办案费补贴时，应当向法律援助机构提交有关的法律文书副本或复印件以及结案报告等材料，并在领取单上签字。

（五）法律援助机构应建立台账，标明承担的法律援助案件事项、时间、承办人、办案费补助数额或报销数额等。

**第七条** 法律援助办案专款的监督管理

（一）各级财政部门和司法行政部门要加强对法律援助办案专款的监督管理，制定切实有效的管理办法，保证法律援助办案专款及时、足额到位，专款专用，不得用于司法行政部门和法律援助机构的人员经费和公用经费。

（二）每年度终了后 4 个月内，省级财政部门和司法行政部门要将法律援助办案专款的安排和使用情况如实向财政部和司法部作出书面报告。中央财政将以此作为考核省级财政和司法行政部门对法律援助办案专款管理工作的一项重要内容和安排下一年度法律援助办案专款的参考依据。

（三）省级财政部门要会同司法行政部门建立效益考核制度，对使用法律援助办案专款的情况进行量化考核,定期向上级和下级财政、司法行政部门通报考核情况,及时提出问题和改进意见。

(四)财政部、司法部将定期或不定期地直接或委托有关部门对专款的使用情况进行现场检查、审计。对法律援助办案专款到位不及时、使用效益不高、存在挤占挪用现象等违反本办法规定的地区,将暂停以后年度法律援助办案专款并按照《财政违法行为处罚处分条例》的规定予以处罚处分。

**第八条** 本办法自发布之日起施行。省级财政部门和司法行政部门可结合本地实际制定具体实施办法。

**第九条** 本办法由财政部负责解释。

## （四）志愿服务类

# 司法部法律援助工作司、中国法律援助基金会关于印发《2017—2018年西部基层法律援助志愿服务行动实施方案》的通知

（2017年5月19日　中法援基联发〔2017〕3号）

内蒙古、贵州、云南、陕西、甘肃、青海、新疆省（区）司法厅法律援助处（中心）：

经部领导批准，由司法部法律援助工作司委托中国法律援助基金会实施"西部基层法律援助志愿服务行动"项目。现将《2017—2018年西部基层法律援助志愿服务行动实施方案》印发给你们，请认真贯彻执行。

## 2017—2018年西部基层法律援助志愿服务行动实施方案

西部基层法律援助志愿服务行动，由部法律援助工作司委托中国法律援助基金会具体组织实施，旨在解决西部边远贫困县法律援助机构人员短缺问题，壮大基层法律援助工作力量。同时，为高校毕业生到基层工作搭建一个平台，使其运用所学法律知识为西部困难群众提供法律援助服务，促进社会公平正义。具体实施方案如下：

### 一、指导思想

深入贯彻落实《中办、国办印发〈关于完善法律援助制度的意见〉的通知》（中办发〔2015〕37号）和《中办、国办印发〈关于进一步引导和鼓励高校毕业生到基层工作的意见〉的通知》（中办发〔2016〕79号）精神，通过招募大学生志愿者到西部地区边远贫困县法律援助机构从事法律援助服务工作，缓解法律援助人员严重不足的压力，充实基层工作力量，促进法律援助区域协调发展；弘扬志愿服务精神，引导高校学生转变就业观念，到基层和

人民中去建功立业。

**二、基本原则**

（一）统筹安排，强化基层。根据西部各省（区市）基层法律援助机构人员配置及群众法律援助需求等情况，由部法援司统一规划和指标分配，充实西部边远贫困县无人员或只有一至两人法律援助机构，满足人民群众基本公共法律服务需求。

（二）公开招募，自愿报名。面向普通高等学校法律专业应届毕业生公开招募，鼓励和引导大学生积极报名参加这项行动。

（三）认真遴选，严格把关。招募选拔过程应当公开透明，坚持平等竞争、择优录取，做到招募信息公开、过程公开、结果公开。把政治素质好、专业知识过硬、具有奉献精神和责任意识、身体健康的优秀大学毕业生选拔到法律援助志愿者队伍中来。

（四）加强管理，培养人才。严格管理制度，强化过程管理，及时了解掌握志愿者在岗及表现情况，确保志愿者如期到岗、正常上岗、在岗有为。加强教育督促，形成志愿服务全过程育人机制，不断提高志愿者的服务能力和服务水平。

（五）示范引导，弘扬精神。注重项目实施与社会效益相结合、务实推动和弘扬精神相结合，努力彰显西部基层法律援助志愿者的担当意识和奉献精神，挖掘、培育、宣传优秀典型。建立健全志愿者激励机制，弘扬志愿精神，践行社会主义核心价值观。

**三、项目实施步骤与相关措施**

（一）确定项目实施省（区市）、招募指标并签订委托协议。根据项目实施省（区市）司法厅（局）法援处（中心）对服务地申报情况，2017年，法援司确定在内蒙古等7个省（区）实施该项目，招募应届法律专业大学生志愿者75名，服务期限一年（2017年8月1日至2018年7月31日）。实施省（区）与招募指标为：内蒙古自治区10人，贵州省10人，云南省10人，陕西省10人，甘肃省10人，青海省10人，新疆维吾尔自治区15人。为确保项目任务落到实处，由部法援司与中国法律援助基金会签订"项目委托协议"。

（二）确定服务县和宣传动员（6月1日至6月20日）。服务县应当是无人员或只有一至两人法律援助机构的边远贫困县，由项目实施省（区）司法厅法援处(中心)确定后报中国法律援助基金会审批,审批结果报部法援司备案;省(区)司法厅法援处(中心)要通过适当方式发布大学生志愿者招募信息,动员应届大学生报名。可采用走进高校发放宣传材料、与大学生面对面交流座谈等多种形式宣传开展西部基层法律援助志愿服务行动的意义,把符合条件、热爱法律援助事业、真正适合到西部基层一线工作和发展的学生动员起来,确保招募计划的落实。

(三)招募选拔(6月20日至7月20日)。大学生志愿者可以向项目实施省(区)司法厅法援处(中心)直接报名并填写报名登记表(见附件一),也可以向服务县司法局或法律援助中心报名并填写报名登记表。服务县司法局对报名材料进行初步审核并签署意见盖章后,报送省(区)司法厅法律援助处(中心)。省司法厅法援处(中心)应当认真审核报名材料并出具审核意见,严格把关。同等条件下,志愿者户籍所在地或住所地与服务地相同的优先录用。选拔过程的原始资料应按有关规定妥善保存,以备查询。7月20日前,由实施省(区)司法厅法援处(中心)将选拔录用的大学生志愿者报名表、本人身份证及相关材料复印件报送中国法律援助基金会审批,审批结果报部法援司备案。

(四)体检和签订协议(7月20日至7月30日)。由项目实施省(区)司法厅法援处(中心)集中组织入选的大学生志愿者进行体检,并与体检合格的大学生志愿者签订"志愿服务协议书"(见附件二),并向服务县司法局发送大学生志愿者《派遣通知书》(见附件三)。志愿者应当按照所签订的"志愿服务协议书"规定的服务时间、岗位如期上岗。如中途出现入选大学生志愿者流失的情况,项目实施省(区)司法厅法援处(中心)在本省分配指标内,可进行补招。

(五)集中培训上岗。8月中下旬由部法援司会同中国法律援助基金会举办大学生志愿者培训班,进行岗前集中培训,时间不少于4天。志愿者培训结束到达服务县后,须在8月30日前登录"西部基层法律援助志愿服务行动"微信群,填写电子邮箱、联系方式等有关服务信息。

**四、大学生志愿者招募条件**

1. 牢固树立"四个意识",讲政治,重自律,热爱法律援助工作,有奉献精神;

2. 于2017年7月30日前取得高校法学(不含社会学、民族学、公安学)学士及以上学位;

3. 身体健康；

4. 具有服务地所在省(区)户籍；

5. 服务地为少数民族地区的，需熟悉当地少数民族语言；

6. 在校期间无不良记录。

**五、建立工作保障机制**

(一) 经费保障

参加"西部基层法律援助志愿服务行动"项目的大学生志愿者，如下费用由项目经费予以保障：

1. 每人每月服务补贴2 000元，在新疆、青海、甘肃等地区服务的，每人每月补贴2 300元。

2. 大学生志愿者体检费每人200元。

3. 大学生志愿者"人身意外伤害险"费用缴纳；鼓励有条件的地方为大学生志愿者缴纳社会保险。

4. 鼓励项目实施省(区)司法厅积极协调本省(区)人社等部门为参加西部基层法律援助志愿服务行动的大学生志愿者，在报考公务员或事业单位等方面享受相应的优惠政策；鼓励服务县司法局或法律援助机构为大学生志愿者提供交通、伙食等方面的便利。

(二) 工作保障

1. 部法援司负责本项目有关管理及监督工作，主要职责是：

(1) 确定项目实施省(区市)和大学生志愿者招募名额及实施地名额指标分配。

(2) 会同中国法律援助基金会开展大学生志愿者培训工作。

(3) 保障项目经费。

2. 中国法律援助基金会负责本项目组织实施工作，主要职责是：

(1) 制定项目实施方案并报法援司审核。

(2) 组织项目实施，负责审批服务县，督办大学生志愿者招募、选拔、审核、派遣工作。

(3) 做好大学生志愿者服务与管理工作。

(4) 组织志愿服务工作经验交流和大学生志愿者先进评选表彰工作。

(5) 开展项目实施效益考核并将考核结果报部法援司。

3. 项目实施省(区)司法厅法援处(中心)负责本项目实施有关工作，主要职责是：

（1）负责大学生志愿者招募、选拔、审核、派遣工作。

（2）组织被录用大学生志愿者体检，并与体检合格者签订志愿服务协议。

（3）负责大学生志愿者服务补贴发放（具体发放办法另行规定）和人身意外伤害保险办理。

（4）对项目实施效益等情况进行评估和总结。

（5）指导大学生志愿者开展志愿服务工作。

（6）中国法律援助基金会交办的其他工作。

4. 服务地司法局和法律援助机构负责大学生志愿者日常管理工作，主要职责是：

（1）为大学生志愿者开展工作提供必要的工作和生活条件。

（2）对大学生志愿者进行日常管理，及时掌握大学生志愿者的工作、生活和思想状况。

（3）负责大学生志愿者日常工作考评和年度考核。

（4）及时妥善处理大学生志愿者安全、健康等事宜。

（5）中国法律援助基金会和省厅法援处（中心）交办的其他工作。

## 六、加强组织领导

（一）高度重视。实施西部基层法律援助志愿服务行动，是深入贯彻中办发〔2015〕37号和中办发〔2016〕79号文件精神的重要举措。招募大学生志愿者，为基层法律援助机构补充人员，有利于县级法律援助工作的顺利开展，有利于提高人民群众基本公共法律服务均等化水平，保障其合法权益。各地要提高认识，强化责任担当，把这项工作抓紧抓好。法援管理部门要积极争取省司法厅对这项工作的组织领导，认真做好组织实施工作。要处理好西部"基层法律援助志愿服务行动"与"1＋1"中国法律援助志愿者行动的关系，统筹安排，确保两个项目有效实施。

（二）加强管理和服务工作。把管理与服务贯穿志愿服务工作全过程和各方面。各省（区）司法厅法援管理部门要认真履行主体责任，按照要求选择服务县，不得将省、市两级和市辖区法律援助机构作为服务单位。积极做好大学生志愿者招募、选拔、审核和派遣工作，使志愿者素质、服务能力与法律援助服务岗位要求相适应。不定期开展大学生志愿者在岗履职情况检查，加强安全健康管理，促进志愿者更好地履职尽责、发挥作用。服务地法律援助机构要按照"谁用人、谁受益、谁负责"的原则，加强志愿者日常管理和服务,为志愿者开展工作提供必要条件;建立经常性联络和信息交流制度,及时了解志愿者的工作和生活情况,帮助解决实际困难和问题;建立定期考核、督导和激励机制,对表现优异的大学生志愿者给予奖励,提高志愿服务积极性。各地要充分发挥积极性、创造性,结合本地实际,力所能及地为大学生志愿者提供相关政策保障,提升项目实施效果。

(三)做好宣传工作。充分利用各类媒体,多渠道宣传项目实施的重要性,解读相关政策,倡导鼓励更多大学生参加法律援助志愿服务活动。深入挖掘推出身边可学、可信、可亲的志愿者优秀典型,通过组织表彰、事迹宣传、风采展示等活动,更好地激发志愿者服务基层的热情,引导高校毕业生树立面向基层就业创业的观念,为志愿服务事业发展营造良好社会氛围。

# 司法部律师公证工作指导司、司法部法律援助工作司、司法部法律援助中心、中华全国律师协会、中国法律援助基金会关于做好 2017 年度"1+1"中国法律援助志愿者行动组织实施工作的通知

(2017 年 3 月 23 日　中法援基联发〔2017〕2 号)

各省、自治区、直辖市司法厅(局)律师管理处、法律援助处(中心),律师协会,新疆生产建设兵团司法局律师管理处、法律援助处:

为全面贯彻党的十八大和十八届三中、四中、五中、六中全会精神,深入贯彻习近平总书记系列重要讲话精神,认真贯彻落实中办、国办《关于完善法律援助制度的意见》和司法部、财政部《关于律师开展法律援助工作的意见》,切实维护困难群众合法权益,为保障和改善民生服务,现将 2017 年度"1+1"中国法律援助志愿者行动(以下简称"1+1"行动)有关事宜通知如下:

## 一、总体要求

(一)加大向贫困地区派遣志愿者的力度,坚持向贫困地区、律师资源

不足地区倾斜,重点服务边疆、少数民族贫困地区,力争实现对无律师县的全覆盖。

(二)严格掌握志愿者的条件,挑选更多优秀的律师、大学生或基层法律服务工作者进入志愿者队伍,提高"1+1"行动服务人民群众的能力和水平。

(三)发挥律师志愿者的传帮带作用,加大为服务地培养法律服务人员的力度,切实解决服务地法律服务人才短缺问题。

(四)持续发掘、广泛宣传"1+1"行动的典型人物和事迹,展示志愿者风貌和奉献精神,提升"1+1"行动的社会影响力,引导全社会关注和支持法律援助工作。

**二、招募计划**

(一)招募规模

1. 计划招募律师志愿者290名。

2. 计划招募法学专业大学毕业生、基层法律服务工作者130名。各地可商请团委安排参加"西部计划"法律援助项目的应届大学毕业生参加"1+1"行动。

(二)志愿者招募条件

1. 律师志愿者

① 牢固树立"四个意识",讲政治,重自律,热心公益,有奉献精神;

② 取得律师执业证书,并执业三年以上,有独立处理法律事务的经验和能力;

③ 工作敬业,责任心强,善于人事沟通和理性对待冲突和纠纷;

④ 无酗酒、嗜赌等不良习惯,无行政处罚或行业处分等不良记录;

⑤ 身体健康,年龄在25—55岁之间。(有特殊经历者可酌情放宽)

2. 大学毕业生志愿者

① 牢固树立"四个意识",讲政治,重自律,热心公益,有奉献精神;

② 身体健康;

③ 参加过公益活动或得到各种表彰的优秀学生可优先考虑;

④ 往届大学生须是三年以内法学专业毕业、本科以上学历,有在律师事务所工作经验;

⑤ 无不良记录。

3. 基层法律服务工作者志愿者

① 牢固树立"四个意识",讲政治,重自律,热心公益,有奉献精神;

② 属于项目服务地的专职基层法律服务工作人员,并持有基层法律服务工作者证,工作表现良好。

③ 身体健康,年龄在 40 岁以下(无律师县可适当放宽年龄)。

④ 无被投诉等不良记录。

(三)志愿者招募程序和要求

1. 宣传和动员(3月27日至4月7日)。各省(区、市)司法厅(局)应充分利用多种媒体发布志愿者招募信息,动员律师、大学毕业生和基层法律服务工作者报名,及时准确地公布报名地址、时间、方式和联系电话,确保 2017 年度招募计划落到实处。(2017 年"1+1"中国法律援助志愿者行动志愿者招募计划分配表见附件1)

2. 审核、集中报名材料(4月7日至4月28日)。律师志愿者向所辖司法局律师管理部门报名,往届大学生志愿者及基层法律服务工作者向住所地司法局法律援助中心报名。报名表(见附件2、3、4)由司法局签署意见并盖章后,上报司法厅(局)律师管理部门、法律援助处(中心)。各省(区、市)司法厅(局)律师管理部门、法律援助处(中心)严格审核报名者提交信息的真实情况后,出具审核意见,于 5 月 10 日前,将初审通过的志愿者报名表、身份证、执业证、参加社会保障的缴费凭证和享受医疗保障凭证等有关证件复印件报"1+1"项目办。

3. 审核确认志愿者名单(5月10日至5月22日)。"1+1"项目办汇总各省(区、市)司法厅(局)志愿者报名名单和材料,经审核确认后,通知志愿者所在省(区、市)司法厅(局)律师管理部门和法律援助处(中心)。

4. 体检和签订协议(5月22日至6月5日)。各省(区、市)司法厅(局)律师管理部门和法律援助处(中心)应当组织经"1+1"项目办审核确认的志愿者进行体检。(体检标准见中国法律援助基金会官网)"1+1"项目办委托各省(区、市)司法厅(局)律师管理部门和法律援助处(中心)与体检合格的志愿者签订"志愿服务协议书"。项目办收到协议书后向志愿者发送《派遣通知书》(注明服务岗位、服务年限、培训报到时间地点及联系方式)。

5. 集中培训和派遣上岗。6 月 30 日前,"1+1"项目办通知各地律师志愿者参加统一培训。大学生志愿者培训时间、地点另行通知。

6. 应届大学生志愿者的报名招募工作,由各省(区、市)司法厅(局)法律援助处(中心)与各地团省(区、市)委西部计划项目办沟通。

### 三、志愿者有关政策待遇

（一）律师志愿者

1. 律师志愿者各项政策待遇均按《关于组织开展"1+1"中国法律援助志愿者行动的通知》（中法援基联发〔2009〕2号）文件执行。

2. 服务于西藏、新疆、青海、甘肃的律师志愿者，每人每月补贴办公、差旅、通讯和文印费用3800元。服务其他地区的律师志愿者，每人每月补贴办公、差旅、通讯和文印费用3300元。

3. 服务于西藏、新疆、青海、甘肃的律师志愿者，增加援藏、援疆及高原费用补贴分别为：西藏每人每年2万元，新疆、青海、甘肃每人每年1.5万元。

4. 律师志愿者在志愿服务期间内免交律师协会会费。连续服务2年以上（含2年）的律师志愿者，结束志愿服务后，可按增加的志愿服务年限，继续享受免交律师协会会费的待遇。

（二）往届大学生、基层法律服务工作者

1. 各项政策待遇参照律师志愿者所享受的待遇执行。

2. 在西藏、新疆、青海、甘肃服务的，工作费用补贴每人每月2300元。在其他地区服务的，工作费用补贴每人每月2000元。

（三）经团省（区、市）委招募的参加"西部计划"应届大学生志愿者，其费用补贴按国家"西部计划"规定的标准执行。

（四）志愿者办理符合中央专项彩票公益金法律援助项目资助范围的案件，各地必须纳入中央专项彩票公益金法律援助项目补贴范围，依照有关规定和程序申请发放办案补贴（有关规定见中国法律援助基金会网站www.claf.com.cn）。

### 四、工作原则

（一）各省司法厅（局）应确保本辖区的无律师县纳入"1+1"行动项目实施地的申报范围。申报地司法局应当出具书面材料，说明当地律师资源情况和申报理由，承诺为志愿者提供良好的工作环境和食宿条件。司法局申报表经省级司法行政单位确认后，报"1+1"行动主办单位审定。

（二）原则上不安排律师志愿者在本省区内服务。有语言和生活习惯特殊要求的，可酌情考虑。

（三）原则上每派遣一名律师志愿者，相应派遣一名大学毕业生志愿者或基层法律服务工作者,共同开展法律援助志愿服务工作。

(四)有对口援疆、援藏的中东部省(区、市),要积极选派律师志愿者到对口扶贫地区进行法律援助志愿服务。

(五)没有完成律师志愿者招募派遣计划的省(区、市)司法厅(局),可通过经济资助的方式参加"1+1"行动,每名律师志愿者的资助费用为6万元/年,由项目办调剂派遣。

(六)6月5日前,根据各项目服务地的需求和律师志愿者的意愿,在平等自愿、双向选择的基础上,安排确定志愿者的服务岗位和到岗时间。

**五、工作分工**

(一)各级律师管理部门、各律师协会

1. 负责做好律师志愿者的招募、报名、遴选和资格审定工作,确保选派出高素质高质量,有奉献精神、能吃苦耐劳的志愿者,完成招募任务。

2. 负责做好"1+1"志愿者在服务期间的相关管理工作。

3. 负责落实律师志愿者应享受的各项有关政策待遇。

(二)项目服务地省(区、市、县)司法厅(局)法律援助管理部门

1. 负责申报项目服务单位信息的真实有效。

2. 配合本省(区、市、县)司法厅(局)基层法律服务工作者管理部门,认真推荐、选拔当地优秀基层法律服务工作者,作为法律援助工作人才的培养对象;完成对基层法律服务工作者志愿服务的申报、审核、体检工作。

3. 协助地方团委做好参加"西部计划"法律援助项目大学生志愿者招募、选拔工作。

4. 负责做好本地"1+1"行动项目实施的管理工作。

5. 负责做好志愿者的服务工作,协调、落实各服务地为志愿者提供良好的工作和生活条件,帮助解决志愿者在服务地工作、生活中遇到的困难和问题。

(三)中国法律援助基金会

1. 负责筹集项目所需的各项经费。

2. 负责做好项目的日常管理工作。

3. 负责做好项目的宣传、总结、交流和评选表彰工作。

4. 负责做好项目的年度评估报告工作。

5. 负责为志愿者办理人身意外保险,发放志愿者工作费用补贴、交通费,协调有关部门落实相关政策。

### 六、工作要求

（一）各省（区、市）司法厅（局）要加强组织领导，加大指导力度，细化工作任务，明确责任，指定专人负责招募、派遣、管理工作，按时保质完成工作任务。

（二）各地要健全"1＋1"行动志愿者招募选拔机制。严把招募质量关，确保选拔出高素质、高水平和高境界的志愿者加入到"1＋1"行动中来。通过大力宣传广泛动员，扩大报名基数，以海选和精选相结合的方式，优中选优，精益求精。同时，在选拔志愿者时，增加执业履历、惯常表现、工作能力、同事评价、业余爱好、经济条件等参考指标，以加强对报名者综合素质的考评。各地要及时与项目管理办公室密切联系，及时沟通协调，保障信息通畅，保证招募、派遣等各项工作任务的圆满完成。

（三）做好信息审核和体检工作。信息审核和体检是招募工作的重要环节，关系到"1＋1"行动的稳健推进和工作成效。各地要按照要求，认真审核报名信息的真实性，组织志愿者在指定医院集中体检，避免弄虚作假、蒙混过关。

（四）司法行政管理部门要切实履行管理责任，严肃项目纪律，加大管理力度。建立健全对违规违纪志愿者的批评教育和通报退回机制。对违纪违规者，要及时给予批评教育，责令改正。对严重违纪者，派出单位应当严肃处理，以维护"1＋1"行动的良好社会形象。

（五）司法行政管理部门要加大对"1＋1"行动的调查研究，通过科学的调研工作，及时总结和发现"1＋1"行动的成效、经验和不足，不断推动"1＋1"行动持续健康发展。

（六）做好总结表彰工作。各项目实施地司法厅（局）于6月30日前就2016年度"1＋1"行动工作情况进行总结和表彰，对志愿者服务期间的工作情况给予评估鉴定，做好迎接2017年志愿者的各项准备工作。7月上旬左右，"1＋1"行动的主办单位组织开展年度总结表彰和派遣活动。

### 七、宣传工作安排

（一）进一步提高"1＋1"行动的社会知晓度。充分利用多媒体开展长效宣传和集中宣传，提升"1＋1"行动的社会知晓度和支持率。

（二）进一步发掘、推荐、宣传推广"1＋1"行动志愿者典型人物和事迹。努力打造优秀"1＋1"行动志愿者群体和塑造项目品牌。

(三)通过"1+1"行动简报、专报和中国法律援助基金会官网和微信公众号的传播功能,向"1+1"行动的捐赠单位和个人,以及各省(区、市)司法厅(局)汇报项目实施和进展情况。

**八、项目实施和管理**

"1+1"行动的项目实施与日常管理,依据《"1+1"中国法律援助志愿者行动项目实施与管理(2017年)办法》及"1+1"项目办有关日常管理规定执行。

# 司法部律师公证工作指导司、司法部法律援助工作司、司法部法律援助中心、中华全国律师协会、中国法律援助基金会关于印发《1+1中国法律援助志愿者行动 2016 年工作方案》的通知

(2016年3月7日 中法援基联发〔2016〕2号)

各省、自治区、直辖市司法厅(局)律师管理处、法律援助处(中心),律师协会,新疆生产建设兵团司法局律师管理处、法律援助处:

为贯彻党的十八大和十八届三中、四中、五中全会精神及习近平总书记系列重要讲话精神,落实《关于完善法律援助制度的意见》(中办发〔2015〕37号),努力扩大法律援助覆盖面、提高服务质量,切实维护经济困难群众的合法权益,为全面推进依法治国做出积极贡献。现就做好2016年度1+1中国法律援助志愿者行动(以下简称1+1行动)提出如下方案:

**一、总体要求**

(一)贯彻落实习近平总书记关于法律援助工作的重要指示精神,贯彻落实两办《意见》,举全国司法行政之合力,切实解决好老百姓打官司难问题,努力为十三五时期经济社会发展提供法律援助服务和保障。

(二)抓住机遇,齐心协力,充分发挥1+1行动在维护人民群众合法

权益,促进社会公平正义中的重要作用。优化志愿者队伍,加大1+1志愿者行动志愿者招募工作力度和经费支持保障力度。认真做好志愿者审核、选拔工作,把真正优秀的律师选入1+1志愿者队伍,切实推进1+1行动可持续深入实施。

(三)加强对1+1行动的支持和指导,增强1+1行动的造血功能,发挥律师志愿者的传帮带作用,培养当地法律援助人才和律师队伍,切实解决欠发达地区律师资源不足的问题。

(四)加大对边疆、少数民族及经济欠发达地区派遣法律援助志愿者的工作力度,争取将1+1行动志愿服务工作对律师资源短缺的县全覆盖。

(五)加大宣传工作力度,深入发掘、广泛宣传1+1行动的典型人物和事迹,展示他们的良好风貌和无私奉献精神,提升1+1行动的社会影响力,让社会更多了解和支持法律援助志愿服务工作。

## 二、招募计划

(一)招募规模

1. 计划招募律师志愿者290名。

2. 积极商本省(区、市)团省(区、市)委招募参加西部计划法律援助项目的应届大学生志愿者。

3. 计划招募往届大学生、基层法律服务工作者130名。

(二)志愿者招募条件

1. 律师志愿者招募条件

① 政治思想觉悟高,热心公益事业,具有奉献精神;

② 取得律师执业证书,并执业三年以上,具有实际独立处理法律事务的经验和能力;

③ 责任心强,工作敬业,善于沟通;

④ 无酗酒、嗜赌等不良习惯,无行政处罚或行业处分等不良记录;

⑤ 身体健康,年龄在25—55岁之间(具有特殊经历的人员可适当放宽条件)。

2. 往届大学生志愿者招募条件

① 政治思想觉悟高,热心公益事业,具有奉献精神;

② 身体健康;

③ 参加过公益活动或得到各种表彰的优秀学生可优先考虑;

④ 往届大学生须是三年以内法学专业毕业、本科以上学历且有在律

师事务所工作的经验;

⑤ 无不良记录。

3. 招募基层法律服务工作者条件

① 政治思想觉悟高,热心公益事业,具有奉献精神。

② 属于项目服务地的专职基层法律服务工作人员,并持有基层法律服务工作者证,工作表现良好。

③ 身体健康,年龄在40岁以下(无律师县可适当放宽年龄)。

④ 无被投诉等不良记录。

(三)志愿者招募程序和要求

1. 宣传和动员(3月18日至4月10日)。各省(区、市)司法厅(局)应按照《1+1中国法律援助志愿者行动2016年工作实施方案》要求,利用广播、电视、报刊、互联网等媒体,大力宣传1+1行动和法律援助志愿精神,以多种形式发布志愿者招募信息,公布报名地址、报名时间、报名方式、联系电话等信息,动员广大律师、应届大学生、往届大学生和基层法律服务工作者积极参与志愿活动。各地可视报名的具体情况,有选择地重点动员一些律师人数较多的市(区、县),确保招募计划落到实处。(2016年1+1中国法律援助志愿者行动志愿者招募计划分配表见附件1)

2. 审核报名和上报材料(4月10日至4月30日)。律师志愿者向所辖司法局律师管理部门报名,往届大学生志愿者及基层法律服务工作者向所在市(区、县)司法局法律援助中心报名。报名应填写报名表(见附件2、3、4)。报名表由市(区、县)司法局签署意见盖章后,分别报省(区、市)司法厅(局)律师管理部门、法律援助处(中心)。省(区、市)司法厅(局)律师管理部门、法律援助处(中心)应对报名信息的真实性等情况进行严格审核,出具审核意见,并于5月10日前,将审核确认的志愿者名单表格及有关证件复印件报1+1中国法律援助志愿者行动项目管理办公室(以下简称:1+1项目办)。

3. 审核确认志愿者名单(5月10日至5月20日)。1+1项目办汇总各省(区、市)司法厅(局)志愿者报名名单和材料,经审核确认后,通知志愿者所在省(区、市)司法厅(局)律师管理部门和法律援助处(中心)。

4. 体检和签订协议(5月20日至6月10日)。各省(区、市)司法厅(局)律师管理部门和法律援助处(中心)应当组织经1+1项目办审核确认的志愿者进行体检。1+1项目办委托各省(区、市)司法厅(局)律师管理部门和法律援助处(中心)与体检合格的志愿者签订协议,明确双方的权利和义务关系,向志愿者发送《确认通知书》(注明服务岗位、服务年限、培训报到时间地点及联系方式)。

5. 集中培训和派遣上岗(6月30日至7月10日)。6月30日前,1+1项目办通知各地志愿者参加培训。志愿者携《确认通知书》、执业证(工作证)、本人身份证,参加统一培训。大学生志愿者培训时间、地点另行通知。

6. 应届大学生志愿者的报名招募工作,由各省(区、市)司法厅(局)法律援助处(中心)与各地团省(区、市)委西部计划项目办沟通,落实招募计划,负责做好应届大学生志愿者的招募和派遣工作。

### 三、志愿者有关政策待遇

(一)律师志愿者

1. 律师志愿者各项政策待遇均按《关于组织开展1+1中国法律援助志愿者行动的通知》(中法援基联发〔2009〕2号)文件执行。

2. 在西藏、新疆、青海、甘肃的律师志愿者,办公、差旅、通讯和文印费用补贴每人每月3800元。在其他地区服务的律师志愿者,办公、差旅、通讯和文印费用补贴每人每月3300元。

3. 服务于西藏、新疆、青海、甘肃的律师志愿者,增加援藏、援疆及高原费用补贴分别为:西藏每人每年2万元,新疆、青海、甘肃每人每年1.5万元。

4. 律师志愿者在志愿服务期间,免交服务期内的律师协会会费。连续志愿服务2年以上(含2年)的律师志愿者,志愿服务时间每增加1年,服务结束后,则增加1年免交律师协会会费的政策待遇。

(二)往届大学生、基层法律服务工作者

1. 各项政策待遇参照律师志愿者所享受的待遇执行。

2. 在西藏、新疆、青海、甘肃服务的,工作费用补贴每人每月2300元。在其他地区服务的,工作费用补贴每人每月2000元。

(三)各省(区、市)司法厅(局)会同省(区、市)委招募的应届大学生志愿者,均享受西部计划所有政策待遇,其费用补贴按国家西部计划规定的标准执行。

(四)志愿者办理的法律援助案件,凡符合中央专项彩票公益金法律援助项目资助范围的,各地必须统一纳入中央专项彩票公益金法律援助项目补贴范围,依照有关规定和程序申请发放办案补贴(有关规定见中国法律援助基金会网站 www.claf.com.cn)。

### 四、派遣工作安排

（一）各省司法厅（局）在审核申报项目服务地时，应确保本辖区内的无律师县纳入1+1行动项目实施地的申报范围之内。各地申请1+1项目服务，必须由当地司法局（申报单位）亲自出具书面申报材料，说明当地律师资源情况和申报理由，承诺本单位为志愿者提供良好的工作环境和食宿条件，并经省级司法行政单位确认后，报1+1行动主办单位审批决定。

（二）原则上不安排律师志愿者在本省区内服务。有语言和生活习惯特殊要求的，可酌情考虑。

（三）严格执行1+1行动派遣规定。原则上每派遣一名律师志愿者，相应派遣一名应届大学生志愿者或一名往届大学生，或一名基层法律服务工作者，共同开展法律援助志愿服务工作。

（四）重点做好援疆、援藏法律援助志愿服务工作。按国家政策规定，对口援疆、援藏的中东部省（区、市），要积极选派律师志愿者到新疆、西藏，进行法律援助志愿服务。

（五）没有完成律师志愿者招募派遣计划的省（区、市）司法厅（局），用经济资助的方式，从招募好的省（区、市）调剂派遣，每少招一名律师志愿者的省（区、市）司法厅（局），资助费用6万元。

（六）6月10日前，根据各项目服务地的需求和律师志愿者的意愿，在平等自愿、双向选择的基础上，安排确定志愿者的服务岗位。所有志愿者于7月10日前到岗。

### 五、工作分工

（一）各级律师管理部门、各律师协会

1. 负责做好律师志愿者的招募、报名、遴选和资格审定工作，确保选派出高素质高质量，有奉献精神、能吃苦耐劳的志愿者，完成招募任务。

2. 负责做好1+1志愿者在服务期间的相关管理工作。

3. 负责落实律师志愿者应享受的各项有关政策待遇。

（二）1+1项目服务地省（区、市、县）司法厅（局）法律援助管理部门

1. 负责申报项目服务单位（确保本省内的无律师县和律师资源严重短缺县，优先作为项目服务单位申报）。

2. 配合本省（区、市、县）司法厅（局）基层法律服务工作者管理部门，完成对基层法律服务志愿者的申报、审核、体检工作。积极推荐、选拔当地

的优秀基层法律服务工作者,作为法律援助工作人才的培养对象。

3. 协助团省委做好参加西部计划法律援助项目大学生志愿者招募选拔和派遣工作。

4. 负责做好1+1行动项目的日常管理工作。

5. 负责做好志愿者的各项服务工作,协调、落实各服务县(市、区)司法局为志愿者提供良好的工作和生活条件,帮助解决志愿者在服务地工作、生活中遇到的困难和问题。

(三)中国法律援助基金会

1. 负责筹集项目所需的各项经费。

2. 负责做好项目的日常管理工作。

3. 负责做好项目的宣传、总结、交流和评选表彰工作。

4. 负责做好项目的年度评估报告工作。

5. 负责为志愿者办理人身意外保险,发放志愿者工作费用补贴、交通费,协调有关部门落实相关政策。

## 六、工作要求

(一)各省(区、市)司法厅(局)要加强组织领导,加大工作指导力度,细化各项工作任务,明确责任,指定专人负责开展招募、派遣、管理工作,按时保质完成各项工作任务。

(二)各地要进一步健全1+1行动招募选拔机制。严把招募质量关,多措并举,确保选拔出高素质、高水平和高境界的志愿者加入到1+1行动中来。通过大力宣传广泛动员,扩大报名基数,以海选和精选相结合的方式,优中选优,精益求精。同时,在选拔志愿者时,增加执业履历、惯常表现、工作能力、同事评价、业余爱好、经济条件等参考指标,以加强对报名者综合素质的考评。各地要及时与项目管理办公室密切联系,及时沟通协调,保障信息通畅,保证招募、派遣等各项工作任务的圆满完成。

(三)做好信息审核和体检工作。信息审核和体检是招募工作的重要环节,关系到1+1行动的稳健推进和工作成效。各地要按照要求,认真审核报名信息的真实性,组织志愿者在指定医院集中体检,避免弄虚作假。

(四)各有关司法行政管理部门要切实履行管理责任,严肃执行项目纪律,加大志愿者队伍管理力度。建立健全对违规违纪志愿者的批评教育和通报退回机制。对违纪违规、不合格的志愿者,要及时给予批评教育,责令改正。对严重违纪的志愿者,派出单位应当作出严肃处理,以维护1+1

行动的良好社会形象。

（五）司法行政管理部门要进一步加大对1＋1行动的调查研究，通过科学的调研工作，及时总结和发现1＋1行动的成效、经验和不足，不断推动1＋1行动持续健康发展。

（六）进一步做好总结表彰工作。各项目实施地司法厅（局）于6月30日前就本年度1＋1行动工作情况进行总结和表彰，对志愿者服务期间的工作情况给予年度鉴定。各实施地的县（市、区）司法局做好迎接2016年志愿者的各项准备工作。7月上旬左右，1＋1行动的主办单位组织开展年度总结表彰和派遣活动。

**七、宣传工作安排**

（一）进一步提高1＋1行动的社会知晓度。充分利用报纸、杂志、广播电视等传统媒体，融合网络、手机、数字电视等新媒体，开展长效宣传和集中宣传相结合的一系列宣传活动，提升1＋1行动的社会知晓度，让更多人关注、支持1＋1行动。

（二）进一步推荐、发掘、推广1＋1行动志愿者典型人物和事迹。充分宣传1＋1行动志愿者群体中涌现出的优秀律师志愿者和典型事迹，努力推出优秀1＋1行动志愿者群体，提升整个项目的影响力。

（三）加强1＋1行动简报、专报的宣传功能。向1＋1行动的广大捐助单位和个人，以及各省（区、市）司法厅（局）展开定向宣传。

**八、项目实施和管理**

1＋1行动的项目实施与日常管理，依据《1＋1中国法律援助志愿者行动项目实施与管理（2016年）办法》及1＋1项目办有关日常管理规定执行。

# 司法部律师公证工作指导司、司法部法律援助工作司、司法部法律援助中心、中华全国律师协会、中国法律援助基金会关于印发《"1+1"中国法律援助志愿者行动2015年工作方案》的通知

(2015年3月18日　中法援基联发〔2015〕2号)

各省、自治区、直辖市司法厅(局)律师管理处、法律援助处(局、中心),律师协会,新疆生产建设兵团司法局律师管理处、法律援助处:

　　为贯彻落实党的十八大和十八届三中、四中全会精神,进一步加强民生建设,扩大法律援助范围,忠诚履行好维护社会大局稳定、促进社会公平正义、保障人民安居乐业的职责使命,为全面推进依法治国做出积极贡献。现就做好"1+1"中国法律援助志愿者行动2015年工作的有关事项提出如下方案:

## 一、总体要求

　　(一)贯彻落实党的十八大和十八届三中、四中全会精神,按照"四个全面"的要求,举司法行政之合力,切实把习近平总书记关于法律援助工作的重要指示精神落到实处。

　　(二)抓住机遇,齐心协力,充分发挥"1+1"志愿者行动在全面推进依法治国进程中的积极作用,进一步加大"1+1"志愿者行动志愿者招募工作力度和经费保障支持力度,切实推进"1+1"志愿者行动可持续深入实施。

　　(三)加强对"1+1"志愿者行动的支持和指导,进一步增强"1+1"行动的造血功能,更好地发挥律师志愿者的传帮带作用,大力培养当地法律援助人才和律师队伍,切实解决欠发达地区律师资源不足的问题。

　　(四)加大志愿者派遣工作力度,重点加大对边疆、少数民族及经济欠发达地区派遣法律援助志愿者的工作力度,争取尽早将"1+1"行动志愿服

务工作全覆盖到律师资源短缺县。

（五）进一步加大宣传工作力度，提升"1＋1"行动的社会影响力。深入发掘、广泛宣传"1＋1"行动的典型人物和事迹，发挥"1＋1"行动志愿者在推进全面依法治国中的示范作用。

**二、招募计划**

（一）招募规模

1. 计划招募律师志愿者 290 名。
2. 积极商本省（区、市）团省委招募参加"西部计划"法律援助项目的大学生志愿者。
3. 计划招募往届大学生、基层法律服务工作者 130 名。

（二）志愿者招募条件

1. 律师志愿者招募条件

① 政治思想觉悟高，热心公益事业，具有奉献精神；

② 取得律师执业证书，并执业三年以上，具有实际独立处理法律事务的经验和能力；

③ 责任心强，工作敬业，善于沟通；

④ 无酗酒、嗜赌等不良习惯，无行政处罚或行业处分等不良记录；

⑤ 身体健康，年龄在 25—55 岁之间（具有特殊经历的人员可适当放宽条件）。

2. 往届大学生志愿者招募条件

① 政治思想觉悟高，热心公益事业，具有奉献精神；

② 身体健康；

③ 参加过公益活动或得到各种表彰的优秀学生可优先考虑；

④ 往届大学生须是三年以内法学专业毕业、本科以上学历且有在律师事务所工作的经验；

⑤ 无不良记录。

3. 招募基层法律服务工作者条件

① 政治思想觉悟高，热心公益事业，具有奉献精神。

② 属于项目服务地的专职基层法律服务工作人员，并持有基层法律服务工作者证，工作表现良好。

③ 身体健康，年龄在 40 岁以下（无律师县可适当放宽年龄）。

④ 无被投诉等不良记录。

(三) 志愿者招募程序和要求

1. 宣传和动员(3月18日—4月10日)。各省(区、市)司法厅(局)应按照《"1+1"中国法律援助志愿者行动2015年工作实施方案》要求,利用广播、电视、报刊、互联网等媒体,大力宣传"1+1"行动和法律援助志愿精神,以多种形式发布志愿者招募信息,公布报名地址、报名时间、报名方式、联系电话等信息,动员广大律师、应届大学生、往届大学生和基层法律服务工作者积极参与志愿活动。各地可视报名的具体情况,有选择地重点动员一些律师人数较多的市(区、县),确保招募计划落到实处。(2015年"1+1"中国法律援助志愿者行动志愿者招募计划分配表见附件1)

2. 审核报名和上报材料(4月10日—4月30日)。律师志愿者向所辖司法局律师管理部门报名,往届大学生志愿者及基层法律服务工作者向所在市(区、县)司法局法律援助中心报名。报名应填写报名表(见附件2、3、4)。报名表由市(区、县)司法局签署意见盖章后,分别报省(区、市)司法厅(局)律师管理部门、法律援助处(中心)。省(区、市)司法厅(局)律师管理部门、法律援助处(中心)应对报名信息的真实性等情况进行严格审核,出具审核意见,并于5月10日前将审核确认的志愿者名单表格及有关证件复印件报"1+1"中国法律援助志愿者行动项目管理办公室(以下简称:"1+1"项目办)。

3. 审核确认志愿者名单(5月10日—5月20日)。"1+1"项目办汇总各省(区、市)司法厅(局)志愿者报名名单和材料后,对其进行审核确认,并通知志愿者所在省(区、市)司法厅(局)律师管理部门和法律援助处(中心)。

4. 体检和签订协议(5月20日—6月10日)。各省(区、市)司法厅(局)律师管理部门和法律援助处(中心)应当组织经"1+1"项目办审核确认的志愿者进行体检。"1+1"项目办委托各省(区、市)司法厅(局)律师管理部门和法律援助处(中心)与体检合格的志愿者签订协议,明确双方的权利和义务关系,向志愿者发送《确认通知书》(注明服务岗位、服务年限、培训报到时间地点及联系方式)。

5. 集中培训和派遣上岗(6月30日—7月10日)。6月30日前,"1+1"项目办通知各地志愿者参加培训。志愿者携《确认通知书》、执业证(工作证)、本人身份证,参加统一培训,培训时间、地点另行通知。

6. 应届大学生志愿者的报名招募工作,由各省(区、市)司法厅(局)法律援助处(中心)与各地团省(区、市)委西部计划项目办积极沟通,落实招募计划,负责做好应届大学生志愿者的招募和派遣工作。

**三、志愿者有关政策待遇**

(一) 律师志愿者

1. 律师志愿者各项政策待遇均按《关于组织开展"1+1"中国法律援助志愿者行动的通知》(中法援基联发〔2009〕2号)文件执行。

2. 在西藏、新疆、青海、甘肃的律师志愿者,生活补贴每人每月3 800元。在其他地区服务的律师志愿者,生活费用补贴每人每月3 300元。

3. 服务于西藏、新疆、青海、甘肃的律师志愿者,增加援藏、援疆及高原费用补贴分别为:西藏每人每年2万元,新疆、青海、甘肃每人每年1.5万元。

4. 律师志愿者在志愿服务期间,免交服务期内的律师协会会费。连续志愿服务2年以上(含2年)的律师志愿者,志愿服务时间每增加1年,服务结束后,则增加1年免交律师协会会费的政策待遇。

(二) 往届大学生、基层法律服务工作者

1. 各项政策待遇参照律师志愿者所享受的待遇执行。

2. 在西藏、新疆、青海、甘肃服务的,生活补贴每人每月2 300元。在其他地区服务的,生活补贴每人每月2 000元。

(三) 各省(区、市)司法厅(局)会同团省(区、市)委招募的应届大学生志愿者,均享受"西部计划"所有政策待遇,其生活费用补贴按国家"西部计划"规定的标准执行。

(四) 志愿者办理的法律援助案件,凡符合中央专项彩票公益金法律援助项目资助范围的,各地必须统一纳入中央专项彩票公益金法律援助项目补贴范围,依照有关规定和程序申请发放办案补贴(有关规定见中国法律援助基金会网站 www.claf.com.cn)。

**四、派遣工作安排**

(一) 各省级司法厅(局)在审核申报项目服务地时,应确保本辖区内的无律师县纳入"1+1"行动项目实施地的申报范围之内。各地申请"1+1"项目服务,必须由当地司法局(申报单位)亲自出具书面申报材料,说明当地律师资源情况和申报理由,承诺本单位为志愿者提供良好的工作环境和食宿条件,并经省级司法行政单位予以确认后,报"1+1"行动主办单位审批决定。

（二）原则上不安排律师志愿者在本省区内服务。有语言和生活习惯特殊要求的，可酌情考虑。

（三）严格执行"1＋1"行动派遣规定。原则上每派遣一名律师志愿者，相应派遣一名大学生志愿者或一名往届大学生，或一名基层法律服务工作者，共同开展法律援助志愿服务工作。

（四）重点做好援疆、援藏法律援助志愿服务工作。按国家政策规定，对口援疆、援藏的中东部省（区、市），要积极选派律师志愿者到新疆、西藏，进行法律援助志愿服务。

（五）没有完成律师志愿者招募派遣计划的省（区、市）司法厅（局），用经济资助的方式，从招募好的省（区、市）进行调剂派遣，每少招一名律师志愿者的省（区、市）司法厅（局），资助费用6万元。

（六）6月10日前，根据各项目服务地的需求和律师志愿者的意愿，在平等自愿、双向选择的基础上，安排确定志愿者的服务岗位。所有志愿者于7月10日前到岗。

## 五、工作分工

（一）各级律师管理部门、律师协会

1. 负责做好律师志愿者的招募、报名、遴选和资格审定工作，确保选派出高素质高质量，能吃苦耐劳的志愿者，完成招募任务。

2. 负责做好"1＋1"律师志愿者在服务期间的相关管理工作。

3. 负责落实律师志愿者应享受的各项有关政策待遇。

（二）实施地省（区、市）司法厅（局）法律援助管理部门及项目实施地法律援助机构

1. 负责申报项目服务单位（确保本省内的无律师县和律师资源严重短缺县优先作为项目服务单位申报）。

2. 要积极配合本省（区、市）司法厅（局）基层法律服务工作者管理部门，完成对基层法律服务志愿者的申报、审核、体检工作。要积极推荐、选拔当地的优秀基层法律服务工作者，作为法律援助工作人才的培养对象。

3. 积极协助团省委做好参加"西部计划"法律援助项目大学生志愿者招募选拔和派遣工作。

4. 负责做好"1＋1"行动项目的日常管理工作。

5. 负责做好志愿者的各项服务工作，协调、落实各服务县（市、区）司法局为志愿者提供良好的工作和生活条件，积极帮助解决志愿者工作、生活中遇到的困难和问题。

（三）中国法律援助基金会

1. 负责筹集项目所需的各项经费。
2. 负责做好项目的日常管理工作。
3. 负责做好项目的宣传、总结、交流和评选表彰工作。
4. 负责做好项目的年度评估报告工作。
5. 负责为志愿者办理人身意外保险,发放志愿者生活费、交通费,协调有关部门落实相关政策。

**六、工作要求**

（一）各省（区、市）司法厅（局）要加强组织领导,加大工作指导力度,细化各项工作任务,明确责任,指定专人负责开展招募、派遣、管理工作,按时保质完成各项工作任务。

（二）各地要进一步健全"1+1"行动招募选拔机制。严把招募质量关,多措并举,确保选拔出高素质、高水平和高境界的志愿者加入到"1+1"行动中来。通过大力宣传广泛动员,扩大志愿者报名基数,以海选和精选相结合的方式,优中选优,精益求精。同时,在选拔志愿者时,增加执业履历、惯常表现、工作能力、同事评价、业余爱好、经济条件等参考指标,以加强对报名者综合素质的考评。各地要及时与项目管理办公室密切联系,积极沟通协调,保障信息通畅,保证招募、派遣等各项工作任务的圆满完成。

（三）做好信息审核和体检工作。信息审核和体检是招募工作的重要环节,关系到"1+1"志愿者行动的稳健推进和工作成效。各地要按照要求,认真审核报名信息的真实性,组织志愿者在指定医院集中体检,避免在报名和体检过程中弄虚作假。

（四）各有关司法行政管理部门要切实履行管理责任,严肃执行项目纪律,加大志愿者队伍管理力度。建立健全对违规违纪志愿者的批评教育和通报退回机制。对违纪违规、不合格的志愿者,要及时给予批评教育,责令改正。对严重违纪的志愿者,派出单位应当作出严肃处理,以维护"1+1"行动的良好社会形象。

（五）司法行政管理部门要进一步加大对"1+1"行动的调查研究,通过科学的调研工作,及时总结和发现"1+1"行动的成效、经验和不足,不断推动"1+1"行动持续健康发展。

（六）进一步做好总结表彰工作。各项目实施地司法厅（局）于6月30日前就本年度"1+1"中国法律援助志愿者行动工作情况进行总结和表彰,对志愿者服务期间的工作情况给予年度鉴定。各实施地的县（市、区）司法局做好迎接 2015 年志愿者的各项准备工作。7月上旬,"1+1"行动主办单位组织开展年度总结表彰和派遣活动。

七、宣传工作安排

(一)进一步提高"1+1"行动的社会知晓度。充分利用报纸杂志、广播电视、信息网络、室内外广告展示牌等不同媒体的宣传优势,开展长效宣传和集中宣传相结合的一系列宣传活动,让社会更多的人关注、支持"1+1"行动,进一步提升"1+1"行动的社会知晓度。

(二)进一步推荐、发掘、推广"1+1"行动志愿者典型。充分宣传"1+1"行动志愿者群体中近期涌现出的优秀律师志愿者,努力推出优秀"1+1"行动志愿者群体,提升整个项目的影响力。

(三)加强"1+1"行动简报、专报的宣传功能。向"1+1"志愿者行动的广大捐助单位和个人,以及各省(区、市)司法厅(局)展开定向宣传。

八、项目实施和管理

"1+1"中国法律援助志愿者行动的项目实施与日常管理,依据《"1+1"中国法律援助志愿者行动项目实施与管理(暂行)办法》及"1+1"项目办有关日常管理规定执行。

# 司法部律师公证工作指导司、司法部法律援助工作司、司法部法律援助中心、中华全国律师协会、中国法律援助基金会关于认真做好1+1中国法律援助志愿者行动2014年工作的通知

(2014年2月10日　中法援基联发〔2014〕2号)

各省、自治区、直辖市司法厅(局)律师管理处、法律援助处(局、中心),律师协会,新疆生产建设兵团司法局律师管理处、法律援助处:

为深入贯彻落实党的十八大和十八届三中全会精神,切实做好 2014

年1+1中国法律援助志愿者行动的招募工作,努力满足群众基本的法律服务要求,维护社会公平正义,促进平安中国、法治中国建设。现就做好1+1中国法律援助志愿者行动2014年工作的有关事项要求如下：

**一、总体要求**

（一）深入贯彻落实党的十八届三中全会精神和习近平总书记关于决不允许让普通群众打不起官司的重要指示,举全国司法行政之力,加大有些地方没有律师和欠发达地区律师资源不足问题的解决力度。

（二）抓住机遇,齐心协力,共同推进1+1行动的深入开展,充分发挥1+1行动在解决无律师县和欠发达地区律师资源不足问题的积极作用。

（三）加大1+1行动志愿者招募工作力度和经费保障支持力度。进一步增强1+1行动的造血功能,更好地发挥律师志愿者在志愿服务期间的传帮带作用,积极培养当地法律援助人才和律师队伍。

（四）加大志愿者派遣工作力度,重点落实无律师县法律援助志愿者的派遣工作,争取尽早将1+1行动志愿服务工作全覆盖到所有的无律师县。

（五）进一步加大宣传工作力度,提升1+1行动的社会影响力。深入发掘、广泛宣传1+1行动的典型人物和事迹,发挥1+1行动志愿者在推进法律援助工作中的引领作用,让社会各界更好地关注、参与和支持法律援助事业。

（六）通过近五年的探索与创新,1+1行动取得了丰硕成果。在成绩和荣誉面前,各项目参与单位和志愿者,务必保持谦虚谨慎、戒骄戒躁的工作作风,为推进法治中国建设,做出新的贡献。

**二、总体招募计划**

（一）招募规模

1. 计划招募律师志愿者260名。
2. 计划招募应届大学生志愿者100名。
3. 计划招募往届大学生、基层法律服务工作者160名。

（二）志愿者招募条件

根据五年来1+1行动开展的具体情况和要求,志愿者招募应符合以下条件：

1. 律师志愿者招募条件

① 政治思想觉悟高,热心公益事业,具有奉献精神。

② 具有律师执业资格,三年以上律师执业经历,具有实际独立处理法律事务的经验和能力。

③ 工作责任心强,工作敬业,善与人沟通。

④ 无酗酒、嗜赌等不良习惯,无行业处分等不良记录。

⑤ 身体健康,年龄在 28—55 岁之间,具有特殊经历的人员可适当放宽条件。

2. 大学生志愿者招募条件

① 政治思想觉悟高,热心公益事业,具有奉献精神。

② 2014 年法学专业本科以上应届毕业生,成绩优异。

③ 身体健康。

④ 参加过公益活动或得到各种表彰的优秀学生可优先考虑。

⑤ 往届大学生须是三年以内法学专业毕业、本科以上学历且有律师事务所工作经验。

⑥ 无不良记录。

3. 招募基层法律服务工作者条件

① 政治思想觉悟高,热心公益事业,具有奉献精神。

② 属于项目服务地的专职基层法律服务工作人员,并持有基层法律服务工作者证,工作表现良好。

③ 身体健康,年龄在 40 岁以下(无律师县可适当放宽年龄)。

④ 无被投诉等不良记录。

(三)志愿者招募程序和要求

1. 宣传和动员(3 月 1 日至 4 月 10 日)。各省(区、市)司法厅(局)应按照《1+1 中国法律援助志愿者行动 2014 年工作实施方案》要求,利用广播、电视、报刊、互联网等媒体,大力宣传 1+1 行动和法律援助志愿精神,以多种形式发布志愿者招募信息,公布报名地址、报名时间、报名方式、联系电话等信息,动员广大律师、应届大学生、往届大学生和基层法律服务工作者积极参与志愿活动。各地可视报名的具体情况,有选择地重点动员一些律师人数较多的市(区、县),确保招募计划落到实处。

2. 审核报名和上报材料(4 月 10 日—4 月 30 日)。律师志愿者向所辖司法局律师管理部门报名,往届大学生志愿者及基层法律服务工作者向所在市(区、县)司法局法律援助中心报名。报名应填写报名表(见附件 2、

3、4)。报名表由市(区、县)司法局签署意见盖章后,分别报省(区、市)司法厅(局)律师管理部门、法律援助处(中心)。省(区、市)司法厅(局)律师管理部门、法律援助处(中心)应对报名信息的真实性等情况进行严格审核,出具审核意见,并于5月10日前将审核确认的志愿者名单表格及有关证件复印件报1+1中国法律援助志愿者行动项目管理办公室(以下简称:1+1项目办)。

3. 审核确认志愿者名单(5月10日至5月20日)。1+1项目办汇总各省(区、市)司法厅(局)志愿者报名名单和材料后,对其进行审核确认,并通知志愿者所在省(区、市)司法厅(局)律师管理部门和法律援助处(中心)。

4. 体检和签订协议(5月20日至6月10日)。各省(区、市)司法厅(局)律师管理部门和法律援助处(中心)应当组织经1+1项目办审核确认的志愿者进行体检。1+1项目办委托各省(区、市)司法厅(局)律师管理部门和法律援助处(中心)与体检合格的志愿者签订协议,明确双方的权利和义务关系,向志愿者发送《确认通知书》(注明服务岗位、服务年限、培训报到时间地点及联系方式)。

5. 集中培训和派遣上岗(6月30日至7月10日)。6月30日前,1+1项目办通知各地志愿者参加培训。志愿者携《确认通知书》、执业证(工作证)、本人身份证,参加统一培训,培训时间、地点另行通知。

6. 应届大学生志愿者的报名招募工作,由各省(区、市)司法厅(局)法律援助处(中心)与各地团省(区、市)委西部计划项目办积极沟通,落实招募计划,负责做好应届大学生志愿者的招募和派遣工作。

**三、志愿者有关政策待遇**

(一)律师志愿者

1. 律师志愿者各项政策待遇均按《关于组织开展"1+1"中国法律援助志愿者行动的通知》(中法援基联发〔2009〕2号)文件执行。

2. 外省服务的律师志愿者,生活费用补贴每人每月3 000元。本省服务的律师志愿者,生活费用补贴每人每月2 500元。

3. 服务于西藏、新疆、青海、甘肃的外省律师志愿者,生活补贴每人每月3 500元。本省服务的律师志愿者生活费用补贴每人每月3 000元。

4. 外省服务于西藏、新疆、青海的律师志愿者,增加援藏、援疆及高原费用补贴分别为:西藏每人每年2万元,新疆、青海每人每年1万元。

5. 律师志愿者在志愿服务期间,免交服务期内的律师协会会费。连续志愿服务 2 年以上(含 2 年)的律师志愿者,志愿服务时间每增加 1 年,服务结束后,则增加 1 年免交律师协会会费的政策待遇。

(二)往届大学生、基层法律服务工作者

1. 各项政策待遇参照律师志愿者所享受的待遇执行。

2. 生活补贴每人每月 1800 元。

3. 在西藏、新疆、青海服务的,生活补贴每人每月 2300 元。

(三)各省(区、市)司法厅(局)会同团省(区、市)委招募的应届大学生志愿者,均享受西部计划所有政策待遇,其生活费用补贴按国家西部计划规定的标准执行。

(四)志愿者办理的法律援助案件,凡符合中央专项彩票公益金法律援助项目资助范围的,各地应统一纳入中央专项彩票公益金法律援助项目补贴范围,依照有关规定和程序申请发放办案补贴(有关规定见中国法律援助基金会网站 www.claf.com.cn)。

**四、派遣工作安排**

(一)各省级司法厅(局)在审核申报项目服务地时,应确保本辖区内的无律师县纳入 1+1 行动项目实施地的申报范围之内。各地申请 1+1 项目服务,必须由当地司法局(申报单位)亲自出具书面申报材料,说明当地律师资源情况和申报理由,明确本单位对志愿者的工作安排、食宿条件等基本情况,并经省级司法行政单位予以确认后,报 1+1 行动主办单位审批决定。

(二)原则上不安排律师志愿者在本省区内服务。有语言和生活习惯特殊要求的,可酌情考虑。

(三)严格执行 1+1 行动派遣规定。原则上每派遣一名律师志愿者,相应派遣一名大学生志愿者或一名往届大学生,或一名基层法律服务工作者,共同开展法律援助志愿服务工作。

(四)重点开展援疆、援藏法律援助志愿服务工作。按国家政策规定,对口援疆、援藏的中东部省(区、市),要积极选派律师志愿者到新疆、西藏,进行法律援助志愿服务。

(五)没有完成律师志愿者招募派遣计划的省(区、市)司法厅(局),用经济资助的方式,从招募成效好的省(区、市)进行调剂派遣,每少招一名律师志愿者的省(区、市)司法厅(局),资助费用 6 万元。

(六)6月10日前,根据各项目服务地的需求和律师志愿者的意愿,在平等自愿、双向选择的基础上,安排确定志愿者的服务岗位。所有志愿者于7月10日前到岗。

**五、工作分工**

(一)各级律师管理部门、律师协会

1. 负责做好律师志愿者的招募、报名、遴选和资格审定工作,确保选派出高素质高质量,能吃苦耐劳的志愿者,完成招募任务。

2. 负责做好1+1律师志愿者在服务期间的相关管理工作。

3. 负责落实律师志愿者应享受的各项有关政策待遇。

(二)省(区、市)司法厅(局)法律援助管理部门及项目实施地法律援助机构

1. 负责申报项目服务单位(确保本省内的无律师县优先作为项目服务单位申报)。

2. 要积极配合本省(区、市)司法厅基层法律服务工作者的管理部门,完成对基层法律服务志愿者的申报、审核、体检工作。要积极推荐、选拔当地的优秀基层法律服务工作者,作为法律援助工作人才的培养对象。

3. 确保完成应届大学生志愿者的招募任务,做好资格审定和派遣工作。

4. 负责做好1+1行动项目的日常管理工作。

5. 负责做好志愿者的各项服务工作,协调、落实各服务县(市、区)司法局为志愿者提供良好的工作和生活条件,积极帮助解决志愿者工作、生活中遇到的困难和问题。

(三)中国法律援助基金会

1. 负责筹集项目所需的各项经费。

2. 负责做好项目的日常管理工作。

3. 负责做好项目的宣传、总结、交流和评选表彰工作。

4. 负责做好项目的年度评估报告工作。

5. 负责为志愿者办理人身意外保险,发放志愿者生活费、交通费,协调有关部门落实相关政策。

**六、工作要求**

(一)各省(区、市)司法厅(局)要加强组织领导,加大工作指导力度,

细化各项工作任务,明确责任,指定专人负责开展招募、派遣、管理工作,按时保质完成各项工作任务。

(二)各地要进一步健全1+1行动招募选拔机制。严把招募质量关,多措并举,确保选拔出高素质、高水平和高境界的志愿者加入到1+1行动中来。通过大力宣传广泛动员,扩大志愿者报名基数,以海选和精选相结合的方式,优中选优,精益求精。同时,在选拔志愿者时,增加执业履历、惯常表现、工作能力、同事评价、业余爱好、经济条件等参考指标,以加强对报名者综合素质的考评。各地要及时与项目管理办公室密切联系,积极沟通协调,保障信息通畅,保证招募、派遣等各项工作任务的圆满完成。

(三)做好信息审核和体检工作。信息审核和体检是招募工作的重要环节,关系到1+1志愿者行动的稳健推进和工作成效。各地要按照要求,认真审核报名信息的真实性,组织志愿者在指定医院集中体检,避免在报名和体检过程中弄虚作假。

(四)各有关司法行政管理部门要切实履行管理责任,严肃执行项目纪律,加大志愿者队伍管理力度。建立健全对违规违纪志愿者的批评教育和通报退回机制。对违纪违规、不合格的志愿者,要及时给予批评教育,责令改正。对严重违纪的志愿者,派出单位应当作出严肃处理,以维护1+1行动的良好社会形象。

(五)各有关司法行政管理部门要进一步加大对1+1行动的调查研究,通过科学的调研工作,及时总结和发现1+1行动的成效、经验和不足,不断推动1+1行动持续健康发展。

(六)进一步做好总结表彰工作。各项目服务地司法厅(局)于6月30日前就本年度1+1中国法律援助志愿者行动工作情况进行总结和表彰,对志愿者服务期间的工作情况给予年度鉴定。各服务县(市、区)司法局做好迎接2014年志愿者的各项准备工作。7月上旬,1+1行动主办单位组织开展年度总结表彰和派遣活动。

## 七、宣传工作安排

(一)进一步提高1+1行动的社会知晓度。充分利用报纸杂志、广播电视、信息网络、室内外广告展示牌等不同媒体的宣传优势,开展长效宣传和集中宣传相结合的一系列宣传活动,让社会更多的人关注、支持1+1行动,进一步提升1+1行动的社会知晓度。

(二)进一步推荐、发掘、推广1+1行动志愿者典型。充分宣传1+1

行动志愿者群体中近期涌现出的优秀律师志愿者,努力推出优秀1+1行动志愿者群体,提升整个项目的影响力。

(三)加强1+1行动简报、专报的宣传功能。向1+1志愿者行动的广大捐助单位和个人,以及各省(区、市)司法厅(局)展开定向宣传。

**八、项目实施和管理**

1+1中国法律援助志愿者行动的项目实施与日常管理,依据《1+1中国法律援助志愿者行动项目实施与管理(暂行)办法》及1+1项目办有关管理规定执行。

# 司法部律师公证工作指导司、司法部法律援助工作司、司法部法律援助中心、中华全国律师协会、中国法律援助基金会关于认真做好"1+1"中国法律援助志愿者行动2013年工作的通知

(2013年3月19日 中法援基联发〔2013〕2号)

各省、自治区、直辖市司法厅(局)律师管理处、法律援助处(局、中心),律师协会,新疆生产建设兵团司法局律师管理处、法律援助处:

为全面贯彻落实习近平总书记关于"要坚持司法为民,改进司法工作作风,通过热情服务,切实解决好老百姓打官司难问题。特别是要加大对困难群众维护合法权益的法律援助,加快解决有些地方没有律师和欠发达地区律师资源不足问题"的重要指示精神和吴爱英部长关于"今年'1+1'行动派遣工作,要紧紧围绕落实习近平总书记重要指示精神,解决178个县没有律师的情况,特别是怎样向这些无律师县派遣'1+1'行动志愿律师,要有具体举措"的要求,现就"1+1"中国法律援助志愿者行动2013年工作的有关事项通知如下:

**一、总体要求**

(一)全面贯彻落实习近平总书记的重要指示精神,举全国司法行政

之力,加大解决"有些地方没有律师和欠发达地区律师资源不足问题"的工作力度。

(二)抓住机遇,齐心协力,共同推进"1+1"行动的深入开展,充分发挥"1+1"行动在解决无律师县和欠发达地区律师资源不足问题的积极作用。

(三)加大"1+1"行动志愿者招募工作力度和经费保障支持力度。进一步增强"1+1"行动的造血功能,更好地发挥律师志愿者在无律师县的传帮带作用,积极培养当地法律援助人才和律师队伍。

(四)加大志愿者派遣工作力度,重点落实无律师县法律援助志愿者的派遣工作,争取尽早将"1+1"行动志愿服务工作全覆盖到所有无律师县。

(五)进一步加大宣传工作力度,提升"1+1"行动的社会影响力。大力发掘、宣传"1+1"行动的典型人物和事迹,发挥"1+1"行动志愿者在推进法律援助工作中的引领作用,让社会各界更好地关注、参与和支持法律援助事业。

(六)通过近四年的探索与创新,"1+1"行动取得了丰硕成果。在成绩和荣誉面前,各项目参与单位和志愿者,务必保持谦虚谨慎、戒骄戒躁的工作作风,为"法治国家、法治政府、法治社会一体化建设",做出新的贡献。

**二、总体招募计划**

(一)招募规模

1. 计划招募律师志愿者180—260名。
2. 计划招募应届大学生志愿者110—160名。
3. 计划招募往届大学生、基层法律服务工作者70—100名。

(二)志愿者招募条件

依据《关于组织开展"1+1"中国法律援助志愿者行动的通知》(中法援基联发〔2009〕2号)规定,及四年来"1+1"行动开展的具体情况和要求,志愿者招募应符合以下条件:

1. 律师志愿者招募条件

① 政治过硬,热心公益事业,具有奉献精神。

② 具有律师执业资格,4年以上律师执业经历。

③ 身体健康,年龄在28—55岁之间,具有特殊经历的人员可适当放宽条件。

④ 无不良记录。

2. 大学生志愿者招募条件

① 思想政治觉悟高,热心公益事业,具有奉献精神。

② 2013年法学专业本科以上应届毕业生,成绩优异。

③ 身体健康。

④ 参加过公益活动或得到各种表彰的优秀学生可优先考虑。

⑤ 往届大学生须是三年以内法学专业毕业、本科以上学历且有律师事务所工作经验。

⑥ 无不良记录。

3. 基层法律服务工作者招募条件

① 政治过硬,热心公益事业,具有奉献精神。

② 在项目服务地基层司法机构从事法律服务的工作人员,工作表现良好。

③ 身体健康,年龄在45岁以下(178个无律师县的基层法律服务工作者可适当放宽年龄)。

④ 无不良记录。

(三)志愿者招募程序和要求

1. 宣传和动员(3月20日—4月25日)。各省(区、市)司法厅(局)应按照《"1+1"中国法律援助志愿者行动2013年实施方案》要求,利用广播、电视、报刊、互联网等媒体,大力宣传"1+1"行动和法律援助志愿精神,以多种形式发布志愿者招募信息,公布报名地址、报名时间、报名方式、联系电话等信息,动员广大律师、应届大学生、往届大学生和基层法律服务工作者积极参与志愿活动。各地可视报名的具体情况,有选择地重点动员一些律师人数较多的市(区、县),确保招募计划落到实处。(2013年"1+1"中国法律援助志愿者行动志愿者招募计划分配表见附件1)

2. 审核报名和上报材料(4月25日—5月10日)。律师志愿者、往届大学生志愿者及基层法律服务工作者,均在报名时间内向所在市(区、县)司法局律师管理部门报名,填写报名表(见附件2、3、4)。报名表由市(区、县)司法局签署意见盖章后,报省(区、市)司法厅(局)律师管理部门。省(区、市)司法厅(局)律师管理部门应对报名信息的真实性等情况进行严格审核,出具审核意见,并于5月10日前将审核确认的志愿者名单表格及有关证件复印件报"1+1"中国法律援助志愿者行动项目管理办公室(以下简称"项目管理办公室")。

3. 审核确认志愿者名单(5月10日—5月20日)。项目管理办公室汇总各省(区、市)司法厅(局)志愿者报名名单和材料后,对其进行审核确认,并通知志愿者所在省(区、市)司法厅(局)律师管理部门和法律援助工作部门。

4. 体检和签订协议(5月20日—6月10日)。各省(区、市)司法厅(局)律师管理部门和法律援助工作部门应当组织经项目管理办公室审核确认的志愿者进行体检。项目管理办公室委托各省(区、市)司法厅(局)律师管理部门和法律援助工作部门与体检合格的志愿者签订协议,明确双方的权利和义务关系,向志愿者发送《确认通知书》(注明服务岗位、服务年限、培训报到时间地点及联系方式)。

5. 集中培训和派遣上岗(6月30日—7月10日)。6月30日前,项目管理办公室通知各地志愿者参加培训。志愿者携《确认通知书》、执业证(工作证)、本人身份证,参加统一培训,培训时间、地点另行通知。

6. 应届大学生志愿者的报名招募工作,由各省(区、市)司法厅(局)与各地团省(区、市)委西部计划项目办积极沟通,落实招募计划,负责做好应届大学生志愿者的招募和派遣工作。

### 三、志愿者有关政策待遇

(一)律师志愿者

1. 律师志愿者各项政策待遇均按《关于组织开展"1+1"中国法律援助志愿者行动的通知》(中法援基联发〔2009〕2号)文件执行。

2. 生活费用补贴每人每月3 000元。

3. 服务于西藏、新疆、青海的律师志愿者,生活补贴每人每月3 500元。

4. 服务于西藏、新疆、青海的外派律师志愿者,增加援藏、援疆及高原费用补贴分别为:西藏每人每年2万元,新疆、青海每人每年1万元。

5. 连续志愿服务2年以上(含2年)的律师志愿者,志愿服务时间每增加1年,免交律师协会会费2年。

(二)往届大学生、基层法律服务工作者

1. 各项政策待遇参照律师志愿者所享受的待遇执行。

2. 生活补贴每人每月1 800元。

3. 服务于西藏、新疆、青海的,生活补贴每人每月2 600元。

(三)各省(区、市)司法厅(局)会同团省(区、市)委招募的应届大学生志愿者,均享受西部计划所有政策待遇,其生活费用补贴按国家西部计划规定的标准执行。

(四)志愿者办理的法律援助案件,凡符合中央专项彩票公益金法律援助项目资助范围的,各地应统一纳入中央专项彩票公益金法律援助项目补贴范围,依照有关规定和程序申请发放办案补贴(有关规定见中国法律援助基金会网站 www.claf.com.cn)。

**四、派遣工作安排**

(一)各省级服务地司法厅(局)在审核申报项目服务地时,应确保本辖区内的无律师县纳入"1+1"行动项目实施地的范围之内。

(二)各省(区、市)原则上不自派律师志愿者在本地区服务,有语言和生活习惯特殊要求的,可酌情考虑。

(三)严格执行"1+1"行动派遣规定。原则上每派遣一名律师志愿者,配对派遣一名大学生志愿者(或一名往届大学生,或一名基层法律服务工作者),共同开展法律援助志愿服务工作。

(四)重点开展援疆、援藏法律援助志愿服务工作。按国家政策规定,对口援疆、援藏的中东部省(区、市),要积极选派律师志愿者到新疆、西藏,进行法律援助志愿服务。

(五)没有完成律师志愿者招募派遣计划的省(区、市)司法厅(局),用经济资助的方式,从招募成效好的省(区、市)进行调剂派遣,每少招一名律师志愿者的省(区、市)司法厅(局),资助费用6万元。

(六)6月10日前,根据各项目服务地的需求和律师志愿者的意愿,在平等自愿、双向选择的基础上,安排确定志愿者的服务岗位。所有志愿者于7月10日前到岗。

**五、工作分工**

(一)各级律师管理部门和各地律师协会

1. 负责做好律师志愿者和基层法律服务工作者的报名、遴选、招募和资格审定工作,确保选派出高素质高质量,能吃苦耐劳的志愿者,确保完成各项招募任务。基层法律服务工作者的招募工作,由项目服务省律管部门与基层工作管理部门共同完成。

2. 负责做好上述志愿者在服务期间的有关管理工作。

3. 负责做好律师志愿者有关政策待遇的规定。

(二)各级法律援助机构

1. 负责申报项目服务单位和申请派遣志愿者人数(确保本省内的无律师县申报成为项目服务地)。

2. 无律师县在项目实施过程中,要选拔一名当地的优秀基层法律服务工作者,作为律师后备人才的培养对象,跟随"1+1"律师志愿者在工作中,学习法律援助业务、律师业务知识、提高业务能力。

3. 确保完成应届大学生志愿者的招募任务,做好资格审定和派遣工作。

4. 负责做好"1+1"行动项目的日常管理工作。

5. 负责做好志愿者的各项服务工作,协调、落实各服务县(市、区)司法局为志愿者提供良好的工作和生活条件,积极帮助解决志愿者工作、生活中遇到的困难和问题。

## 六、工作要求

(一)各省(区、市)司法厅(局)要紧紧围绕贯彻落实习近平总书记的重要指示精神,加强组织领导,加大工作指导力度,细化各项工作任务,明确责任,指定专人负责开展招募、派遣、管理工作,按时保质完成各项工作任务。

(二)进一步健全"1+1"行动招募选拔机制。严格执行招募选拔条件,坚持广泛动员、择优选用的志愿者招募选拔机制,把清楚为谁服务、懂得怎样服务的优秀律师和志愿者招募选拔到志愿者队伍中来。大学生志愿者招募工作要参照内蒙古、云南、广西等省(区、市)的做法,按"政府出资、司法用人"的机制,多招募大学生志愿者参与"1+1"行动,建立大学生参与志愿工作长效衔接机制。各地要及时与项目管理办公室密切联系,积极沟通协调,保障信息通畅,保证招募、派遣等各项工作任务的圆满完成。

(三)进一步做好信息审核和体检工作。信息审核工作和体检工作是招募工作的重要环节,关系到"1+1"志愿者行动的有效推进和工作成效。各地要按照要求,认真审核报名信息的真实性,组织志愿者在指定医院集中体检,避免在报名和体检过程中弄虚作假。

(四)各有关司法行政管理部门要切实履行管理责任,加大志愿者队伍管理力度。通过建立完善管理制度,丰富管理手段,充分发挥"1+1"行动各省(区、市)志愿者服务团自我管理的职能,特别是发挥志愿服务团团长在日常管理工作中的协调和服务作用,逐步建立以全国志愿者服务为龙头,省志愿者服务团为载体,各项目服务地司法行政管理部门为终端的网络团队服务管理机制。建立健全对违规违纪志愿者的批评教育和通报退回机制。对违纪违规、不合格的志愿者,要及时给予批评教育,责令改正。对严重违纪的志愿者,派出单位应当作出严肃处理,以维护"1+1"行动的形象。

（五）各有关司法行政管理部门要进一步加大对"1+1"行动的调查研究,通过科学的调研工作,及时总结和发现"1+1"行动的成效、经验和不足,不断推动"1+1"行动持续健康发展。

（六）进一步做好总结表彰工作。各项目服务地司法厅（局）于6月30日前就本年度"1+1"中国法律援助志愿者行动工作情况进行总结和表彰,对志愿者服务期间的工作情况给予年度鉴定。各服务县（市、区）司法局做好迎接2013年志愿者的各项准备工作。7月上旬,"1+1"行动主办单位组织开展年度总结表彰和派遣活动。

（七）进一步健全"1+1"行动项目管理办公室的各项工作制度,在原有"1+1"项目管理办公室的基础上,建立"1+1"行动联席会议制度,研究解决"1+1"行动实施中出现的急需解决的重大问题,制定部署"1+1"行动年度工作主要任务。各省（区、市）要参照"1+1"行动联席会议制度的模式,建立省级项目管理机构和工作模式,切实加强对"1+1"行动的管理和指导。

**七、宣传工作安排**

（一）进一步提高"1+1"行动的社会知晓度。充分利用报纸杂志、广播电视、信息网络、室内外广告展示牌等不同媒体的宣传优势,开展长效宣传和集中宣传相结合的一系列宣传活动,让社会更多的人关注、支持"1+1"行动,进一步提升"1+1"行动的社会知晓度。

（二）进一步推荐、发掘、推广"1+1"行动志愿者典型。郭二玲是"1+1"行动志愿者队伍的一面旗帜,也是整个律师队伍的一面旗帜。所有"1+1"行动志愿者都要学习郭二玲全心全意、尽心尽力为贫弱群众服务的新时代雷锋精神。同时,还要推荐、发掘更多"1+1"行动志愿者典型,充分宣传"1+1"行动志愿者群体中近期涌现出的优秀律师志愿者,努力推出优秀"1+1"行动志愿者群体,提升整个项目的影响力。

（三）加强"1+1"行动简报、专报的宣传功能。向"1+1"志愿者行动的广大捐助单位和个人,以及各省（区、市）司法厅（局）展开定向宣传。

**八、项目实施和管理**

"1+1"中国法律援助志愿者行动的项目实施与日常管理,依据《司法部律师公证工作指导司、法律援助工作司、中国法律援助基金会关于印发〈"1+1"中国法律援助志愿者行动项目实施与管理暂行办法〉的通知》(中法援基联发〔2009〕04号)文件及"1+1"项目办有关管理规定执行。

# 司法部律师公证工作指导司、司法部法律援助工作司、中国法律援助基金会关于印发《"1+1"中国法律援助志愿者行动项目实施与管理暂行办法》的通知

(2009年9月25日 中法援基联发〔2009〕04号)

各省、自治区、直辖市司法厅(局)律师管理处、法律援助处(中心),新疆生产建设兵团司法局律师管理处、法律援助处:

为加强对"1+1"中国法律援助志愿者行动项目的管理,充分发挥法律援助志愿者的作用,促进法律援助事业的发展,司法部律师公证工作指导司、法律援助工作司、中国法律援助基金会制定了《"1+1"中国法律援助志愿者行动项目实施与管理暂行办法》,现印发你们,请认真贯彻执行。

## "1+1"中国法律援助志愿者行动项目实施与管理暂行办法

第一条 为加强"1+1"中国法律援助志愿者行动(以下简称"1+1"行动)的服务和管理等工作,制定本办法。

第二条 "1+1"行动是指由司法部、团中央发起,每年向全国无律师县及中西部律师人才短缺的地、市、县派遣一名律师和一名大学生志愿者,参与当地法律援助工作的志愿行动。

第三条 "1+1"行动的主办单位是中国法律援助基金会、司法部律师

公证工作指导司、法律援助工作司、中华全国律师协会、团中央青年志愿者工作部、司法部法律援助中心。"1+1"行动的有关招募、选拔、派遣、管理及总结表彰工作由主办单位设立的"1+1"项目管理办公室(以下简称"1+1"项目办)具体实施。"1+1"项目办设在中国法律援助基金会。

**第四条** "1+1"行动的具体组织流程是：

(一) 确定计划

每年3—4月，"1+1"项目办根据项目实施总体规划和无律师县及律师人才缺乏的贫困县法律援助机构的申报情况，综合确定年度招募计划，合理分配各省(区、市)律师志愿者的招募人数。4月初，发布招募信息。

本项目的大学生志愿者年度招募计划由司法部法律援助工作司、中国法律援助基金会商共青团中央青年志愿者工作部共同确定。

(二) 招募选拔

(1) 省(区、市)律师管理部门接到招募通知后，应当及时公布报名地址、报名时间、报名方式、联系电话等信息，动员广大律师积极报名。

(2) 报名经律师本人填写报名表，律师事务所出具推荐意见，经市(区、县)批准后，报省(区、市)律师管理部门审核。5月上旬，省(区、市)律师管理部门将审核确认的志愿者名单表格及有关证件复印件报"1+1"项目办。

(3) "1+1"项目办汇总各省(区、市)律师报名名单和材料后，审核确认律师志愿者名单，并于5月底通知律师志愿者所在省(区、市)律师管理部门。

(4) 省(区、市)律师管理部门应当于6月20日前完成入选律师志愿者的体检和签订协议工作。

(5) 大学生志愿者的招募工作由共青团中央青年志愿者工作部统一组织。

(三) 集中派遣

每年7月中下旬，"1+1"项目办组织各地律师管理部门、法律援助管理部门和律师志愿者、大学生志愿者集中派遣上岗。

(四) 实施管理

项目实施期间，志愿者的工作、生活及安全等，由"1+1"项目办和项目实施单位共同组织管理。

(五) 总结表彰

项目实施周期为一年。每一周期结束，由"1+1"项目办商有关部门进行总结表彰,为志愿者颁发志愿证书和获奖证书。

**第五条** 律师志愿者法律援助志愿服务的主要内容:

(一)办理法律援助案件。每名律师志愿者每年至少无偿办理法律援助案件20件。

(二)开展法律讲座、送法下基层等多种形式的法制宣传活动。

(三)为当地政府决策提供法律意见和建议。

(四)对乡、村法律援助工作者、联络员进行业务培训和辅导。

**第六条** "1+1"项目办负责本项目的日常管理工作,主要职责是:

(一)商有关部门制定项目年度实施计划,根据各地申报情况,确定服务地和招募计划。

(二)协助招募省(区、市)律师管理部门宣传、招募、选拔、审定、派遣律师志愿者;协助共青团中央招募、选拔、派遣大学生志愿者。

(三)向各地律师协会、律师事务所及社会各界筹集项目资金,支持项目持续开展。

(四)协助项目实施单位做好项目和志愿者的服务和管理工作。

(五)做好项目调研、督导、评估和考核工作,撰写并发布年度项目评估报告。

(六)做好项目宣传、总结、交流和评选表彰等工作。

(七)为志愿者办理保险,按期发放志愿者生活、交通补贴,协调有关部门落实相关政策等。

**第七条** 项目实施单位是指本项目中接受派遣志愿者的服务省(区、市)法律援助机构和服务县(市、区)司法行政部门,其主要职责是:

(一)开展当地法律援助需求调查,申报项目实施单位和申请派遣志愿者,参与志愿者的派遣工作。

(二)做好本项目和志愿者的日常教育管理工作,确保志愿者在工作、学习、生活、安全等各方面规范有序。遇重大问题或突发安全事故,及时采取措施,并报告"1+1"项目办。

(三)组织、指导志愿者办理法律援助案件,协助志愿者完成项目规定的工作任务。指导志愿者开展法律宣传、业务培训等活动。

(四)认真做好各项服务工作。为志愿者提供良好的工作和生活条件,积极帮助解决志愿者遇到的困难问题。

(五)做好项目实施情况汇报工作,协助"1+1"项目办做好项目宣传、调研、评估、考核和总结表彰工作。

（六）及时完成项目实施要求的相关工作任务。

**第八条** 服务期间,志愿者享受《关于组织开展"1+1"中国法律援助志愿者行动的通知》(中法援基联发〔2009〕2号)文件规定的有关政策和项目实施单位的有关补贴政策。

**第九条** 服务期间,律师志愿者应当认真履行职责,遵守工作纪律和要求。

（一）弘扬志愿精神,积极开展服务工作,认真完成项目规定的任务及项目实施单位交办的各项工作任务。

（二）以高度的责任感和使命感认真办理好每一件法律援助案件,维护当事人的合法权益;在办案过程中,积极化解各种矛盾纠纷,维护社会稳定。

（三）热情、耐心、细致地接待当事人的法律咨询,以良好的工作态度、专业的工作水平、优质的法律服务赢得当事人的满意和尊重,树立志愿律师的良好形象。

（四）在做好本职工作的基础上,利用业余时间,发挥自身专长,积极配合项目实施单位做好法制宣传、业务培训等工作。

（五）及时、细致地做好每一件法律援助案件的资料收集和归档立卷工作。认真做好工作总结和定期汇报工作,加强信息交流,做到月月有报表,季度有小结,半年有报告,年度有总结。

（六）加强自我管理,严格约束自身行为,无酗酒、赌博等不良嗜好。互帮互助,积极参加项目实施单位组织的有关学习活动等。

（七）自觉接受项目实施单位的管理,严格遵守项目实施单位的考勤和安全规定。如因事请假,应当向项目实施单位报告。离开项目实施单位的,经批准后方可离开,请假期间应当与项目实施单位保持联系。

**第十条** 服务期间,律师志愿者请假应当遵守以下规定:

（一）请假7天以内的,由项目实施单位审批。

（二）请假7天以上的,经项目实施单位同意后,报"1+1"项目办审批。

（三）事假每次原则上不超过10天,1年内累计不超过25天(报考研究生、公务员或参加执业资格考试和各类企事业单位举办的招聘考试除外),逾期取消服务资格,终止服务协议。

（四）各项目实施单位根据实际情况确定志愿者返乡探亲和返岗时间。未经批准,超过规定返岗时间2天的视为违约,原则上取消志愿服务资格。

第十一条 服务期间,律师志愿者患重大疾病或安全事故,按以下规定办理:

(一)根据县级以上(含县级)医院证明,可暂停服务工作,根据医生建议积极进行治疗,治疗期间继续发放生活补贴。项目实施单位协助志愿者做好保险理赔工作。

(二)治疗痊愈的,经项目实施单位同意,可返回服务岗位继续开展服务。

(三)在服务期内无法治愈或治愈后不适宜继续参加志愿服务工作的,经项目实施单位核实批准后报"1+1"项目办,解除服务协议。

第十二条 服务期间,律师志愿者如违反项目有关规章制度,按以下规定处理:

(一)志愿者处分共分2种:通报批评和解除协议。

(二)项目实施单位视志愿者违规情况提出相应处分意见,报"1+1"项目办决定。

(三)志愿者对处分结果有异议者,可向"1+1"项目办提出申诉。

第十三条 凡因违约或受处分而解除协议的律师志愿者,将进行如下处理:

(一)取消服务资格。

(二)自次月起停发其生活补贴和交通补贴。

(三)取消其享受相关优惠政策的资格。

(四)通报招募省(区、市)律师管理部门和相关单位。

第十四条 服务期为1年的律师志愿者,可于服务期满当年的3月份提出延期申请,经项目实施单位同意并报"1+1"项目办批准,可将服务期延长为2年;连续服务满2年,年度考核合格,且至少有1次为优秀的律师志愿者,可于服务期满前当年的3月份提出延期申请,经项目实施单位同意并报"1+1"项目办批准,可将服务期延长为3年。项目实施单位于每年3月底前将律师志愿者要求延期人数及名单上报"1+1"项目办批准。

第十五条 对因不可抗力或特殊原因,经项目实施单位同意并经"1+1"项目办批准,提前终止服务的律师志愿者,自批准当日起解除服务协议,次月起停发生活补贴。

第十六条 大学生志愿者的日常管理由项目实施单位与当地团委按照国家有关规定实施。

第十七条　本办法由"1+1"项目办负责解释。

第十八条　本办法自发布之日起实施。

# 司法部律师公证工作指导司、司法部法律援助工作司、团中央青年志愿者工作部、司法部法律援助中心、中华全国律师协会、中国法律援助基金会关于组织开展"1+1"中国法律援助志愿者行动的通知

（2009年5月4日　中法援基联发〔2009〕2号）

各省、自治区、直辖市司法厅（局）律师管理处、法律援助处（中心）、律师协会，团委，新疆生产建设兵团司法局律师管理处、法律援助处（中心）、律师协会，团委：

近年来，在党中央、国务院和各级党委、政府的高度重视和正确领导下，经过社会各界和广大法律服务、法律援助工作者的共同努力，我国法律援助事业得到了长足发展。但是，由于地域和经济发展不均衡等原因，我国法律援助事业发展不平衡问题仍然比较突出。西部地区和经济欠发达地区法律援助人员严重短缺，当地困难群众大量的法律援助需求得不到满足。目前，全国有15万多名律师，但是全国仍有一些县没有律师，无法满足当地法律援助需求，严重制约了当地的经济和社会发展。如何有效解决这一问题，不仅是深入落实科学发展观的迫切要求，也是这些年来司法行政系统和律师工作关注的一个重要课题。

为深入贯彻落实科学发展观，积极为解决民生、促进社会和谐发展服务，有效解决经济欠发达地区法律援助资源严重不足的问题，促进法律援助工作区域协调发展，满足基层人民群众法律援助的强烈需求，同时为律师、大学生志愿者提供一个锻炼自我、提高自我的良好途径，并为社会力量参与我国法律援助事业搭建一个奉献爱心的平台和桥梁，中国法律援助基金会会同司法部律师公证工作指导司、司法部法律援助工作司、团中央青年志愿者工作部、司法部法律援助中心、中华全国律师协会联合开展

"1＋1"中国法律援助志愿者行动。现将有关事项通知如下：

### 一、行动宗旨

整合社会资源，通过行业互助和招募志愿者的形式，动员律师和法学院校毕业的优秀学子到全国无律师县或中西部律师人才短缺的地、市、县开展志愿服务，增强当地法律援助能力，为促进当地经济和社会发展，为构建社会主义和谐社会做出贡献。

### 二、行动主题

携手志愿行动  共享法治阳光

### 三、行动时间和范围

"1＋1"中国法律援助志愿者行动拟从 2009 年开始实施。2009 年按照公开招募、自愿报名、定期轮换的机制，从全国律师行业招募具有奉献精神的律师志愿者 30 名，从全国法学院校招募品学兼优的法学专业应届毕业生志愿者 70 名，派遣到无律师县或中西部律师人才短缺的地、市、县专门从事法律援助工作。以后逐年扩大志愿律师、志愿者队伍规模和覆盖范围，为尽快实现无律师县或中西部律师人才短缺的地、市、县的法律援助的全覆盖而努力。

### 四、行动目标任务

（一）建立"法律援助志愿者工作站"

依托司法行政部门和共青团组织，在无律师县或中西部律师人才短缺的地、市、县设立"法律援助志愿者工作站"，每个工作站视情况派遣 1 名律师志愿者、1 名大学毕业生法律志愿者或择一选派。

（二）为当地困难群众提供法律援助

每位志愿者服务期限为 1—3 年。在服务期内，每名律师志愿者每年至少无偿办理法律援助案件 20 件，大学生志愿者从事与其能力相适应的法律援助工作，促进无律师县或中西部律师人才短缺的地、市、县法律援助事业的发展。

（三）推动无律师县或中西部律师人才短缺的地、市、县的法律人才队伍建设

项目实施后要加强对服务县的指导力度，及时总结经验，逐步扩大服

务地点和志愿者规模,推动无律师县或中西部律师人才短缺的地、市、县逐步建立自己的法律援助人才队伍。

(四)培养法律援助人才,充实法律援助队伍

通过逐步推广和坚持,培养一批既具有扎实专业知识、又有基层工作经验和社会责任感的法律援助人才,不断充实法律援助队伍,让法律援助志愿者遍布中华大地,成为推进法律援助事业发展和中国民主法制建设进程的重要力量。

**五、组织管理**

1. 中国法律援助基金会主要负责本项目的日常管理工作,负责制定本项目每年的实施总体规划,确定项目实施地点、落实服务需求人数,监督和落实项目经费到位;协助司法部法律援助工作司、法律援助中心对律师志愿者组织专业培训工作;协助司法部律师公证工作指导司、中华全国律师协会做好律师志愿者的招募工作和经费筹措工作。

2. 团中央青年志愿者工作部主要负责每年将本项目计划实施人数的大学生志愿者列入"西部计划",协助宣传、落实相关政策保障和参与培训派遣等方面的组织实施工作。

3. 司法部律师公证工作指导司、中华全国律师协会共同负责律师志愿者的招募和经费筹措工作。

4. 司法部法律援助工作司负责大学生志愿者的岗位申报、派遣和业务指导工作,法律援助工作司和法律援助中心负责对法律援助大学生志愿者的专业培训工作。

5. 各省(区、市)司法厅(局)、团委具体负责有关工作的组织实施,同时负责协调、指导服务县开展宣传、组织工作。县司法局指定专人负责志愿者日常管理、为志愿者提供食宿和办公条件保障,并和团委互相配合,按照"谁用人、谁受益、谁负责"的原则,切实做好志愿者的日常管理和服务工作。

**六、经费来源与管理**

1. 中国法律援助基金会通过筹集社会资金,用以支持大学生志愿者办理案件和开展业务所需的宣传、培训、交通、通讯、生活补贴等费用。同时,负责筹集部分律师志愿者开展业务所需经费(2009年筹集支持律师志

愿者业务经费20万元)。

2. 司法部律师公证工作指导司会同中华全国律师协会组织开展行业互助,整合业内公益活动资源,动员地方律师协会、律师和律师事务所积极提供资金资助,用以支持律师志愿者开展业务所需经费。

3. 在中国法律援助基金会设立本项目的专项基金账户,对筹集的所有资金,实行统一入账、统一管理、统一审计。严格执行单独核算,专款专用,并严格接受捐赠人、支持单位及社会各界的监督,接受审计部门的审计。

**七、志愿者待遇**

(一)政策支持

1. 大学生志愿者享受的待遇

除享受团中央、教育部、财政部、人事部《关于实施大学生志愿服务西部计划的通知》(中青联发〔2003〕26号)和《关于做好2004年大学生志愿服务西部计划工作的通知》(中青联发〔2003〕16号)规定的政策外,同时享受司法部、共青团中央《关于实施西部基层法律援助志愿服务行动的通知》(中青联发〔2005〕23号)规定的政策。

2. 律师志愿者享受的待遇

(1)可享受中央文明办、共青团中央、人事部、国务院西部地区开发领导小组办公室《关于配合实施西部大开发战略全面推进青年志愿者扶贫接力计划的通知》(中青联发〔2001〕22号)规定的政策,同时享受司法部、共青团中央《关于实施法律援助志愿者计划的通知》(司发通〔2002〕124号)规定的政策;

(2)凡参加该行动的律师志愿者,在志愿服务期间,免除律师执业年度考核所需费用;

(3)凡参加该行动的律师志愿者,在服务期及服务期满后三年内不再承担法律援助案件义务;

(4)律师管理部门评选优秀律师时,将参与此次志愿行动的行为,作为重要考核条件;

(5)凡连续三年选派律师志愿者或一次性选派三名以上律师志愿者参与此次志愿行动的律师事务所,在评选优秀律师事务所时作为重要考核条件;

（6）由司法部律师公证工作指导司、司法部法律援助工作司、团中央青年志愿者工作部、司法部法律援助中心、中华全国律师协会、中国法律援助基金会联合颁发法律援助志愿者荣誉证书。

（二）费用补贴

1. 大学生志愿者享受"西部计划"的有关优惠政策，其经费补贴按照"西部计划"的有关规定标准，由中国法律援助基金会负责筹集划拨。

2. 律师志愿者每人每年交通、通讯等办案补贴及保险费 30 000 元，即每人每月享有 1 000 元生活、保险费用补贴，1 500 元的交通、通讯等办案补贴。

**八、志愿者招募条件**

（一）律师志愿者

1. 要求政治过硬、热心公益事业，具有奉献精神；

2. 具有律师执业证，并有 1 年以上工作经历；

3. 身体健康，年龄在 25—55 岁之间，具有特殊经历的人员可适当放宽条件。

（二）大学生志愿者

本科及本科以上学历，高等院校法学专业应届毕业生，要求政治过硬、品学兼优、具有奉献精神、身体健康。

**九、发起单位**

司法部
共青团中央

**十、承办单位**

司法部律师公证工作指导司
司法部法律援助工作司
团中央青年志愿者工作部
司法部法律援助中心
中华全国律师协会
中国法律援助基金会

## 十一、公益回报

向中国法律援助基金会奉献爱心的社会各界爱心人士、企事业单位，均可享受有关优惠政策和中国法律援助基金会的公益宣传回报。

## 十二、行动要求

各地要认真贯彻此《通知》的精神和要求，切实把组织开展"1+1"中国法律援助志愿者行动作为进一步推动法律援助事业均衡发展的一项重要任务抓紧抓好，积极配合承办单位做好此项行动的有关宣传、组织和实施工作，为行动的顺利开展提供必要保障。对热心法律援助事业，为此次行动做出突出贡献的单位和个人，给予鼓励和表彰。


# 司法部法律援助中心、共青团中央青年志愿者工作部关于开展法律援助志愿者注册登记工作的通知

（2005年8月5日　司援字〔2005〕06号）

各省（自治区、直辖市）、新疆生产建设兵团法律援助处（中心），团委青年志愿者行动指导中心（宣传部）、青年志愿者协会秘书处：

根据部分省、市开展的法律援助志愿者注册登记试点的情况，经中国青年志愿者协会同意，法律援助志愿者分会决定在全国开展法律援助志愿者注册登记工作，现将有关登记注册事项通知如下：

一、注册登记原则

法律援助志愿者注册登记采取以下原则：

1. 自愿申请，法律援助志愿者组织审查批准；

2. 属地登记与专门项目登记相结合；

3. 法律援助志愿服务网登录公示。

二、注册登记方法

1. 各地法律援助志愿者组织或法律援助机构根据《法律援助志愿者注册登记办法(试行)》负责本地法律援助志愿者注册登记的工作；

2. 全国性专业法律援助志愿服务项目志愿者注册登记,由法律援助志愿者分会秘书处授权专业项目实施组织直接负责注册登记；

3. 按行政区域分配注册登记号段(参照《法律援助志愿者注册号编制规则》实行)；

4. 各省(自治区、直辖市)法律援助志愿者组织或法律援助机构将注册登记情况及时汇总,报分会秘书处,以便上网公示。

三、注册登记条件

注册法律援助志愿者,必须具备下列条件之一方可予以登记注册：

1. 有执业证书,在社会法律服务机构执业的法律服务工作者；

2. 通过律师考试或司法考试未执业的机关、企事业工作人员及有法律专业知识或其他专业知识的人士；

3. 法学院校师生、法学专家学者；

4. 新闻媒体记者、文化团体成员；

5. 有经济能力,热衷于法律援助事业的社会贤达。

四、各地要及时转发通知,严格按照有关规定,开展法律援助志愿者注册登记工作,逐步将注册志愿者的管理规范化、电脑化。有关情况请及时报司法部法律援助中心、共青团中央青年志愿者工作部。

附件:中国法律援助志愿者注册管理办法(试行)

## 中国法律援助志愿者注册管理办法(试行)

根据《中国青年志愿者注册管理办法》有关规定和《司法部、共青团中央关于实施法律援助志愿者服务计划的通知》有关精神,为进一步规范法律援助志愿者的注册管理,全面推进中国法律援助志愿服务计划,特制定本办法。

**第一条** 法律援助志愿者定义

(一)法律援助志愿者是指不为物质报酬,基于良知、信念和责任,利用自身所具备的专业知识和能力,自愿为社会和他人提供免费法律服务和帮助的人。

（二）注册法律援助志愿者是指按照一定程序在中国志愿者协会法律援助志愿者分会及各地法律援助机构注册登记、参加法律援助服务活动的志愿者。

**第二条** 法律援助志愿者基本条件

（一）年满18周岁，具有奉献精神。

（二）具备与所参加的法律援助志愿服务项目及活动相适应的专业知识和素质。

（三）有志于为中国法律援助制度的不断完善，为维护贫弱群体的合法权益，为实现公平正义，构建社会主义和谐社会贡献力量。

（四）遵纪守法，品行良好，乐善好施。

**第三条** 法律援助志愿者权利

（一）参加法律援助志愿者组织提供的培训。

（二）要求获得从事志愿服务的必需条件和必要保障。

（三）优先获得志愿者组织和其他志愿者提供的服务。

（四）就志愿服务工作对法律援助志愿者组织提出建议和意见。

（五）相关法律、法规及法律援助志愿者组织所制订的有关规定赋予的其他权利。

**第四条** 法律援助志愿者义务

（一）履行志愿服务承诺。

（二）不得以法律援助志愿者身份从事任何以赢利为目的或违背社会公德的活动。

（三）自觉维护法律援助志愿者组织和志愿者的形象。

（四）遵守相关法律法规及法律援助志愿者组织规定的其他义务。

**第五条** 法律援助志愿者组织保障

（一）中国青年志愿者协会法律援助分会秘书处负责全国法律援助注册志愿者工作的规划、协调、指导和检查。

（二）有条件的县和县级以上法律援助机构，应会同同级团组织，建立法律援助志愿者组织，负责法律援助志愿者注册管理工作。

（三）各级法律援助志愿者组织可通过定期轮换等方式，安排注册志愿者在法律援助专职人员的指导下参加管理工作。

**第六条** 法律援助志愿者注册机构

（一）县和县级以上法律援助志愿者组织或法律援助机构为法律援助志愿者注册机构，负责法律援助志愿者注册管理工作。

（二）机构健全、制度完善的专业法律援助志愿者组织，可经中国青年志愿者协会法律援助志愿者分会授权开展法律援助志愿者注册工作。

**第七条** 法律援助志愿者注册程序

（一）申请人提出注册申请，填写全国统一格式的注册登记表。

（二）当地法律援助志愿者组织或法律援助机构对申请人情况进行审核。

（三）审核合格，由当地法律援助志愿者组织或法律援助机构负责登记注册，并经省（自治区、直辖市）法律援助志愿者组织或法律援助机构报中国青年志愿者协会法律援助志愿者分会备案。

（四）申请人领取"中国注册志愿者法律援助志愿服务证"、"中国法律援助志愿者胸章"，进行宣誓，参加法律援助志愿者组织开展的志愿服务活动项目。

**第八条** 法律援助志愿者注册号

（一）为便于全国法律援助注册志愿者的统一管理，法律援助志愿者注册后即获得全国统一使用的注册号。

（二）注册号在法律援助志愿服务证上标明并记录在法律援助志愿者本人的注册档案中。

（三）注册号由中国青年志愿者协会法律援助志愿者分会秘书处，按《中国青年志愿者注册管理办法》有关规定，统一确定编制规则。

**第九条** 法律援助志愿服务证

（一）法律援助志愿服务证用于证明法律援助注册志愿者的身份，记录法律援助注册志愿者参加志愿服务的时间、内容和所获的志愿服务荣誉。

（二）法律援助注册志愿者参加志愿服务后，由服务对象提供志愿者的服务时间、服务内容证明，法律援助注册志愿者所属的法律援助志愿者组织或法律援助机构予以认定并在其志愿服务证中注明。

**第十条** 法律援助志愿者管理和培训

（一）各地法律援助志愿者组织或法律援助机构负责法律援助注册志愿者的管理和培训工作。

（二）具体工作原则上由法律援助志愿者组织负责，尚未建立志愿者组织的，由法律援助机构、团组织负责。

（三）注册机构负责建立法律援助注册志愿者档案和服务需求档案，并将相关信息，及时经省（自治区、直辖市）法律援助志愿者组织或法律援助机构报中国青年志愿者协会法律援助志愿者分会秘书处备案，努力实现管理工作科学化、制度化、规范化。

**第十一条** 法律援助志愿者志愿服务

（一）各地法律援助志愿者组织或法律援助机构应根据当地实际需求，积极组织开展形式和内容多样的法律援助志愿服务活动，向注册法律援助志愿者提供志愿服务岗位。

（二）除临时性活动外，法律援助注册志愿者参加志愿服务，应由其所在的法律援助志愿者组织（法律援助机构）或本人与服务对象签定法律援助志愿服务协议书，明确服务内容、时间和各方的权利、义务。

**第十二条** 法律援助志愿者激励和表彰

按《中国青年志愿者注册管理办法》有关规定执行

**第十三条** 法律援助志愿者权益保障

按《中国青年志愿者注册管理办法》有关规定执行

**第十四条** 其他

（一）各地已经开展的法律援助志愿者注册登记工作可参照本办法之规定予以适当调整，结合实际有计划地开展审核、注册工作，加强法律援助志愿者各项统计工作。

（二）本办法自发布之日起生效，其修改、变更、解释权属于中国青年志愿者协会法律援助志愿者分会秘书处。

附件：一、法律援助志愿者注册申请表（见中国法律援助志愿者服务网，网址：www.chinalav.org.cn)（略）

二、法律援助志愿者注册登记表

三、法律援助志愿者注册号编制规则

附件二

# 中国法律援助志愿者
# 注册登记表

注册机构：_____

注册号：□□□□□□□□□□

登记表编号：_____

**志愿者誓词**

我愿意成为一名光荣的志愿者。我承诺：尽己所能，不计报酬，帮助他人，服务社会。实行志愿精神，传播先进文化，为建设团结互助、平等友爱、共同前进的美好社会贡献力量。

申请人签字：_____  日 期：_____

**注册志愿者个人资料**

照片

姓名：_____  性别：_____

身份证或其他有效证件号：_____

出生年月：_____  民族：_____

通信地址及邮编：_____

联系电话：_____  传真号码：_____

电子邮箱：_____

教育程度：□初中  □高中  □中专  □大专  □本科
　　　　　□硕士  □博士

取得何种资格证书：_____  号码：_____

工作经验：_____
_____

志愿者服务经历：_____
_____

学校/工作单位：_____  职业：_____

附件三

# 法律援助志愿者注册号编制规则

一、注册号由十一位数字和字母组成,前四位代表注册机构所在地,(参照使用注册机构所在地邮政编码的前四位),五—九位为志愿者注册的顺序号,后两位为代表法律援助志愿者的字母 fy。

二、注册号编制工作按照属地管理原则,由各地法律援助志愿者组织或法律援助机构具体负责。

三、注册号全国统一,各地在编号时应加强协调,避免注册号重复。开展法律援助志愿者注册工作的学校、机关、企事业、法律服务组织等单位,在所在地法律援助志愿者组织或法律援助机构申请注册号段。

举例说明如下:

1. 北京市八个中心城区邮编前四位主要为1000,个别为1001、1002…1008,在这八个区注册的法律援助志愿者注册号前四位可编为 1000、1001…1008(具体分配由北京市法律援助志愿者组织或法律援助机构负责),五—九位顺序号则由各区法律援助志愿者组织或法律援助机构按照志愿者注册顺序编定。例如,假设代表北京海淀区注册机构的前四位编号为1006,第 2003 个在海淀区法律援助志愿者组织注册的志愿者注册号为100602003fy;人民大学位于海淀区,假设人民大学法律援助志愿者组织在海淀区法律援助志愿者组织申请的顺序号段为 35000—40000,第 516 个在人民大学法律援助志愿者组织注册的志愿者注册号为 100635516fy。

北京平谷县的邮政编码的前四位是1012,在平谷县注册的法律援助志愿者注册号前四位为 1012,五—九位顺序号由平谷县法律援助志愿组织或法律援助机构按照法律援助志愿者注册顺序编定。例如,第 8 个在平谷县注册的法律援助志愿者编号为 101200008fy。

2. 武汉市(副省级城市)三个主要中心城区邮编前四位均为 4300,在这三个区注册的法律援助志愿者注册号前四位可编为 4300,五—九位顺序号由武汉市法律援助志愿者组织或法律援助机构按照志愿者注册顺序编定,后两位为字母 fy。

武汉江夏区的邮政编码的前四位是 4302,在江夏区注册的志愿者注册号前四位为4302,五—九位顺序号由江夏区法律援助志愿者组织或法律援助机构按照志愿者注册顺序编定,后两位为字母 fy。

3. 四川省绵阳市(地级市)城区邮编前四位为6210,在绵阳市城区注册的志愿者注册号前四位统一为6210,五—九位顺序号由绵阳市法律援助志愿者组织或法律援助机构按照志愿者注册顺序编定,后两位为字母 fy。

绵阳市三台县邮编前四位为6211,在三台县注册的志愿者注册号前四位统一为6211,五—九位顺序号由三台县法律援助志愿者组织或法律援助机构按照志愿者注册顺序编定,后两位为字母 fy。

四、法律援助志愿者分会直属专业法律援助志愿者组织注册号,由法律援助志愿者分会秘书处另行制定。

# 司法部、共青团中央关于实施西部基层法律援助志愿服务行动的通知

(2005年5月9日 中青联发〔2005〕23号)

各省、自治区、直辖市和新疆生产建设兵团司法厅(局)、团委:

从2002年开始,司法部和共青团中央共同实施了法律援助志愿者计划,动员社会各界特别是青年法律人才通过志愿服务方式积极投身法律援助工作,取得了良好效果,推动了法律援助和志愿服务事业的发展。为进一步推动法律援助志愿者计划的深入开展,根据司法部、共青团中央《关于实施法律援助志愿者计划的通知》(司发通〔2002〕124号)精神,司法部、共青团中央决定共同组织实施西部基层法律援助志愿服务行动。现将有关事项通知如下。

**一、主要任务**

建立青年法律人才由东部和城市向西部基层流动的渠道,推动西部基层法律援助事业的发展,维护社会公平和正义;带动基层司法行政干部队伍素质的提高,促进西部基层司法行政机关的各项工作的开展;培养一批既具有扎实专业知识,又有基层工作经验和社会责任感的青年法律人才,

不断充实法律援助志愿者骨干队伍。

## 二、工作方式

按照公开招募、自愿报名、组织选拔、集中培训、统一派遣的方式，从全国普通高等学校(以下简称"高校")招募一批品学兼优、具有奉献精神的普通高校法律专业应届毕业生，到西部基层司法行政部门从事为期1年的法律援助志愿服务。每个县级司法行政部门派遣志愿者1—2名。志愿者服务期满后，鼓励其扎根基层，或者自主择业和流动就业。

2005年计划选派志愿者100名，到部分西部计划服务省开展法律援助志愿服务。今后将形成制度，逐步推广，长期坚持。

## 三、选拔条件

本科及本科以上学历为主，法律专业应届高校毕业生，要求政治过硬、品学兼优，具有奉献精神，身体健康。

## 四、政策支持

参加西部基层法律援助志愿服务行动的大学生志愿者除享受团中央、教育部、财政部、人事部《关于实施大学生志愿服务西部计划的通知》(中青联发〔2003〕26号)和《关于做好2004年大学生志愿服务西部计划工作的通知》(中青联发〔2003〕16号)规定的政策外，给予以下政策支持：

1. 服务期间，志愿者可在所服务的西部省(区、市)当地报名参加国家司法考试，享受司法部制定的有关优惠政策；服务单位应向参加国家司法考试的志愿者提供与在职工作人员相同的复习时间。

2. 服务期间，志愿者可享受所在服务单位自定的奖金和补贴。

3. 服务期满后，对于有志扎根西部地区的志愿者，司法行政机关应优先录用。志愿服务时间可确认为法律工作经历。

## 五、经费保障

所需经费由司法部负责解决，具体工作由中国法律援助基金会承担，由共青团中央负责使用，具体工作由青年志愿者工作部承担。经费使用应严格遵守有关财务制度。

## 六、组织管理

1. 司法部、共青团中央共同负责这项工作的总体规划、协调、指导，落实有关保障政策。司法部主要负责确定、落实服务需求和岗位,协调组织专业培训,具体工作由司法部法律援助中心承担;共青团中央主要负责志愿者的招募、培训、派遣等方面的组织实施工作,具体工作由团中央青年志愿者工作部承担。

2. 各省(区、市)司法厅(局)、团委具体负责工作的组织实施,同时负责协调、指导服务县开展宣传、组织工作;志愿者服务县司法局、团委具体负责志愿者的日常管理和服务工作。

**七、工作要求**

1. 高度重视,加强领导。要站在践行"三个代表"重要思想,落实科学发展观和构建社会主义和谐社会,开创基层司法行政工作新局面的高度,切实加强对这项工作的领导,求真务实、开拓创新,建立长效工作机制,及时解决工作中遇到的问题,确保这项工作稳步推进,健康发展。

2. 按需招募,认真选拔。要贯彻按需、择优的原则认真做好岗位申报和志愿者遴选工作,为志愿者提供合适的服务岗位,选拔政治素质高、业务能力强,具有奉献精神和责任意识,身体健康的优秀大学毕业生到西部基层行政司法机关从事法律援助志愿服务工作。

3. 完善制度,严格管理。要加强沟通,按照"谁用人、谁受益、谁负责"的原则,建立健全各项规章制度,齐抓共管、明晰责任,做好志愿者管理工作;要进一步健全志愿服务定期督导制度,定期巡回检查各地项目实施和日常管理等情况。

4. 以人为本,搞好服务。始终坚持以人为本,在工作、生活、就业等各个方面努力为志愿者提供切实有效的服务;要贯彻培养与使用并重的原则,加大培养力度,为志愿者发挥作用,成长成才创造条件;要加强宣传,大力弘扬"奉献、友爱、互助、进步"的志愿精神,为志愿者开展工作及就业等方面营造良好舆论氛围。

# 司法部、共青团中央关于实施法律援助志愿者服务计划的通知

(2002年12月3日 司发通〔2002〕124号)

各省、自治区、直辖市司法厅(局)、团委,新疆生产建设兵团司法局、团委,军委总政治部司法局、青年局,全国铁道团委,全国民航团委,中直机关团工委,中央国家机关团工委,中央金融团工委,中央企业团工委:

为深入贯彻"三个代表"重要思想,贯彻落实依法治国与以德治国相结合的基本方略和中央关于青年志愿者工作的指示精神,动员社会各界、特别是青年人才通过志愿服务方式积极投身法律援助工作,推动法律援助和志愿服务事业的进一步发展,为改革、发展、稳定大局服务,司法部、共青团中央决定共同实施法律援助志愿者服务计划。现提出如下实施意见。

一、主要任务和方式

法律援助志愿者服务计划的主要任务是:动员和组织法律界以及热心法律援助的各界志愿者参与法律援助工作,开展普法宣传、法律咨询、法律培训等方面的志愿服务,为建设社会主义法治国家贡献力量。其实施方式包括:

1. 专业法律援助。按照国家法律规定和服务对象的实际需要,招募专业法律人才作为法律援助志愿者,在各级司法行政机关所属法律援助机构的指导下,为符合援助条件的当事人提供专业法律援助服务。

2. 社区法律援助。依托各级法律援助中心、青年志愿者服务站,组织法律援助志愿者开展面向普通居民的形式多样的普法宣传、法律咨询等方面的志愿服务工作。

3. 远程法律援助。依托中国志愿服务网等网站,建立法律援助服务网点以及需求信息库,实现供需信息的网上对接。

4. 西部普法宣传。配合西部大开发战略的实施,与东西部对口法律援助、大中学生志愿者三下乡、青年志愿者扶贫接力计划等工作有机结合

起来,招募法律援助志愿者前往中西部贫困地区开展法律援助制度普法宣传活动。

5. 法律援助培训。定期开设法律援助志愿者培训班,邀请法律专家开办专题讲座、案例分析等培训活动,不断提高法律援助志愿者的服务水平。

6. 志愿捐助。组织和动员社会各界捐赠款物支持法律援助志愿服务工作。

## 二、实施范围和步骤

法律援助志愿者服务计划依照法律援助和志愿服务事业的总体发展规划,紧密围绕国家经济社会发展和人民群众生产生活实际需要,有重点、分阶段地逐步推广实施。2003年开始,司法部、团中央将选择部分省(区、市)进行试点,在总结经验的基础上,逐步在全国推开。

## 三、招募对象与方式

志愿者主要在县级以上城市招募,同时也欢迎其他城镇的志愿者参与。报名者原则上应具有奉献精神,大专以上学历,身体健康,具备相应法律专业知识或资格,能够适应相应法律援助志愿服务工作的实际要求,年龄一般在20—60岁之间;确系工作需要的,年龄、学历可适当放宽。

招募工作应坚持公开招募、自愿报名的原则。招募方式:一是社会招募,即通过新闻媒体和其他形式发布招募启示,举办招募说明会,开展各种宣传活动,面向社会公开招募志愿者。二是组织招募,即各级司法行政管理部门、团组织、志愿者组织在当地党委、政府的领导和支持下,按照有关规定,通过组织系统开展动员工作。

法律援助志愿者报名时,应在所在地区或单位的青年志愿者组织就近就便注册登记,成为中国注册志愿者。

## 四、组织管理

法律援助志愿者服务计划由司法部、共青团中央共同组织实施,并成立中国青年志愿者协会法律援助志愿者分会,负责规划、协调、指导全国法律援助志愿服务的各项工作,筹划、组织全国性法律援助志愿服务活动,推动实施长期工作项目,配合每年全国青年志愿者行动"十杰百优"评选表彰工作,推荐参评人选,并组织法律援助志愿服务的专项宣传、表彰活动。分会秘书处设在司法部法律援助中心。各省(区、市)司法厅(局)、团委根据实际工作需要建立相应的组织机构,并推荐司法厅(局)分管厅(局)长、团委分管书记担任中国青年志愿者协会法律援助志愿者分会执委,推荐法律援助机构、青年志愿者协会秘书处负责人担任分会委员。

### 五、政策保障

1. 法律援助志愿者服务计划是促进法律援助社会人力资源开发的一种重要方式,各级司法行政管理部门、团组织应当结合实际制定具体政策,鼓励社会各界、特别是法律工作者或法律院校师生积极参与。

2. 企业向中国法律援助基金会、中国青年志愿者协会以及各级法律援助机构、志愿者组织或中西部贫困地区捐赠款物的,享受国家规定的税收优惠政策。

### 六、资金落实与管理

法律援助志愿者服务计划所需资金,主要依托中国法律援助基金会、中国青年志愿者协会开展社会募集,同时积极争取政府的支持。各地要结合实际采取多种方式支持法律援助志愿者服务计划的实施。

社会募集的资金须汇入中国法律援助基金会、中国青年志愿者协会以及省级(含副省级)法律援助机构、青年志愿者协会指定的银行账号,根据捐助者的要求和项目实施情况统一划拨。资金使用应严格遵守有关财务制度,尊重捐助者的意愿,建立规章制度,加强监督管理。

### 七、工作要求

1. 高度重视,加强领导。各地司法行政机关和共青团组织要加强对这项工作的领导,有关负责同志要亲自组织实施,加强指导,及时帮助解决遇到的各种问题。

2. 精心组织,注重实效。各地要按照通知要求,根据本地区法律援助和志愿服务工作的实际情况,认真研究服务需求,制定切实可行的工作计划,创造性地开展工作。选拔志愿者要坚持自愿原则,严格审核。要积极争取党委和政府的政策支持,积极开发社会资源,确保服务项目的顺利实施。

3. 加强协作,优化配置。各地在实施法律援助志愿者服务计划过程中,要按照法律援助和志愿服务事业发展的总体要求,加强与"四五普法"、

"注册志愿者"等工作的衔接和配合,合理配置各种资源。

4. 认真总结,加强宣传。各地要注意总结经验,对具有导向和示范作用的典型,要利用各种新闻媒体积极组织宣传,并结合实际开展法律援助志愿者服务计划的专项宣传活动,营造良好的舆论氛围,动员更多的社会公众支持和参与法律援助志愿服务工作。

具体事项可与司法部法律援助中心、团中央青年志愿者行动指导中心联系。